Unterrichtsrezepte

Unterrichtsrezepte

Jochen und Monika Grell

Beltz Verlag
Weinheim und Basel

Anschrift der Verfasser

Jochen und Monika Grell, Caprivistraße 23, 2300 Kiel 1

CIP-Kurztitelaufnahme der Deutschen Bibliothek

Grell, Jochen:
Unterrichtsrezepte / Jochen u. Monika Grell. - 31. - 40. Tsd.
- Weinheim ; Basel : Beltz, 1983.
(U-&-S-Pädagogik)
Bis 30. Tsd. im Verl. Urban u. Schwarzenberg, München, Wien, Baltimore
ISBN 3-407-25033-9
NE: Grell, Monika:

31.–40. Tsd.

 Umschlagentwurf: Dieter Vollendorf. Satz: Wagner, Nördlingen. Druck und Bindung: Beltz, Offsetdruck, 6944 Hemsbach über Weinheim. Printed in Germany.

ISBN 3 407 25033 9
(früher erschienen im Verlag Urban & Schwarzenberg ISBN 3-541-40691-7).

Inhalt

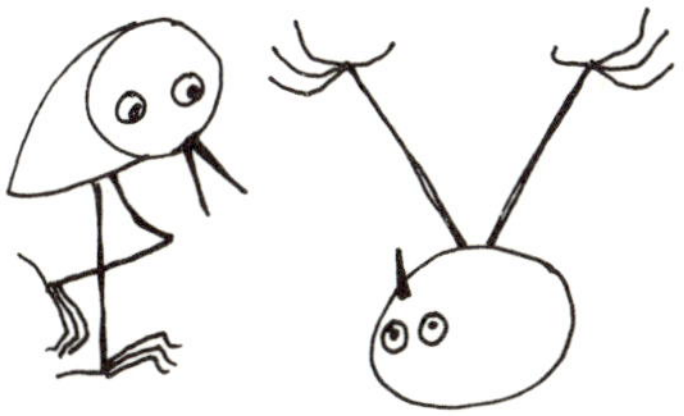

Ein kleiner Vogel liegt auf dem Rücken, ohne sich zu rühren.
Seine Füße streckt er in die Luft, ganz verkrampft.
Ein anderer Vogel kommt vorbei, bleibt stehen und wundert sich.
Er fragt: „Warum liegst du so verkniffen auf dem Rücken und streckst deine Füße so kraftvoll in die Luft?"
„Ich muß doch den Himmel abstützen, damit er nicht einstürzt."
„Ach so", sagt der andere Vogel beeindruckt.
Worauf er sich mit dem linken Fuß den Kopf kratzt.

Nachwort

Dieses Buch zu schreiben, ist uns schwerer gefallen, als Sie sich vielleicht denken. Wir sind richtig froh, daß unser monatelang auf wenige Dimensionen reduziertes Familienleben sich jetzt endlich wieder breiter entfalten kann. Wir werden unsere Wohnung von jedem überflüssigen Stück Papier befreien, dicke Staubschichten entfernen und uns in alle sonstigen Vergnügungen stürzen, auf die wir so lange verzichten mußten, weil wir es wollten.

Aus Platzgründen können wir uns leider nicht in aller Ausführlichkeit vorstellen, sonst würden wir Ihnen erzählen, daß wir uns immer wieder gern den Film „Harold and Maude" ansehen, wohin wir am liebsten zum Essen fahren, daß wir das Lied vom Frosch vorsingen können, uns manchmal über Schüler ärgern und überhaupt sehr gerne am Leben sind. Statt dessen geben wir Ihnen nur ein paar Informationen, die auf uns beide zutreffen, weil das Platz spart: wir sind beide 1940 geboren, miteinander verheiratet, von Beruf Lehrkräfte und haben zwei Töchter. Bitte rufen Sie uns an, wenn Sie weitere Fragen haben. (Wir glauben, daß es für viele Leser wichtig ist, wenn sie sich die Autoren ein wenig vorstellen können.)

Viele Menschen haben uns direkt oder indirekt, freiwillig oder unfreiwillig beim Schreiben geholfen. Am dankbarsten sind wir den Mitgliedern einer Gruppe, die längere Zeit zusammen mit uns existierte (die Namen sind nicht alphabetisch geordnet): Werner Sternberg, Wulf Nedderhut, Ute Kuszak, Jens Wurm, Ute Rocke, Michael Hoppe und Wolfgang Rocke haben uns je nach Stimmung und momentanem Interesse durch gute Ideen, unermüdliche Faulheit, interessante Diskussionsbeiträge, kritische Nörgeleien, dauerndes Zuspätkommen, Albernheiten, Ermutigungen, schlechte Ausdrücke und vieles andere erfreut, kurz, sie haben uns wichtige und schöne Erfahrungen vermittelt und selbst welche mitgenommen. Trotzdem können wir ihnen natürlich keine Zeile dieses Buches zur Last legen, nicht einmal die Kommafehler.

Die kleinen Männchen haben wir aus unseren Arbeitspapieren übernommen, weil viele Studenten nur weiterlesen, wenn ab und zu ein Comic zwischen den Zeilen auftaucht. Die wirklich Gebildeten unter uns schrecken solche Zeichnungen wohl eher ab. Wir hoffen aber, daß Sie nicht zu dieser Gruppe gehören.

Der wissenschaftstheoretische Ansatz dieses Buches ist kulturanthropologisch-ethnographisch-rezeptologisch-trainingsorientiert-optimistisch, falls Sie das interessiert. Wir behandeln nicht die Frage „Wie verändere ich die Gesellschaft in 4 Wochen?«, sondern wir haben uns auf ein kleines Teilgebiet beschränkt, von dem wir wiederum nur einige Teilgebiete behandeln: Was sollten Lehrer lernen, damit sie mit ihrer Instruktionsfunktion einigermaßen klarkommen?

Leider konnten wir auf diese Frage nicht die einzig richtigen und allein wahren Antworten geben, so daß wir gezwungen waren, auf unsere persönlichen derzeitigen Meinungen, Erfahrungen und Überzeugungen zurückzugreifen. Möglicherweise ist uns dabei sogar das eine oder andere Vorurteil unterlaufen. Charles Wright Mills hat geschrieben: „Ich glaube heute, daß man vertrauensvoll und zugleich skeptisch gegenüber der eigenen Erfahrung sein muß, um richtig arbeiten zu können.“ Dieser Gedanke ist uns sehr sympathisch.

Kiel, 18. Oktober 1978 — Jochen und Monika Grell

Einleitung

die davon handelt, daß Theorie und Praxis sich streiten müssen und die erklärt, wie man das Unterrichten nicht lernt[1]

Das Hauptthema dieses Buches ist: Wie lernt man das Unterrichten? Unter „Unterrichten“ verstehen wir: Ein Mensch (genannt „Lehrer“, „Dozent“, „Leiter“ u. ä.) versucht einer größeren Gruppe anderer Menschen (Schüler, Studenten, Kursusteilnehmer u. ä.) etwas beizubringen, was diese Menschen von sich aus und auf sich allein gestellt voraussichtlich nicht lernen würden.

Wir gebrauchen übrigens den Ausdruck „Menschen“, weil wir es wichtig finden, daß Lehrer nicht auf die Idee verfallen, sie hätten es in der Schule mit irgendwelchen Spezialwesen (sog. „Kindern“) zu tun, die sich von anderen Menschen grundlegend unterscheiden und ganz anders funktionieren. Gleichzeitig wollen wir daran erinnern, daß auch Lehrer zu den Menschen gehören, und nicht zu irgendeiner Sklavenkaste, deren Mitglieder verpflichtet sind, die Schmutzarbeit zu machen, ohne dafür irgendwelchen Dank erwarten zu dürfen. Ich muß lernen, Schüler als Menschen zu respektieren, und meine Schüler müssen lernen, mich als Menschen zu respektieren.

Was in diesem Buch steht, kann für Lehrerstudenten und Lehrer in der II. Ausbildungsphase nützlich sein, die neben theoretischen Kenntnissen auch praktische Fähigkeiten erwerben möchten. Aber auch erfahrene Lehrer können davon Nutzen haben, wenn sie wünschen, ihre Unterrichtsgewohnheiten, die sie sich im Laufe der Zeit angeeignet haben, einmal einer kleinen oder großen Inspektion zu unterziehen und sie hier und da zu renovieren. Sogar für Hochschullehrer, die im Bereich der Lehrerbildung arbeiten, wäre es nicht schädlich, wenn sie dieses Buch durcharbeiten und angeregt werden, einige ihrer vielleicht festgerosteten Einstellungen über die Nützlichkeit der gegenwärtigen Lehrerbildung zu überdenken. Und schließlich können auch diejenigen etwas lernen, die als Seminarleiter, Schulräte, Schulleiter, Studienleiter mit der Leitung, Beratung und Beurteilung von Lehrern beschäftigt sind und noch nicht die Hoff-

---

[1] Falls Sie allergisch gegen Einleitungen sind, können Sie gleich zu Seite 20 weitergehen. Sollten Sie Fußnoten nicht ausstehen können, dann lesen Sie diese hier bitte einfach nicht.

nung aufgegeben haben, daß ihre Tätigkeit dem einen oder anderen Lehrer tatsächlich eine Hilfe sein könnte.

Unser Problem ist: Wie kommt man von den großen Worten zu den kleinen Taten? Jeder Lehrerstudent weiß z. B. im Schlaf, daß man die Schüler ermutigen und nicht entmutigen soll. Jeder Lehrer ist heute überzeugt, daß er den Schülern Mitbestimmungsmöglichkeiten einräumen und ihre Selbständigkeit fördern müßte, statt über ihre Köpfe hinweg alles allein zu bestimmen. Kein Lehrer hat den geringsten Zweifel daran, daß man die Schüler richtig motivieren müsse. Aber dieses Wissen nützt nicht viel oder schadet sogar, wenn man keine Handlungsweisen beherrscht, mit denen man diese Absichten praktisch verwirklichen kann.

Woran liegt es, daß der Weg von den guten Absichten bis zu der praktischen Verwirklichung dieser Grundsätze so weit ist?

Verfolgen wir einmal, in welchen Schritten ein Lehrerstudent zur Praxis geführt wird.

- Zunächst wird der Lernende mit tausend wissenschaftlichen Termini und Theorien, didaktischen Modellen und wissenschaftstheoretischen Ansätzen, curricularen Reflexionen und taxonomischen Systemen und dergleichen gefüttert. Er lernt eine neue Sprache und glaubt manchmal, Chinesisch könne auch nicht sehr viel schwieriger sein. In dieser Phase verlernt der Lehrerstudent gründlich, dem eigenen Denkvermögen zu trauen.
- Gleichzeitig wird dem Lehrerstudenten ständig zugerufen: „Es gibt keine Rezepte!“ Jedes Unterrichtsthema hat seine besondere Wesensstruktur; jede Schule, jede Klasse, jede Unterrichtsstunde, jeder Lehrer, jeder Schüler, jede Wandtafel, jeder Stuhl, jede Landkarte und jedes Stück Kreide sind anders. Deswegen kann es kein Schema, keine Regel, kein Rezept, keinen Ratschlag, keine Vorschrift, keine eindeutige Aussage geben.
- Sodann läßt man die zukünftigen Lehrer mit der Maßgabe, kreativ und flexibel, schülerzentriert und was-weiß-ich-nicht-alles zu sein, ihre Lernziele fein zu operationalisieren, die Schüler gehörig zu motivieren usw. auf eine lebendige Schulklasse los, damit sie dieser versuchsweise etwas beibringen. Das ist das sogenannte Praktikum.
  Bei der Vorbereitung ihres Unterrichtsversuchs läßt man den Praktikanten völlige Freiheit und macht ihnen keinerlei konkrete Vorschriften, um auf diese Weise ihre Kreativität mächtig zu stimulieren. Es wird nichts weiter von den Praktikanten verlangt als dies: Sämtliche Theorien anzuwenden und sie gleichzeitig nicht anzuwenden, damit sie nicht zu Rezepten verkürzt werden. Die Praktikanten sollen theoretisch reflektiert handeln, aber die Theorien auf keinen Fall wörtlich nehmen.
- Dergestalt mobilisiert, wähnt sich der Praktikant im Besitze vollkommener Entscheidungs- und Schaffensfreiheit und – weiß zunächst nicht, was er nun machen soll. Falls er über ein ungebrochenes Selbstbewußtsein verfügt, macht er sich trotzdem daran, seinen Lehrversuch ohne fremde Hilfe und

Anregung zu planen. Die meisten Praktikanten, machen es dagegen anders: Sie laufen schnurstracks der Unterrichtstradition in die Arme.[2] Praktisch sieht das so aus, daß sie sich an jemanden wenden, der bereits Lehrerfahrung hat und sich von ihm bei der Planung beraten lassen. Oder man besorgt sich eine gelungene Unterrichtsvorbereitung zum gleichen oder zu einem ähnlichen Thema und beutet dieses vortreffliche Modell aus. Oder man erinnert sich an den Unterricht, den man jahrelang als Schüler erlebt hat und zitiert aus diesen Memoiren, ein Vorgang, der bei vielen offenbar ganz automatisch und ohne bewußte Kontrolle abläuft. Oder man kramt aus dem Gedächtnis die positiven Beispiele hervor, von denen man gehört oder gelesen hat und orientiert sich an ihnen.

- Gut vorbereitet – nach dem ersten oder dem zweiten Rezept – führt der Praktikant nun seinen Unterrichtsversuch durch. Dabei fühlt er sich ungefähr wie ein Blinder: er merkt zwar, daß in der Unterrichtsstunde unheimlich viel passiert, er aber nur einen kleinen Teil davon mitbekommt.
- Erschöpft schreitet der Praktikant aus der Klasse und begibt sich an die Stelle, wo die Unterrichtsbesprechung stattfinden soll. Hier fordert man ihn zunächst auf, ein Statement über seinen Unterrichtsversuch abzugeben. Es bereitet ihm einige Mühe, dieser Aufforderung nachzukommen, denn er weiß nicht so recht, was er sagen soll. Jetzt folgt ein längeres Gespräch, in dem die versammelten Unterrichtsbeobachter ausführlich ihre verschiedenen Meinungen über alles Mögliche austauschen. Viele Einzelheiten dieses Gesprächs rauschen an dem Praktikanten vorbei. Bei vielen Beiträgen erkennt er nicht, was sie eigentlich mit seinem Unterrichtsversuch zu tun haben sollen. Aber je länger der Meinungsabtausch anhält, desto klarer wird dem Praktikanten dreierlei:

1. Ich habe eigentlich beinahe alles falsch gemacht.
2. Was ich richtig gemacht habe, das hätte ich am besten ganz anders und viel besser machen müssen.
3. *Vor* dem Unterrichten gibt es keinerlei Rezepte. Aber *nach* dem Unterrichten sind sie im Überfluß zu haben. Es gibt dann plötzlich so viele davon, daß ein einzelner sie gar nicht alle behalten kann.

Soweit unsere Darstellung der gebräuchlichen Schritte beim Übergang vom (theoretischen) Studium zur (praktischen) Anwendung. Wir geben zu, daß wir eine gewisse Schönfärberei nicht vermieden haben. So ist es zum Beispiel nicht in jedem Praktikum üblich, daß eine Besprechung stattfindet. Es kommt auch vor, daß der Praktikant an der Ausführung seines Unterrichtsversuchs gehindert wird, weil der Mentor es nicht mehr länger aushalten kann und ohne Vorwarnung den Unterricht selbst übernimmt und zu Ende führt. Aber unabhängig von diesen Varianten gilt allgemein doch folgendes:
Der Praktikant bekommt eine Unterrichtsaufgabe, die er lösen soll. Löst er sie nicht richtig (was bei Anfängern die Regel ist), dann bekommt er Informationen darüber, was er falsch gemacht hat, und

[2] Von dieser Tradition handelt das 2. Kapitel.

– man stellt ihm eine neue, andere Aufgabe, zu deren Lösung ihm diese Informationen kaum hilfreich sind. Dies hat zur Folge, daß bei dem Praktikanten kaum Lernfortschritte zu verzeichnen sind. Er wird nicht zunehmend sicherer im Lösen von Lehraufgaben, sondern seine Unsicherheit nimmt kumulativ zu. Dies beobachtet man bei den meisten Praktikanten, Referendaren und Lehrern: eine wachsende Unsicherheit, was guter Unterricht ist und wie man ihn herstellt. Darum finden es die meisten Lehrer unangenehm, beim Unterrichten beobachtet zu werden. Sie wissen einfach nicht, wie sie beurteilen sollen, was sie da tun. Und vor allem, sie können nicht voraussagen, ob aus ihrer Unterrichtsvorbereitung eine brauchbare Unterrichtsstunde werden wird oder nicht, weil sie keine Kriterien kennen, die gleichermaßen für die Planung wie für die Ausführung und Beurteilung von Unterrichtsstunden gelten, und weil die Kriterien, die sie kennen, von Unterrichtsstunde zu Unterrichtsstunde aus Gründen der Einmaligkeit weitgehend ausgewechselt werden müssen.

Man kann die Schwierigkeit, vor der Unterrichtspraktikanten stehen, auch so beschreiben: Das Problem ist, daß sie alles auf einmal können sollen und kaum eine Chance haben, zunächst einmal einen übersichtlichen Teilkomplex des Gesamtkomplexes „Unterrichtenkönnen“ zu meistern. Beim Schwimmenlernen bemüht sich jeder, zuerst einmal die Fertigkeit zu erwerben, so im Wasser zu schweben, daß die Nase oder der Mund in der Lage sind, dem Körper in regelmäßigen Abständen Frischluft zuzuführen. Erst wenn das gelingt, beginnt man, sich den verschiedenen komplizierteren Schwimmstilen zuzuwenden. Beim Unterrichtenlernen geht man von der unreflektierten (und falschen) Annahme aus, Unterrichten sei ein einheitliches Geschäft und nicht ein Sammelsurium unterschiedlicher Formen und Stile. Deswegen kommt anscheinend auch niemand auf den Gedanken, einem Praktikanten erst einmal beizubringen, wie er sich unterrichtlich an der Wasseroberfläche halten kann, sondern man verlangt, daß der Praktikant von Anfang an alle Stile gleichzeitig bzw. in buntem Durcheinander übt. Wer das Unterrichten lernen will, braucht zuerst eine grundsätzliche Sicherheit in einem elementaren Stil. Erst dann kann man von ihm verlangen, daß er auch komplexere Stile des Unterrichtens zu meistern versucht. Wer gleich alles auf einmal lernen soll, der lernt am Ende gar nichts.

MORAL: Das Verfahren, Studenten unter dem Vorwand, ihnen Kreativität und Selbstbestimmung zu ermöglichen, einfach drauflosunterrichten zu lassen, um sie anschließend dafür zu verurteilen und gleichzeitig eine so umfangreiche mündliche Urteilsbegründung mitzuliefern, daß sie Wochen dazu brauchen, sich von diesem Schock zu erholen, ist falsch. Es ist weder ein rechtsstaatliches noch ein wissenschaftliches Verfahren. Es ist nicht rechtsstaatlich, weil vorher angeblich keine Gesetze da sind, aber hinterher willkürlich und massenhaft Gesetze aufgetischt werden, nach denen man den Praktikanten schuldig spricht. Und es ist nicht wissenschaftlich, weil die Hypothesen erst formuliert werden, nachdem das Experiment zu ihrer Überprüfung längst gelaufen ist. Dabei behält man nämlich immer recht und kann alles beweisen.

Diese Gedanken sind überhaupt nicht neu, aber leider auch kein bißchen veraltet. Der Fehler beim Übergang von der wissenschaftlichen Ausbildung zur Praxis ist, daß die Theorie, um nicht auf feindliches Territorium zu geraten, den Praktikanten allein läßt. So marschiert er los, ohne eine genaue Wegbeschreibung und ohne klare Ideen, was er im Lande der Praxis zu verrichten hat. Ist er bescheiden, dann wird er von den Bewohnern des Praxislandes wohlwollend aufgenommen, und sogleich beginnt man mit seiner Bekehrung. Er muß allem Theoretischen abschwören und sich den praktischen Gebräuchen anschließen. Ist er unbescheiden und zeigt sich als Sympathisant des Feindes oder vertritt er gar offen dessen Ideologie, so gestaltet sich das Umerziehungsprogramm entsprechend dramatischer. Der Erfolg ist aber in der Regel sicher, denn in Deutschland darf man immer nur eins von beiden sein: entweder Theoretiker oder Praktiker. Ist man ersteres, dann mögen einen letztere nicht, und ist man letzteres, dann ignorieren einen die ersteren. Auf diese Weise machen sich beide Parteien systematisch zu Narren. Denn richtig Mensch sein, kann man nur, wenn man beides ist: Theoretiker und Praktiker.

Wir haben hier zwar in Bildern und Vergleichen gesprochen und oft genug den gebotenen Ernst vermissen lassen, aber es ist uns trotzdem sehr ernst mit unserer Diagnose: Die Art und Weise, wie zukünftige Lehrer das Unterrichten lernen sollen, ist ineffektiv, unwissenschaftlich, unpraktisch und unverantwortlich. Und zwar vor allem deshalb, weil Theorie und Praxis sich nicht riechen können und sich aus dem Wege gehen oder faule Kompromisse schließen, statt sich vernünftig und ausdauernd Tag für Tag und Unterrichtsstunde für Unterrichtsstunde zu streiten.

So wie es läuft, läuft es nicht. Was ein Laie automatisch richtig machen würde, weil er ohne Komplexe an eine Lehraufgabe herangeht und sie so direkt wie möglich löst, das macht der pädagogisch

Ausgebildete kunstvoll falsch, weil er durch theoretische Studien und durch praktische Übungen, die mit den theoretischen Studien beinahe nichts gemein haben, gelernt hat, daß der Unterricht um so besser ist, je indirekter und fintenreicher er angelegt wird. Wo ein vernünftiger Laie einfach etwas erklärt und dann zu seinem Schüler sagt: „Jetzt probier es mal selbst", da grübeln sich ausgebildete Lehrer nahezu handlungsunfähig: Wie kann ich die Schüler so auf den Unterrichtsgegenstand vorbereiten, damit nicht irgendwelche Hemmungen auftreten? Wie motiviere ich die Schüler, damit sie gar nicht merken, daß sie lernen? Wie verhindere ich, daß ich zu viel rede? Wie stelle ich sicher, daß alles von den Schülern selbst kommt? Wie erreiche ich, daß die Schüler spontan sind? Wie kann ich den Schülern beibringen, daß ich in Wirklichkeit gar nicht autoritär bin? Ein gut ausgebildeter Lehrer hat es schwer, zum Thema zu kommen.

In den Witzen sind Wissenschaftler gewöhnlich umständlich, unpraktisch, unfähig und hilflos in den alltäglichsten Verrichtungen. Kann man nur dann ein wissenschaftlich-reflektiert handelnder Lehrer sein, wenn man diesem Stereotyp entspricht? Ist die praktische Erfahrung, auf die viele Lehrer so stolz sind, wirklich eine so gute Ausrede für schlechte Angewohnheiten? Könnte der Nutzen unpraktischer Theorien nicht gerade darin bestehen, daß sie uns zur Skepsis gegenüber unseren praktischen Erfahrungen und den damit verbundenen Gewohnheiten verhelfen? Könnten wir praktische Erfahrungen nicht dazu gebrauchen, den kritischen Dialog mit unseren eigenen Theorien und mit den Theorien der Theoretiker aufzunehmen?

Es stimmt, die Theorien der Wissenschaftler kommen oft recht gestelzt und hochmütig daher. Aber auch die Erfahrungen der Praktiker plustern sich gern auf. Lehrer haben das gute Recht, Theorien nach ihrer Brauchbarkeit als Handwerkzeuge für ihre Arbeit zu beurteilen und auszuwählen. Daran ist absolut nichts Ehrenrühriges. Wir wären schön dumm, wenn wir auf wissenschaftliche Handwerkzeuge verzichteten, nur weil wir die Ausdrucksweise derjenigen nicht mögen, die solche Geräte für unser Gehirn anzubieten haben. Ebenso dumm wäre es, wenn wir uns von Theorien einschüchtern ließen und uns bloß noch als ihre Knechte verstünden.

Nur wer damit zufrieden ist, nach Art eines Regenwurms in unschuldiger Tatkraft dahinzuleben, kann sich aus den ständigen Verunsicherungen, die aus dem Theorie-Praxis-Konflikt entstehen, heraushalten wollen. Dies alles mußte einmal gesagt werden! (Das mit dem Regenwurm ist natürlich nur ein Beispiel. Wir haben gar nichts gegen Regenwürmer.)

Nach diesen dramatischen Betrachtungen werden wir im nächsten Kapitel einen ausgemachten Schwindel aufdecken. Wir werden nämlich zeigen, daß es ganz im Gegensatz zu einer weithin anerkannten Meinung *doch* Rezepte gibt. Außerdem, daß es wissenschaftlicher ist, Rezepte zu haben, als ohne Rezepte zu leben und daß es gerade die Rezepte sind, die uns ermöglichen, theoretisch-reflektiert zu handeln statt nur regenwurmunreflektiert. Bis gleich.

Kapitel 1

Die Komplexität des Unterrichts und das Vorurteil gegen Rezepte

In diesem Kapitel erklären wir, warum wir es für falsch, unwissenschaftlich, schädlich und dumm halten, daß jedermann stolz darauf ist, wenn er Rezepte abscheulich und verachtenswert findet.

Es scheint zum Guten Ton zu gehören, daß in Büchern über Unterricht zwei Behauptungen aufgestellt werden, meist am Anfang. Die erste Behauptung besagt: „Unterricht ist eine unheimlich komplizierte und schwierige Sache". Niemand hat diesen Gedanken anmutiger auszudrücken verstanden als F. Winnefeld (1967, S. 34), der in einem glücklichen Moment das vielzitierte Wort fand: „Jedes pädagogische Feld muß demnach als eine vieldimensionale Faktorenkomplexion aufgefaßt werden."

Die vieldimensionale Faktorenkomplexion ist dazu da, den Lehrern einen anständigen Schrecken einzujagen, damit sie sich von vornherein mehr Mühe geben. Man nennt das in der Wissenschaft „produktive Verunsicherung" (Flechsig/Haller, 1975, S. 7).

Da wir beide von Beruf Lehrer sind, haben wir die Erfahrung gemacht, daß das Unterrichten selbst gar nicht soo schwierig ist, wie es nach der Faktorenkomplexionstheorie eigentlich sein müßte. Schaut man in die vielen schweren Bücher und Aufsätze über das Unterrichten, dann glaubt man zuerst: Unterrichten ist etwas, was bis heute noch niemandem gelungen ist, und es erscheint einem unwahrscheinlich, daß es in den nächsten 400 Jahren jemanden geben wird, dem es gelingen könnte. Aber zum Glück können die meisten Lehrer viel mehr, als sie theoretisch können dürften. Was ein Lehrer alles „von selbst" richtig macht, das kann ihm bis heute kein noch so schöner Computer nachmachen. Trotzdem machen wir natürlich auch manches nicht so gut, wie wir es machen könnten. Wir wissen außerdem, daß niemand alles richtig machen kann, und daß es übertrieben ist, von sich selbst völlig fehlerloses Handeln und absolute Perfektion zu verlangen. Aber wir wissen auch, daß wir lernen können, manches besser zu machen, und daß uns das Unterrichten mehr Freude macht, wenn wir eine neue Fähigkeit erworben haben oder eine neue Idee ausprobieren. Ein Grund, warum wir dieses Buch gemacht haben, ist, daß wir hoffen, Sie mit dieser Art von

Freude anstecken zu können. Sollten Sie also beim Lesen das Gefühl haben, daß Sie sich nur wieder einmal ärgern müssen oder daß Ihnen ein schlechtes Gewissen eingeredet werden soll, dann lassen Sie solche Kapitel einfach aus oder verschenken Sie das Buch an Ihren Lieblingsfeind, um ihm eins auszuwischen.

Die zweite Behauptung, die in einem anständigen Unterrichtsbuch nicht fehlen darf, heißt: „Rezepte gibt es nicht. Wissenschaftliche Aussagen dürfen keineswegs als Rezepte mißverstanden oder zu Rezepten verkürzt werden. Denn Rezepte sind unwissenschaftlich und überhaupt abzulehnen."

Als wir diese Aussage die ersten zehntausend Male hörten, fanden wir sie auch ganz gut. Aber irgendwann fingen wir an, über ihre Bedeutung nachzudenken. Vor allem, weil uns auffiel, daß wir nirgendwo nachlesen konnten, was mit dem Wort „Rezepte" eigentlich genau gemeint war. Wir wurden zunehmend stärker vom Zweifel benagt. Was wäre, wenn es vielleicht doch Rezepte gäbe, obwohl Millionen von Wissenschaftlern und Lehrern diese Möglichkeit ausschließen?

Was Rezepte nicht sind

Wir fanden es selbstverständlich, daß „Was-macht-man-wenn-Rezepte" für pädagogische Probleme nicht zu haben sind. Wer kommt schon auf die Idee, bei einem Schulpsychologen oder Erziehungswissenschaftler anzurufen: „Hören Sie, ich bin Lehrer. Heute hat in meiner Klasse ein Schüler einem anderen ein Fünfmarkstück aus der Schultasche gestohlen. Reden Sie bitte nicht lange drumherum, sondern sagen Sie mir klipp, klar und wissenschaftlich, was ich jetzt tun soll, denn dies ist ein Ferngespräch."

Wahrscheinlich würde der so angesprochene Fachmann das Angebot zur Ausübung seines wissenschaftlichen Fachverstandes nicht erfreut annehmen, sondern darauf dringen, daß folgendes klargestellt wird:

- daß er erst einmal genauer Bescheid wissen müsse, was überhaupt im einzelnen passiert sei,
- daß er eigentlich die beteiligten Schüler kennen müsse, um etwas Vernünftiges sagen zu können,
- daß er zwar einige Ratschläge geben könne, was wir lieber nicht tun sollten und daß er auch bereit sei, Vorschläge zu liefern, wie wir uns in dieser Situation verhalten könnten, aber

– daß wir gefälligst selbst zu entscheiden hätten, ob und von welchen dieser Vor- und Ratschläge wir Gebrauch machen wollten.

Daß es keine Wundermittel-Rezepte gibt, die in einer bestimmten Art von Situation immer richtig sind, ist trivial, d. h. so absolut und total selbstverständlich wie 427 multipliziert mit 6496 die Zahl 2 773 792 ergibt. (Jetzt rechnen Sie aber!)

Warum kann man von Wissenschaftlern keine Aussagen wie die folgende erwarten?

„Wenn ein Schüler im Unterricht Kaugummi kaut, dann muß man ihm mehr Liebe geben, denn durch das Kaugummikauen drückt der Schüler aus, daß er zu wenig davon hat. Deswegen wird jeder Schüler das Kauen im Unterricht alsbald unterlassen, wenn er vom Lehrer mehr Liebe bzw. Zuwendung erhalten hat."

Es gibt zwei Hauptgründe, warum Aussagen (Rezepte) dieser Art nicht möglich sind.

Der erste Grund: Wenn mehrere Leute dasselbe tun, ist es noch längst nicht dasselbe. Auf unser Beispiel übertragen: die Annahme „Kaugummikauen = Kaugummikauen" ist falsch.

Obwohl pädagogische Schwierigkeiten oberflächlich gesehen völlig gleich aussehen können, handelt es sich in Wirklichkeit häufig um völlig verschiedene Schwierigkeiten. Ein Schüler hat vielleicht nur aus Gedankenlosigkeit versäumt, sein Gummi rechtzeitig unter seinen Tisch zu heften. Der zweite hat es mit kühl kalkulierter Absichtlichkeit erst nach der Pause eingenommen, weil er aus Erfahrung weiß, daß er dadurch Auflockerungen des Unterrichts herbeiführen kann, die ihn und die Mitschüler erheitern. Ein dritter ist neu in der Klasse und hatte bisher eine Englischlehrerin, die selbst während des Unterrichts ein Kaugummi im Munde herumführte. Ein vierter kaut, weil ein Mitschüler, der gerade Geburtstag hat, Kaugummis verteilte – und er geht von der Annahme aus, daß es in diesem besonderen Fall erlaubt sei, das Kaugummi sofort zu kauen.

So unterschiedlich die verschiedenen „gleichen" Situationen sind, so verschieden werden auch die Mittel sein, die ein Lehrer einsetzen könnte.

Dazu kommt noch, daß die Verschiedenheit auch durch den Lehrer und seine Einstellung zu dem Fall vergrößert wird. Lehrer haben nämlich ganz unterschiedliche Einstellungen zum Problemkreis „Kaugummis im Unterricht", und wir haben dieses Beispiel auch aus diesem Grunde gewählt. Einige Lehrer bemerken es gar nicht, wenn die Schüler im Unterricht kauen, und es stört sie nicht im geringsten. Andere finden sich selbst kleinlich, wenn sie die Schüler nicht kauen lassen; aber sie fühlen sich doch irgendwie provoziert, und verbrauchen eine Menge psychischer Energie, um das Kauen zu ignorieren. Wieder andere haben persönlich gar nichts gegen das Kauen, aber sie grübeln darüber nach, was wohl die Kollegen von ihnen denken würden, wenn sie das Kauen in ihren Stunden durchgehen lassen. Und gar nicht so wenige fühlen sich durch kauende Schüler persönlich beeinträchtigt und abgewertet oder sind überzeugt, daß Kaugummikauen nicht in den Unterricht gehört, selbst wenn es keinerlei erkennbare negative Auswirkungen auf den Lernprozeß hat. Jedenfalls kann man davon ausgehen, daß sich jeden Tag in vielen Schulklassen wegen des Kauens kleine Tragödien ereignen.

Worauf es ankommt: Nicht nur die Unterschiedlichkeit der Situationen aus der Sicht der Schüler verhindert es, daß einfache und schematisch anwendbare Wundermittel-Rezepte formuliert werden können, sondern das Problem wird zusätzlich dadurch kompliziert, daß auch die Gefühle, Einstellungen und vor allem die Ziele der Lehrer berücksichtigt werden müssen. Wer das Kaugummikauen unterbinden möchte, kann nicht dasselbe Rezept anwenden wie jemand, der lernen möchte, das Kauen zu dulden, ohne sich innerlich gelb zu ärgern.

Das war also der erste Grund. Jetzt zum zweiten Grund, warum die Wissenschaft keine telefonischen Wundertricks liefern kann:

Dieser Grund hat mit der sogenannten Konstanzannahme der frühen Wahrnehmungspsychologie zu tun, und diese Annahme ist nachweislich falsch.

Wäre sie richtig, dann müßten alle Menschen auf dieselben Reize mit den gleichen Empfindungen reagieren. Das tun sie aber eben nicht. Identische Reize werden von den einzelnen Menschen in Abhängigkeit von vielen Bedingungen ganz unterschiedlich verarbeitet.

Jochen Grell kommt in eine fröhliche Stimmung, wenn man ihm eine Hound Dog Taylor-Platte[1] in hoher Phonstärke vorspielt, während Monika Grell dadurch höchstwahrscheinlich nervös wird. Wenn wir als Lehrer etwas sagen oder tun, dann müssen wir also grundsätzlich darauf gefaßt sein, daß einzelne Schüler darauf unterschiedlich reagieren können und daß ein und derselbe Schüler heute anders

---

[1] Die folgenden Platten eignen sich für dieses Gedankenexperiment: Hound Dog Taylor and the House Rockers (Sonet SNTF 676), Natural Boogie (Sonet SNTF 678), Beware of the Dog! (Sonet 2 C 064-98.343).

antworten kann als gestern, auch wenn wir ihn in genau gleicher Weise ansprechen.

Obwohl dieser Gedanke nicht schwer zu verstehen ist, scheint es doch schwierig zu sein, sich mit ihm abzufinden. Denn irgendwie suchen wir immer nach Handlungsrezepten, die uns ein für allemal von vielen unserer täglichen Schwierigkeiten befreien. Wir wünschen uns insgeheim einen Vorrat von Tricks, die jedesmal klappen, wenn wir sie anwenden, obwohl wir im Grunde wissen, daß es solche Wundermethoden nicht gibt. Vielleicht macht es uns etwas gelassener, wenn wir uns häufiger den Gedanken zu Gemüte führen, daß es ja ganz normal ist, daß Schüler verschiedenartig auf unsere Beeinflussungsbemühungen reagieren. Vielleicht erweitert es unser Verständnis für Schüler, wenn wir uns einmal detailliert klarmachen, wie unterschiedlich Schüler auf eine einzelne Lehrerhandlung antworten könnten.

Das folgende Arbeitsblatt, soll Sie anregen, über diese Problematik anhand von konkreten Beispielen nachzudenken. Wir schlagen vor, daß Sie sich mit diesem Arbeitsblatt mehr als einmal beschäftigen, damit Sie sich nach und nach wirklich an den Gedanken gewöhnen, daß man von Rezepten nicht zu viel erwarten kann.

Lesen Sie bitte auf Seite 28 weiter, wenn Sie im Moment keine Lust auf Arbeitsblätter haben. Sie können ja immer noch darauf zurückkommen.

Thema: Welche Effekte kann eine Lehrerhandlung haben?

Ziele:
1. Sich deutlich vorstellen können, daß jeder Schüler einer Klasse auf ein bestimmtes Lehrerverhalten aus verständlichen Motiven und vernünftigen Gründen ganz anders reagieren könnte als alle anderen Mitschüler.
2. Erkennen, daß es naiv ist, nach einer für eine bestimmte Situation „richtigen" oder effektiven Handlungsweise zu suchen, deren Wirkung exakt voraussagbar ist.

Grundgedanken:

Lehrer haben es in der Schule mit *Menschen* zu tun, die ihren *eigenen Willen* haben. Wenn ich mit einem Hammer kunstgerecht auf den Kopf eines Nagels schlage, wird sich der Nagel mit großer Wahrscheinlichkeit so verhalten, daß er sich in die Unterlage einsenkt. Wenn ich aber einen Schüler schlage, kann er auf sehr viele verschiedene Arten darauf reagieren. Zum Beispiel könnte er weinen, lachen, sich auf den Fußboden fallenlassen, sich auf den Tisch stellen, aus der Klasse laufen, auf seinem

Platz sitzenbleiben, den Lehrer auslachen, verspotten, beschimpfen, ihm danken usw. usw.
Überhaupt: Schüler werden in der Schule nicht zu Lernautomaten, sondern sie führen dort ihr Leben weiter.
Es gibt kein Naturgesetz, daß in der Interaktion zwischen Menschen jede Handlung nur einen ganz bestimmten Effekt haben kann. Im Prinzip können unzählig viele unterschiedliche Reaktionen durch ein bestimmtes Verhalten ausgelöst werden, wenn auch in der Praxis einige dieser möglichen Reaktionen seltener auftreten werden als andere.

Vorgehen:

1. Wählen Sie eine Lehrerhandlung, deren mögliche Auswirkungen auf einzelne Schüler Sie genauer untersuchen wollen. Sie können auch eines der folgenden Beispiele nehmen.

Beispiele:
- Ich sage zu den Schülern: „Setzt euch gerade hin und schaut alle zur Tafel."
- „Wir müssen die Zeichensetzung bei der wörtlichen Rede jetzt üben, weil wir in der nächsten Woche ein Diktat schreiben werden."
- Klaus wackelt mit seinem Stuhl hin und her. Ich höre auf zu sprechen und blicke ihn scharf an. Dabei hebe ich leicht den rechten Arm, um ihm zu zeigen, daß er eine Ohrfeige verdient hätte.
- „Wenn es hier weiter so unruhig ist und ihr nicht mit dem dauernden Schwatzen aufhört, machen wir statt Turnen heute Mathematik. Mit so einer undisziplinierten Klasse wage ich mich nicht in die Turnhalle."

2. Stellen Sie sich jetzt einen Schüler vor und die Art, wie er auf die Lehrerhandlung reagiert. Malen Sie sich aus, was der Schüler im Anschluß an die Lehrerhandlung tut oder sagt, welches Gesicht er dabei macht usw., also welches *beobachtbare Verhalten* er zeigt.
Überlegen Sie sich außerdem, welchen *Hintergrund* das Verhalten des Schülers haben könnte und was in dem Moment, in dem er auf die Lehrerhandlung reagiert, in seinem Inneren vorgehen könnte, also wie er die Situation *erlebt.*
(Um Ihr Vorstellungsvermögen anzuregen, können Sie sich Fragen wie diese stellen:
Wie interpretiert der Schüler die Situation?
Was hat er gerade vorher erlebt?
Was ist sein Hobby?
Was wünscht er sich am meisten?
Was erwartet er von sich und von anderen?
Woran denkt er?
In welcher Stimmung war er vor der Lehrerhandlung, und in welcher ist er jetzt?
Welche Einstellungen hat er?
Wie ist seine Situation zu Hause bzw. in der Klasse?)

Notieren Sie Ihre Ergebnisse in dem untenstehenden Schema.
Stellen Sie sich dann einen Schüler vor, der ganz anders auf die Lehrerhandlung reagiert als der erste, weil bei ihm der Hintergrund anders ist, so daß er die Situation anders erlebt. Fahren Sie mit dieser Vorstellungsarbeit

fort, bis Sie sich mindestens 5 unterschiedliche Reaktionsweisen ausgedacht haben. So sollen Geschichten entstehen, die verständlich machen, warum jeder Schüler die Lehrerhandlung anders erlebt und beantwortet. Es ist unwichtig, ob Sie zuerst die linke oder die rechte Spalte des Schemas ausfüllen. Beginnen Sie dort, wo Ihnen zuerst etwas einfällt.
Die Beispiele sollen Ihnen zeigen, wie diese Geschichten aussehen können.

Lehrerhandlung/Situation: 3. Schj.

„Setzt euch gerade hin und schaut alle zur Tafel!"

Mögliche Reaktionen einzelner Schüler:

	Hintergrund und unsichtbares Erleben	Beobachtbares Verhalten
1.	Thomas schwärmt für Iris. Iris soll sehen, daß er mutig genug ist, gegen die Anweisung des Lehrers zu handeln. Er möchte Iris damit imponieren.	Thomas dreht den Stuhl etwas, so daß er jetzt statt zur Tafel aus dem Fenster schaut.
2.	Iris findet Thomas „blöd". Sie bemerkt zwar seine Schau, beachtet sie aber absichtlich nicht.	Iris setzt sich gerade hin und schaut den Lehrer an.
3.	Jens ist normalerweise mit seiner Arbeit rechtzeitig fertig. Diesmal hat er einen Satz nicht geschafft. Er will ihn unbedingt noch abschreiben.	Jens schreibt weiter in seinem Heft.
4.		
5.		
6.		

3. Wenn Sie sich 5 oder mehr solcher Geschichten vorgestellt haben, können Sie die Arbeit beenden. Sie haben sich bemüht, eine Situation aus mehreren Perspektiven zu sehen. Wir glauben, daß dies nützlich ist, weil wir als Lehrer allzu leicht in unserem Lehrerstandpunkt befangen bleiben und mehr und mehr verlernen können, die verschiedenen Standpunkte der Schüler wahrzunehmen. Unsere Annahme ist: Wenn wir uns häufiger vorstellen, wie Schüler handeln könnten und was sie dabei innerlich erleben, dann verbessert sich dadurch unsere Fähigkeit, solche Sachverhalte auch im Ablauf des Unterrichts zu *sehen* und unterschiedliche Reaktionsweisen besser zu verkraften. Wir erleben es dann als ganz normal, daß Schüler unterschiedlich handeln und fühlen. Dadurch werden wir unabhängiger von unserem heimlichen Wunsch nach solchen Rezepten, die bei allen gleich wirken.

4. Diese Übung kann vielfältig variiert werden. Sie kann z. B. mit einer Gruppe von Freunden als Spiel durchgeführt werden. Jeder schreibt auf, in welcher Weise er selbst möglicherweise auf eine bestimmte Lehrerhandlung reagieren würde. Der Austausch der verschiedenen Geschichten ist nützlich, weil dadurch häufig unser Vorstellungs- und Wahrnehmungsvermögen erweitert wird, denn andere Teilnehmer bringen meist Aspekte ein, auf die wir selbst nicht gekommen wären.

Man kann bei dieser Übung auch von selbst erlebten Unterrichtssituationen ausgehen, das Verhalten eines Schülers schildern, das man als schwierig oder unverständlich erlebte und die Teilnehmer bitten, die Hintergründe des Vorfalls so zu schildern, als seien sie selbst dieser Schüler. Oder man stellt sich vor, wie bestimmte Schüler aus der eigenen Klasse auf bestimmte Lehrerhandlungen reagieren könnten und was sie dazu veranlaßt.

In einer Gruppe könnte man anschließend an diese Vorstellungsübung auch über Fragen wie die folgenden diskutieren:

- Wie wahrscheinlich oder unwahrscheinlich ist es, daß bestimmte Erlebens- und Handlungsweisen im Unterricht vorkommen?
- Woran liegt es, daß im Unterricht oft weniger unterschiedliche Reaktionen auftreten als denkbar wären?

- Was ist merkwürdiger: daß im Unterricht oft viele Schüler ähnlich reagieren oder daß einzelne Schüler manchmal ganz unerwartet reagieren?
- Welche Erfahrungen mache ich persönlich bei der Arbeit mit dieser Übung, und was bringt diese Arbeit für mich?

Was sind Rezepte?

Wir haben bis jetzt beschrieben, was Rezepte nicht sind und was man nicht von Rezepten erwarten kann. Gibt es also keine Rezepte, wie immer behauptet wird? Doch, es gibt welche, und wir könnten gar nicht existieren, wenn das nicht so wäre. Es stimmt zwar, daß Menschen sich grundsätzlich sehr verschiedenartig und überraschend verhalten können und daß es oft schwierig ist, das Verhalten einer einzelnen Person präzise vorauszusagen. Aber es stimmt auch, daß wir von unserer Fähigkeit, überraschende und neuartige Handlungsweisen zu zeigen, gewöhnlich sehr viel weniger Gebrauch machen, als wir theoretisch könnten. Das liegt daran, daß unser alltägliches Handeln ziemlich weitgehend von Rezepten gesteuert ist, die wir im Laufe unserer Sozialisation erworben und gespeichert haben. Weil das bei allen Menschen so ist, können wir in vielen Situationen recht gut voraussagen, wie unsere Interaktionspartner in etwa reagieren werden, und wir tun das auch ständig, obwohl es uns selten deutlich bewußt ist. Natürlich machen wir dabei nicht selten Fehler und merken das dann daran, daß wir enttäuscht oder überrascht darüber sind, wie jemand sich uns gegenüber verhält. So stört es uns, wenn wir einen Witz erzählen und der Zuhörer keine Miene verzieht oder wenn wir uns bemühen, freundlich zu sein, und unsere Interaktionspartner sich trotzdem kalt und abweisend verhalten. In solchen Fällen funktionieren unsere Alltagsrezepte nicht, mit denen wir im allgemeinen recht genau vorhersagbare Wirkungen erzielen. Unser Leben wäre eine einzige Kette von Schwierigkeiten, wenn wir uns nicht so weitgehend darauf verlassen könnten, daß unsere Rezepte jedenfalls ungefähr die erwarteten Effekte haben.

Lehrer werden dafür bezahlt, daß sie Schülern etwas beibringen. Sie können diese Aufgabe nur dadurch erfüllen, daß sie das Verhalten von Schülern gezielt beeinflussen. Dazu benutzen sie eine Fülle unterschiedlicher Handlungsstrategien. Ein Teil dieser Handlungsstrategien stammt aus der Kiste, aus der wir uns alle bedienen: es sind dieselben Handlungsrezepte, die wir auch im Alltag verwenden. Wir lächeln unsere Schüler genauso an wie unsere eigenen Kinder oder wie die Erwachsenen, mit denen wir zu tun haben; wir schimpfen eine Schulklasse, die zu viel Lärm verursacht, nicht viel anders aus als eine Kindergruppe, die unseren Mittagsschlaf stört.

Neben den Alltagsrezepten, die im Unterricht verwendbar sind, benutzen Lehrer auch viele Rezepte, die im Alltag nicht oder selten vorkommen, weil sie dort nicht üblich sind oder keine richtige Funktion haben. Dies sind die traditionellen Schulrezepte, die die Lehrer z. T. schon als Schüler von ihren Lehrern abgeschaut oder die sie sich im Laufe ihrer schulpraktischen Ausbildung angeeignet haben. Zu diesen traditionellen Rezepten gehören die vielen Rezepte, mit denen man Disziplinschwierigkeiten zu bekämpfen versucht (Strafarbeiten, Schüler anbrüllen usw.). Traditionelle Rezepte stekken aber auch in der üblichen Art und Weise, die man den Unterrichtsstoff mit den Schülern „erarbeitet“ oder wie man am Unterrichtsbeginn „nicht zu viel vorwegnimmt“ und die Schüler zu motivieren versucht. (Wir werden diese Traditionen später genauer behandeln.) Traditionelle Schulrezepte haben nicht immer eine klare Begründung: man macht es eben so, und damit basta!

Wir behaupten nicht, daß Alltagsrezepte und traditionelle Schulrezepte grundsätzlich schlecht und mangelhaft seien. Niemand könnte eine einzige Unterrichtsstunde durchführen, wenn ihm das Arsenal dieser Rezepte nicht zur Verfügung stünde. Aber es ist andererseits auch richtig, daß viele dieser Rezepte Mängel haben.

Nehmen wir als Beispiel das Rezept des Anbrüllens. Wenn es mir in meiner Klasse zu laut ist und ich den Wunsch habe, daß alle Schüler sofort den Mund halten, mich anschauen und mir zuhören, dann ist es ein gutes Rezept zur Erreichung dieses Ziels, daß ich die Schüler ganz plötzlich laut anbrülle. Gewöhnlich tritt dann sofort Stille ein, und ich habe das Gefühl, daß die Schüler mir jetzt aufmerksam zuhören. Dieses Rezept wirkt also prompt, vorausgesetzt, daß meine Stimme laut genug ist, um die Gesamtheit der Schüler zu übertönen. Leider merke ich bald, daß die Anwendung des Lautstärke-Rezepts auch Nachteile hat. Ich stelle fest, daß ich das Mittel immer häufiger anwenden muß, um Ruhe herzustellen. Mir wird klar, daß ich den Schülern zwar beigebracht habe, immer dann still zu sein, wenn ich meine Stimme erhebe, aber daß dadurch nicht ihre Bereitschaft oder Fähigkeit verbessert worden ist, von sich aus aufmerksam und leise zu sein, wenn es der Unterricht erfordert. Außerdem kostet mich das Schreien ziemlich viel Kraft, und ich werde nach und nach immer unzufriedener mit den Schülern und mit mir. An einer solchen Stelle wird deutlich, daß die traditionellen Rezepte nicht in jedem Fall ausreichen und manchmal in Sackgassen führen.

Interpretationsrezepte helfen uns, geeignete Handlungsrezepte zu finden

Zum Glück gibt es Wissenschaftler, die Theorien darüber entwikkeln, wie sich bestimmte Handlungsweisen in der menschlichen Interaktion im allgemeinen auswirken und warum und unter welchen besonderen Bedingungen man mit bestimmten Auswirkungen rechnen kann. Diese Theorien können benutzt werden, um ähnliche Vorgänge, die wir häufiger erleben, zu erklären oder zu interpretieren. Insofern sind Theorien Erklärungs- oder Interpretationsrezepte. Aber man kann diese Theorien auch als Rohstoffe für die Konstruktion von wissenschaftlichen Handlungsrezepten verwenden und auf der Basis von wissenschaftlichen Theorien „Handlungswerkzeuge" entwickeln, die den traditionellen Rezepten an Präzision überlegen sind. Da Theorien nicht nur beschreiben, was passiert, sondern auch erklären, *warum* bestimmte Effekte auftreten, kann man ihnen nämlich Hinweise darauf entnehmen, was man anders machen könnte, wenn ein Handlungsrezept nicht die erwünschten Wirkungen erzielt.

Wir interpretieren im folgenden das Anbrüllrezept durch die Brillen verschiedener Theorien – was wir, um Ihre Lesergeduld nicht zu überfordern, nur sehr knapp und nicht in allen Einzelheiten tun wollen. Dabei stellen wir uns immer die Frage, welche Handlungsrezepte uns die jeweilige theoretische Interpretation oder Analyse nahelegt.

Beispielsweise können wir das Anbrüll-Rezept mit der *Theorie »Lernen durch Verstärkung«* interpretieren. Diese Theorie liefert uns eine Erklärung, warum der Zeitpunkt, in dem wir ganz und gar auf das Anbrüllen verzichten können, einfach nicht näherkommen will. Obwohl wir die Schüler immer wieder mit diesem Rezept behandeln, wird ihr Verhalten nicht besser, und wir müssen täglich wieder dieselbe Anbrülleistung erbringen oder sogar unsere Quote ständig steigern. Mit Hilfe der Verstärkungstheorie können wir nun erkennen, daß nicht die Schüler durch das Anbrüllen erzogen werden, sondern daß wir selbst die Lernenden sind. Da wir jedesmal, wenn wir gebrüllt haben, sofort dadurch verstärkt werden, daß die Schüler – wenigstens für einen Moment – still sind, halten wir das Anbrüllen bald für das wirksamste Mittel und gewöhnen uns daran, es immer wieder einzusetzen. Die Verstärkungstheorie kann uns den Tip liefern, den Spieß einmal umzudrehen: wir könnten dazu übergehen, auf diejenigen Momente zu achten – und diese Momente kommen in fast allen Unterrichtsstunden vor –, in denen die Schüler von sich aus aufmerksam sind, um die Schüler dann sofort dafür zu verstärken.

Dazu ist gar kein großer Aufwand nötig. Oft genügt es schon, wenn ich Schüler anlächle oder freundlich in die Klasse schaue. Auch Gesten der Zustimmung wirken verstärkend (s. Kasten).

1. Stellen Sie sich vor den Spiegel und probieren Sie aus, welche pantomimischen Mittel Sie zur Verfügung haben, um *Zustimmung und Anerkennung* auszudrücken. Setzen Sie sich möglichst erst zur Ruhe, wenn Sie etwa 10 verschiedene Gesten gefunden haben.
   Tip: Sie dürfen Ihr imaginäres Gegenüber auch körperlich berühren. (Lassen Sie diese Übungen lieber aus, wenn Ihnen dabei zu tiefsinnige Gedanken kommen.)
2. Probieren Sie fünf Bewegungen, mit denen Sie *Mißfallen* ausdrücken können. Tip: Manche Geselligkeiten sind langweilig. Sie können aus diesem Arbeitsblatt ein lustiges Spiel machen. Führen Sie z. B. die Regel ein, daß jeder, der zu einem Gedankengang Stellung nehmen will, zuerst nichtverbal (durch Gesichtsausdruck und Pantomime) ausdrücken muß, wie er zu den Ausführungen seines Vorredners steht.
   Wirkt es sich in Ihrem Unterricht aus, daß Sie diese Übung gemacht haben? Fangen Sie an, sich selbst ein wenig genauer zu beobachten?

Zu etwas anderen Ergebnissen kommen wir, wenn wir als Interpretationsrezept die Arbeit von *Kounin* (1976) heranziehen. Auch dabei stellen wir fest, daß unser Rezept ‚Anbrüllen‘ nicht funktioniert, weil wir die falsche Situation zum Eingreifen wählen. Aber die Handlungsrezepte, die Kounin empfiehlt, sind von anderer Art als die der Verstärkungstheorie: wir sind aufgefordert, bestimmte Fähigkeiten zu erlernen und sie beim Unterrichten zu verwirklichen und außerdem den Unterrichtsablauf nach bestimmten Prinzipien zu gestalten.

Ein drittes Interpretationsrezept, das wir zur Analyse der Anbrülltradition benutzen können, ist die Vorstellung von der Wirkungsweise *»reziproker Affekte«*, wie sie von Tausch und Tausch (1970, S. 115 ff.) beschrieben wurde. Die Grundannahme ist, daß ich mit der Stimmung, die ich als Lehrer aussende, meine Schüler unmittelbar anstecke. Wie man in den Wald hineinruft, so kommt es als Echo zurück. Wenn ich also wütend in die Klasse brülle, so wächst die Wahrscheinlichkeit, daß auch in vielen Schülern eine Zornesstimmung aufkommt. Wahrscheinlich steigert diese Stimmungsübertragung nicht die Bereitschaft der Schüler, sich aufmerksam und friedlich zu verhalten, wodurch das Phänomen erklärbar wird, daß die Klasse bald nach der berühmten Anbrüll-Stille wieder zu ihrer normalen Lautstärke zurückfindet, die durch eine aggressiv getönte Stimmung noch intensiviert ist. Als Handlungsrezept legt mir diese Betrachtungsweise nahe, daß ich mich bemühe, selbst nur solche Stimmungen zu senden, wie ich sie mir in der Klasse wünsche, was gewiß nicht immer sehr einfach sein wird, weil jemand, der sich zornig fühlt, sehr gern zornige Signale senden möchte.

Viertens kann die Anbrüll-Situation daraufhin analysiert werden, was die Schüler durch das Vorbild des Lehrers lernen könnten. Welches *Modell*verhalten zeigt der Lehrer, und was haben die Schüler gelernt, die dieses Verhalten beobachten und imitieren? Immerhin können Schüler, wenn sie das Anbrüllrezept in Aktion miterleben, die Erfahrung daraus filtern, daß das Anbrüllen in der Interaktion zu sofortigen Effekten führt. Bekanntlich wenden Schüler dieses Rezept sehr oft in der Interaktion mit Mitschülern an, was eine Erklärung dafür ist, daß Schüler bei der Stillarbeit häufig dem Namen dieser Arbeitsform keine Ehre erweisen, sondern im Gegenteil sich gegenseitig durch Anbrüllen zu beeinflussen und zu überzeugen versuchen. Zwar haben sie dieses Handlungsrezept wahrscheinlich nicht erst durch die Beobachtung ihres Lehrers gelernt. Aber ein Lehrer, der dieses Handlungsrezept oft selbst anwendet, unternimmt auch wenig, um den Schülern bessere Handlungsrezepte zu demonstrieren; er bestärkt sie nur darin, dieses Rezept zu benutzen.

Welche Handlungsrezepte legt diese Analyse theoretisch nahe? Wir sollten selbst so zu handeln versuchen, wie wir es von den Schülern erwarten, damit sie das richtige Verhalten von uns abgukken können.

Analysieren wir das Anbrüllen – fünftens – unter dem Aspekt *„Reversibilität bzw. Irreversibilität“* dieses Verhaltens (Tausch/Tausch, 1970), dann finden wir, daß wir hier ein höchst irreversibles Verhalten verwenden und uns besser um reversiblere Rezepte bemühen sollten.

Ein weiteres Interpretationsrezept ist die *Reaktanztheorie:* Das Anbrüllen führt bei vielen Schülern wahrscheinlich dazu, daß sie ihre Handlungsfreiheit als eingeschränkt erleben und daß sie sich schon aus diesem Grunde gegen Beeinflussungsversuche stärker sperren werden, etwa indem sie sich nach wenigen Augenblicken „extra“ anders verhalten, als sie sollen. Die Reaktanzinterpretation bringt uns auf den Gedanken, daß es sehr wahrscheinlich wenig hilft, wenn wir die Handlungsfreiheit der Schüler noch weiter einschränken, weil das viele Schüler nur noch „reaktanter“ machen würde. Statt dessen legt diese Interpretation uns das folgende Rezept (oder ein ähnliches) nahe: den Schülern *erklären,* daß der Lärm das Lernen erschwert, ihnen zwei oder drei Möglichkeiten *vorschlagen,* wie dieses Problem gelöst werden könnte und sie *bitten,* sich für eine dieser Möglichkeiten zu entscheiden oder eine andere Möglichkeit vorzuschlagen.

Wenn wir nicht nur auf die Phonstärke der Anbrüllaktionen achten, sondern auch Informationen über ihre inhaltliche Gestaltung sammeln, dann stoßen wir auf wieder andere brauchbare theoretische Interpretationsrezepte.

Hören wir uns etwa rufen: „Ihr seid die schlimmste Klasse der ganzen Schule! Das sagen alle Lehrer, die bei euch unterrichten müssen.“ Oder: „Sauhaufen!“ – „Kindische Rockerbande!“ „Unmotiviertes Pack!“ – dann ist das eine passende Gelegenheit, den sogenannten *labeling approach* (Etikettierungsansatz) zu Rate zu ziehen. Wir stellen uns dann die Frage: Leisten wir dadurch, daß wir die Schüler mit mehr oder weniger treffenden Namen charakterisieren, vielleicht einen Beitrag zu ihrer individuellen oder kollektiven Identitätsbildung, und wirken wir so möglicherweise daran mit, daß sich die weitere Schulkarriere der Schüler im Sinne der ihnen aufgeschwatzten Identität in eine unerwünschte Richtung bewegt?

Eine recht ähnliche Interpretationsrichtung schlagen wir ein, wenn wir darüber spekulieren, welche spezifischen Erwartungseffekte wir mit unseren Einlassungen in die (Schul-) Welt setzen. Unterrichten wir vielleicht in dieser Klasse schon deswegen anders als in anderen Klassen, weil wir von vornherein mit einem rüpelhaften Echo rechnen? Lassen wir uns selbst von diesen Erwartungen manipulieren? Und nehmen wir den Schülern dadurch nicht immer schon die Chance, sich auch einmal erwartungswidrig zu verhalten? Schaffen wir vielleicht eine Situation, in der sich unsere Erwartungen und Prophezeihungen nur noch von selbst erfüllen können?

Sollten diese Interpretationen richtig sein, dann müssen wir nach Theorien suchen, die uns helfen, Handlungsalternativen zu bestimmen, die uns erlauben, die Etikettierungs- und Erwartungszirkel zu verlassen. Wir können bei Tausch/Tausch (1970) im Kapitel über Lenkung in Konfliktsituationen nachschlagen und versuchen, unser Anbrüll-Etikettierungs-Erwartungs-Verhalten durch die dort beschriebenen Handlungsweisen zu ersetzen. Oder wir schauen bei Gordon (1972; 1977) nach, bei Good/Brophy (1973, wenn wir

Englisch können und falls wir dieses hervorragende Buch zu fassen kriegen) oder bei Havers (1978).

Je nach der Theorie, mit der wir die uns interessierende Situation und unser gewohnheitsmäßiges Handeln interpretieren, kommen wir zu unterschiedlichen Erklärungen und Handlungsrezepten. Allerdings weisen bestimmte theoretische Interpretationen auch in ganz ähnliche Richtungen und unterstützen sich so gegenseitig. Zum Beispiel kann man die Interpretationsrezepte ‚reziproke Affekte', ‚Modellernen', ‚Reversibilität' getrost durch die Bauernregel ersetzen: Handle so, wie du möchtest, daß die anderen handeln. Manchmal leistet *eine* volkstümliche Regel genauso viel wie drei psychologische Theorien. Allerdings haben gute Theorien gegenüber Bauernregeln den Vorteil, daß sie nicht nur sagen, was man tun soll, sondern auch zu erklären versuchen, welche Effekte man damit wahrscheinlich erzielt und warum.

Dies sind einige Beispiele dafür, wie man theoretische Gedanken als Rezepte zur Interpretation von Ereignissen verwenden kann, die wir in ähnlicher Form häufiger im Unterricht erleben. Die theoretische Analyse typischer Interaktionssituationen ist hier ein Weg, wie wir zielorientiert nach Lösungen für unsere täglichen Probleme suchen können, damit wir uns nicht jeden Tag wieder über die gleichen Schwierigkeiten ärgern müssen. Wenn wir Theorien in dieser Weise *benutzen,* statt uns nur von ihnen einschüchtern zu lassen, dann haben wir eine Chance, brauchbare Rezepte für unser Handeln zu finden, die uns wirklich weiterbringen. Das Problem ist freilich, diejenigen Theorien zu finden, die sich für die Lösung eines bestimmten Problems eignen, denn oft interpretieren Lehrer ihre Schwierigkeiten mit Theorien, die zu dem jeweiligen Problem nicht richtig passen oder die zu allgemein und daher nichtssagend sind, so daß keine realisierbaren Handlungsrezepte bei der Interpretation herausspringen. Auch hierfür wollen wir einige Beispiele nennen.

Theoretische Interpretationen können das Handeln hemmen

Die meisten von uns würden über einen Lehrer lächeln, der seine Schwierigkeiten mit Schülern als Folge bestimmter Konstellationen der Gestirne zum Zeitpunkt seiner eigenen Geburt und der der Schüler erklären wollte. Aber viele Erklärungen und Interpretationen, an die wir uns gewöhnt haben, sind im Grunde kaum weniger astrologisch.

Oft interpretieren Lehrer Schwierigkeiten, wie sie etwa durch die häufige Benutzung des Anbrüllrezepts sichtbar werden, in Begriffen der Erziehungsstilforschung. Sie sind dann von sich selbst enttäuscht, daß sie immer wieder zu „autoritären" Mitteln greifen *müssen* – jedenfalls scheint es ihnen so, daß sie von Kräften, die sie persönlich nicht beeinflussen können, zu solchem Handeln *gezwungen* werden. (Wenn wir – wie wir es oben getan haben – das Anbrüllverhalten so deuten, daß hier Lehrer durch die Reaktionen der Schüler verstärkt und dadurch letztlich von den Schülern kontrolliert, ja dressiert, werden, dann haben wir eine Erklärung für dieses Gefühl vieler Lehrer, daß sie ihre Handlungen nicht frei selbst bestimmen können, sondern sich selbst als ferngelenkt empfinden.) Sie wünschen sich, einen „demokratischen" oder „sozialintegrativen" oder „schülerzentrierten" Erziehungsstil zu pflegen, aber sie finden keinen gangbaren Weg, wie sie dieses Ziel erreichen können.

Die Interpretation des Anbrüllens als „autoritäres Verhalten" erzeugt bei vielen Lehrern nur ein schlechtes Gewissen, Unzufriedenheit oder gar Verzweiflung. Nützliche Handlungsrezepte werden hierbei selten sichtbar. Man merkt nur, daß das Problem viel zu umfangreich ist, um lösbar zu sein. Am Ende findet man sich damit ab, daß es eben nicht anders geht und identifiziert sich mit den „autoritären" Verhaltensrezepten, indem man sich die dazu passenden pessimistischen Einstellungen zu eigen macht. Oder man klagt „das System" an, das angeblich diese Mechanismen automatisch produziert, wird zum isolierten Dauernörgler oder schließt sich mit einer Gruppe Gleichgesinnter zusammen, in der man sich regelmäßig gegenseitig die Bestätigung abholen kann, daß das System falsch konstruiert ist und nur die „solidarische Aktion" oder ähnliches weiterhelfen könnte. (Wir kritisieren hier diejenigen, die das Jammern, Klagen und Kritisieren zur Hauptbeschäftigung machen und ständig symbolische Aktionen und Protestrituale diskutieren, statt sich auf politischer Ebene und mit längerem Atem um wichtige Veränderungen zu bemühen.)

Eine weitere Interpretationsweise, die sehr häufig ist, aber auch nur in eine Sackgasse führt, zielt auf die *„anthropogenen Voraussetzungen"* der Schüler. Hierbei führt man das Anbrüllen darauf zurück, daß die Schüler irgendwelche Eigenschaften oder Charakterzüge hätten, die zum Anbrüllen zwingen. Nach dieser Interpretation haben die Schüler selbst schuld, daß sie angebrüllt werden, denn „die heutigen Schüler wollen es nicht anders", sie sind „verhaltensgestört", lernen „nur unter Druck", sind „faul", „desinteressiert" usw.

Es gibt viele Spielarten derartiger Interpretationen. Eine wird heute besonders von Lehrerstudenten, weniger von Lehrern, favorisiert. Danach sind es die Effekte der schichtenspezifisch unterschiedlichen Sozialisation in Zusammenarbeit mit einer falsch konstruierten Schulinstitution (und Gesellschaft), die es erzwingen, daß die Lehrer nicht anders als autoritär, systemkonform, gleichgültig, angepaßt usw. handeln können. Diese Interpretation treibt viele engagierte Lehrer in Resignation. (Vertreter dieser Interpretationsrichtung würden uns freilich vorhalten, daß es nicht die Interpretation ist, die diese Resignation erzeugt, sondern daß die Resignation nur das Symptom dafür sei, daß die tatsächlichen Gegebenheiten inhuman u. ä. seien.)

Zum Programm dieser Interpretationsrichtung gehört auch die Behauptung, daß „isolierte" Einzelrezepte – also daß ein Lehrer damit aufhört, das Anbrüllrezept zu verwenden und statt dessen Handlungsrezepte benutzt, die weniger aggressiv sind – grundsätzlich nichts wesentliches verändern können, wenn nicht zuvor das Rezept „Veränderung der Gesellschaft" durchgeführt worden sei.

Im Hintergrund steht die Überzeugung, daß nur eines richtig sein könne: *entweder* die Beeinflussung von Individuen *oder* die Arbeit an der Verbesserung oder Umkonstruktion der Gesellschaft. Verhaltenstraining ist kein Ersatz für Politik, aber Politik ist auch kein Ersatz für Verhaltenstraining.

Die Aufgabe der Erziehungswissenschaft

Einige Theorien erklären zwar viel, aber als Handlungsrezept bleibt nur die Überzeugung, daß man nichts machen kann. Andere Theorien helfen nicht weiter, weil sie so allgemein sind, daß sie alles erklären und im Grunde jedes beliebige Handlungsrezept rechtfertigen, so daß man letztlich seine Entscheidungen, was man wirklich tun will, doch wieder auf den persönlichen Geschmack gründen muß. Noch andere Theorien sind so differenziert, daß man eine Schulklasse auf einen einzelnen Schüler reduzieren und obendrein ein Computer sein müßte, wollte man die von ihnen nahegelegten Handlungsrezepte ernsthaft praktizieren.

Weil die Suche nach den geeigneten Interpretationsrezepten oder Theorien von vielen Zufällen bestimmt ist und umfangreiche Denk-, Lese-, Formulierungs- und Experimentierarbeiten voraussetzt, kann man diese Arbeiten nicht dem einzelnen Lehrer zumuten. Ebenso unökonomisch und unzumutbar wäre es, wenn jeder Lehrer für sich aus den Interpretationsrezepten in einem langwierigen Denk- und Probierprozeß die geeigneten Handlungsrezepte selbst entwickeln müßte. Das ist vielmehr eine Aufgabe der angewandten erziehungswissenschaftlichen Forschung, und Wissenschaftler, die in der Lehrerbildung tätig sind, werden dafür bezahlt, daß sie den zukünftigen Lehrern verraten, welche Theorien man sinnvollerweise zur Interpretation welcher Situationen heranziehen kann und daß sie geeignete Handlungsrezepte vorschlagen, damit nicht jeder Lehrer wieder ganz von vorn beginnen muß, wenn er das Erziehen und Unterrichten lernt. Für den einzelnen Lehrer bleibt trotzdem noch genug zu tun, wie wir gleich sehen werden.

Probleme beim Umgang mit Rezepten

Wissenschaftlich begründete Handlungsrezepte sind im Grunde nichts anderes als Hypothesen (Grell, 1978). Man kann sie benutzen, um vorherzusagen, wie sich das eigene Handeln auf das der Personen, mit denen wir interagieren, auswirken wird. Ohne darüber nachzudenken, machen wir im Alltag ständig solche Vorhersagen, und auch beim Unterrichten setzen wir einen großen Teil unserer Handlungsrezepte aufgrund von Vorhersagen ein, die automatisch ablaufen, weil sie gewohnheitsmäßig vorprogrammiert sind. Manche Lehrer kommen mit diesen automatisierten Vorhersage- und Handlungsprogrammen hervorragend zurecht, fühlen sich wohl und erreichen, daß die Schüler lernen, sich positiv entwickeln und zufrieden sind. Leider trifft dies nur auf wenige Lehrer zu. Die meisten von uns merken oft genug, daß die Rezepte, über die wir „automatisch“ verfügen können, für die Arbeit in der Schule nicht ausreichen. Wir merken, daß wir von ungünstigen Rezepten gesteuert werden, die wir uns abgewöhnen möchten und daß wir uns wohler fühlen und erfolgreicher unterrichten, wenn wir neue Rezepte gelernt haben, die wir dann bewußt einsetzen können. Das hört sich einfach an, ist aber in Wirklichkeit manchmal schwierig und meistens unbequem. Obwohl wir uns immer gern vorstellen, daß jemand, der sich an Rezepten orientiert, es sich besonders einfach mache, trifft dies nicht auf die Benutzung pädagogischer Handlungsrezepte zu. Im Gegenteil: es erfordert Anstrengung, wenn wir uns wissenschaftlich begründete

Handlungsrezepte aneignen wollen. Der Nachteil solcher Rezepte ist gerade, daß es meist eben nicht genügt, wenn man sagt: „Mach es doch so und so!" Denn was wir wissen, *können* wir oft noch längst nicht. Wenn wir versuchen, ein neues pädagogisches Handlungsrezept zu lernen, alte Gewohnheiten aufzugeben und neue anzunehmen, dann ist es in gewissem Sinne so, als ob wir ein neues Leben anfangen. Für eine Zeit müssen wir auf die gewohnte Sicherheit verzichten. Wir fühlen uns vielleicht zunächst unecht, wenn wir das neue Verhalten ausführen, haben das Gefühl, künstlich und nicht spontan zu handeln, und fühlen uns im Grunde unsicher, weil wir nicht vorhersagen können, wie die anderen auf unser neues Verhalten reagieren werden. Es geht uns wie einem Pinguin in der Mauser: während er seine alten Federn abwirft und ein neues, besseres Federkleid nachwächst, steht er als traurig zerrupftes Wesen in der Gegend herum und kann nicht einmal mehr schwimmen. (Man sollte sich viel mehr mit Ornithologie beschäftigen!) Trotzdem: wenn es uns gelingt, die unbefriedigende Mauserphase zu überstehen, fühlen wir uns mit den neuen Rezepten hinterher freier und fähiger. Aber bevor wir diese Phase erreicht haben, ist die Versuchung groß, den bequemeren Weg zu gehen und an den früher gelernten Handlungsrezepten festzuhalten.

Die Aneignung pädagogischer Handlungsrezepte ist aber auch deswegen schwierig und bisweilen langwierig, weil es nicht genügt, sich schnell irgendeinen „Trick" anzuüben. Pädagogisches Handeln hat auf die Dauer gesehen nur dann konstruktive pädagogische Wirkungen, wenn der jeweilige Lehrer mit seiner ganzen Person dahintersteht. Das ist nicht der Fall, wenn Lehrer mit Methoden arbeiten, die sie vor den Schülern geheimhalten zu müssen glauben. Wichtig ist, daß Lehrer sich echt verhalten. (Bitte lesen Sie das Kapitel „Echtheit als förderliche Dimension" in der 8. Auflage der „Erziehungspsychologie" von R. und A.-M. Tausch oder den Artikel „Leben hinter Fassaden" derselben Autoren in „Psychologie heute", Jg. 1977, Heft 5, wenn Ihnen der Ausdruck „echt" nicht so recht etwas sagt.)

Auf den ersten Blick scheint es so, als ob das Postulat, man solle sich echt verhalten, einer bewußten Änderung des eigenen Verhaltens im Wege stünde. Ist nicht nur das spontane, ungeplante, natürliche Verhalten wirklich echt? Wer das annimmt, übersieht, daß unser „spontanes" Verhalten auch einmal gelernt worden ist und daß ein Teil unseres angelernten „spontanen" Verhaltens dazu dient, vor anderen Menschen zu verbergen, was wirklich in uns vorgeht. Lehrer empfinden ihr Verhalten in einer Schulklasse meist als spontan und natürlich, aber ein Beobachter findet vielleicht, daß der Lehrer in der Klasse mit einer Lehrermaske herumläuft und nachmittags einen ganz anderen Charakter zeigt. Schüler sind oft überrascht, auf der Klassenfahrt ihren Lehrer als einen ganz neuen Menschen kennenzulernen, und sie wundern sich, wie schnell dieser neue Mensch sich im Schulalltag wieder in den gewohnten Lehrer zurückverwandelt. Ein Lehrer, der den Wunsch hat, sich zu verändern und umzulernen, wird in seinem Verhalten echter sein – auch wenn er sich zeitweise unsicher fühlt – als ein Lehrer, der sich ängstlich an sein spontanes Verhalten klammert und den Schülern vorspielt, er sei eine für alle Zeit fertige Person.

Eine weitere Schwierigkeit beim Lernen von Handlungsrezepten ist das Gefühl vieler Lehrer, von den institutionellen Bedingungen des Schulsystems und vom Verhalten der Schüler in ein bestimmtes Verhaltensschema gepreßt zu werden, aus dem sie sich mit eigener Anstrengung nicht befreien können. Mildere Formen dieser Hilflosigkeit kann man erleben, wenn man in einer unbekannten Grundschulklasse unterrichten muß und viele Kinder um einen herumquirlen, die man noch nicht individuell wiedererkennen und sicher voneinander unterscheiden kann. Dauernd wird man von irgend jemandem angesprochen, aber man hat kaum Zeit zuzuhören, weil die anderen schon Schlange stehen. Oder man weiß nicht, welche Schüler man schon drangenommen hat und ob es vielleicht immer nur dieselben sind, die man aufruft. Man redet einen Schüler mit seinem Namen an, aber der schaut einen nur verständnislos an und man ist irritiert, weil er ganz anders heißt. In einer solchen Situation kann man zeitweise das Gefühl verlieren, selbstgesteuert zu handeln und hat die Empfindung, von unübersehbar vielen Reizen hin- und hergeschubst zu werden.

Lehrer, die ständig mit Disziplinschwierigkeiten konfrontiert sind, können in einen Strudel von Hilflosigkeitserfahrungen hineingerissen werden und lernen, sich selbst in vielen Unterrichtssituationen als machtlos zu beurteilen. Dieses Gefühl, einer massiven Fremdsteuerung unterworfen zu sein, ermutigt nicht dazu, sich zielstrebig und beharrlich um bessere Handlungsrezepte zu bemühen, denn diese Bemühungen erscheinen vor dem Hintergrund der „Ich-kann-ja-doch-nichts-machen-Überzeugung“ so sinnlos wie der Versuch Münchhausens, sich am eigenen Zopf aus dem Schlamm zu ziehen.

Viele Lehrer halten sich aber für machtloser als sie wirklich sind. Ein konkretes Beispiel für die Überschätzung der äußeren Zwänge und die Unterschätzung der eigenen Handlungsfähigkeit ist die Reaktion vieler Lehrer auf den Lehrplan. Man läßt sich von den dort niedergelegten Vorschriften ins Bockshorn jagen und tut so, als sei der Lehrplan eine Sammlung von Befehlen, die mit peinlichster Genauigkeit befolgt werden müßten. So setzt man sich einen kleinen Kultusminister ins Ohr, der einem dauernd zuflüstert: „Lehrplan erfüllen! Sonst setzt es was!“ Das Lehrplanerfüllungsgebot wird hier zu einer Art Zwangsneurose. Wer den Lehrplan so auffaßt, ist tatsächlich schlimm dran, und sein Gefühl, gefesselt und machtlos zu sein, ist subjektiv wirklich berechtigt. Betrachtet man den Lehrplanzwang jedoch weniger subjektiv, dann stellt man fest, daß Lehrer einen beträchtlichen Interpretationsspielraum besitzen, den sie ängstlich übersehen und viel zu wenig ausnutzen.[1] Man findet, daß Lehrpläne Formulierungen enthalten, die zum Ausdruck bringen, daß sie als Hilfen und Vorschläge und nicht als Zwangsjacke gemeint sind. Viele Lehrer legen sich die Lehrpläne eigenhändig als Fesseln um, und manchmal hat man den Eindruck, daß sie es eigentlich ganz gern tun, weil sie dann um so mitleiderregender klagen können und jederzeit eine gute Ausrede zur Hand haben: „Wir würden ja gerne, aber wir können ja nicht – wegen des Lehrplans“.

Wenn ein Lehrer davon träumt, daß es ihm gelingen könnte oder sollte, einen vollständig konfliktfreien und reibungslos funktionierenden Unterricht zu machen, dann hat er gewiß übertriebene Erwartungen und wird vermutlich darunter leiden, daß sie nicht eintreffen. Ebenso übertrieben ist es aber, wenn Lehrer sich selbst einreden oder einreden lassen, sie hätten schon alles Lehrermögliche getan und es sei daher von ihnen nicht mehr beeinflußbar und sie hätten es auch nicht mehr zu verantworten, wenn trotzdem alles drunter und drüber geht. Diese aus vielen enttäuschenden Erfahrungen gefilterte Überzeugung ist uns zwar im Einzelfall durchaus verständlich – manchmal fühlen wir uns selbst ganz hilflos, wenn wir die Leidensgeschichte eines enttäuschten Lehrers hören –, aber oft können wir schon dem Bericht des Lehrers entnehmen, daß er ständig ganz banale Fehler im Umgang mit den Schülern und in der Organisation des Unterrichtsablaufs gemacht hat, nun mit seiner Phantasie und seinen Handlungsrezepten am Ende ist und nur noch den Wunsch hat, die Verantwortung von sich auf die Umstände abzuschieben.

[1] Paradoxerweise schreien oft dieselben Leute, die sich darüber beklagen, daß der Lehrplan eine Zwangsjacke sei, geradezu nach peinlich genau strukturiertem Unterrichtsmaterial. Lehrer reißen sich gegenseitig die fertigen Arbeitspapiere gern aus der Hand.

Beobachtet man einen solchen Lehrer beim Unterrichten, dann stellt man meistens fest, daß es ihm mit großer Wahrscheinlichkeit besser ginge und er einen guten Teil seiner Probleme besser meistern würde, wenn er einige neue Handlungsrezepte lernen und sie gegen einen Teil seiner alten auswechseln könnte. Das Traurige ist nur, daß Lehrer, die verzweifelt sind und sich hilflos fühlen, in einer für das Lernen neuer Handlungsweisen denkbar schlechten Verfassung sind. Wer am Ertrinken ist, hat keine Muße, einen gründlichen Schwimmkurs zu besuchen und wird kaum erfreut sein, wenn man ihm die Adresse eines guten Schwimmlehrers mitteilt. Lehrer, die täglich voll Angst in ihre Klassen gehen, sind in einer Drucksituation, in der sie weder die Zeit noch die nötige innere Ruhe für komplizierte und langwierige Lernprozesse aufbringen können. Sie befinden sich in einem Teufelskreis, aus dem sie ohne fremde Hilfe nur sehr schwer herauskommen. Und wenn es ihnen gelingt, die Schwierigkeiten zu meistern, dann oft nur um den Preis, daß sie viele ihrer guten Absichten und menschenfreundlichen Überzeugungen aufgeben.

Es wäre schön, wenn man Lehrern, die sich in einer derartig festgefahrenen Situation befinden, ein paar Handlungsrezepte empfehlen könnte, deren Anwendung nach ein paar Tagen dazu führt, daß sich ihre Situation grundsätzlich bessert. Aber jeder weiß, daß dies unmöglich ist.

Für jemanden, der gern badet, aber ungern ertrinkt, ist es ein gutes Rezept, Schwimmen zu lernen, aber jeder weiß, daß dieses Rezept nur funktioniert, wenn man sich zuvor längere Zeit fleißig mit Schwimmübungen beschäftigt. Und das, obwohl Schwimmen eine vergleichsweise einfache Fähigkeit ist, wie sicher jeder bestätigen wird, der sie erlernt hat. Trotzdem gibt es genug Menschen, die diese Fähigkeit niemals erwerben, sogar dann nicht, wenn sie sich alle erdenkliche Mühe geben. Das Rezept „Schwimmenlernen" hilft auch nicht einmal in jedem Fall gegen das Ertrinken. Leute, die drei Seemeilen vor der Küste mit ihrer Jolle kentern, werden sich, wenn sie klug sind, nicht darauf verlassen, daß das Schwimmrezept ein voller Erfolg wird und sich lieber an ihrem Boot festhalten, bis Hilfe kommt. Ist „Schwimmenkönnen" darum als Rezept ungeeignet? Oder muß man gar zu dem Schluß kommen, daß es keine Rezepte gibt, wie man sich über Wasser halten kann? Auch Rezepte, die ein Arzt verschreibt, helfen nicht immer, und selbst ein wunderbares Kochrezept verhindert nicht in jedem Fall, daß die Speise versalzen wird oder anbrennt. Mit diesen Vergleichen möchten wir zeigen, daß diejenigen, die immer so gern „Rezepte gibt es nicht" sagen und sich dabei so wissenschaftlich vorkommen, offenbar gar nicht erst überlegt haben, was Rezepte eigentlich sind. Denn so, wie der Begriff „Rezept“ im Alltag gebraucht wird, besagt er weder, daß es sich hier um etwas handelt, was immer, sofort, in jeder Situation und ohne Beachtung von vielen Nebenbedingungen funktioniert noch daß Rezepte dumm, unwissenschaftlich primitiv und einfach zu lernen sein müssen. Rezepte sind vielmehr nichts weiter als Beschreibungen, was man tun kann, wenn man bestimmte Ziele erreichen oder bestimmte Effekte erzielen möchte.

Rezepte sind Regeln, Pläne, Vorstellungen darüber, wie etwas gemacht werden kann, aber keine Gesetze, denen jeder gehorchen muß. Ein Rezept ist eine Vorschrift. Aber eine Vorschrift nicht im Sinne von „Du darfst nur so und nicht anders handeln“, sondern im Sinne eines Handlungsentwurfs, an dem man sich orientiert, wenn man es für vernünftig hält: ein Rezept be*schreibt vor*her, was man nachher vielleicht tun wird.

Die Tatsache, daß wir solche Vorschriften, Abbildungen von Plänen oder Beschreibungen von Handlungsrezepten als *Vorstellungen* im Kopf haben (können), die von der Ausführung von Handlungen getrennt sind, gibt uns erst die Möglichkeit, bewußt, zielorientiert, selbstkritisch, vernünftig, moralisch zu handeln. Nur weil wir Handlungsrezepte und Handlungen unabhängig voneinander betrachten und durchdenken können, sind wir in der Lage, unser Handeln zu planen, solche Handlungsweisen auszuwählen, die wir vor dem Hintergrund bestimmter Maßstäbe für geeignet halten, zu vergleichen, ob Ausführung und Ausführungsrezept übereinstimmen, zu prüfen, ob wir unser Ziel erreicht haben oder nicht.

Nun ist unser Handeln durchaus nicht immer von Rezepten gesteuert, die als bewußte Vorstellungen in unserem Kopf repräsentiert sind. Wir reagieren sehr oft, ohne unseren Verstand hinzuzuziehen bzw. handeln erst einmal drauflos und überlegen – manchmal – erst hinterher. Dieses DrauflosHandeln, ohne die Rezepte zu konsultieren, bezeichnen wir als *gewohnheitsmäßiges Handeln*. Gewohnheitsmäßiges Handeln tritt in zwei Formen auf.

Die erste Form: Hier haben wir uns die Handlungsweise angewöhnt, ohne uns darüber klarzuwerden, welches Rezept wir eigentlich anwenden. Wir führen die Handlung immer wieder aus, aber wir können uns intellektuell nicht richtig von ihr distanzieren, weil wir uns niemals darum bemüht haben, sie in unserer Vorstellung als Handlungsrezept abzubilden und dieses Rezept kritisch zu prüfen.

Die Art, wie viele Lehrer das Anbrüll-Verhaltensmuster im Unterricht verwenden, ist in diesem Sinne ein *rezeptlos-gewohnheitsmäßiges Verhalten.* Das Verhaltensprogramm wird von den Umständen abgerufen, nämlich durch bestimmte aufdringliche Reize, die von den Schülern gesendet werden, aber es wird vom Lehrer eigentlich nicht freiwillig und mit gezielter Absicht eingesetzt. In diesem Fall fühlt sich ein Lehrer, der seine Schüler anbrüllt, unwohl, weil er sich als ferngesteuert und unter äußerem Zwang handelnd erlebt. Diese Art des gewohnheitsmäßigen Verhaltens entspricht weitgehend dem durch angeborene oder andressierte Verhaltensmuster vorprogrammierten Tierverhalten. Wir haben zwar die Möglichkeit, uns selbst über die Schulter zu schauen, wenn wir so automatisiert reagieren, aber wir kommen aus dem Teufelskreis des vorprogrammierten Verhaltens nur schwer heraus, wenn wir uns nicht entschließen, das ungeeignete Handlungsrezept in unserem Kopf abzubilden und es mit anderen Handlungsrezepten zu vergleichen, um uns eine Auswahl an geeigneteren Handlungsrezepten anzueignen.

Die zweite Form gewohnheitsmäßigen Handelns unterscheidet sich von der ersten dadurch, daß sie vor dem Hintergrund einer solchen Auswahl von Rezepten abläuft. Wir handeln zwar gewohnheitsmäßig, das heißt, wir überlegen uns nicht in jedem Falle vorher, was wir tun sollen und warum wir diesem Rezept folgen und nicht einem anderen. Aber – und das ist der wichtige Unterschied – wir haben diese Überlegungen zu einem früheren Zeitpunkt einmal angestellt und sind zu dem Schluß gekommen, daß die Anwendung eines bestimmten Rezepts unter bestimmten Umständen sinnvoll, vernünftig, moralisch usw. ist und haben uns daher bewußt entschieden, dieses Handlungsrezept zu lernen, d. h. uns daran zu gewöhnen, es in den passenden Situationen einzusetzen.

Ein solches *rezepthaft-gewohnheitsmäßiges Handeln* hat für uns zwei Vorteile:

- Wir können in vielen Situationen relativ schnell und sicher handeln, weil wir nicht für jede Situation erst ein völlig neues Rezept erfinden müssen.
- Unser Handeln bleibt zielorientiert, vernünftig usw., auch wenn wir nicht in jedem Fall vorher überlegen, was wir tun wollen, sondern automatisch reagieren, indem wir ein Rezept abrufen, das wir uns angewöhnt haben. Denn eine Handlungsweise, die in der Form eines Rezepts den Verstand durchlaufen hat und dabei als sinnvoll erkannt wurde, verliert ihren Sinn ja nicht zwangsläufig dadurch, daß sie zur Gewohnheit wird.

Viele machen sich Sorgen um die Flexibilität, Spontaneität und Kreativität des Handelns, wenn sie das Wort Rezepte hören.

Daß Kreativität durch Vorschriften, Muster, Rezepte nicht grundsätzlich verhindert und eingeengt, sondern im Gegenteil überhaupt erst ermöglicht wird, kann man an der Kunst sehen. In einem Text über „Afrikanische Ästhetik und nachimpressionistische Malerei" im Lindenmuseum Stuttgart (1978) ist zu lesen:

„Den (afrikanischen) Kultobjekten liegen ikonographische Vorschriften zugrunde, die von dem Künstler eingehalten werden müssen, denn die Geister und Ahnen verlangen Masken und Figuren von genau festgelegter Art. Dennoch haben neuere Untersuchungen gezeigt, daß die religiösen und ästhetischen Traditionen bei aller Strenge künstlerische Originalität und Individualität nicht nur gestatten, sondern sogar fördern."

Bekanntlich haben sich um die Jahrhundertwende viele bildende Künstler in Europa an den Mustern (Rezepten) außereuropäischer Künstler orientiert und so eingefahrene Wege verlassen.

Nicht anders ist es in der Musik. Kreative Musiker verfügen über mehr und über andere Produktionsrezepte als ihre weniger phantasievollen Kollegen. Sie können nur deswegen mit ihren Improvisationen oder Kompositionen überraschen, weil die Rezepte dafür dem Publikum noch weitgehend unbekannt sind und nur von wenigen verstanden werden. Es zeigt sich jedoch, „daß eine scheinbar gänzlich ungebundene Musik nach einigen Jahren sich als ein nach syntaktischen Verknüpfungsregeln funktionierendes Musikverständnis zu erkennen gibt" (Kneif, 1978, S. 98). Die Rezepte, Regeln, Vorschriften, Muster sind also von Anfang an vorhanden. Es dauert nur einige Zeit, bis eine größere Zahl von Menschen diese Muster erkennt und versteht. Das Künstlerisch-Geniale an einem Künstler ist nicht, daß er keine Rezepte hat, sondern daß er Rezepte schon benutzen kann, bevor die anderen überhaupt gemerkt haben, daß es sie gibt. Und daß er ständig nach neuen Rezepten sucht, statt sich mit den traditionellen Gewohnheiten zufriedenzugeben.

Lehrer können außerdem noch etwas anderes von den bildenden Künstlern lernen, nämlich: daß man mit Rezepten arbeiten kann und trotzdem nicht stumpfsinnig immer dasselbe machen muß. Rezepte sind nämlich keine Tricks, die nur ein einziges Mal funktionieren, sondern allgemeine Handlungspläne, die man phantasielos oder phantasievoll, immer auf die gleiche Art oder jedesmal neu ausfüllen kann. Sie sind Werkzeuge wie z. B. ein Bleistift. Man kann damit hundertmal dasselbe Männchen mit derselben Sprechblase zeichnen oder hundert ganz verschiedene Bilder, die die Kunstwelt aufhorchen lassen. Auf die entsprechenden Ideen kommt man allerdings erst dann, wenn man genügend Rezepte internalisiert hat.

Welche Funktionen hat das Vorurteil gegen Rezepte?

Das stereotype Wettern gegen Rezepte – wir nennen es die ‚Rezeptvermeidungsformel' – wäre nicht so beliebt, wenn es nicht für diejenigen, die es betrieben, irgendeine nützliche Funktion hätte.

Wenn wir jetzt die Funktionen beschreiben, die das Vorurteil gegen Rezepte nach unseren Beobachtungen erfüllt, dann verstehen Sie auch, warum wir es so wichtig finden, von Rezepten zu reden und nicht irgendeinen harmlosen Ausdruck für den gemeinten Sachverhalt wählen, der bei niemandem Anstoß erregt.

Die erste Funktion: Die Rezeptvermeidungsformel nützt Lehrern, die keine Lust haben, ihr Verhalten bewußt zu kontrollieren und zu verändern. Es hilft ihnen, Theorien zu ignorieren, sich auf ihr spontanes, natürliches und intuitives Gewohnheitsverhalten zurückzuziehen und obendrein noch stolz darauf zu sein, daß sie gegen Rezepte sind. Hier dient die Rezeptvermeidungsformel der Bequemlichkeit.

Die zweite Funktion: Die Rezeptvermeidungsformel ist eine schöne Killerphrase in Diskussionen. Nehmen wir an, ein Experte hält vor Lehrern ein wunderbares Referat über das Thema „Die Bedeutung der Motivation für die Gestaltung eines offenen, schülerzentrierten Unterrichts heute. Neueste Forschungsergebnisse und ihre schulpraktische Relevanz". Nehmen wir weiter an, die meisten Lehrer hätten nicht sehr viel von seinen Ausführungen verstanden oder wüßten nicht so recht, welche praktischen Konsequenzen die Informationen für den Unterricht haben. Nehmen wir drittens an, ein Kollege stellte die Frage: „Haben Sie irgendwelche Vorschläge, wie man das, was Sie in Ihrem Vortrag ausgeführt haben, auf den Unterricht übertragen könnte?", dann brauchte der Referent nur zu sagen: „Rezepte gibt es nicht. Die nächste Frage, bitte!", und schon müßte sich der Fragesteller mit rotem Kopf wieder hinsetzen, wenn er nicht zur hartnäckigen Sorte gehört.

Dritte Funktion: Die Rezeptvermeidungsformel tarnt schlechte Theorien und fördert die Ehrfurcht vor der Wissenschaft.

Schlechte Theorien sind falsche, ungenaue, unüberprüfbare oder nichtssagende Aussagen und Aussagensysteme, die aber trotzdem als so richtig und unübertrefflich gelten, daß sie wie eine ehrwürdige Tradition überall und von jedem wiederholt werden, wobei es bald gar nicht mehr darauf ankommt, ob diese Aussagen noch einen Bezug zur Realität und einen Rest von Überprüfbarkeit besitzen. Im Gegenteil: diese Aussagen sind gerade deswegen so erfolgreich und als unbezweifelbare Wahrheiten in aller Munde, weil sie nicht mehr überprüft werden. Ihr Gewicht, ihre scheinbar über jeden Zweifel erhabene Richtigkeit und Wichtigkeit, kurz: ihre (schein)wissenschaftliche und ehrfurchtsgebietende Würde erhalten solche Aussagen gerade dadurch, daß sie von niemandem mehr angezweifelt werden bzw. daß jeder, der sie noch anzuzweifeln wagt, sogleich als unverzeihlich dumm gilt. Die wissenschaftliche und wissenschaftlich gemeinte Literatur für Lehrer ist von derartigen Aussagen ziemlich verstopft.

Schlechte theoretische Rezepte sind vage, verwaschene Theorien, und die Rezeptvermeidungsformel ist ein Symptom für theoretische Defizite. Sie besagt eigentlich: „An dieser theoretischen Formulierung ist zwar irgendetwas Richtiges, wenigstens ist sie vermutlich nicht ganz falsch, aber man weiß nicht genau, unter welchen Bedingungen sie gilt, weswegen davon abgeraten werden muß, sie ernsthaft auf praktisches Handeln zu beziehen, vor allem auch deswegen, weil die an sich doch sehr schöne Theorie dabei Schaden erleiden könnte." Die Rezeptvermeidungsformel fördert den Eindruck, daß die Behandlung, die defizitäre Theorien am nötigsten haben, nämlich: so vielfältig wie nur möglich geprüft zu werden, geradezu unwissenschaftlich, ja, unmoralisch sei. Sie trägt so dazu bei, den theoretischen wissenschaftlichen Fortschritt zu bremsen, denn Theorien, die nicht genau genug erklären, wann und warum bestimmte Phänomene wie wirken und die noch nicht einmal präzise angeben, um welche Phänomene es sich handelt und wie man sie in der Realität wiedererkennt – solche „Theorien" werden von der kritischen Prüfung abgeschirmt und können daher in der Literatur ständig wiederholt werden. Die Folge ist eine schlimme Aufblähung der theoretischen Literatur. Man kann dieses Theorie-Material selten dazu benutzen, Aspekte der Wirklichkeit zu interpretieren. Wer schlechte theoretische Konzepte zu Interpretations- und Konstruktionszwecken benutzen will – und Lehrer sind weitgehend darauf angewiesen, weil sie selten andere bekommen – der ist praktisch gezwungen, die Begriffssammlungen, die er in der Literatur vorfindet, zunächst einmal zu brauchbaren theoretischen Aussagen umzuformulieren.

Die schlechten theoretischen Konzepte verstopfen jedoch nicht nur die Literatur, sondern sie machen auch die pädagogische Diskussion unter Lehrern unproduktiv. Das liegt daran, daß Theorien stets Brillen sind, durch die die Wirklichkeit wahrgenommen wird. Schlechte Theorien erzeugen ihre spezifischen Blindheiten. Das sieht in der Praxis dann so aus, daß die Realität des Unterrichts, wie sie vom einzelnen Lehrer ohne diese Brille (oder durch schärfere Brillen) wahrgenommen werden könnte, in den pädagogischen Diskussionen nur noch am Rande vorkommt, weil sie – von den schlechten Theorien verkleistert – dem Beobachter ziemlich unsichtbar bleibt.

In der Lehrerberatung, in den Seminaren der II. Ausbildungsphase und in der Fortbildung wird darum zu wenig über das tatsächliche Handeln und die wirklichen Probleme der beteiligten Lehrer gesprochen und zuviel über die gleichen versteinerten Probleme referiert und diskutiert, die man bereits auf der Hochschule abgehandelt hat. Aber zwischen dem Thema „Die Phasen des Gruppenunterrichts nach X" und dem Thema „Woran liegt es, daß jeder Versuch mit der Gruppenarbeit in meiner Klasse ein Reinfall ist?" liegen tatsächlich Welten.

Wie weit die von schlechten Theorien gespeiste Denk- und Sprechweise von den Erfahrungen der Lehrer im Unterricht entfernt ist, merkt man, wenn man sie mit den Gesprächen vergleicht, die in der Pause im Lehrerzimmer geführt werden. Mit dem gleichen Eifer, mit dem man im Seminar den Begriff „Emanzipation" analysierte, kann man im Lehrerzimmer darüber verhandeln, wie man einen schulbekannten schwierigen Schüler am geschicktesten „zusammenfaltet". Und es ist nicht ausgeschlossen, daß es dieselbe Person ist, die sich bei diesen so unterschiedlichen Themen als Wortführer betätigt.

Wir bringen dieses krasse Beispiel nicht, um damit moralische Beurteilungen anzuregen, sondern wir möchten das beziehungsarme und unproduktive Nebeneinander des theoretischen und des praktischen Codes illustrieren, das dadurch stabilisiert wird, daß sich viele Theoretiker weigern, Interpretationsrezepte zu liefern, die an beobachtbaren Sachverhalten festgemacht und zu Handlungsrezepten weiterentwickelt werden können. So bilden sich zwei kaum vereinbare Diskussionswelten: in der einen wird mit schönen Gedankengebäuden Handel getrieben, in der anderen arrangiert man sich mit den wirklichen Verhältnissen. Die Rezeptvermeidungsidee ist ein wesentlicher Beitrag zu dieser Doppelmoral.

Die Rezeptvermeidungsformel ist nur ein Symptom, das auf Mechanismen und Zwänge in Wissensproduktion und Wissenschaftsbetrieb hindeutet, die natürlich nicht dadurch verändert oder beseitigt werden, daß man einen Faden aus dem Legitimationsteppich herauszieht. Für die Konsumenten erziehungswissenschaftlicher Befunde und Theorien kann sich jedoch vieles zum Besseren verändern, wenn sie sich von der Rezeptvermeidungsformel einfach nicht beeindrukken lassen.

Das Problem ist nicht, daß es zu viel Theorie gibt, sondern daß wir im Grunde keine vernünftigen Theorien haben, die sich als Basis für Handlungsrezepte für das Unterrichten eignen. Die provozierend gemeinte These „Es gibt zur Zeit keine Theorie des Lehrens!" mit der F. Loser und E. Terhart (1977, S. 11) ihr Buch beginnen, erscheint uns nicht als Übertreibung.

Eine praxisbezogene Anwendungsforschung kann sich nur entfalten, wenn präzise Theorien vorliegen. Begriffssammlungen genügen da nicht, selbst wenn man sie euphemistisch als Modelle anpreist, wie es heute Mode ist. Aus präzisen Theorien können durch Anwendungsforschung Rezepte für Lehrer entwickelt werden. Das werden Rezepte sein müssen, die auf die Kapazität von Lehrern Rücksicht nehmen und nicht von ihnen verlangen, daß sie sich diagnostische Röntgenaugen, ein Computergedächtnis und die Phantasie eines fünfzigköpfigen Erfinderteams zulegen.

Zu detaillierte Handlungsrezepte, die von uns verlangen, daß wir erst drei Tage Daten sammeln und nachdenken, bevor wir einen Satz an die Schüler richten, sind unpraktisch. Es stimmt: Unterricht ist ein komplexes Geschehen. Und genau deswegen brauchen wir Rezepte. Einfache Probleme lassen sich auch ohne Rezepte lösen.

Kapitel 2

Die Tradition des Erarbeitungsmusters

In diesem Kapitel setzen wir uns ausführlich mit einer Handlungstradition des Unterrichtens auseinander, einem Komplex von Bräuchen, die sich dem Lehrernovizen von selbst anbieten und aufdrängen, wenn er nicht scharf aufpaßt. Die Gesamtheit dieser Bräuche nennen wir das Erarbeitungsmuster. Wir beschreiben diese Tradition und ihre einzelnen Elemente, um Sie auf Fehler aufmerksam zu machen, die Sie vermeiden können, wenn Sie das Unterrichten lernen oder verbessern wollen. Denn wenn Sie die traditionellen Muster des Erarbeitungsunterrichts zu persönlichen Gewohnheiten machen und sich unreflektiert mit ihnen identifizieren, dann ist die Chance groß, daß Sie ein Lehrer werden, der

- ständig in der Angst lebt, daß sein Unterrichtsplan ein Reinfall wird;
- der immer unsicher ist, ob er vernünftig unterrichtet und deswegen in einer Verteidigungspose erstarrt und unfähig ist, neue und bessere Methoden des Unterrichtens zu erlernen.

Sie bleiben abhängig von der Tradition und von den Urteilen anderer und erreichen niemals den Punkt, an dem Sie selbst beurteilen können, wie gut oder wie schlecht Ihr Unterricht wirklich ist. Denn mit dem Erarbeitungsmuster haben Sie gleichzeitig Unsicherheit und Abhängigkeit eingekauft. Das liegt daran, daß diese Tradition Ihnen zwar vorgaukelt, daß Sie mit ihrer Hilfe unterrichtliche Erfolge einheimsen und große Lehrleistungen vollbringen werden – aber hinterher ihr Versprechen gar nicht halten kann.

Die ungeliebte Instruktionsfunktion

Wenn Lehrer unterrichten, müssen sie immer zwei Aufgaben unter einen Hut bringen. Einerseits müssen sie ihre *Instruktionsfunktion* erfüllen, d. h. den Schülern etwas beibringen und dafür sorgen, daß sie möglichst viel Schulstoff lernen. Andererseits müssen sie dabei Umgangsformen verwirklichen, die gleichzeitig das Lernen begünstigen und dem *Erziehungsauftrag* nicht entgegenarbeiten, sondern ihn möglichst fördern.

Obwohl man diese beiden Aufgaben nicht voneinander trennen kann, weil sie beim Unterrichten, ob man es will oder nicht, immer ineinander verschränkt sind, kann man sie doch auseinanderdividieren, z. B. wenn es um ihre theoretische und empirische Erforschung geht. Die Trennung dieser beiden ineinander verflochtenen Aspekte des Unterrichtens findet aber auch in den Köpfen der Lehrer statt.

Einige Lehrer verstehen sich mehr als Fachleute für Stoffvermittlung und sind stolz darauf, daß sie versuchen, den Schülern viel beizubringen. Andere finden es vor allem wichtig, gute zwischenmenschliche Beziehungen zu ihren Schülern zu haben. Sie sehen sich vor allem als Erzieher, wollen die Schüler als Persönlichkeiten fördern, wünschen sich ein gutes Klassenklima und ärgern sich über Kollegen, die zuerst an den Lehrplan und erst danach an die Schüler denken. Und oft genug ärgert es sie auch, daß sie sich selbst an einem Lehrplan orientieren müssen.

Es ist verständlich, daß Lehrer befriedigende Beziehungen zu ihren Schülern haben möchten und sich Schüler wünschen, die bereitwillig und engagiert im Unterricht mitmachen und wenig Disziplinschwierigkeiten bereiten. Problematisch ist es allerdings, wenn der Wunsch nach guten Sozialbeziehungen zur fixen Idee wird und den Aberglauben nach sich zieht, man müsse nur erst einmal gute persönliche Beziehungen zu den Schülern herstellen und dann werde es auch mit dem Unterricht schon klappen. Das ist, als wollte man ein Auto dadurch zum Fahren bringen, daß man täglich die Karosserie wäscht und poliert.

Hier steht die meist wenig reflektierte Annahme im Hintergrund, daß gute Beziehungen eine Art Nährboden für alles andere seien und daß der Unterricht schon von selbst besser werden wird, wenn man die Schüler nur erst gut kennt und sich mit ihnen versteht. Daß diese Erwartung nicht eintrifft, ist für viele junge Lehrer ein Teil des sogenannten Praxisschocks. Sie nehmen ihre Arbeit mit beträchtlichem Engagement für die Schüler auf und bemühen sich, die Schüler besser zu behandeln, als sie nach ihrer Vorstellung normalerweise von den älteren Lehrern in der Schule behandelt werden. Bald müssen sie jedoch zu ihrer Enttäuschung feststellen, daß die Schüler dieses Bemühen nicht im geringsten honorieren und nicht daran denken, den Lehrer für seine guten Absichten mit Wohlverhalten und engagierter Mitarbeit zu belohnen.

Wir gehen davon aus, daß Schüler ein Interesse daran haben, in der Schule etwas zu lernen und daß sie von einem Lehrer erwarten, daß er ihnen etwas beibringen kann.

Ein Indiz für die Richtigkeit dieser Annahme ist es, daß Schüler in Befragungen immer wieder angeben, ein Lehrer solle „gut erklären" können. Oder daß Schüler so über Lehrer urteilen: „Die ist sehr nett. Aber bei der lernt man nicht soviel." Die meisten Schüler sind nicht so weltfremd, daß sie die Schule für ein Institut halten, das vorwiegend der Unterhaltung und Erbauung der Schüler dienen soll. Damit ist nicht gesagt, daß Schüler etwas dagegen hätten, wenn das Lernen in der Schule nicht nur lehrreich, sondern auch unterhaltsam und erbauend wäre. Aber es ist doch anzunehmen, daß sich viele Schüler betrogen fühlen und sauer reagieren, wenn sie das Gefühl haben, daß sie bei einem Lehrer wenig lernen und statt dessen häufig zu Tätigkeiten veranlaßt werden, die für sie wenig mit Lernen zu tun zu haben scheinen.

So deuten wir das in Schulklassen weitverbreitete Desinteresse und Störungsverhalten zwar als versteckten Ausdruck von Protest, aber nicht als Protest dagegen, daß man zur Schule gehen und lernen muß, sondern als Protest dagegen, daß man zur Schule gehen muß, aber nicht oder nur schlecht lernen kann.

Wir behaupten damit natürlich nicht, daß jeder Schüler jeden Tag mit dem größten Lerneifer in die Schule eilt. Sondern wir behaupten, daß man bei den Schülern im allgemeinen eine grundsätzliche Bereitschaft voraussetzen darf, die Schule als einen Ort zu begreifen, wo gelernt werden soll und daß man weitgehend mit der Bereitschaft (oder Motivation) der Schüler rechnen kann, sich auf Lernprozesse einzulassen und sich an Lernaktivitäten zu beteiligen. Jeder Lehrer kann und sollte darauf vertrauen, daß diese grundsätzliche Lernbereitschaft bei seinen Schülern vorhanden ist, selbst dann, wenn einzelne Schüler oder ganze Klassen zeitweilig oder häufig Verhaltensweisen zeigen, die auf das völlige Fehlen dieser Bereitschaft hinzudeuten scheinen.

Lehrer sollten wissen, daß sie die grundsätzlich vorhandene Lernbereitschaft in ziemlich kurzer Zeit ausrotten können, wenn sie immer so unterrichten, als gäbe es diese Bereitschaft gar nicht. Vielen Lehrern fehlt leider dieses wichtige Vertrauen in den grundsätzlichen Lernwillen der meisten Schüler weitgehend, oder es ist sehr angeknackst. Viele Lehrer haben im Grunde fast ein schlechtes Gewissen, daß sie den Schülern etwas beibringen sollen oder wollen. Dieser Komplex sitzt sehr tief und ist vielen nur unvollkommen bewußt. Er kommt etwa darin zum Ausdruck, daß Lehrer sorgfältig vermeiden, den Schülern deutlich mitzuteilen, was sie von ihnen wollen. Man sagt nicht „Ich möchte euch heute beibringen, wie man den Prozentsatz errechnet“, sondern „Wir wollen uns heute mit Prozentrechnung beschäftigen“. Man erklärt den Schülern nicht, was man mit ihnen vorhat, sondern man versucht, sie mit methodischen Tricks zum Lernen zu verführen. Man glaubt von vielen Themen, sie seien zu trocken und schämt sich im Grunde, daß man die Schüler mit solchen Themen belästigt. Lehrer versuchen, ihre Lehraufgabe ziemlich indirekt und möglichst unauffällig zu erfüllen, um bei den Schülern keinen Anstoß zu erregen und den schlafenden Hund – den vermuteten grundsätzlichen Unwillen zum Lernen – nicht aufzuwekken. Lehrer schleichen im Unterricht um den heißen Brei herum und können darum auch nicht die Erfahrung machen, daß der Brei gar nicht so eine gefährliche Temperatur hat, wie sie insgeheim annehmen.

Wer einen Unterricht macht, der sich aus Vorkehrungen gegen Lernunwilligkeit zusammensetzt, wird wenig Gelegenheit haben, genuine Lernwilligkeit zu Gesicht zu bekommen. Die Lernwilligkeit kann sich nicht zeigen, wenn sie in der Anlage des Unterrichts nirgendwo vorgesehen ist. Wer fest davon überzeugt ist, daß er sofort wie ein Stein untergehen wird, sobald er sich in tieferes Wasser begibt, wird erst dann das Gegenteil erfahren können, wenn er Handlungen ausführt, die zu seiner Überzeugung im Widerspruch stehen. Man kann nicht die Erfahrung machen, daß viele Schüler lernwillig sind, wenn man stets so unterrichtet, als seien sie es nicht.

Mit diesen Ausführungen möchten wir Sie beeinflussen. Wir möchten Sie nämlich davon überzeugen (oder wenigstens erreichen, daß sie den Gedanken einmal ernsthaft in Betracht ziehen), daß es für Sie als Lehrer oder als werdender Lehrer – und auch für Ihre Schüler – am besten ist, wenn Sie davon überzeugt sind (und Ihre Handlungsweisen an dieser Überzeugung ausrichten), daß die meisten Schüler, mit denen Sie es zu tun haben, mit dem Wunsch in die Schule kommen, dort etwas zu lernen und zunächst einmal zufrieden sein werden, wenn dieser Wunsch erfüllt wird. Wir glauben, daß Lehrer, die von ihren Schülern Abneigung und Widerstand erwarten und die davon überzeugt sind, daß die Schüler das Lernen in der Schule in der Mehrzahl als eine Zumutung empfinden, nur mit schlechtem Gewissen unterrichten können. Sie müssen Angst davor haben, daß die Schüler es ihnen übelnehmen, wenn sie ihnen etwas beibringen wollen. Und diese Angst wird sie dazu bringen, daß sie in der einen oder anderen Richtung übertreiben. Entweder werden sie besonders forsch unterrichten und von den Schülern verlangen, daß sie sofort und genau und einer wie der andere das tun, was von ihnen verlangt wird, und dies wird die Schüler bald auf die Barrikaden treiben und der Überzeugung Nahrung geben, daß sie lernunwillig sind. Oder sie werden sich bescheiden, zurückhaltend und ängstlich benehmen und so tun, als wollten sie nichts Bestimmtes von den Schülern. Damit werden sie die Schüler verunsichern und die Klasse in eine gewisse Hilflosigkeit treiben.

Das schlechte Gewissen, das oft auf der Angst vor den Schülern beruht, hat jedoch auch eine sympathische Komponente. Manche Lehrer fragen sich: „Wie komme ich eigentlich dazu, die Schüler belehren zu wollen?“ „Ist das nicht eine ungeheure Anmaßung von mir, daß ich ihnen meine persönlichen Ziele aufzwingen will?“ Diese Art des schlechten Gewissens halten wir für ein gutes Korrektiv gegen ein zu starkes Sendungsbewußtsein, das auch bei Lehrern manchmal auftreten kann.

Das Erarbeitungsmuster und seine Mängel

> „Brauch ist Brauch, er ist aus Erz, aus Gußeisen und Granit gemacht; Tatsachen, Vernunftgründe und Argumente bewirken gegen ihn nicht mehr als die Seebrisen gegen Gibraltar.“
> Mark Twain, Bd. 9, S. 701

Wenn man häufig Unterrichtsstunden beobachtet, kann man auf den Gedanken kommen, daß Unterrichten dasselbe sei wie Ausfragen. Denn in vielen Unterrichtsstunden werden die Schüler vom Lehrer beinahe ununterbrochen nach Informationen ausgefragt, die sie eigentlich noch nicht haben können, weil sie sie ja erst lernen sollen.

Wir illustrieren diese Form des Unterrichts mit Beispielen, die wir bei Lehrversuchen mitgeschrieben haben.

1. Beispiel:

Ein Lehrer behandelt in der Grundschule das Thema „Frühblüher“.

Er beginnt so: „Wir wollen uns heute über Frühblüher unterhalten. Das sind also Pflanzen, die sehr früh blühen. Zum Beispiel Krokus. Im Moment (März) blühen jetzt schon in den Gärten Blumen. Wer hat vielleicht gesehen, welche Blumen jetzt schon blühen?“ Ein Schüler wird drangenommen und sagt: „Krokus“. Lehrer: „Aber es gibt noch andere Blumen, die jetzt schon blühen.“ Damit möchte er die Schüler anregen, weitere Blumennamen zu nennen.

Der Lehrer erklärt uns nach dem Unterricht, er lehne trockene Lehrervorträge ab und wolle die Schüler beteiligen.

2. Beispiel:

Die Schüler sollen lernen, was eine Inhaltsangabe ist. Die Lehrerin fragt: „Was meint ihr denn, was wichtig ist bei einer Inhaltsangabe?“ Schüler:

„Nicht zu lang.“ Ein anderer Schüler meint, die Inhaltsangabe müsse gut verständlich sein. Lehrerin: „Ja, daß sie klar ist.“ Sie nimmt eine Schülerin dran, die die Regeln an die Wandtafel schreiben soll und sagt zur Klasse: „Euch möchte ich bitten, daß ihr eurer Mitschülerin sagt, was sie anschreiben soll.“ Die Schüler melden sich fleißig und sagen auch was, aber meist kommen die Regeln für das Verfassen einer Inhaltsangabe doch von der Lehrerin. Trotzdem fragt sie immer wieder: „Worauf muß man noch achten?“ oder „So, und was noch?“ Es dauert ziemlich lange, bis an der Tafel die folgende Liste fertig ist:

„1. Wovon handelt das Gelesene oder Gesehene?
2. Schreibe eine Inhaltsangabe immer im Präsens.
3. Achte auf genaue Verständlichkeit.
4. Eine Inhaltsangabe soll kurz und knapp sein.
5. Vermeide nach Möglichkeit wörtliche Rede.
6. Schreibe nur das Wesentliche.“

Man hat das Gefühl, daß zu viel Zeit aufgewendet wurde, diese Liste zu erarbeiten oder daß das recht unspezifische Ergebnis diesen Zeitaufwand nicht rechtfertigt. Bei der Erarbeitung haben die Schüler meist Kriterien genannt, die allgemein für alle Arten schriftlicher Darstellungen gelten, und die Lehrerin hatte Mühe, die einzelnen Beiträge auf die Form der Inhaltsangabe hinzubiegen.

3. Beispiel:

Sachkunde im 3. Schuljahr. Die Lehrerin schreibt an die Tafel „Umweltverschmutzung“. Damit will sie erreichen, daß die Schüler sich spontan äußern, was die Schüler aber nicht tun. Deswegen ergreift sie die Initiative und fragt: „Ja, was ist denn die Umwelt, wer kann das mal erklären?“ Man kommt zu dem Ergebnis, daß „Umwelt“ die ganze Umgebung sei, alles, was so die Gegend ausmacht, womit die Lehrerin anscheinend zufrieden ist. Jedenfalls kommt sie zur nächsten Frage: „Wie wirkt sich die Umweltverschmutzung aus?“ Nachdem die Schüler einige Aspekte aufgezählt haben: „Gibt es denn noch andere Möglichkeiten, wie unsere Umwelt verschmutzt wird?“ Worauf die Schüler sich wieder bemühen, die Lehrerin zufriedenzustellen. Die Lehrerin findet jetzt: „Wir wollen jetzt den Müll etwas ordnen. Was fällt denn alles so im Haushalt an?“ Das Ergebnis dieser Erarbeitung ist, daß an der Wandtafel eine Liste steht. Sie enthält drei Kategorien: Haushaltsmüll, Industriemüll und Straßenkehricht.

Während die ersten beiden Müllarten mit Beispielen illustriert sind, steht „Straßenkehricht“ nackt und bloß an der Tafel. Die Schüler sollen nun den Tafeltext ins Heft eintragen. Einer fragt: „Was soll ich bei Straßenkehricht hinschreiben?“ Die Lehrerin meint: „Ja, was findest du denn da? Ich glaube, das kannst du dir mal selbst ausdenken.“ Einen Augenblick später hat die Lehrerin das Gefühl, daß offenbar die meisten Schüler mit „Straßenkehricht“ nichts anfangen können. Deswegen fragt sie: „Straßenkehricht – wer kann das noch mal erklären?“

Nach dem Abschreiben geht das Ausfragen weiter: „So, habt ihr euch eigentlich schon mal gefragt, was mit dem Müll geschieht?“ Auch die Hausaufgabe ist eine Lehrerfrage: „So, jetzt wollte ich euch noch die Hausaufgabe sagen. Ihr sollt euch Gedanken machen, was man aus Müll machen kann. Das schreibt ihr dann son bißchen auf. Was wird mit altem Müll gemacht?“

4. Beispiel:

Sachkunde, ebenfalls in einem 3. Schuljahr. Die Lehrerin geht mit einer durchsichtigen Plastiktüte voller Haushaltsabfälle durch die Klasse und spricht: „Ich hab euch heute was mitgebracht. – Pscht! – Wenn ihr meint, ihr wißt, was das ist, dann meldet ihr euch.“ Nach einer Weile: „Was ist das alles für Material, was hier drin ist? Ist das alles *Papier,* was wir weggeworfen haben?“ (Hier will die Lehrerin die Schüler offenbar dazu bringen, daß sie einen allgemeinen Begriff für den Tüteninhalt finden, was die Schüler nicht begreifen.) Deswegen schickt die Lehrerin die Aufforderung hinterher: „Guckt doch mal genau hin!“ Dann direkter: „Wie nennen wir denn das, was hier drin ist?“ (Nach einer Weile stellt sich heraus, daß die Lehrerin hinter dem Ausdruck „Haushaltsmüll“ her war.) Später: „Was ist Sperrmüll? Wer weiß, was Sperrmüll ist?“

Dann: „Jetzt hab ich euch noch ein paar Bilder mitgebracht.“ Sie klappt die Wandtafel auf, wo einige umweltverschmutzungskritische Plakate kleben, sowie ein aus einer Zeitung ausgeschnittenes Foto, das einen Müllhaufen darstellt, aus welchem das Ortsschild „München“ teilweise herausragt. „Könnt ihr denn erkennen, was auf dem kleinen Bild ist? Monika, was siehst du da?“

Die Erarbeitung nimmt ihren Lauf: „Was glaubt ihr, was ich damit meine „Wir ersticken im Müll“? „Könnt ihr euch vorstellen, daß sich in den letzten Jahren der Müll verdreifacht hat?“ „Wißt ihr, wo der Müll in S. (Heimatort der Schüler) hinkommt?“

Mit dem Tageslichtprojektor projiziert die Lehrerin Arbeitsaufgaben aus dem Sachkundebuch an die Wand:

1. Wer Müll liegenläßt, verschmutzt seine Umwelt. Wo hast du das schon mal beobachtet? Wie kann man es verhindern?
2. Überlege, warum achtlos liegengelassener Abfall uns stört oder uns sogar gesundheitlich gefährdet.
3. Welchen Weg geht der Hausmüll? Nenne die Stationen!

Die Schüler sollen jetzt in Gruppen arbeiten, wozu die Lehrerin sie mit den Worten anleitet: „Ich finde, einer schreibt und einer liest das nachher vor. Und die andern sagen einfach, was ihnen einfällt.“

5. Beispiel:

Einige Lehrerfragen aus einer Sachkundestunde im 4. Schuljahr. Es geht um Schlangen. Die Klasse hatte vorher das Zoologische Museum besucht.

„Was bezeichnet man als Reptilien, weißt du das?“

„Eins dieser Tiere gehörte nicht zu den Reptilien. Das war so groß und dick.“

„Wißt ihr denn noch, was waren da *noch* für Schlangen, Reptilien?“

„Wißt ihr noch, woher die meisten Schlangen kamen, die da ausgestellt waren?“

„Es waren drei Erdteile.“

„Haben wir denn hier in Deutschland auch Schlangen?“

„Wie heißen die Schlangen in Deutschland?“

Die Lehrerin legt ein bewegliches Schlangenschädelmodell aus Papier auf den Tageslichtprojektor und demonstriert, wie sich der Mund der Schlange öffnet und schließt. „Wolln mal sehen, was die Zähne machen. Guck mal! Was passiert, wenn das Maul zugeht? (Zeigt es.) Und was passiert, wenn sich das Maul öffnet? (Zeigt es.) Beißt sie sich selber? Kannst du dir vorstellen, daß sie, wenn sie ein Küken im Maul hat, sich dann noch selber beißt?"

An einer Stelle der Stunde ergreifen die Schüler die Initiative und stellen Fragen an die Lehrerin.

„Stirbt die Schlange nicht, wenn sie vergiftete Beutetiere frißt?"

„Gelangt das Gift, das die Schlange in die Beute gespritzt hat, aus dem Magen der Schlange wieder in die Giftdrüse, damit der Vorrat wieder aufgefüllt wird?"

(Man merkt bei der Diskussion dieser Fragen, daß die Schüler nicht damit zufrieden sind, Fakten über Schlangen nur gefunden zu haben und zu „wissen"; sie wollen die Informationen auch verstehen, durchdenken und zu genauen Vorstellungen verarbeiten. Bei der Erarbeitung blieb dieses Bedürfnis fast völlig unbefriedigt. Für die Lehrerin war dieser Teil der Stunde fast eine Überrumpelung durch die Schüler. Sie hatte das Gefühl, daß ihr der Unterricht aus der Hand genommen wurde und fühlte sich ziemlich hilflos.)

6. Beispiel:

Einstieg zu einer Unterrichtsstunde über den 1. Weltkrieg:

Der Lehrer schreibt das Wort *Krieg* an die Tafel und wartet schweigend. Einige Schüler melden sich und sagen, was ihnen zu diesem Wort einfällt. Da die Schülerbeiträge sich auf die Vergangenheit beziehen, fragt der Lehrer: »Gibt es heute keine Kriege mehr?" Nach einigen weiteren Schülerbeiträgen steuert er entschlossen sein engeres Thema an: „Weiß jemand zufällig, wann der 1. Weltkrieg war?"

Nachdem dies geklärt ist: „Ich habe euch einen Text mitgebracht, der vom 1. Weltkrieg handelt. Lest euch den Text bitte durch und notiert euch Fragen dazu."

7. Beispiel:

Deutsch, 4. Schuljahr

„Überlegt euch die Grundform von „geschieht". Stefan, wie heißt die Grundform?"

„Wenn ihr genug Töpfe hättet, um alle Wortarten, die es gibt, in einen besonderen Topf zu werfen, würdet ihr „denn" und „weil" in einen Topf werfen?"

„Wie ist es mit der Reihenfolge der Satzteile?"

„Ist dies auch ein Satzgefüge?"

„Es stehen da zwei Sätze. Könntet ihr diese beiden Sätze – Achtung! – miteinander verbinden?"

„‚Er will daraus Eischnee schlagen.' Ist das ein normaler Satz?"

Bei Lehrern heißt diese Art des Unterrichts meist „Erarbeitung". In der pädagogischen Literatur gibt es dafür den Terminus „Fragend-entwickelndes Verfahren". Werner Sternberg prägte dafür den Ausdruck „Quizveranstaltung ohne Preise". Das Erarbeitungsmuster ist ein besonders vermehrungsfreudiges Unkraut, denn es vermag in nahezu jeder Unterrichtsstunde zu gedeihen, und bei manchen Lehrern überwuchert es den gesamten Unterricht. Besonders junge Lehrer, die noch dabei sind, das Unterrichten zu lernen, bestreiten oft ganze Unterrichtsstunden ausschließlich mit diesem Universalmuster. Wahrscheinlich liegt das daran, daß sie das Erarbeiten viele Jahre als Schüler selbst mitgemacht haben und von ihren Lehrern abschauen konnten, so daß sie das Muster im Schlaf beherrschen.

Es scheint, als ob viele Lehrer das Gefühl haben, es sei irgendwie ungeschickt, pädagogisch falsch oder gar unmoralisch, den Schülern den Lernstoff *direkt* mitzuteilen. Vielmehr müßten die Schüler „beteiligt" werden, man müsse sie zu „spontanen Äußerungen anregen", auf sie „eingehen", ihre „kindlichen Vorstellungen über den Gegenstand berücksichtigen", „trockene Lehrervorträge vermeiden", „nicht zu viel vorwegnehmen", „den Schülern nicht alles vorsetzen, sondern sie selbst darauf kommen lassen", „den Unterricht spannender machen" und „die Schüler motivieren". Wer etwas gebildeter ist, begründet die Verwendung des Erarbeitungsmusters vielleicht damit, daß das „induktive Vorgehen" doch für Kinder angemessener sei als das „deduktive" oder daß es darauf ankomme, die Schüler „zum selbständigen Denken zu erziehen" und ihre „Kreativität zu fördern", oder er erzählt etwas von „entdeckendem Lernen", von „geistiger Disziplin", von „kreativer Problemlösung", von „sokratischer Methode", von „schülerzentriert" und „nicht-autoritär". Kurz: Erarbeitung ist das Größte und leistet beinahe alles. Könnte man glauben.

Die Ideen, mit denen der Einsatz des Erarbeitungsmusters jeweils begründet wird, sind allesamt schön und richtig. Das Problem ist nur: das Erarbeitungsmuster leistet gar nicht, was die Begründungen verkünden. Das liegt daran, daß dieses Muster viel zu oft, viel zu ungezielt und viel zu unreflektiert eingesetzt wird. Denn es gibt keine klaren Kriterien, nach denen Lehrer entscheiden können, wann es sinnvoll ist, nach dem Erarbeitungsmuster vorzugehen und wann Erarbeiten eher sinnlos ist. So kommt es, daß viele Lehrer unterschiedslos alle Unterrichtsstoffe, die ihnen in die Quere kommen, durch den Erarbeitungswolf drehen.

Die Regeln des Erarbeitungsunterrichts

Formuliert man einige der Regeln, nach denen das Erarbeitungsspiel offenbar abläuft, dann sieht das so aus:
- Nenne den Schülern das Thema der Stunde (z. B. „Umweltverschmutzung").
- Verrate den Schülern aber niemals, welches das genaue Ziel oder das erwünschte Endprodukt der Erarbeitung ist, denn das müssen sie

unbedingt selbst erraten. Die Schüler sollen überrascht sein, was am Ende herauskommt. Man darf deswegen nicht zu viel vorwegnehmen.

- Vermeide unter allen Umständen, den Schülern irgendwelche Informationen zu geben. Alle Informationen müssen von den Schülern selbst gefunden werden.
- Stelle Fragen und formuliere Impulse (Denkanstöße), damit die Schüler von selbst auf die richtigen Informationen kommen. Formuliere die Fragen und Impulse so lange um, bis ein Schüler die erwartete Information in der erwünschten Formulierung ausgesprochen hat.
- Teile den Schüler niemals mit, warum du eine Frage stellst.
- Wenn ein Schüler eine Antwort gibt, die noch nicht ganz so ist, wie sie sein sollte, dann sage möglichst nicht deine Meinung dazu, sondern halte dich zurück, damit der Schüler nicht beeinflußt (manipuliert) wird.

  Oder: Wenn ein Schüler eine Antwort gibt, die noch nicht ganz so ist, wie sie sein sollte, dann sage „Das war schon recht gut“ oder „Fast richtig, aber könntest du es noch etwas anders ausdrücken?“ oder „Du bist nahe dran“ u. ä.
- Wenn eine Frage zu deiner Zufriedenheit beantwortet wurde, stelle die nächste Frage und fahre fort wie oben.
- Fordere die Schüler öfter auf, sich häufiger und schneller zu melden.
- Sage öfter zu einem Schüler „Erzähl nicht alles nur mir, sondern erzähl es auch den anderen.“ Fordere die Schüler öfter (erfolglos) auf, auf das einzugehen, was andere Schüler gesagt haben.
- Sage oft zu einem Schüler „Sprich im Satz“ oder „Kannst du das auch im ganzen Satz sagen?“
- Schreibe ab und zu etwas an die Wandtafel und laß die Schüler am Schluß der Stunde alles abschreiben.
- Lobe jeden Schüler, der es fertiggebracht hat, die richtige Antwort auszusprechen.
- Arbeite stets mit der ganzen Klasse in dieser Weise. Achte darauf, daß alle Schüler genau aufpassen und sich diszipliniert verhalten.
- Stelle möglichst nur Fragen nach *Fakten,* die jeder im Lexikon nachschlagen könnte. Vermeide es möglichst, Fragen zu stellen, die durch Denken gelöst werden können.
- Ist eine Phase für Schüler-Eigentätigkeit geplant, so gilt auch hier: möglichst wenig Informationen geben. Die Schüler müssen selbst herausfinden, was sie zu tun haben. Wenn man nicht weiß, was man tun soll, kann man am ehesten kreativ sein.
- Schwärme für alles, was „spontan“ ist.
- Gefunden ist verstanden.
- Bilde dir ein, daß die Schüler bei diesem Vorgehen viel lernen.

Einwände gegen das Erarbeitungsmuster

Zur Informationsvermittlung ungeeignet

Das fragend-entwickelnde Verfahren kann in sehr seltenen Fällen nützlich sein, und zwar dann, wenn die Schüler eine gute Informationsgrundlage haben und nun diese Informationen von allen Seiten abklopfen, prüfen, befragen oder bewerten. Als Methode der Informationsbereitstellung ist die Erarbeitungsmethode jedoch ungeeignet. Sie hierzu zu verwenden, ist Zeitvergeudung. Die Schüler haben keine Zeit und keine Gelegenheit, Verständnis für die Informationen zu erwerben, weil sie nur damit beschäftigt sind, die Informationen überhaupt erst einmal zu identifizieren, auf die es ankommt. Und dieses Zusammenklauben der relevanten Informationen gelingt vielen Schülern nur sehr unvollkommen.

Was viele Lehrer im Unterricht machen, läßt sich mit dem Vorgehen eines Witzeerzählers vergleichen, der eine Gruppe zum Lachen bringen will, aber den Witz nicht erzählt, sondern mit mehr oder weniger geschickten Fragen und Denkanstößen die Leute dazu zu bringen versucht, daß sie den Witz selber stückweise zusammentragen. Daß diese Methode kaum homerisches Gelächter erzeugen wird, kann man leicht voraussagen. Wahrscheinlich werden die meisten Teilnehmer den Witz gar nicht richtig mitbekommen. Ähnlich geht es Schülern, denen der Informationsstoff im fragend-entwikkelnden Verfahren häppchenweise „vermittelt" wird: Sie bekommen oft die „Pointe" nicht mit. Beim Witzeerzählen wie beim Unterrichten ist die Stoffvermittlung nicht mehr und nicht weniger als die Voraussetzung dafür, daß etwas sehr viel Wichtigeres geschehen kann: daß die Zuhörer nämlich den Witz verstehen und darüber lachen bzw. daß die Schüler die Informationen begreifen und sich ein zutreffendes Bild von den Sachverhalten machen können. Diese geistige Verarbeitung von Informationen wird aber extrem erschwert, wenn man die Informationen nicht in geordneter Form vor sich sieht, sondern sie erst noch aus einem Durcheinander von Lehrerfragen, falschen, richtigen, genauen und ungenauen Schülerantworten sowie den Lehrerkommentaren dazu mühselig selbst herausfiltern muß.

Wenn Sie einmal selbst die eindrucksvolle Erfahrung machen möchten, was für ein Gefühl es für viele Schüler sein muß, die grundlegenden Informationen über ein unbekanntes Thema aus einem Informationsbrei herausfischen und zu einem sinnvollen Zusammenhang ordnen zu müssen, dann empfehlen wir Ihnen das folgende Experiment:

Nehmen Sie eine Ihnen unbekannte Kunstpostkarte, am besten mit einem Bild von Pieter Brueghel d. Ä., auf dem viele Einzelheiten zu sehen sind. Schauen Sie sich das Bild nicht an, sondern legen Sie ein DIN A 4-Blatt darüber, in das Sie vorher ein kreisrundes Loch (Durchmesser: 1 cm) geschnitten haben.

Betrachten Sie jetzt das Kunstwerk genau, indem Sie das DIN A 4-Blatt kreuz und quer über das Bild schieben. Machen Sie ab und zu eine Schiebepause, und merken Sie sich dann immer, was Sie durch das Loch vom Bild sehen können. Versuchen Sie anschließend, ohne die Postkarte als Ganzes anzuschauen, eine Bildbeschreibung anzufertigen. So schwer, wie es Ihnen fallen wird, das Bild zu beschreiben, so schwer ist es für viele Schüler, zusammenhängend zu berichten, was sie beispielsweise in einer im Erarbeitungsstil durchgeführten Geschichtsstunde gelernt haben sollen.

Wahrscheinlich machen Sie häufig die Erfahrung, daß kein Drängeln einsetzt, wenn Sie Ihre Schüler fragen: „Wer möchte denn mal wiederholen, was wir in der letzten Stunde besprochen haben?" Und wenn sich dann doch ein Schüler meldet, dann hat er sein Pulver meist schon nach ein oder zwei Sätzen verschossen und man muß den nächsten drannehmen oder selbst das Wort ergreifen. Nach der Kunstpostkartenerfahrung werden Sie diese Erscheinung als Auswirkung der Tatsache deuten können, daß Sie versucht haben, den Stoff durch Erarbeiten zu vermitteln. Die Kenntnisse, die die Schüler beim Erarbeiten *nicht* erwerben, sind einfach zu umfangreich.

Die so unterrichten, sind oft dieselben, die immer so gern sagen: „Zuerst müssen die Schüler die notwendigen Informationen haben, um mitreden zu können."

Eine unserer beiden Töchter zeigte uns neulich eine Witzzeichnung: Ein kleiner Junge erklärt seiner Mutter: „Ich habe heute in der Schule drei neue Wörter gelernt, aber ich kann sie nicht buchstabieren und auch nicht aussprechen, und leider weiß ich auch nicht, was sie bedeuten." Wir glauben, daß diese drei Wörter mit der ganzen Klasse erarbeitet worden sein müssen.

Die Schüler behalten wenig

Die Erarbeitungsmethode hat den Effekt, daß die meisten Schüler nicht nur nichts wissen, sondern daß sie es obendrein auch nicht behalten können. Dabei wird zur Verteidigung der Erarbeitungsmethode von Lehrern oft gerade das Argument angeführt, daß Schüler etwas, was sie selber gefunden haben, besser behalten können als etwas, was ihnen vorgesetzt wurde.

Wir haben in einigen Büchern nachgeschlagen, unter welchen Bedingungen Lernmaterial am besten behalten wird (K. und J. Bredenkamp, 1974, S. 654 f.; Ruch/Zimbardo, 1974, S. 197-202; Child, 1973, S. 123 f.; Klausmeier/Ripple, 1971, S. 599-610; Delay/Pichot, 1966, S. 163-165). Wenn wir das, was wir dort gelesen haben, auf das Erarbeitungsmuster anwenden, dann dürfte es – zumindest theoretisch – gar nicht möglich sein, daß Schüler beim Erarbeitungsunterricht etwas behalten, da alle Gesetze des Behaltens beim Erarbeiten systematisch mißachtet werden:

▶ Wir behalten etwas, wenn unsere Aufmerksamkeit auf das Behalten gerichtet ist, wenn wir die Absicht haben, etwas zu behalten, wenn wir *vor* dem Lernen aufgefordert werden, bestimmte Dinge zu behalten.

All dies fällt beim Erarbeitungsunterricht flach, weil es ja darauf ankommt, daß die Schüler das Lernergebnis selbst *finden.* Man darf deswegen nicht vorher verraten, was sie lernen sollen und kann ihnen erst recht nicht vorher mitteilen, was sie sich merken müssen.

▶ Wir behalten etwas, wenn wir genügend Zeit haben, es zu wiederholen, zu memorieren und zu verschlüsseln, es also in unser persönliches Bedeutungssystem einzubauen. Wir behalten Lernstoff, den wir aktiv rezitieren.

Hierzu ist im Erarbeitungsunterricht keine Zeit, denn wenn ein Schüler z. B. etwas rezitiert, wird ihm vorgeworfen, daß er nicht aufgepaßt habe und etwas wiederhole, was bereits besprochen worden sei.

▶ Wir behalten Inhalte, die wir durch Überlernen gefestigt haben. Das bedeutet, wir müssen das Üben oder Auswendiglernen länger fortsetzen, als es uns nötig erscheint. Selbst wenn wir den Lernstoff schon fehlerlos wiedergeben können, müssen wir noch mit dem Üben weitermachen, bis wir den Stoff im Schlaf beherrschen. Dieses Verfahren ist beim Erarbeiten überhaupt nicht drin. Hier taucht jede Information kurz aus dem Dunkel auf und ist dann gleich wieder weg. Zum Überlernen kommt es nicht, zumal das heute sowieso ziemlich verpönt ist.

▶ Wir behalten besonders gut, was mit angenehmer Gefühlserregung verbunden war, relativ gut auch solche Stoffe, die mit unangenehmen Emotionen verknüpft waren. Inhalte, die wir in gefühlsmäßig neutraler Atmosphäre aufnehmen, die uns darum kalt lassen und gleichgültig bleiben, vergessen wir meist sehr schnell wieder. Beim Erarbeiten ist wahrscheinlich der letzte Fall am häufigsten. Da das Erarbeitungsmuster so allgegenwärtig und selbstverständlich ist, wird es kaum bei vielen Schülern emotionale Erregungen positiver oder negativer Art erzeugen und daher ein rasches Vergessen der Lerninhalte bestens fördern. Brück (1978, S. 67 ff.) hat illustrierendes Material zusammengetragen, mit dem er zeigt, daß es oft gerade nicht die Lerninhalte sind, an die wir uns erinnern, wenn wir an die Schulzeit zurückdenken.

▶ Wir behalten Sachverhalte, die uns in organisierter Weise und in größeren Bedeutungseinheiten dargeboten wurden. Wenn wir einen logischen Zusammenhang vor uns sehen, können wir auch die Einzelheiten besser behalten.

Beim Erarbeitungsunterricht wird der Lernstoff so gründlich zerstückelt, daß es für viele Schüler schwierig ist, darin einen logischen Zusammenhang zu erkennen. Vielleicht hat der Lehrer den Stoff in organisierter Form im Kopf, aber da er von den spontanen Beiträgen der Schüler abhängig ist, wird diese Organisation im aktuellen Unterrichtsverlauf gewöhnlich bis zur Unkenntlichkeit entstellt. Für den Lehrer sieht es manchmal so aus, als legten es die Schüler darauf an, seinen guten Unterrichtsplan kaputt zu machen, denn vor seinen Augen verwandelt sich der geordnete Stoff in ein Durcheinander von richtigen, falschen, halbrichtigen und nicht zum Thema gehörigen Schüleräußerungen. Tatsächlich ist dieses „Zerbrechen der Stofforganisation“ eine Folge des Erarbeitungsmusters. Den Schülern bleibt nichts anderes übrig, weil sie nicht in den Kopf des Lehrers hineinschauen können, sondern seine Absichten erraten müssen.

▶ Wir behalten zusammenhängende Gedanken besser als isolierte Fakten, und wir können uns Fakten besser merken als sinnloses Material.

Im Erarbeitungsunterricht besteht die Tendenz, daß die Lehrer vorwiegend Fragen stellen, die Fakteninformationen betreffen und seltener Fragen verwenden, die zur Bildung von Gedanken führen. Wahrscheinlich liegt das daran, daß die meisten Fragen bei der Erarbeitung von den Lehrern improvisiert werden, und da Faktenfragen einfacher improvisiert werden können als Denkfragen, sind letztere eben sehr selten (Grell, 1974, S. 63 f.). Durch die Zerstückelung des Unterrichtsstoffes, die wir eben schon geschildert haben, gewinnt der Unterrichtsinhalt bei der Erarbeitung für die Schüler häufig Nonsense-Qualität.

Unsere Tochter Swantje hat ein sehr gutes Gedächtnis. In einem Religionstest von ihr lasen wir beeindruckt:
(Frage) *Was hast du aus dem Leben des Bonifatius behalten?*
(Antwort) 740 kam er nach Deutschland. 745 starb er.
(Frage) *Erzähle etwas über die Bedeutung Vicelins für unser Land!*
(Antwort) Er ging nach Segeberg. Er ließ einen Schützenwall errichten.
Einige Monate später fragten wir Swantje: „Was hast du über Bonifatius behalten?“ Worauf sie uns mitteilte: „Er hat irgendwas erbauen lassen.“

Wir finden, daß diese Geschichte ein recht hübsches Paradigma für das Thema „Erarbeiten und Behalten“ ist.

Es ist sicher richtig, daß ein *Gedanke,* den man aufgrund längeren Nachdenkens selbst gefunden hat oder der einem als Aha-Erlebnis plötzlich wie von selbst gekommen ist, tiefer im Gedächtnis sitzt und mehr bedeutet als ein Gedanke, der einem vorgesagt wird. Und es stimmt wohl auch, daß eine Lösung für ein Problem, an dem man lange Zeit intensiv gearbeitet hat, ziemlich unvergeßlich ist. Aber beide Situationstypen kommen im Erarbeitungsunterricht praktisch nicht vor. Allenfalls treten sie hier und da zufällig bei einem einzelnen Schüler auf. Erarbeitung hat schon deswegen meist nichts mit zielbewußtem Problemlösen zu tun, weil die Schüler gar nicht wissen, um welches Problem es eigentlich geht. Und die Informationen werden nicht von den Schülern selbst gefunden, sondern ein einzelner Schüler erzählt gewöhnlich nur etwas, was er sowieso schon wußte, während die anderen ihm typischerweise dabei nicht aufmerksam zuhören. Wenn man den Erarbeitungsunterricht als Problemlösung verkaufen will, dann müßte das zu lösende Problem heißen: „Ratet mal, was ich gerade denke!“

Kein direkter Kontakt mit dem Lernstoff

Die Schüler kommen beim Erarbeitungsunterricht nicht direkt mit dem Lernstoff in Kontakt, weil der im Kopf des Lehrers ist und erst mühsam herauspräpariert werden muß.

Dieser Nachteil des fragend-entwickelnden Erarbeitungsunterrichts läßt sich als Modell der „Konzentrischen Didaktischen Kreise“ darstellen:

Im mittleren Kreis befinden sich die Informationen, die die Schüler lernen sollen, die Gegenstände des Unterrichts. Um diesen Kreis herum patroulliert der Lehrer und läßt die Schüler „nur über seine Leiche“ an die Sachverhalte heran. (Das Ausfragen und Nach-und-nach-herausrücken kleiner Informationspartikel hindert die Schüler nämlich sehr effektiv daran, mit dem Unterrichtsgegenstand in direkte Berührung zu kommen.) Die mehr oder weniger ratlos mitspielenden Schüler finden sich abgedrängt auf den äußeren Kreis. Ihre Möglichkeiten, den Lerngegenstand in Augenschein zu nehmen, sind gering, zumal Lehrer in der Regel nicht dazu neigen, den Schülern zu verraten, welcher Lerngegenstand sich im Innenkreis befindet. D. h. Lehrer geben den Schülern selten die genauen Lernziele bekannt; häufig erfahren die Schüler nur durch irgendeine vage Formulierung, um welches Thema es gehen soll: „Wir wollen uns heute mit Indien beschäftigen.“ Und schon beginnt der Erarbeitungsteil: „Wer kann mal auf der Karte zeigen, wo Indien liegt?“ „Wer weiß denn, wie man das besondere Klima in Indien nennt?“ „Wer hat denn schon mal etwas davon gehört, wie die Menschen in Indien leben?“ Schüler können nur wenig lernen, wenn sie nicht an den Unterrichtsstoff herangelassen werden und der Lehrer sie stattdessen mit einem

Durcheinander von Fakten konfrontiert. Wenn der Unterricht nach dem Modell der Konzentrischen Didaktischen Kreise konstruiert ist, wird sozusagen die ganze Zeit vom Essen geredet, ohne daß die Schüler jemals etwas zum Reinbeißen und zum Schmecken bekommen.

Eigentlich ist das Modell der drei Kreise nicht korrekt. Denn in Wirklichkeit ist der Lernstoff in vielen Erarbeitungsstunden ja nicht losgelöst von der Person des Lehrers irgendwo in der Klasse vorhanden, sondern er befindet sich im Kopf des Lehrers, und die Schüler stehen bei jeder Frage und bei jedem Denkanstoß des Lehrers erneut vor der Aufgabe, herauszufinden, welches Teilchen des dort gespeicherten Informationsvorrats sie jeweils „finden" oder „entdecken" dürfen. Es wäre eine ganz gute Unterrichtsmethode, wenn der Lehrer sagte: „Ich weiß alles über Indien. Bitte, fragt mich alles, was ihr über dieses Land wissen wollt."

Aber dafür reicht bei den meisten Lehrern der eigene Informationsvorrat leider nicht aus. Deswegen wird mit Fragen und Denkanstößen dafür gesorgt, daß Schüler möglichst nichts fragen, was die Lehrer selbst nicht wissen.

In manchen Märchen müssen die Figuren sich durch einen Berg aus Brei hindurchessen. Beim Erarbeitungsunterricht haben die Schüler die gleiche Aufgabe. Der Unterschied ist nur der, daß kein Breiberg da ist: Die Schüler müssen den Brei, durch den sie sich hindurcharbeiten sollen, nämlich zuerst selbst hervorwürgen. Das ist kein schönes Bild. Aber ist es ein schönes Bild, wenn ein Lehrer eine Klasse 5 bis 7 Minuten lang mit geistlosen Fragen piesackt, weil er gern das Wort „*Tast*sinn" von den Schülern hören will und die Schüler nicht von dem Begriff „Fühlen" abzubringen sind?

Ist es ein schönes Bild, wenn Schüler eine Unterrichtsstunde lang nichts anderes tun als zu raten, welche Bedeutung die verschiedenen topographischen Symbole in einer Landkarte wohl haben könnten?

Reduktion des potentiellen Lernstoffs

Beim Erarbeitungsunterricht wird die Menge des potentiellen Unterrichtsstoffes in mehreren Stufen zu einer winzigen Restmenge reduziert. Beim reinen Erarbeitungsunterricht können Schüler wenig lernen, weil es in der Logik dieser Unterrichtsweise liegt, daß der Stoff, der gelernt werden könnte, zu einem Minimum reduziert wird. Hier sind die Konzentrischen Kreise zur Beschreibung wieder sehr geeignet:

A ist die Menge der Informationen über ein bestimmtes Thema, das die Schüler lernen *könnten.* Die Teilmenge B ist derjenige Teil dieses Wissens, von dem der Lehrer eine Ahnung hat, denn in der Regel weiß kein Lehrer alles über ein Thema. Aus der Teilmenge B wählt der Lehrer nun die Teilmenge C aus. Das ist diejenige Menge, die er den Schülern zum Lernen zumuten mag. Davon kommt im Unterricht selbst aber nur diejenige Teilmenge zum Vorschein, die sich mit Hilfe von Fragen und Impulsen aus den Schülern herausquetschen läßt (D).

Neulich kam unsere Tochter nach Hause und meinte stolz: „Heute hab ich in Deutsch wieder mal *den* Satz gebracht!"
Ich fragte: „Und was hast du dabei gelernt?"
Swantje: „Gar nichts. Das wußte ich ja schon. Wenn ich sag, was ich weiß, lern ich ja nichts."
(Über solche Themen diskutieren wir zu Hause!)

Natürlich ist dieses Unterrichtsstoff-Reduktionsmodell nur eine abstrakte Rechnung. Denn zum Glück beziehen Schüler nur einen kleinen Teil ihres Wissens aus dem Unterricht, weil es Eltern, Verwandte, Bücher und Fernsehapparate gibt. So kommt es, daß einzelne Schüler, besonders solche, die nicht sehr schüchtern sind, sich nicht davon abhalten lassen, ungefragt auch Informationen aus den Bereichen A und B beizusteuern. (Das heißt aber natürlich noch lange nicht, daß die übrigen Schüler diese Informationen auch lernen und behalten werden.)

Außerdem kommt hinzu, daß die Grundregel des Erarbeitungsunterrichts, nach der es unbedingt vermieden werden muß, den Schülern Informationen einfach zu „geben", niemals ganz rein verwirklicht werden kann. In kleinen Dosen werden daher in den meisten Erarbeitungsstunden Informationen vom Lehrer geboten.

Tendenz zu kognitiven Lernzielen der untersten Ebene

Beim Erarbeitungsunterricht liegt der Akzent stets bei Lernzielen aus dem kognitiven Bereich, vorwiegend auf solchen der untersten Ebene. Andere Lernziele werden ignoriert, was deswegen schade ist, weil diese anderen Lernziele oft viel wichtiger sind.

Es ist schon seit einer ganzen Reihe von Jahren bekannt, daß Unterrichtsthemen und Unterrichtsziele (Lernziele) verschiedene Sachverhalte sind. Zum Beispiel kann das Thema „Der Kreislauf des Wassers“ (eines der stereotypen Schulthemen, mit denen jeder Schüler in der Grundschule unweigerlich in Berührung kommt) mit sehr verschiedenen Lernzielen verbunden werden. Ein Lehrer kann dieses Thema mit der Absicht behandeln, den Schülern beizubringen, wie man eine grafische Darstellung entschlüsselt und in einen zusammenhängenden verbalen Bericht übersetzt. Oder er behandelt dieses Thema, weil er den Schülern ein Gefühl dafür vermitteln möchte, wie sinnvoll und praktisch natürliche Abläufe geregelt sind. Oder es kommt ihm darauf an, daß die Schüler das Kreislaufschema als abstraktes Schema erkennen und diejenigen Aspekte identifizieren, die der unmittelbaren Erfahrung zugänglich sind sowie Hypothesen darüber bilden, wie die nicht unmittelbar erfahrbaren Zusammenhänge erklärt und erforscht werden könnten. Oder er will den Schülern zeigen, wie man Hypothesen so formulieren kann, daß sie überprüfbar werden. Oder er möchte die Schüler lehren, komplexe Zusammenhänge in einfache grafische Darstellungen zu übertragen. Natürlich muß der „Stoff“ diesen unterschiedlichen Zielsetzungen entsprechend in ganz unterschiedlicher Aufbereitung dargeboten werden. Jedes Thema ist nur ein Vehikel, das recht unterschiedliche Lernziele transportieren kann.

Es liegt nun in der Logik des Erarbeitungsunterrichts, daß solche Lernzielüberlegungen gar nicht erst angestellt werden. Die mit dem Thema gegebenen Sachverhalte werden unreflektiert als Lernziele genommen, und das Ziel heißt dann einfach: die Schüler sollen erkennen, wie der Kreislauf des Wassers in der Natur abläuft. So wird dann das relevante Wissen mit der ganzen Klasse „erarbeitet“. In der folgenden Stunde sollen die Schüler diese Inhalte „wiederholen“ und drei Wochen später müssen sie noch in der Lage sein, im multiple choice-Test die richtigen Items anzukreuzen. Daß man das Kreislaufthema als Aufhänger für ganz andere Lernziele verwenden kann (wobei die Schüler ja „nebenbei" unter Umständen viel mehr über die Sache selbst lernen können), dieser Gedanke kommt vielen Lehrern nicht in den Sinn.

Die einzige Menschengruppe auf der Welt, die damit zufrieden sein kann, Informationen zu „haben", ohne sich fragen zu müssen, wozu die Informationen praktisch gut sind, sind die Lehrer. Denn Lehrer können Informationen aller Art dazu benutzen, sie an ihre Schüler weiterzugeben. Das kann dazu verleiten, die Informationen an sich schon für wichtig zu halten und zu vergessen, daß für alle anderen Menschen, die nicht Lehrer sind, Informationen nur dann wichtig sind, wenn sie sie für irgend etwas gebrauchen können.

Wir meinen „*gebrauchen* können" nicht eng utilitaristisch. Wir finden nicht, daß Schüler nur solche Dinge lernen sollen, die ihnen helfen, schneller Millionäre zu werden oder Karriere zu machen; wir beziehen auch solche Dinge ein, die Schüler lediglich schön finden oder an denen sie Spaß haben können.

Es macht zum Beispiel vielen Schülern Spaß, genau über die Lebensweise der Ameisen Bescheid zu wissen und den Eltern auf einem Sonntagsaldspaziergang die Vorgänge an einem Ameisenhaufen zu erklären oder Beobachtungen zu machen und über deren Bedeutung nachzudenken. Und mancher Schüler freut sich, wenn er gelernt hat, verschiedene Stile der Jazzmusik zu unterscheiden und wenn er, statt nur Geräusche zu vernehmen, das Radio einschalten und sagen kann: „Das ist Jazz, und zwar Be-Bop-Stil, vielleicht Miles Davis und Charlie Parker. Ja, der Altsaxophonist ist Charlie Parker!"

„Gebrauchen" heißt: Schüler können das Gelernte in irgendeiner Weise in ihr eigenes Leben übernehmen: das Gelernte bedeutet irgend etwas für sie, auch wenn es nicht unbedingt nützlich im engeren Sinne ist.

Der Erarbeitungsunterricht aber ist im Grunde die Versteinerung einer Idee, die sich früher großer Beliebtheit erfreute, nämlich der Theorie, daß in jedem besonderen Unterrichtsthema auch ein besonderer Bildungswert versteckt sei, der anläßlich der Beschäftigung mit diesem Thema von allein aus dem Thema herauskomme und in die Schüler hineinsteige. Jedes Thema ist nach dieser Theorie sozusagen mit Lerneffekt-Bakterien vollgestopft, die die Schüler automatisch infizieren. Man braucht daher angeblich nur ein Thema zu behandeln, und schon lernen die Schüler weit mehr als das bloße Thema. Diese Idee der Formalen Bildung muß sich jemand ausgedacht haben, der nicht viel Lust zum Nachdenken hatte. Es ist ja viel bequemer, sich ein Thema herzuholen und das zu erarbeiten, als sich lange mit Gedanken über Lernziele herumzuplagen.

Was Schüler beim Erarbeiten lernen – wenn sie überhaupt etwas von dem mitbekommen, was der Lehrer vermitteln wollte – ist vielfach nur der allererste Schritt zur Erreichung eines Lernziels, das im Leben wirklich sinnvoll ist. Und dies ist nicht nur an Schulen so, sondern auch an Hochschulen. Zukünftige Lehrer erfahren, *daß* sie präzise Arbeitsanweisungen geben sollen, wenn sie unterrichten. Aber wie solche Anweisungen aussehen und nach welchen Rezepten man sie zubereiten kann, das müssen sie sich selbst ausmalen und in einem jahrelangen trial-and-error-Lernprozeß selbst einüben, was durchaus nicht immer mit einem Erfolg endet.

Harald Riedel beginnt ein Buch über „Allgemeine Didaktik und unterrichtliche Praxis" (1977, S. 7) mit den Worten: „In Seminaren der letzten Semester habe ich immer wieder feststellen müssen, wie schwer es selbst fortgeschrittenen Didaktik-Studenten fällt, die Aussagen der verschiedenen allgemeindidaktischen Ansätze zu verstehen. In mehreren Fällen wurde das Ziel, einen Vergleich der einzelnen Ansätze vorzunehmen, nicht erreicht, weil die gründliche Erarbeitung (siehste!) der jeweiligen Informationskomplexe unverhältnismäßig viel Zeit in Anspruch nahm."

Wenn Sie nun den Gedanken auf sich wirken lassen, daß Studenten, die die Aussagen der verschiedenen Ansätze verstehen und die außerdem die einzelnen Ansätze miteinander vergleichen können, wahrscheinlich noch gar nicht damit angefangen haben, darüber nachzudenken, wie sie die Ansätze praktisch verwerten können und daß sie in diesem Stadium noch nicht einmal ahnen können, daß sie die Anwendungsmöglichkeiten schließlich auch noch einüben müssen, bevor sie praktisch nützlich sein können, dann verstehen Sie, warum so viele Hochschullehrer es begeistert ablehnen, Lehrerstudenten Rezepte und Techniken zu vermitteln. Man schafft ja nicht einmal die Erarbeitung der Ansätze.

Inzidentelles Lernen und heimlicher Lehrplan

Der Erarbeitungsunterricht favorisiert den heimlichen Lehrplan und läßt große Lücken für inzidentelles Lernen.

Auch beim Umgang mit Kurzgeschichten und Gedichten ist Erarbeiten das Standardverfahren. Gewöhnlich sind hier die Stunden so vom Lehrer konzipiert, daß den Schülern exakt kurz vor dem Ertönen des Klingelzeichens (in besser ausgerüsteten Schulen: des lieblich klingenden Pausengongs) die Schuppen von den Augen rieseln, so daß ihnen schlagartig klar wird, was der Dichter uns damit sagen wollte. Erschüttert von der geistigen Größe der dichterischen Aussage eilen die Schüler, sich Milch zu kaufen. Was sie gelernt haben, ist wahrscheinlich – ohne daß ihnen dies eigentlich bewußt ist –, daß der Umgang mit Werken der Dichtkunst ein Geschäft für Detektive mit literarischer Spezialausbildung ist und daß es dem Laien nicht zusteht, Kunststücke von sich aus zu verstehen. Worauf man schon gar nicht mehr kommt, ist, daß man – Kunstwerk hin, Dichter her – ja auch einmal überlegen könnte, ob der Inhalt der dichterischen Aussage dumm oder klug, einseitig oder allzu allgemein, unpraktisch oder praktikabel, weltfremd oder trivial ist, und welche Meinung man selbst zu dem angesprochenen Problem hat.

Manchmal erzielt ein Lehrer auf diese Weise übrigens Lerneffekte, die er nicht einmal im Traum in seine Planung aufgenommen hätte.

Gabriel Laub berichtet aus seiner Schulzeit: „Mein Literaturlehrer im Gymnasium hat meine Entscheidung, Schriftsteller zu werden, enorm gefestigt. Herr M. verstand es, literarische Werke und Autoren so gründlich auseinanderzunehmen, daß man sie nie wieder zusammensetzen konnte. Er hat geschafft, uns jedes Buch, das er mit der Klasse besprochen hat, im einzelnen und die Literatur im ganzen für die Dauer ekelhaft zu machen. Aber gerade die dadurch gewonnene Überzeugung, daß alles, was bislang geschrieben wurde, stinklangweilig und albern ist, ermunterte mich zum Schreiben.“ (G. Laub, Mein Weg in die Literatur. In: Die Zeit, Nr. 36, 30. 8. 1974, S. 42)

Die Tätigkeiten, die Schüler im Unterricht ausführen – Fragen beantworten, zuhören, aufpassen, anständig sitzen, melden, schreiben, an die Tafel gehen, aufstehen –, die Erlebnisse, die sie dabei haben – nicht drangenommen werden, obwohl man sich heftig meldet, einen Fehler machen, eine Frage stellen, ohne eine befriedigende Antwort zu bekommen, etwas nicht verstehen, aber nicht den Mut haben, danach zu fragen, ein überraschendes Lob bekommen –, die Stimmungen die sie im Unterricht erleben – Interesse, Spannung, Freude, Langeweile, Ärger, Mutlosigkeit – all dies und vieles andere mehr löst bei den einzelnen Schülern inzidentelle Lernprozesse aus. Und all diese Lernprozesse bewirken simultan einen breiten Fächer von Lerneffekten.

Das inzidentell-simultane Lernen der einzelnen Schüler kann auch durch die präzisesten Arbeitsanweisungen und durch die detailliertesten Lernzielangaben nicht vollständig verhindert werden, und das ist auch gar nicht notwendig, denn ohne dieses selbstgesteuerte Zufallslernen wäre kein Schüler lernfähig. Was man allerdings tun kann und tun sollte, ist: durch geeignete Informationen die Wahrscheinlichkeit verringern, daß bei vielen Schülern unerwünschte Lerneffekte auftreten. Dazu braucht man den Schülern nur zu sagen, was sie lernen sollen. Aber gerade das darf man beim Erarbeitungsunterricht auf keinen Fall tun, denn das würde das ganze Konzept verderben.

Beim Erarbeitungsunterricht machen die Schüler sehr einseitige Erfahrungen. Sie lernen nicht das Lernen, sondern das Gelehrtwerden durch eine Lehrkraft. Viele Schüler scheinen dabei die Überzeugung zu gewinnen, daß es andere Arten des Lernens gar nicht gibt. Die Folgen beobachtet man noch bei Erwachsenen. Wenn z. B. ein Studienleiter von einer Gruppe von Lehramtsanwärtern erwartet

wird und plötzlich die Nachricht eintrifft, daß er den Tag verwechselt habe oder in einer Schneewehe steckengeblieben sei, dann sitzen die Anwärter unschlüssig da und kommen gar nicht auf die Idee, daß sie schon mal selbst mit dem gemeinsamen Lernen beginnen könnten.

Der Erarbeitungsunterricht trainiert erarbeitungsgemäßes Verhalten und Denken. Das ist sein heimlicher Lehrplan.

Der Erarbeitungsunterricht basiert auf einer Fiktion

Das Erarbeitungsmuster beruht auf der – falschen – Voraussetzung, daß die Beiträge einzelner Schüler exakt widerspiegeln, was in den Köpfen aller Schüler einer Schulklasse vorgeht.

Jeder Schüler einer Klasse weiß immer schon irgend etwas. Könnte man all das, was einzelne Schüler schon wissen, zu einem Gesamtwissen vereinigen, dann hätte man einen ganz schönen Sachverstand zusammen. Diese Tatsache wird beim Erarbeitungsunterricht schamlos ausgebeutet.

Der Fehler ist nur: Wenn ein einzelner Schüler im Unterricht eine Frage beantwortet, indem er ein Stück seines Wissens preisgibt oder indem er – was sehr viel seltener vorkommt, weil die Faktenfragen überwiegen – aufgrund eines Denkprozesses zu einer neuen Einsicht kommt und sie ausspricht, dann ist noch längst nicht gewährleistet, daß dieses Wissen auch in die Köpfe der übrigen Schüler gelangt. Gerade dies aber steht als heimliche Annahme im Hintergrund des Erarbeitungsverfahrens. Ohne diese Annahme wäre die Erarbeitung sinnlos.

Die Äußerung eines Einzelschülers wird stets als repräsentative Stichprobe dessen interpretiert, was gleichzeitig in den Köpfen aller Schüler der Klasse vorgeht. Hat ein Schüler endlich den Gedanken geäußert, auf den der Lehrer die ganze Zeit hinauswollte, wie es so schön heißt, dann wird angenommen, daß *die Klasse* von selbst darauf gekommen ist, und eben nicht nur ein einzelner. Was einer sagt, gilt als Indizienbeweis dafür, daß alle anderen auf dem gleichen Bewußtseinsstand sind. Während des Erarbeitungsunterrichts denkt zwar jeder Schüler in seinem eigenen Tempo, mit seinen besonderen Voraussetzungen und Umwegen. Aber man unterrichtet trotzdem, als sei die Klasse ein Superorganismus, der im Gleichschritt Wissen produziert, denkt, lernt. Wenn dem einen ein Licht aufgeht – so die Annahme –, leuchtet es auch in allen anderen Köpfen.

Anders läßt sich kaum erklären, daß vielen Lehrern ihr Unterrichtskonzept verdorben erscheint, wenn *ein* Schüler vorwegnimmt, was doch erst das Endergebnis einer kunstvollen Erarbeitung sein sollte. Dabei müßte jeder Lehrer eigentlich wissen: Was ein Schüler im Unterricht weiß, denkt und schließlich ausspricht, das kommt oft bei den Mitschülern gar nicht erst an. Denn viele Schüler finden nur hörens- und merkenswert, was der Lehrer sagt. Redet ein Mitschüler, dann wendet man seine Aufmerksamkeit anderen Dingen zu und schaltet sie erst wieder ein, wenn man die Stimme des Lehrers erkennt. Diese im Erarbeitungsunterricht antrainierte lehrerzentrierte Verteilung der Aufmerksamkeit beherrschen selbst noch Studenten an wissenschaftlichen Hochschulen: alle Schreiber haben Pause, wenn ein Kommilitone spricht, aber die Kulis beginnen sofort eifrig über das Paper zu flitzen, wenn der Dozent den Mund aufmacht.

Außerdem drücken sich Schüler oft ziemlich umständlich aus, reden zu leise, zu langsam oder zu schnell, so daß selbst diejenigen Mitschüler, die bereit sind, von den Beiträgen der anderen zu lernen, infolge dieses Rauschens kaum etwas mitbekommen. In einem durchschnittlichen Erarbeitungsgespräch fallen die meisten Schülerbeiträge dem natürlichen Schwund zum Opfer. Was lernen 30 Schüler, wenn einer eine Lehrerfrage richtig beantwortet? Wenig bis gar nichts. Dabei glauben viele Lehrer, daß es besser sei, wenn ein Gedanke von einem Schüler geäußert werde statt vom Lehrer. Den Preis für diese Vorliebe bezahlen allerdings die Schüler, die nichts mitbekommen.

Wir haben einmal eine Unterrichtsstunde beobachtet, in der man regelrecht *sehen* konnte, wie falsch die Annahme ist, daß alle Schüler im Gleichschritt lernen. Die Schüler sollten einen Kerzenständer aus Tauwerk knüpfen. Nachdem die Lehrerin die Technik erklärt und demonstriert hatte, versuchten sich die Schüler daran. Die Folge: die verschiedenartigsten Knoten, und nur sehr wenige, die sich als Kerzenständer geeignet hätten. Sofort fand sich die Lehrerin von Schülermassen umringt. Jeder brauchte Hilfe. Es war ein kleines Chaos.

Wir dachten: Wenn schon bei einer so einfachen handwerklichen Lernaufgabe so viele schiefe Knoten entstehen, *was für Knoten müssen sich dann erst in den Köpfen der Schüler bilden, wenn eine schwierige mathematische Ableitung im Gleichschritt erarbeitet oder ein schwieriger Gedanke begriffen werden soll?* Der Erarbeitungsunterricht hat für Lehrer den Vorteil, daß er ihnen erlaubt, einen scheinbar gut funktionierenden Unterricht durchzuziehen, ohne die Knoten zu Gesicht zu bekommen, die dadurch in den Gehirnen der Schüler angerichtet werden. Man nimmt ja immer nur die Schüler dran, die durch Heben ihrer Hand anzeigen, daß sie keinen schiefen Knoten im Kopf zu haben glauben und ruft schnell einen anderen auf, falls sich der Knoten als fehlerhaft erweist. Man kann munter weitererarbeiten, weil die allermeisten Verknotungen unsichtbar bleiben und weil man sich in dem Glauben wiegen kann, daß die Gedankenknoten, die sich im Erarbeitungsgespräch hier und da flüchtig zeigten, in dem Moment entwirrt sind, in dem ein Schüler mit seinem Beitrag ins Ziel der Stunde einläuft, wie es der Lehrer erwartet hat.

Mit Hilfe des Erarbeitungsrituals weicht man kunstvoll der Erfahrung aus, daß es immer nur einzelne sind, die lernen und daß sich unter der unauffälligen Oberfläche eines gut laufenden Erarbeitungsgesprächs die abenteuerlichsten Lernschwierigkeiten abspielen können.

Ignorieren von Lernschwierigkeiten

Das Erarbeitungsmuster verdeckt Lernschwierigkeiten einzelner Schüler und hält Lehrer davon ab, ihre wichtigste Aufgabe zu erfüllen: Lernhilfen zu geben.

In einem 4. Schuljahr (vgl. Beispiel 5, S. 55) haben die Schüler die Information bekommen, daß die Kreuzotter ‚lebende' Junge zur Welt bringt. So einfach und eindeutig diese Information für die Lehrerin sein mag, einigen Schülern ist sie rätselhaft und vieldeutig. Das merkt man an ihren geflüsterten Kommentaren. Während er die Information von der Tafel in sein Sachkundeheft abschreibt, murmelt ein Junge: „*Tote* Junge kriegt sie bestimmt nicht." Und ein anderer hat einen Gedankenblitz und ruft in die Klasse: „Also ist sie ein Säugetier!"

Diese Äußerungen zeigen, daß die Schüler Schwierigkeiten mit dem Ausdruck „lebende Junge zur Welt bringen" haben und sich bemühen, ihm einen Sinn abzugewinnen. Da die Lehrerin mit der Fortführung des Erarbeitungsgesprächs voll ausgelastet ist, merkt sie nicht, daß die Schüler dabei sind, den Begriff „lebende Junge" mit den verschiedensten Vorstellungen aufzufüllen. Vielleicht hatten die meisten Schüler zutreffende Vorstellungen von lebenden Jungen. Aber es ist genauso gut möglich, daß die beiden falschen Schüleräußerungen nur die Spitze eines Eisbergs unklarer Ideen waren. Denn die meisten Schüler ließen durch nichts erkennen, was in ihren Köpfen vorging, wie dies ja auch im Erarbeitungsunterricht planmäßig vorgesehen ist.

Man erkennt an diesem Beispiel, daß die Vermittlung relevanter Informationen nur der allererste Schritt zur Ermöglichung eines Lernprozesses ist. Der wesentlichere Teil eines Lernprozesses besteht nämlich in dem Verarbeitungsprozeß, den jeder Schüler zu leisten hat. Bei diesem Verarbeitungsprozeß müssen die Begriffe oder Gedanken von jedem einzelnen Schüler mit Bedeutung aufgefüllt und mit den bereits früher gespeicherten Informationen verbunden werden. Dieser Vorgang ist von einem Lehrer nicht direkt steuerbar, aber ein Lehrer kann den Prozeß hemmen und verhindern oder die Schüler dabei unterstützen und die Verarbeitung fördern. Das Problem besteht also darin, daß Lehrer den Schülern helfen müssen, neue Informationen in ihre persönliche Gedankenwelt – in ihre kognitive Struktur – zu integrieren, damit die Schüler nicht nur leere Worthülsen auswendiglernen, die sie nicht verstehen. Dieses Problem läßt sich nicht dadurch lösen, daß man die Schüler alle Informationen selber finden läßt und dafür sorgt, daß alles von den Schülern selber kommt, denn es ist völlig unwichtig, woher die Schüler die Fakten bekommen. Wichtig ist nur, ob und wie sie die Informationen verarbeiten, also in ihr individuelles Bedeutungssystem einbauen. Das können sie in der Regel aber nur dann, wenn sie mit dem Lerngegenstand auch tatsächlich in Berührung kommen; womit nicht gemeint ist, daß sie jeden Lerngegenstand im wörtlichen Sinne anfassen müssen (bei welchen Lerngegenständen geht das schon?), sondern daß sie sich in irgendeiner Weise persönlich mit dem Gegenstand auseinandersetzen und mit ihm Erfahrungen machen können.

Man erkennt hier, daß es immer der einzelne Schüler ist, der lernt und daß ein Lehrer nur insofern wichtig ist, als er den Schülern

- die Informationen vorlegt, die sie selbst verarbeiten müssen,
- den Schülern eine Situation schafft, in der sie Zeit und Gelegenheit haben, die Informationen von möglichst vielen Seiten zu untersuchen und kennenzulernen (genau dies bezeichnen wir als Lernaufgabe) und
- anschließend (oder gleichzeitig) den Schülern dabei hilft, die Erfahrungen, die sie im Umgang mit dem Gegenstand gewonnen haben, in Wissen oder Können zu verwandeln.

Beim Erarbeitungsunterricht widmen sich Lehrer vor allem der ersten Aufgabe, während die beiden anderen gewöhnlich weitgehend vernachlässigt werden. Aber obwohl sie sich auf diese Aufgabe konzentrieren, lösen sie sie ironischerweise nur höchst unvollkommen, weil sie der Idee folgen, daß alles möglichst von den Schülern zu kommen hat.

In unserem Beispiel hätte die Lehrerin den Schülern bei der Verarbeitung der Information geholfen, wenn sie sie ermutigt hätte, die Fragen und Vorstellungen, die die Information „lebende Junge“ bei ihnen auslöst, in der Klasse laut auszusprechen. Dazu wären die Schüler noch besser in der Lage gewesen, wenn sie sich vorher einige Zeit selbständig mit dem Informationsstoff auseinandergesetzt hätten – wenn sie also eine Lernaufgabe bearbeitet hätten. Denn jeder Mensch braucht eine gewisse Bedenkzeit, bis er anfängt zu verstehen, was er nicht versteht und bis er diejenigen Fragen formulieren kann, die ihm weiterhelfen. Die Lehrerin könnte dann erkennen, welche Verständnisschwierigkeiten die Schüler haben und welchen falschen Vorstellungen sie anhängen, und sie könnte ihnen dann klärende Informationen geben oder ihnen zeigen, wo sie solche Informationen bekommen können.

In dieser Phase des Unterrichts wäre es auch ausnahmsweise einmal sinnvoll, Fragen an die Schüler zu richten. Diesmal aber nicht zu dem Zweck, ihnen die grundlegenden Fakteninformationen zu entlocken, sondern vielmehr um herauszufinden, wie die Schüler die dargebotene Information verstehen und ob und in welcher Form man ihnen Hilfen geben muß.

Indem Lehrer den größten Teil der Unterrichtszeit darauf verwenden, die Informationen erst einmal zu erarbeiten, vermeiden sie es gewöhnlich, mit den Fragen, Schwierigkeiten und kindlichen Vorstellungen der Schüler konfrontiert zu werden. Sie weichen so ihrer wichtigsten Aufgabe mehr oder weniger systematisch aus.

In dem zitierten Unterrichtsbeispiel bekam die Lehrerin mit, wie der Schüler die Kreuzotter den Säugetieren zuordnete, und sie reagierte darauf, indem sie erschrocken ausrief: „O je, jetzt bringst du mich aber in Bedrängnis!" Es schien der Lehrerin unangenehm zu sein, mit der Bodenlosigkeit des Schülerwissens konfrontiert zu werden. Diese Reaktion beobachtet man bei Lehrern sehr oft. Wird im Unterricht sichtbar, daß Schüler etwas überhaupt nicht oder vollkommen falsch verstehen und machen Lehrer die Erfahrung, daß den Schülern wesentliche Grundlagen für das Verstehen des Lernstoffes zu fehlen scheinen, dann erschrecken sie offenbar vor diesen Bildungslücken – und vor der Unendlichkeit ihrer Lehraufgabe – und sind geneigt aufzugeben, sich zurückzuziehen und vielleicht schnell einen Schüler dranzunehmen, der besser Bescheid weiß und der das unangenehme Erlebnis vertuschen kann. Dabei brauchen Schüler gerade in diesen Situationen den Lehrer am meisten, damit er ihnen über die Lernschwierigkeiten hinweghilft. Deswegen ist Lernhilfe eigentlich die wichtigste Aufgabe von Lehrern.

Man muß bereit sein und den Mut haben, sich selbst der Verunsicherung auszusetzen, die die Begegnung mit der Unvollkommenheit des Schülerwissens mit sich bringt. Der fragend-entwickelnde Erarbeitungsunterricht, bei dem tendenziell nur diejenigen Schüler zu Wort kommen, die die richtige Antwort bereits wissen, ist insofern eine Unterrichtsmethode, die es den Lehrern erlaubt, ihrer Hauptaufgabe fortwährend auszuweichen.

Das Erarbeitungsmuster liefert den Unterrichtsverlauf vielen Zufälligkeiten aus

Jede Gesellschaft hat ihre anerkannten Märchen und Glaubenssysteme.

Bei den Yurok-Indianern in Kalifornien z. B. galt es als ausgemacht, daß Reichtum und Sexualität nicht miteinander vereinbar seien.

‚Geburten gab es bei den Yurok und ihren Nachbarn hauptsächlich im Frühjahr. Natürlich nicht, wie manchmal spekuliert wurde, wegen eines Impulses, zu bestimmten Jahreszeiten in Brunft zu geraten wie die Tiere, sondern wegen ganz spezieller Ideen über Eigentum und Magie. Die Yurok hatten die richtige psychologische Beobachtung gemacht, daß Männer, die oft an andere Dinge denken, besonders an Frauen, nicht oft reich werden oder bleiben. Von daher folgerten sie, daß es eine grundsätzliche Antipathie zwischen Geld und sexuellen Dingen geben müsse. Da Dentaliumschnecken (= Geld) und andere Wertgegenstände im Hause aufbewahrt wurden, schlief ein Mann dort, wie wir bereits erwähnten, niemals mit seiner Frau aus Furcht, arm zu werden, was wegen der Institution des Schwitzhauses nicht schwierig war. Im Sommer jedoch, wenn die kalten Regenfälle vorüber waren, schlug das Paar sein Bett draußen auf; mit dem Ergebnis, daß es den Yurok ganz natürlich erscheint, daß Kinder im Frühling geboren werden sollten" (Kroeber, 1925, S. 44).[1]

Wie Sie sehen, können selbst merkwürdige Überzeugungen ganz reale Konsequenzen haben. Das ist auch bei der Unterrichtskultur so. Nehmen wir z. B. einmal das Märchen von der Zufallsabhängigkeit des Unterrichts.

Eigentlich ist es eine lächerliche Idee, daß ein extra dafür ausgebildeter Erwachsener nicht fähig sein soll, mit 30 bis 40 Schülern planmäßig einen sinnvollen und erfolgreichen Unterricht von 45 Minuten durchzuführen. Trotzdem glauben viele Lehrer – besonders vor Lehrproben – fest daran, daß ein gelungener Unterricht im Grunde immer eine freundliche Gabe des unberechenbaren Schicksals sei.

Vor dem Unterricht werden sie von angstvollen Gedanken geplagt:

„Ich weiß nicht, ob es so klappen wird, wie ich es mir gedacht habe."
„Hoffentlich merken die Schüler, worauf ich hinauswill und machen mit."
„Hoffentlich merken sie nicht zu früh, worauf ich hinauswill."
„Wenn sie mich nun hängen lassen?"
„Hoffentlich nimmt nicht einer durch eine unpassende Bemerkung alles vorweg."
„Ob ich meinen Plan verwirklichen kann, hängt von den Reaktionen der Schüler ab."
„Wenn die Kinder nun nicht von selbst darauf kommen, was dann?"
„Was ist, wenn sich niemand meldet und keiner etwas dazu zu sagen weiß?"
„Hoffentlich vergesse ich nicht irgendeinen wichtigen Unterrichtsschritt."
„Ich weiß nicht, ob ich das, was ich mir vorgenommen habe, in einer Stunde überhaupt schaffen kann."
„Hoffentlich melden sich ordentlich viele."
„Werden die Schüler von selbst dahinterkommen?"
„Ich weiß ja nicht vorher, welche Beiträge von den Schülern kommen werden."
„Wie werden die Schüler auf den Einstieg reagieren? Hoffentlich reagieren sie so, wie sie sollen."
„Was ist, wenn einer die Geschichte schon kennt? Dann wird vielleicht meine ganze Planung sinnlos."

---

[1] Sie denken vielleicht: Was gehen mich die Yurok an? Vielleicht verstehen Sie besser, warum wir diese Spezialität aus der Yurok-Kultur zitieren, wenn Sie wissen, daß uns merkwürdige Bräuche schon immer fasziniert haben. Darum finden wir auch die Kultur des Unterrichts so interessant. Wahrscheinlich würden einem Yurok unsere Unterrichtsgebräuche und die damit verbundenen Überzeugungen auch ganz schön seltsam erscheinen.

„Wenn die Schüler nicht in Stimmung sind, schmeißen sie vielleicht die ganze Stunde.“
„Wenn die Schüler in dieser Stunde bloß nicht damit anfangen, ihre unpassenden Geschichten zu erzählen.“

Solche und ähnliche Gedanken deuten darauf hin, daß Lehrer trotz detaillierter Vorbereitung – manchmal kann man direkt von einer Übervorbereitung sprechen – nicht voraussagen können, was ungefähr passieren wird. Man kann sich noch so genau vorbereiten, was nachher wirklich abläuft, das bleibt im Grunde immer ein Glücksspiel. In dieser Überzeugung wird man häufig auch von den erfahreneren Kollegen bestätigt, die einem tröstend auf die Schulter klopfen und einem versichern, daß wirklich gelungene Unterrichtsstunden überhaupt zu den größten Seltenheiten in der Geschichte der pädagogischen Praxis gehören, daß „pädagogische Sternstunden“ nicht machbar sind, daß auch bei den erfahrenen Kollegen längst nicht alles klappt, daß man fleißig auf Zufallstreffer warten, aber eigentlich nichts tun kann, damit sie wirklich eintreten. Gelungener Unterricht gleicht einer Schlagerplatte: Man weiß niemals vorher, ob sie ein Hit wird.

Dies ist das Märchen von der Zufallsabhängigkeit jeglichen Unterrichts. Der Glaube an dieses Märchen macht Lehrer unsicher, ängstlich und abhängig von den Launen und der Gunst ihres Publikums. Viele Lehrer sind ängstliche Amateure, aber keine selbstbewußten Profis, die wissen, was sie können.

Insofern ist dieser Märchenglaube ein Hemmnis. Aber er hat auch seine Vorteile. Wenn nämlich erfolgreicher Unterricht ein Produkt des Zufalls ist und nicht planmäßig gemacht werden kann, dann hat man immer eine Ausrede, komme, was da wolle. Und vor allem: Man braucht sich nicht groß anzustrengen, denn gegen den Zufall ist nun mal kein Kraut gewachsen.

Diese beliebte Ideologie von der totalen Schutzlosigkeit des geplanten Unterrichts gegenüber dem bösen Wolf namens „Zufall“ verdeckt eine einfache Tatsache:

Wenn man Unterricht vernünftig plant, kann durchaus mit ausreichender Sicherheit vorausgesagt werden, daß die meisten Schüler etwas lernen werden und daß es dabei einigermaßen geordnet zugehen wird, falls nicht zufällig gerade alle Stühle in der Klasse zusammenbrechen, die Tinte radioaktiv wird oder sonst eine Katastrophe ausbricht. Vernünftig planen kann man allerdings nur dann, wenn man den geistigen Gewohnheiten, die uns das Erarbeitungsmuster diktiert, den Laufpaß gibt. Denn dieses Muster zwingt uns eine Art der Unterrichtsplanung auf, durch die das paradoxe Kunststück fertiggebracht wird, eine Stunde im wahrsten Sinne des Wortes minutiös vorzuplanen, die Ausführung in jeder Minute zentralistisch nach diesem Plan zu steuern und dabei dennoch ein beachtliches Chaos anzurichten, Verwirrung zu schaffen und Zufälligkeiten aller Art geradezu anzulocken.

Zwei Beispiele aus der Literatur:
Eine Unterrichtsstunde (Mathematik) hat 11 Phasen, eine von 2 Minuten, fünf von 3 Minuten, vier von 5 und eine von 8 Minuten.
Eine andere (Grammatik): 9 Phasen, einmal 2 Minuten, dreimal 5, zweimal 7 und zweimal 8 Minuten, insgesamt sind hier also 47 Minuten verplant (Heimann/Otto/Schulz, 1977, S. 104 ff.; Jehlich 1976, S. 16 f.).

Bei dieser Fülle von Phasen wird man es kaum als Zufall werten können, wenn dem Lehrer Phasenverwechslungen unterlaufen oder wenn er in der Hitze des Unterrichtsgefechts ganze Phasen vergißt. Wer jeden einzelnen Gedankenschritt vorher plant, womöglich noch in mehreren verschiedenen Fassungen, damit er für jeden Zufall bestens gerüstet ist, der liefert sich freiwillig Zufällen aus; einmal, weil sein Gedächtnis streikt, wenn der Plan zu kompliziert wird und zweitens: je mehr Einzelheiten man vorplant, desto mehr können auch schiefgehen.

Der Hang zur Übervorbereitung ist nur einer von vielen methodischen Bräuchen, mit denen man beim Erarbeitungsmuster Zufälle von störendem Ausmaß provoziert. Diese Zufälle erschweren den Schülern das Lernen und den Lehrern das Unterrichten. Obwohl es sich bei diesen Bräuchen um besondere Eigentümlichkeiten des Erarbeitungsunterrichts handelt, gelten sie doch allgemein als natürliche Merkmale des Unterrichts überhaupt. Das ist nicht weniger naiv als die Ansicht der Yurok, nach der es vollkommen normal ist, wenn die Kinder nur im Frühling zur Welt kommen.

Selbstverständlich gibt es im Unterricht, wie in jeder Art menschlicher Interaktion, Zufälligkeiten, die durch keine Planung und Steuerung grundsätzlich vermieden werden können und die man deshalb tolerieren muß. Das zwingt uns aber durchaus nicht dazu, das Unterrichten für ein bloßes Glücksspiel zu halten. Mißverständnisse und Meinungsverschiedenheiten kommen immer und überall vor, und man muß aus solchen Kleinigkeiten keine pessimistische Philosophie von der Aussichtslosigkeit allen menschlichen Strebens und des grundsätzlichen Scheiterns jeder Kommunikation machen.

Wie im Erarbeitungsunterricht gezielt Zufälle provoziert werden: Die Spontaneitätsideologie

Viele Zufälligkeiten im Erarbeitungsunterricht hängen damit zusammen, daß die Lehrer heutzutage gehalten sind, für Spontaneität zu schwärmen. Daß sie sich daran zu halten versuchen, erkennt man an den stereotypen Formulierungen, die die schriftlichen Unterrichtsvorbereitungen bevölkern:

Die Schüler äußern sich spontan zu dem Gedicht, reagieren spontan auf die Tafelzeichnung, sollen spontan entwickelte Problemlösungsversuche erörtern, bekommen vom Lehrer Raum für Spontanäußerungen zugewiesen, werden bei Rollenspielen zur Spontaneität verpflichtet, müssen spontan erzählen, was ihnen auffällt, bekommen eine Schallplatte genau bis zu der Stelle vorgespielt, „an der die Problematik offenkundig wird und für die Schüler der Aufforderungscharakter zu spontanen Äußerungen offenkundig ist" (Ant/Schinkel, 1977, S. 109).

Spontaneität ist „in". Was haben wir an dieser Liebe zur Spontaneität zu bemäkeln?

Erstens: Spontaneität ist nicht an sich wertvoll, wie viele Lehrer offenbar glauben.[2] Sondern der Wert einer spontanen Handlung hängt immer davon ab, was man spontan tut. Ein Mord kann eine außerordentlich spontane Handlung sein, aber niemand wird sich über diese Spontaneität freuen. Deswegen ist es naiv, Spontaneität zu einer besonderen Tugend zu ernennen.

Zweitens: Lehrer schwärmen zwar viel von Spontaneität, aber sie wissen anscheinend gar nicht genau, was das ist.

Spontan handeln heißt „freiwillig, aus eigenem Antrieb" (Duden-Lexikon) handeln; und Spontaneität ist die „Bezeichnung für eine ohne ersichtlichen Grund bzw. ohne auslösende Reizgrundlage erfolgende Aktivität" (Drever/Fröhlich, 1969, S. 217).

Diese Definitionen deuten dem Kenner schon an, daß man Spontaneität am besten erzeugt, indem man die Finger von jedem Versuch läßt, sie erzeugen zu wollen. Man müßte sich eigentlich verdrücken, damit die Schüler aus eigenem inneren Antrieb machen können, was sie freiwillig machen wollen. Das tun Lehrer aber natürlich nicht,

---

[2] Ein Beispiel für diese bedingungslose Wertschätzung der Spontaneität ist der Bericht „Unterricht ohne Fronten" von Trzeciok (1978). Zählen Sie einmal, wenn Sie Lust haben, wie oft darin das Wort „spontan" mit einem unsichtbaren Heiligenschein geschmückt durch die Seiten flattert!

weil sie ja gerade dafür bezahlt werden, daß sie etwas mit den Schülern machen. Daher bemühen sie sich, Spontaneität bei den Schülern künstlich zu erzeugen, damit sie aus eigenem inneren Antrieb freiwillig machen, was sie sollen und auf den „Aufforderungscharakter“ von bestimmten Reizen im Sinne des Lehrplans reagieren. Natürlich ist diese gemachte Spontaneität keine mehr.

Drittens: In Wirklichkeit wollen Lehrer gar nicht ernsthaft, daß die Schüler sich spontan verhalten. Ein Lehrer, der ein Stoffkaninchen mitbringt und es auf das Pult stellt, wünscht sich ja nicht, daß sich ein Gespräch wie dieses entwickelt:

„Süß! – Das ist ein Hase. – Wir haben auch eine Katze. – Ich habe ein Meerschweinchen. – Männchen oder Weibchen? – Weiß nicht. – Ich war neulich im Zoo. Da war ein ganz komisches Tier, aber größer. – Ich finde, Zoos sind Gefängnisse für die Tiere. – Ja, die Sendung hab ich neulich auch im Fernsehen gesehen: Horst Stern, nicht? – Ich finde Grzimek besser. – Nee, Rockford, das ist am besten. – Darfst du so lange aufbleiben?“

Stoffkaninchen und andere Aufforderungscharaktere werden gewöhnlich mit einer bestimmten didaktischen Absicht, z. B. als stumme Impulse, in den Unterricht importiert. Sie sollen die Schüler dazu bringen, daß sie ganz bestimmte Verhaltensweisen zeigen, aber sie nicht ermuntern, ihre Schulhofgespräche auch während des Unterrichts fortzuführen. Lehrer wollen meist etwas von den Schülern, und sie belügen sich selbst, wenn sie so tun, als könnten die Schüler machen und sagen, was ihnen gerade so einfällt.

In Wirklichkeit können wir als Lehrer spontanes Schülerhandeln nur in sehr kleinen Dosen verkraften, und von diesen kleinen Dosen meist nur die 20 Prozent, in denen sich die Schüler spontan so verhalten, wie wir es uns schon immer in unseren Träumen gewünscht haben. Trzeciok (1978, S. 94 f.) schildert sehr schön die Art von Spontaneität, auf die Lehrer gern abfahren: „. . . läuft die Arbeit in allen Gruppen selbständig. Ich setze mich und sehe eine Weile zu. . . . Sie verhalten, bewegen sich ganz natürlich, alle die Schülerverhaltensweisen wie Langeweile, Anspannung, Opposition, Aggression, Unordnung usw. usw. fehlen. Sie arbeiten in Gruppen voller Eifer, doch ohne Hast. Einige gehen durch den Raum, etwas zu holen oder zu fragen. Jeder hat seine individuelle Art, sich zu bewegen. Manchmal sieht mich einer an, wir lachen uns zu. Und plötzlich sehe ich: In ihren Bewegungen wird Anmut sichtbar, die ihnen natürliche Anmut.“

Aber was tun wir, wenn die Schüler spontan anders sind, als sie sein sollen? Wenn wir einen Schüler beobachten, der freiwillig, aus eigenem inneren Antrieb, ohne ersichtlichen Grund und ohne auslösende Reizgrundlage seinen Nachbarn verprügelt? Rufen wir dann voller Bewunderung aus: „Der ist aber spontan?" Oder kommen uns eher Ausdrücke wie „verhaltensgestört", „brutal", „unbeherrscht" und „undiszipliniert" in den Sinn? Unsere Spontaneitätsvorliebe ist halbherzig und naiv. In ihr versteckt sich unser Lieblingslehrertraum: daß die Schüler natürlich, von selbst, ohne Anschieben fröhlich lernen und sich dabei anmutig, natürlich und liebenswürdig verhalten, wie Engel es so an sich haben. Dieser Traum ist ziemlich kindlich. Genau wie unsere methodischen Bräuche, mit denen wir die entsprechende Spontaneität zu erzeugen hoffen. Wir folgen diesen Bräuchen nicht, weil es irgendeinen vernünftigen Grund dafür gibt, sondern einfach, weil wir uns an sie gewöhnt haben. (So wie ein Yurok-Ehemann es für dringend geboten hält, den Winter über im Schwitzhaus zu kampieren.)

Viertens: Solange wir nur spontan sind, können wir nichts lernen. Denn spontan sein heißt nichts weiter als: Handlungsprogramme ablaufen lassen, die wir schon so lange beherrschen, daß wir ganz vergessen haben, daß wir sie früher auch einmal gelernt haben. Lernen hat immer etwas mit Veränderung zu tun. Wir müssen ein uns bekanntes Verhaltensprogramm verändern oder ein anderes, neues erwerben.

Viele Menschen sind zufrieden, wenn sie in regelmäßigen Abständen ihre gewohnten Worte sprechen und dazu die gewohnten Bewegungen vollführen dürfen. Schule und Unterricht sind wichtig, weil es nicht genügt, wenn es dabei bleibt. Wenn wir Schülern etwas beibringen wollen, wenn wir uns wünschen, daß sie mit neuen Gedanken nach Hause kommen, etwas Neues können und keine Angst vor ungewohnten Dingen haben, dann müssen wir zuerst unsere eigene Angst aufgeben: die Angst vor absichtsvollem, gewolltem, nicht-spontanem Handeln.

Fünftens: Beachten Sie bitte, daß wir nicht gesagt haben, daß Schülern spontanes Handeln grundsätzlich verboten sein soll. Wir kritisieren nur die absurde Lehreridee, daß man Spontaneität künstlich *machen* müsse. Wir finden es prima, wenn Schüler originelle Ideen haben und im Unterricht Vorschläge machen, die vom Lehrplan abweichen. Uns gefallen Schüler, die kritisch sind und nicht alles glauben, was ihnen erzählt wird. Wir halten nur nichts davon, wenn Lehrer unter dem Vorwand, Spontaneität freizulassen, ihre wahren Absichten verheimlichen und irgendwelchen Hokuspokus vorführen.

Die Spontaneitätsbräuche

Wir wollen Ihnen jetzt einige der Spontaneitätsbräuche, gegen die wir etwas haben, genauer beschreiben.

„Wir wollen erst einmal sammeln"

Dies ist der Brauch, die Schüler am Anfang erst einmal alles erzählen zu lassen, was sie schon über das Thema wissen. Häufig wird von einem Schüler oder dem Lehrer an der Wandtafel mitnotiert, was die Schüler sagen. Häufig auch nicht. Es mag durchaus sein, daß es in der BRD drei oder vier Lehrer gibt, die mit solchen ungeordneten Sammlungen etwas anzufangen wissen und die den weiteren Unterricht irgendwie auf dem aufbauen, was da zusammengetragen wird. In vielen Unterrichtsstunden, die wir bisher beobachtet haben, war dieses Zusammentragen ein sinnloses Ritual. Denn nachdem der Lehrer mit den Schülern die Tafel vollgesammelt hatte, hatte das Sammelergebnis keinerlei Funktion mehr für die Stunde. Es stand verloren an der Tafel, wurde von allen Anwesenden kräftig ignoriert und machte sich höchstens bemerkbar, wenn später der Wandtafelplatz nicht mehr ausreichte, so daß die Sammelnotizen schnell wieder ausgewischt werden mußten. Der einzige Grund für das Sammeln scheint zu sein, daß man den Schülern auf diese Weise drastisch klarmachen kann, wie belanglos ihr Wissen ist, so belanglos, daß es getrost unter den Tisch fallen kann. Noch einfacher kann man die Belanglosigkeit dieser Sammelei natürlich demonstrieren, wenn man gar nicht erst mitschreibt, sondern ungerührt mit dem vorgeplanten Unterricht fortfährt, sobald sich kein Schüler mehr meldet.

Eine latente Funktion dieses Verfahrens mag darin liegen, daß es manchen Lehrern die Sorge verkleinert, sie könnten mit ihrem Unterricht zu schnell fertig werden. Vor der Stunde und im ersten Teil haben Lehrer oft Angst, daß sie vielleicht nicht genug auf Lager haben, um die 45 Minuten zu füllen. Deswegen fügen sie mehr oder weniger überflüssige Arbeitsschritte ein, mit denen sie Unterrichtszeit totschlagen können. Zum Schluß der Stunde gewinnt dann die Angst die Oberhand, daß man vielleicht nicht alles schaffen könne. (Aber darüber kann man sich mit dem Argument hinwegtrösten, daß ja Unterrichten eben weitgehend von zufälligen Ereignissen gesteuert wird.)

Das Zusammentragen *könnte* einen Sinn haben, wenn der Lehrer fähig wäre, den folgenden Unterricht so zu gestalten, daß er sich durch die Sammlungsergebnisse irgendwie verändert. Das geht aber gewöhnlich nicht, weil der Lehrer ja in der Regel nicht vorhersagen kann, was die Schüler erzählen werden. Daher ist seine Vorbereitung so gehalten, daß ihr keine Sammelei etwas anhaben kann. Der Unterricht nimmt seinen vorgesehenen Lauf, egal was die Schüler zusammentragen. Trotzdem wird der vorgesehene Lauf häufig genug durch die Sammelleidenschaft ernsthaft behindert, denn es können eine ganze Reihe von Zufällen angelockt werden, die die Fortführung gefährden.

So kann die Sammelphase die Schüler in dem Glauben wiegen, sie dürften allerlei Geschichten erzählen. Dann ärgert sich der Lehrer, weil die Schüler nicht von ihren Stories abzubringen sind, und die Schüler ärgern sich, weil sie unterbrochen werden oder gar nicht erst drankommen. Oder die Schüler äußern spontan irgendwelche Ideen, die dem Lehrer fragwürdig erscheinen, was er aber nicht beweisen kann, da er nicht genug Ahnung hat. Auf jeden Fall setzt der Lehrer sich der Gefahr aus, daß er in Gefilde gelockt wird, die ihm fremd sind, was seinen Belehrungstrieb ziemlich abkühlen kann.

Die Zusammentragphase kann sich auch zu einem Streit um Spezialfragen erhitzen. Da bleibt man dann unnötig lange bei Problemen hängen, die nicht entschieden werden können, weil niemand die nötigen Beweise dabei hat. (Stellen Sie sich nur vor, einer Ihrer Schüler sei Yurok-Experte und würde Ihnen an einer passenden Stelle vortragen, daß es Menschen gibt, die eine ganz bestimmte jährlich wiederkehrende Paarungszeit hätten, genau wie die Tierart, die Sie gerade behandeln. Wie würden Sie als erfahrener Biologielehrer auf diese Eröffnung reagieren?)

Wir haben viele Stunden gesehen, in denen Lehrer anläßlich der

Sammelphase ganz schön aus dem Kurs geworfen wurden und darüber recht ärgerlich waren, weil sie es als Niederlage empfanden, ihr Unwissen vor den Schülern demonstrieren zu müssen. Und wir haben oft erlebt, daß Lehrer in solchen Situationen den Kampf aufnahmen und sich von einem fadenscheinigen Argument zum anderen quälten, weil sie nicht zugeben mochten, daß sie keine Ahnung hatten. Wir finden es nicht schlimm, wenn ein Lehrer nur das weiß, was er den Schülern gerade beibringen will. Aber wir halten es für überflüssig, daß sich Lehrer freiwillig in Situationen begeben, in denen sie glauben, den Schülern zeigen zu müssen, daß sie doch mehr wissen, als die Schüler denken.

Nicht selten tritt bei der spontanen Phase auch der folgende unerwünschte Zufall auf: Ein ebenso ahnungsloser wie gutwilliger Schüler äußert genau diejenigen Gedanken, womöglich auch noch in lexikonartikelreifer Formulierung, auf die die Schüler nach dem Geheimplan des Lehrers eigentlich erst am Schluß der Stunde von selber kommen sollten, nachdem sie durch ein kunstvoll angelegtes Erarbeitungsgespräch vom Lehrer zu ihnen hingeführt worden sind. „Und da baut man sich das so schön auf und da kommt die Antwort früher und dann ist der ganze Entwurf im Eimer." (Weidenmann, 1978, S. 93).

Wie man sieht, wird dieses Vorwegnehmen von manchen Lehrern als kapitaler Reinfall erlebt. Sie fühlen sich ertappt und sind im weiteren Verlauf des Unterrichts entsprechend gehemmt. Manchmal wird es dem Schüler geradezu übelgenommen, daß er alles vorweggenommen hat, besonders dann, wenn es nicht der erste Vorfall dieser Art war. Bei notorischen Vorwegnehmern können Lehrer sogar dazu übergehen, sie in der Spontan-Phase gar nicht erst dranzunehmen oder sie zu bitten, sich lieber zurückzuhalten, damit nicht schon zuviel verraten wird.

Wenn es Lehrern ausgesprochen unangenehm ist, daß Schüler wichtige Einzelheiten der geplanten Stunde vorwegnehmen, dann deutet das darauf hin, daß sie eine Vorstellung im Kopf haben, nach der guter Unterricht so etwas ähnliches wie ein Komplott ist. Jedenfalls „klappt" für diese Lehrer der Unterricht nur dann wie vorgesehen, wenn jedes Geheimnis zur rechten Zeit und keineswegs vorher aufgedeckt wird. Wir werden auf diesen Gedanken noch zurückkommen.

Hier wollen wir nur noch bemerken, daß es überhaupt nicht schadet, wenn ein Schüler wichtige Unterrichtsergebnisse vorwegnimmt, weil der Unterricht dadurch keineswegs überflüssig wird. Denn die Tatsache, daß *ein* Schüler schon vorher weiß oder kann, was er eigentlich erst noch lernen sollte, bedeutet ja noch längst nicht, daß alle anderen Schüler nun auch nichts mehr lernen könnten. Und wenn ein Schüler wesentliche Informationen vorsagt, dann ist damit noch längst nicht gewährleistet, daß alle anderen Schüler diese Informationen verstanden hätten und etwas mit ihnen anfangen könnten. Die Angst vieler Lehrer vor der Vorwegnahme zeigt nur, daß diese Lehrer eine falsche Annahme zur Grundlage ihrer Konzeption von Unterricht gemacht haben. Sie scheinen nämlich zu glauben, daß etwas, was einmal ausgesprochen und gehört worden ist, auch immer schon gleich verstanden und gelernt wäre. Das Lernen ist für diese Lehrer sozusagen in dem Moment erfolgreich beendet, wo eine Information zum ersten Mal aufgetaucht ist. Dabei ist das Vorhandensein einer Information in Wirklichkeit immer nur der Anfangspunkt eines Lernprozesses. Erst wenn ein Schüler eine Information „hat", kann er überhaupt damit anfangen, sie zu lernen.

Jedenfalls ist der Sammelbrauch nur dann angezeigt, wenn das Sammeln zielgerichtet geschieht, wenn man etwas ganz Bestimmtes sammelt, was im weiteren Verlauf der Stunde irgendeinen Sinn oder eine Funktion hat.

„Ich muß die Schüler zum Thema hinführen oder sie behutsam einstimmen"

Wir zitieren aus einer schriftlichen Vorbereitung:

„Aus Ermangelung einer entsprechenden Winterlandschaft vor den Klassenfenstern möchte ich versuchen, mit Hilfe eines Winterbildes den Kindern dieses Thema etwas näher zu bringen. Die Schüler haben dadurch die Bedingungen des Winters etwas deutlicher vor Augen . . . Die Kälte, die für den Winter besonders typisch ist, wird von den Schülern wahrscheinlich als eine der ersten Charakteristika des Winters genannt."

(Was, glauben Sie, könnte das Thema dieser Stunde gewesen sein?)

Die Lehrerin hat zu der Stunde auch eine Nachbetrachtung geschrieben. Die fängt so an:

„Das Winterbild, zur Einstimmung in das Thema gedacht, brachte nicht den gewünschten Erfolg. Einerseits war es vom Ausdruck her nicht sehr gut geeignet (doch leider konnte ich kein anderes Bild finden), andererseits bewirkte es, daß die Schüler Aspekte des Winters ins Gespräch brachten, die vom eigentlichen Thema wegführten."

Wissen Sie jetzt, wovon die Stunde handeln sollte? Das Thema war natürlich „Das Winterfell schützt vor Wärmeverlust".

Die Schüler müssen von selbst darauf kommen, welche besonderen Aspekte des Winters erwünscht sind. Sie können dabei nur raten, weil die Lehrerin nicht verrät, zu welchem Zweck sie die winterlichen Aspekte benötigt. Viele Hinführungen sind in Wirklichkeit Wegführungen, und manche Einstimmung ist eher eine Verstimmung. Häufig fördern solche Einführungsbräuche auch wirklich die Spontaneität, nämlich spontane Gefühle des Ärgers beim Schüler oder der Enttäuschung beim Lehrer.

„Ich muß Fragen immer so formulieren, daß die Schüler spontan und unbeeinflußt antworten können"

Dies wird Lehrern ständig eingeredet und ist schon fast eine heilige Regel: „Fragt immer so, daß viele verschiedenartige Antworten möglich sind! Vermeidet Fragen, die den Schülern nur einen geringen Spielraum lassen! Verzichtet auf W-Fragen und gebt dafür lieber Denkanstöße!"

Durch diese Moralforderungen kommen Lehrer in ein Dilemma. Denn sie unterrichten gewohnheitsmäßig so, als sei es ihre wichtigste Aufgabe, den Schülern die Fakteninformationen zu vermitteln, die zu den verschiedenen Lehrplanthemen gehören. Es ist einfach verlorene Liebesmüh, wenn man eine geistig anspruchsvolle Frage zu formulieren versucht, nur weil man von Schülern die Antwort hören will „Im Winter ist es kalt." Aus diesem Dilemma, daß man Fragen stellen soll, die zum Denken anregen, aber fast nur Themen hat, die mit Denken wenig zu tun haben, erklärt sich der Brauch, ständig mit Kaugummifragen zu arbeiten. Man formuliert die Fragen einfach so, daß die Schüler nicht ahnen können, auf welche Antwort der Lehrer inständig hofft und verschafft sich so das Gefühl, daß man die Schüler mit einem schwierigen Denkproblem konfrontiert habe. Man schleicht sich so indirekt wie nur möglich an die erwarteten Begriffe heran und bildet sich ein, die Schüler hätten dabei eine großartige Gelegenheit, ihre Denkfunktionen und ihre Kreativität zu trainieren.

In Wirklichkeit hat die so ausgelöste Schülertätigkeit meist weder etwas mit Nachdenken noch mit Phantasie zu tun. (Wenn man dreißig Schüler auf einen Heuhaufen losläßt, läßt es sich kaum vermeiden, daß einer von ihnen zufällig mit der berühmten Stecknadel in Kontakt kommt.)

Bei der Nachbereitung der Winterbildstunde ist der Lehrerin dies auch aufgegangen, denn sie schreibt: „Ich habe in dieser Stunde gemerkt, wie schwierig es ist, ganz bestimmte gewünschte Antworten zu erhalten. Ein Lehrervortrag hätte eventuell wertvoller sein können . . ." Wir können uns dieser Meinung nur anschließen.

„Was fällt euch daran auf?"

Störende Zufälle werden auch vorsätzlich dadurch ausgelöst, daß Lehrer den sehr beliebten Brauch anwenden, Schüler mit Lernreizen zu konfrontieren, ohne vorher deren Vieldeutigkeit angemessen zu reduzieren.

Im 3. Schuljahr hat die Lehrerin eine Geschichte an die Tafel geschrieben. Sie heißt „Ein mißglückter Streich". Der Unterricht beginnt:

„So, ich hab euch eine Geschichte an die Tafel geschrieben, die sollt ihr euch jetzt mal durchlesen."

Die Schüler lesen. Danach soll Thomas die Geschichte noch einmal laut vorlesen. Zwischen den Schülern entsteht eine Diskussion über die richtige Aussprache eines in der Geschichte vorkommenden Eigennamens. Die Lehrerin stellt in Aussicht:

„Die Geschichte wollen wir uns gleich nochmal anhören. Und vielleicht fällt dem einen oder anderen etwas auf an der Geschichte."

Nach der dritten Lesung: „Hat einer was gemerkt?" Pause. Einige Schüler heben ihre Finger. „Die anderen nicht?" Pause. „Gut, dann wollen wir uns das nochmal anhören."

Die vierte Lesung nimmt ihren Lauf.

„Wer hat was gemerkt? Ja, jetzt sind es schon viel mehr. – Frank, was meinst du denn?" Frank gibt eine ausführliche Nacherzählung zum Besten. Lehrerin: „Wer hat noch was anderes gemerkt?" Ein anderer Schüler hat etwas gemerkt, was ebenfalls den Inhalt der Geschichte betrifft.

So geht es eine ganze Zeit weiter, bis „die Schüler endlich selbst herausgefunden haben", daß in der Geschichte die Eigennamen viel zu oft wiederholt werden. Der Beobachter denkt: „Aha, darauf will sie hinaus! Die Schüler sollen lernen, daß sie beim Aufsatzschreiben nicht immer dieselben Wörter wiederholen sollen." Später stellt er allerdings fest, daß es der Lehrerin vor allem um das Problem der Fürwörter geht.

Das scheint den Schülern allerdings nicht aufgegangen zu sein, denn sie versuchen während der ganzen Stunde immer wieder, den Inhalt der Geschichte zu diskutieren, obwohl die Lehrerin ständig damit beschäftigt ist, die Schüler durch „geschickte Fragen" (siehe oben) vom „Mißglückten Streich" weg- und zu den Fürwörtern hinzulocken.

Die Lehrerin fühlt sich nach dieser Stunde wahrscheinlich in ihrer Ansicht bestätigt, daß Schüler Grammatik nicht mögen, weil das ein zu trockenes Thema ist. Der Beobachter dagegen fühlt sich in seiner Überzeugung bestätigt, daß das „Was-fällt-euch-daran-auf-Verfahren" gewöhnlich nur Ärger macht, weil es überflüssige Zufälle provoziert.

Der Fehler dieses ehrwürdigen Brauchs liegt darin, daß Lehrer vergessen, wie vieldeutig die bescheidensten Reize sein können.

Was fällt Ihnen an Ihrem Fingerhut auf, der auf Ihrem Nähkästchen steht?

Was fällt Ihnen an dem Satz „Können Päpste schwimmen?" auf?

Was fällt Ihnen am ersten Satz der Unvollendeten von Schubert auf?

Was fällt Ihnen an der Mona Lisa im Louvre auf?

An diesen Reizen ist mehr Auffälliges, als es Menschen auf der Welt gibt. Wenn ich mir wirklich Mühe gebe, herauszufinden, was mir persönlich auffällt, dann brauche ich eine halbe Stunde Redezeit, um alles aufzuführen.

Schauen Sie auf Ihre Armbanduhr! Was fällt Ihnen daran auf? Die Uhrzeit? Ob sie falsch oder richtig, vor oder nach geht? Welche Form die Zeiger haben? Wie sich die Zeiger bewegen? Welche Farbe die Zeiger oder das Ziffernblatt haben? Ob auf dem Glas Kratzer sind? Welche Farbe, Form, Musterung die Einfassung hat? Von welcher Art das Armband ist? Ob sie am rechten oder linken Arm getragen wird? Auf der Innen- oder Außenseite des Armes? Ob die Uhr modern oder altmodisch, klein oder groß ist? Welche Firma die Uhr hergestellt hat? Ob es sich um ein deutsches oder ausländisches Produkt handelt? Ob das Ziffernblatt arabische, römische oder gar keine Ziffern hat? Ob Sie die Uhr an eine andere Uhr erinnert? Ob das Geräusch laut oder leise ist? Ob die Zahl der Steine angegeben ist? Ob sie Leuchtziffern hat? Ob sie irgendwelche „persönlichen Merkmale" hat?

Ein Lehrer, der mit dem „Was-fällt-euch-auf-Trick" arbeitet, will die Schüler nicht zu einer phänomenologischen Wesensschau anleiten, er hofft, daß den Schülern drei oder sieben ganz bestimmte Merkmale auffallen. Und oft genug ist es nur ein einziger, sehr beschränkter Aspekt, der den Schülern auffallen soll. In diesem Fall wäre es vernünftiger, die Aufmerksamkeit der Schüler präzise auf den gewünschten Aspekt zu lenken.

Darum ist es entweder Betrug oder Dummheit, wenn man die Schüler auffordert, alles zu sagen, was sie wahrnehmen. Außerdem ist das Verfahren höchst unökonomisch. Man schickt die Schüler sozusagen auf eine gedankliche Weltreise, nur damit sie erkennen, daß das Haus auf der gegenüberliegenden Straßenseite blau angemalt ist.

Das Märchen, das hinter diesem Erarbeitungsbrauch steht, besagt: Wer einen Gegenstand unbefangen anschaut, dem *müssen* ganz bestimmte Merkmale daran auffallen, wenn er normal ist. Dies ist ein Märchen, weil wir immer durch bestimmte Brillen schauen. Unsere Vorlieben und Vorurteile, unsere Erwartungen und früheren Erfahrungen bestimmen, was wir sehen bzw. was wir sehen wollen. Und wenn ein Lehrer einem Schüler beibringen will, mehr zu sehen, als dessen Gewohnheiten ihm gestatten (und dazu sind Lehrer da), dann darf er sich nicht auf eingefahrene Sehgewohnheiten verlassen, sondern er muß dem Schüler eine neuartige Brille anbieten und ihn überreden, auch wirklich hindurchzuschauen. Man kann es auch so sagen: Je mehr Informationen man hat, desto mehr und desto genauer kann man sehen.

Der Brauch, Schülern ohne weitere Erläuterungen vieldeutige Lernreize vor die Nase zu setzen, bringt nichts ein – nur spontane Verwirrung und künstlich erzeugtes Durcheinander.

„Ich weiß nicht, was von den Schülern kommen wird und ob die Schüler von selbst darauf kommen werden"

Eine typische Erarbeitungsstunde hat einen widersprüchlichen Bauplan.

Der große Rahmen ist starr geplant und besteht aus verschiedenen Einzelschritten. Die Reihenfolge der Schritte darf nicht geändert werden, man darf weder einen Schritt überspringen noch einen andersartigen Schritt einfügen, denn der Lehrer hat vor, die Schüler systematisch von einer Erkenntnis zur nächsten zu führen, so daß sich am Schluß alle Einzelerkenntnisse zu einer Gesamterkenntnis vereinen. Jedenfalls ist dies die Idee, die man im Hintergrund von Erarbeitungsstundenvorbereitungen vermuten muß.

Betrachtet man nur diesen Gesamtplan, dann kommt einem das ganze Unternehmen kompakt und stabil vor, und man hat das Gefühl, daß dem Zufall nicht die geringste Chance gelassen wird. Das ändert sich erst, wenn man sich die Planung der Einzelschritte anschaut. Dann merkt man nämlich: viele dieser Einzelschritte sind so angelegt, daß nicht vorausgesagt werden kann, was tatsächlich passieren wird. Beispielsweise sieht die 7. Phase im Plan einer Mathematikstunde so aus:

Geplantes Lehrerverhalten	Erwartetes Schülerverhalten	Kommentar
Impulse durch den Lehrer	Die Schüler erkennen in Ansätzen, daß bei jedem vollen Zehner (Vierer) das nächste Rädchen (des Kilometerzählers) um eine Ziffer weiterspringt	7. Stufe der Festigung Unterrichtsgespräch

(Linow, 1976, S. 14)

Die Schüler sollen in dieser Phase etwas „in Ansätzen" erkennen. Es sieht so aus, als hätte der Lehrer keine große Hoffnung, daß den Schülern die erwartete Erkenntnis auch wirklich kommt. Was unternimmt er, damit die Erkenntnis auftritt? „Impulse" und „Unterrichtsgespräche". Wie geht das vor sich? Das kann man nicht genau sagen, denn es hängt von den Schülern ab. Oder davon, welche Impulse dem Lehrer gerade einfallen. Oder davon, wie sich das Unterrichtsgespräch entwickelt. Unterricht ist ein Zufallsgeschäft, man kann nie voraussagen, wie es kommen wird.

Eine Erarbeitungsstunde ist wie ein Theaterstück konzipiert; eine bestimmte Reihenfolge der Einzelszenen muß eingehalten werden. „Gretchen im Kerker" gehört an den Schluß, und vorher müssen unbedingt all die anderen wichtigen Bilder gekommen sein.

Nehmen wir wieder ein Beispiel (Heimann/Otto/Schulz, 1977, S. 182-195, bes. S. 190 ff.):

Zuerst fragt der Lehrer die Schüler, was sie gestern als Mittagsgericht hatten. Die fünfzehn- bis sechzehnjährigen Schüler sollen sich melden und die Namen längst gegessener Speisen anführen.

Als Leser fragt man sich: Was geht wohl in Fünfzehnjährigen vor, denen diese Aufgabe gestellt wird? Werden sie angestrengt und bereitwillig an das gestrige Mittagessen zurückdenken? Werden sie ernsthafte Antworten geben, oder werden sie versuchen, Witze zu machen und komische Namen für Speisen zu erfinden? Werden sie das Gefühl haben, daß der Lehrer sie mit „Babykram" veralbern will, oder werden sie denken: „Wenn der Lehrer uns danach fragt, was wir gestern gegessen haben, dann wird er schon einen Grund dafür haben. Er macht das sicher, damit wir etwas Wichtiges dabei lernen. Deswegen will ich mich bemühen, ihm seine Frage – auch wenn sie etwas kindlich ist – ernsthaft und so genau wie möglich zu beantworten."?

Ein Lehrer, der eine Stunde mit einer solchen Aufgabe beginnt, lockt Zufälle an.

Er kann diese „zufälligen" Entwicklungen mit einem ganz einfachen Mittel ausschalten, indem er nämlich den Schülern einfach den

Grund nennt, warum er ihnen diese Frage stellt. (Möglicherweise hat der Lehrer, der die zitierte Vorbereitung verfaßt hat, das getan – allerdings geht es aus der Vorbereitung nicht hervor.) Wer oft Unterricht beobachtet, sieht, daß Lehrer meist nicht daran denken, die Schüler darüber aufzuklären, warum sie bestimmte Fragen stellen. Denn Lehrer wollen Schüler lieber in Spannung halten und sie überraschen, und sie fürchten, daß dies nicht gelingt, wenn die Schüler den Sinn einer Frage kennen. In Wirklichkeit hat dieses Verhalten aber meist nur die Wirkung, daß Schülern der Unterricht bald langweilig wird.

Wie geht der Unterricht weiter?

Der Lehrer unterbricht das Nennen der Mittagsgerichte und fordert die Schüler auf, auch die Hauptbestandteile der Gerichte aufzuzählen. Der Lehrer hofft, daß die Schüler verschiedene Fleisch- und Gemüsesorten, sowie Kartoffeln nennen. Auf diese Phase treffen dieselben Bedenken zu wie auf die erste.

Die Schüler wissen wieder nicht, warum der Lehrer so besonders an den Einzelheiten ihres Essens interessiert ist. Und der Lehrer weiß nicht im voraus, was von den Schülern kommen wird.

Dritter Schritt: Der Lehrer greift nach mehreren Nennungen ein Gericht heraus, das ihm für seine unterrichtlichen Zwecke besonders geeignet erscheint und beauftragt einen Schüler, den Namen anzuschreiben, ihn zu unterstreichen und darunter die Hauptbestandteile auf die Mitte der Tafel zu schreiben.

Wer schon einmal unterrichtet hat, weiß, daß dieses Anschreibenlassen unwichtiger Details durch Schüler ein Brauch ist, der meist verhältnismäßig viel Zeit verbraucht und nichts einbringt. Man muß zuerst einen Anschreiber rekrutieren, was bei größeren Schülern manchmal nicht einfach ist; dann muß dieser Schüler sich durch die

Tischreihen oder um das Sitz-U herum mühselig an die Tafel quälen; man muß ihm die Stelle zeigen, an die er schreiben soll; und schließlich kommt es häufig zu Verhandlungen über die Schreibweise schwieriger Wörter.

Den Verfasser der zitierten Vorbereitung schreckt das nicht, denn er sieht hier einen großen Vorteil:

„Die Schüler erhalten dabei den Eindruck, den Unterrichtsgegenstand dieser Stundenphase selbst zu bestimmen."

Der Gedanke erscheint uns allerdings etwas lächerlich, daß Fünfzehnjährige es für eine großartige Mitbestimmungsmöglichkeit halten sollen, wenn der Lehrer ein Gericht, das sie selbst genannt haben, als Beispiel für etwas auswählt, was er ihnen beibringen will. Dennoch ist dieser 3. Schritt im Prinzip gegen Zufälle recht gut abgesichert – vorausgesetzt, die beiden ersten Schritte haben sich den Erwartungen des Lehrers gemäß entwickelt.

Schritt 4: Der Lehrer fordert die Schüler auf, die Kosten für das ausgewählte Gericht zu berechnen, „ohne auf ein bestimmtes Verfahren des Vorgehens hinzuweisen."

Hier weiß der Lehrer nicht genau, was kommen wird. Werden die Schüler realistische Preise nennen, oder haben sie keine Ahnung, was die Nahrungsmittel tatsächlich ungefähr kosten? Werden sie einfach verschiedene Summen nennen, oder werden sie auf die Idee kommen, zunächst nach den Mengen zu fragen, die gekauft werden mußten?

Der Lehrer ist auf diese unterschiedlichen Entwicklungsmöglichkeiten des vierten Arbeitsschrittes vorbereitet. Wenn die Schüler Summen nennen, sollen sie an die Tafel geschrieben werden. Sobald einer zufällig auf die Idee mit den Mengen kommt, müssen die Summen an der Tafel wieder ausgelöscht werden. Die ganze Stunde ist so in eine Fülle kleinster Schritte aufgeteilt. Über das Problem des Mittagessens wird unter geschickter Lenkung des Lehrers detailliert nachgegrübelt. Dabei geht es dem Lehrer gar nicht primär um das Essen, die Nahrungsbestandteile oder die Preise für die einzelnen Nahrungsmittel. Er macht weder Ernährungslehre noch Kochunterricht und erst recht nicht Mathematik, sondern Kultur- und Gemeinschaftskunde. Beim Vollzug der einzelnen Arbeitsschritte sollen den Schülern bestimmte Erkenntnisse aufgehen, und wenn sie alle Schritte durchgemacht haben, aus denen die Stunde sich zusammensetzt, dann soll die Erkenntnis klar und deutlich vor ihnen stehen: „Angebot und Nachfrage bestimmen den Preis."

Die Idee bei diesem Verfahren ist: Die Schüler sollen eine abstrakte Erkenntnis gewinnen. Sie sollen von selbst auf diese abstrakte Aussage stoßen, sie finden. Damit sie das tun, bietet der Lehrer ihnen ein alltägliches, praktisches Beispiel, mit dem sie sich so lange unter Leitung des Lehrers beschäftigen müssen, bis sich in den Köpfen der Schüler – und zwar möglichst bei allen gleichzeitig – durch irgendeinen mysteriösen Geistesblitz eine gedankliche Mutation einstellt.

In der Vorbereitung steht:

> „L. greift Preis für eine Knolle Kohlrabi heraus (0,30 DM) und fragt, ob sich SS. an Preis in den Monaten April/Mai erinnern."
>
> Als Ergebnis wünscht sich der Lehrer: „Das Phänomen der jahreszeitlichen Preisschwankungen gerät in das Bewußtsein der SS."

Der Lehrer erwartet, daß diese allgemeine Erkenntnis sich irgendwie in den Köpfen der Schüler bildet, in ihr Bewußtsein gerät, während die Schüler Kohlrabipreise von 0,80-1,20 DM nennen bzw. angeben, sie wüßten den Preis nicht, vermuteten aber, daß er höher gewesen sein müsse.

Diese Erwartung, daß die Beschäftigung mit einem Beispiel plötzlich – und ohne daß darüber direkt gesprochen wird – in eine abstrakte Erkenntnis umschlägt, ist naiv. Wer solche Hoffnungen hegt, der setzt darauf, daß der Zufall im rechten Moment zuschlagen wird. Aus unseren Unterrichtsbeobachtungen wissen wir jedoch, daß sich Lehrer häufig nicht so recht auf den Zufall verlassen mögen und mit „geschickten Fragen" dem Schicksal Tips zu geben versuchen: „Was macht denn der Preis in den verschiedenen Jahreszeiten wohl?" (Von derartigen Fragen ist in der zitierten Vorbereitung nichts zu lesen, wir behaupten aber, daß sie bei der Realisierung des Entwurfs zur Nachhilfe nötig geworden wären.)

In der Praxis wird dieses Schritt-für-Schritt-Vorgehen zu einer fieberhaften Suche nach bestimmten Wörtern. Lehrer sind eigentlich immer hinter ganz bestimmten Begriffen oder Formulierungen her, und sie meinen, sie könnten erst dann zum nächsten Schritt übergehen, wenn sie diese von einem Schüler gehört haben. Leider können Schüler in solchen Fällen ziemlich begriffsstutzig sein, und so bleibt Lehrern oft genug nichts anderes übrig, als den Begriff am Ende nach einer langen erfolglosen Irrfahrt doch selbst zu geben.

Dieses Verfahren ist stark vom Zufall abhängig. Man kann eben nie vorhersagen, wann ein Schüler zufällig über das heiß ersehnte Wort oder ein genügend ähnliches stolpern wird.

Ein Lehrer, der so unterrichtet, versucht etwas Unmögliches: nämlich die Kunst der indirekten Gedankenübertragung.

Die Idee hinter diesem Erarbeiten: Zu jedem Thema gibt es eine Serie perfekter methodischer Schritte, mit denen man die gewünschten Erkenntnisse in die Köpfe der Schüler hineinzaubern kann. Und wenn man Unterrichtsstunden vorbereitet, muß man nach so einer Methode suchen. Stellt man nur die richtigen Aufgaben und Fragen, dann können die Schüler gar nicht anders: sie müssen von selbst auf ganz bestimmte Gedanken und Erkenntnisse stoßen. Und nur wenn sie darauf von selbst gestoßen sind, haben sie etwas gelernt.

Beim Erarbeitungsunterricht geht der Lehrer vor wie ein Forscher, der ein psychologisches Experiment leitet. Er verabreicht den Schülern ein „treatment", und diese Behandlung soll selbsttätig bei den Schülern Lernen bewirken. Genau wie der Forscher vermeidet der Lehrer sorgfältig, den Schülern die Absichten zu erläutern, die hinter seinem Unterrichtsexperiment stehen. Denn die Schüler sollen möglichst unbeeinflußt und weitgehend spontan reagieren und im Idealfall gar nicht merken, daß sie lernen.

Bei einem Experiment ist diese Geheimnistuerei vielleicht sinnvoll. Denn würde man die Versuchspersonen über den Zweck des Experiments aufklären, dann würden sie u. U. dem Versuchsleiter zuliebe bestimmte Verhaltensweisen zeigen oder sie würden absichtlich anders reagieren als der Versuchsleiter erwartet.

Was bei einem Experiment richtig sein kann, ist beim Unterrichten falsch. Denn durch den Unterricht soll das Verhalten der Schüler möglichst dauerhaft verändert werden. Zu diesem Zweck sollten Lehrer so viele Mittel gleichzeitig einsetzen, wie miteinander vereinbar sind.

Ein Versuchsleiter muß auf viele Beeinflussungsmittel verzichten, weil er die Wirkung einer ganz bestimmten Variable prüfen will. Käme es ihm darauf an, das Verhalten der Versuchspersonen dauerhaft zu verändern, dann würde er sich bestimmt nicht darauf verlassen, daß die experimentellen Bedingungen das gewünschte Verhalten von selbst erzeugen; er würde die Teilnehmer zusätzlich darüber aufklären, welches Verhalten er von ihnen erwartet und sie bitten, dieses Verhalten auszuführen oder zu üben.

Auf diese direkte Art der Beeinflussung verzichten Lehrer beim Erarbeitungsunterricht. Sie hoffen darauf, daß das geplante Arrangement methodischer Maßnahmen und Medien (Fragen, Denkanstöße, Anschauungsmaterial usw.) selbsttätig bei den Schülern Aha-Erlebnisse, fruchtbare Momente, Einsichten erzeugen wird. Genau wie ein Forscher fiebern Lehrer dem Ergebnis ihres Experiments entgegen, weil sie nie wissen können, ob sich ihre Hypothesen bestätigen werden. Dabei haben Lehrer das gar nicht nötig. Würden sie von der Annahme ausgehen, daß Schüler Menschen sind, dann würden sie einsehen, daß Schüler eher bereit sind, sich beeinflussen zu lassen, wenn sie die Ziele und die Gründe der Beeinflussung kennen. Und sie würden darauf vertrauen, daß die meisten Schüler, wenn sie nur über die Absichten des Lehrers aufgeklärt wären, ihre Selbststeuerung einschalten und sich bemühen würden, die Lernziele zu erreichen.

Im Hintergrund unserer Unterrichtsbräuche steckt eigentlich die alte sokratische Fragemethode. Sokrates soll ja die Kunst, Menschen durch geschicktes Fragen zu bestimmten Einsichten zu *zwingen,* meisterhaft beherrscht haben. Allerdings benutzte er dazu möglichst nur einen einzelnen Schüler. So brauchte er keine Disziplinschwierigkeiten zu befürchten und konnte sich ganz auf die Gedankengänge seines Schülers einstellen. Trotzdem wird bezweifelt, daß Sokrates mit seiner Fragemethode wirklich Lerneffekte bei Schülern erzwingen konnte (Fuchs, 1969, S. 72 f.).

Die sokratische Idee vom Unterricht verspricht etwas, was sie nicht halten kann: daß es möglich sei, die Selbststeuerung im Lernenden methodisch zu überspielen und daß Lernen von Lehrern *gemacht* werden könne.

Dazu kommt, daß Menschen vorsichtige Wesen sind. Wenn wir das Gefühl haben, jemand wolle uns mit undurchsichtigen Methoden zu irgendwelchen, nur ihm bekannten Einsichten führen, uns mit geschickten Schachzügen dazu bringen, daß wir einer bestimmten Ansicht zustimmen *müssen,* dann schöpfen wir sehr schnell Verdacht und sperren uns heftig gegen die Verführungsversuche. Wenn wir uns bewußt am sokratischen Muster orientieren, nehmen wir Schüler nicht als Menschen ernst. Wir geben das wirksamste und menschenwürdigste Beeinflussungsmittel, das wir haben, leichtfertig aus der Hand. Wir versuchen, die Schüler indirekt zu manipulieren, statt direkt mit ihnen zu verhandeln. Wir mißtrauen dem Diskurs und versuchen, die Schüler mit List zum Lernen zu verführen. Und wir halten starr an der falschen Idee fest, daß Lernen ein Prozeß sei, der vollkommen fremdgesteuert ablaufen kann, auch wenn wir täglich die Erfahrung machen, daß wir mit dieser Idee Schiffbruch erleiden.

„We cannot teach another person directly; we can only facilitate his learning", schreibt Carl R. Rogers (1951, S. 389). Der Erarbeitungsunterricht widerspricht in seiner Praxis dieser einfachen Tatsache. Und weil er diese Wahrheit ignoriert, liefert er den Unterricht Zufällen aus und macht das Unterrichten zu einem Glücksspiel.

Der Erarbeitungsunterricht lockt Disziplinschwierigkeiten an

„Nichts ist geisttötender als von einem Thema zum anderen zu tappen, ohne einen klaren Handlungsplan zu haben. ... Kinder werden schnell verwirrt und unduldsam in Situationen, die unstrukturiert und ohne Ordnung sind." Meint D. Child (1973, S. 123). Wir glauben, daß er recht hat.

Erarbeitungsunterricht ist für Schüler langweilig. Sie tappen in einem Labyrinth umher, und viele sehen keinen Plan und kein Ziel vor sich. Höchstens das Ziel, die 45 Minuten bequem zu überstehen, ohne eine Strafarbeit für Störverhalten zu bekommen. Sie müssen sich unentwegt melden, aber wenn sie dann drangekommen sind, hört ihnen kaum jemand zu, und sie haben oft nur wenige Sekunden Zeit, ihre Antwort abzuliefern. Sie können nichts tun, es wird etwas mit ihnen gemacht. Sie sollen nicht nach vorne laufen, nicht dazwischenrufen, nicht mit den Fingern schnipsen, nicht mit dem Nachbarn boxen, nicht in ihren Sachen kramen. Sie sollen eigentlich nur eins tun: Aufpassen. Im Erarbeitungsunterricht sind die Schüler gewöhnlich unterbeschäftigt. Wenn Menschen längere Zeit in einer Situation handeln sollen, deren Sinn sie nicht genau verstehen, dann fangen sie an, sich selbst zu beschäftigen, und die Situation zerfällt in viele verschiedene Einzelsituationen. Und wenn Menschen längere Zeit starr gelenkt werden, dann versuchen sie, diese Lenkung zu unterlaufen und ihre Eigenlenkung einzuschalten. Für einen Lehrer sind das dann Disziplinschwierigkeiten. Er kennt als einziger den Plan, und er muß erleben, wie dieser Plan von den Schülern zerrupft wird und sich bald in etwas verwandelt, was nur noch wenig Ähnlichkeit mit dem hat, was er sich zu Hause vorstellte.

Beim Erarbeitungsunterricht kann allein der Lehrer für die Lenkung und Disziplinierung Verantwortung übernehmen, denn nur er weiß den Weg. Wenn die Schüler über den Weg aufgeklärt wären, könnten sie selbst Verantwortung für die zielgemäße Steuerung übernehmen, sie würden anfangen, sich selbst zu disziplinieren oder wenigstens Anstrengungen in dieser Richtung machen können. Dadurch würden sie dem Lehrer seine Aufgabe erleichtern. Er könnte sich mehr auf einzelne Schüler konzentrieren und ihnen helfen, weil er weniger stark von der Disziplinierungsaufgabe in Anspruch genommen wäre. Wenn Schüler selbst arbeiten, sind sie viel konzentrierter, aufmerksamer, disziplinierter, vernünftiger als beim Erarbeitungsunterricht im Klassenverband. Und zwar selbst in den wildesten Klassen.

Da beim Erarbeitungsunterricht über lange Zeit immer nur einer zur Zeit etwas Sinnvolles tun kann und die anderen nur die Aufgabe haben, den Mund zu halten, ist der Beschäftigungsradius (Kounin, 1976) sehr gering. Wenn ein Schüler spricht, ist für den Rest der Klasse im Grunde nichts zu tun. Die Schüler können nur warten. Natürlich könnten sie zuhören, wenn ein Mitschüler spricht und versuchen, sich ein Urteil über seine Aussage zu bilden, um anschließend Stellung zu nehmen. Das tun aber nur wenige Schüler, weil die Chance, dranzukommen, relativ gering ist und weil im typischen Erarbeitungsunterricht sowieso immer der Lehrer darüber entscheidet, ob eine Schülerantwort richtig oder falsch war. So entfällt für viele Schüler das Motiv, auf die Beiträge von Mitschülern zu achten und darauf zu reagieren.

Für Lehrer kann die Anfälligkeit des Erarbeitungsmusters für die vielen zufälligen Störungen zu einem schlimmen Trauma werden. Wenn das Unterrichten zu einem Kampf um die Aufmerksamkeit der Schüler wird, können Lehrer sich kaum ihrer wichtigsten Aufgabe widmen, nämlich den Schülern beim Lernen zu helfen. Denn sie sind vor allem damit beschäftigt, sich selbst durch den Unterricht zu helfen und dafür zu sorgen, daß die Schüler nicht ständig alles kaputtmachen.

Diese Erfahrungen kann Lehrern ein pessimistisches Bild vom typischen Schüler einbläuen. Schüler sind keine vernünftigen Menschen mehr, mit denen man sprechen und verhandeln, die man überzeugen und denen man etwas beibringen kann, die etwas lernen wollen und die sich freuen, wenn sie etwas Neues können. Sondern sie sind kleine Wilde, die von einer irrationalen Zerstörungswut angetrieben sind, die nichts anderes wollen als lärmen, streiten, dazwischenrufen, nicht aufpassen, die nicht am Schulstoff interessiert sind, sondern nur daran, dem Lehrer seine Arbeit zu erschweren. Viele junge Lehrer wenden sich aufgrund solcher Erfahrungen bald von allen „idealistischen" Vorstellungen ab und konzentrieren sich auf die Kontrollprobleme, die sie mit autokratischen Methoden zu lösen versuchen. Wer sich beim Unterrichten am Erarbeitungsmuster orientiert, der ist praktisch gezwungen, das ganze Arsenal von Strafen und Unfreundlichkeiten auch gleich zu abonnieren.

Das Erarbeitungsmuster fördert selten Können

Da der Erarbeitungsunterricht fast ausschließlich darauf zielt, daß den Schülern Erkenntnisse kommen sollen, hilft er ihnen selten, wirkliches Können zu erwerben. Die heimliche Annahme, nach der das Erarbeitungsmuster verfährt, ist:

Was du weißt, das kannst du auch. Diese Annahme ist meist falsch.

Wer im Musikunterricht gut aufpaßt, lernt eine ganze Reihe musikalischer Begriffe zu definieren – z. B. Synkope, Fuge, off-beat, Triole, Moll, Dur. Er erwirbt das „Können", auf Befragung eine Definition dieser Begriffe herzubeten. Was er aber nicht kann, das ist, diese Phänomene zu hören und wiederzuerkennen, wenn sie in einem Musikstück vorkommen. Dieses Können zu erwerben, bleibt den Schülern selbst überlassen. Sie erfahren nur, daß es etwas gibt, aber sie lernen keine Fähigkeit, kein Können, keine Tätigkeit, die das Wissen erst fruchtbar machen würde.

Wir dürfen nicht unkritisch damit zufrieden sein, daß Schüler irgendwelche Erkenntnisse selbst gefunden haben; wir müssen uns überlegen, durch welches Können diese Erkenntnisse erst einen Sinn bekommen.

Beim Erarbeitungsunterricht wird den Schülern der Lerngegenstand oft bedeutungslos präsentiert

Was heißt das? Damit Sie unseren Gedanken verstehen, bieten wir Ihnen den folgenden Selbstversuch an:

Bitte, führen Sie die folgenden Bewegungen aus. Prägen Sie sich diese Bewegungen ein.

1. Man setzt die Spitzen der beiden Zeigefinger derart gegeneinander, daß die Glieder einen Winkel von etwa 60 Grad bilden.
2. Man läßt die Fingerkuppen der rechten Hand auf dem Rücken der linken Hand kreisen.
3. Man bewegt die rechte Hand in horizontaler Stellung von der Brust an vorwärts.
4. Man schließt die Hand und öffnet sie, indem man sie abwärts bewegt.
5. Man richtet den Zeigefinger auf, entfernt die Hand und bringt sie stoßweise allmählich näher. (Hartmann, 1973, S. 114; Maximilian Prinz zu Wied, o. J., S. 341).

Wahrscheinlich kommt es Ihnen recht sinnlos vor, diese Bewegungen zu vollführen. Vielleicht fällt es Ihnen auch etwas schwer, die Bewegungen zu machen, und Sie sind sich nicht sicher, ob Ihre Bewegungen richtig sind. Außerdem werden Sie ziemlich lange üben müssen, bis Sie die fünf Bewegungen wirklich behalten. Das liegt daran, daß wir diesen Lernstoff ohne Bedeutung angeboten haben.

Wir fügen jetzt etwas Bedeutung hinzu:

Sie sollen im folgenden einige „Wörter" der indianischen Zeichensprache lernen. Die Indianerstämme der Prärien brauchten eine solche internationale Zeichensprache, weil sie sich oft mit Angehörigen fremdsprachiger Stämme verständigen mußten. Zuerst das Zeichen für „Tipi" (Tipis sind die spitzen Zelte der Prärieindianer): Man setzt die Spitzen der beiden Zeigefinger derart gegeneinander, daß die Glieder einen Winkel von etwa 60 Grad bilden.

Sie merken, daß die Bewegung jetzt für Sie einen Sinn, eine Bedeutung erhält. In Ihrem Kopf bilden sich sofort Vorstellungen, die Ihnen beim Lernen der Bewegung helfen. Sie können jetzt viel sicherer sein, daß Ihre Bewegung richtig ist, weil sie tatsächlich ein spitzes Zelt imitiert. Sie können sich das Zeichen für Zelt plötzlich viel leichter merken, weil es auf einmal an mehreren Stellen in Ihrem Gehirn verankert ist.

Die zweite Bewegung bedeutet „Farbe" (vielleicht bildet sich in Ihnen die Vorstellung, daß Sie auf dem Handrücken Farbe anrühren, oder Sie interpretieren den Handrücken als Palette und die Finger als Pinsel).

Die dritte Bewegung heißt „gut", die vierte „schlecht" und die letzte „kommen".

Jetzt, da Sie diese Bedeutungen haben, gelingt es Ihnen sehr schnell, die Bewegungen richtig auszuführen und sich die Wörter der Zeichensprache einzuprägen. Vorher waren Sie gezwungen, ziemlich unsicher herumzuwurschteln, weil Sie keine Kriterien hatten, nach denen Sie selbst entscheiden konnten, ob Ihre Versuche angemessen waren oder nicht. Jetzt haben Sie solche Kriterien und sind unabhängiger von den Bewegungsbeschreibungen geworden. Sie haben mehr Informationen als vorher, aber das engt Sie nicht ein, sondern befreit Sie in einem gewissen Sinne, denn jetzt können Sie Ihre Selbststeuerung einschalten und die Zeichensprache-Begriffe erfolgreicher und wahrscheinlich auch mit etwas mehr Interesse üben.

Wichtig ist, daß zu einem Gegenstand (den Wörtern der Zeichensprache) zwei verschiedene Arten von Informationen geboten werden: konkrete Informationen über die Bewegungen und abstrakte Informationen über den Sinn der Bewegungen. Erst wenn wir beide Arten von Informationen besitzen, können wir selbstgesteuert lernen. Unsere Gedanken können jetzt zwischen den allgemeinen und den speziellen Informationen hin- und herspringen, und bei diesem Wandern bilden sich Lernerfahrungen. Wir lernen aber wenig oder gar nichts, wenn wir nur die allgemeine oder nur die konkrete Information bekommen, weil unsere Gedanken dann beziehungslos und ziellos in unserem Kopf umherirren und zu keinem Ergebnis kommen.

Wenn Sie jetzt noch Sympathien für das Erarbeitungsmuster haben, dann können wir Ihnen nicht helfen. Unsere Geduld ist erschöpft!

Kapitel 3

Rezept für die Ausführung einer Unterrichtsstunde: Übersicht

Für diejenigen Leser, die heute noch viel vorhaben, bieten wir den folgenden Service: Wir stellen unser Rezept für Unterrichtsstunden zuerst in einer *Kürzestfassung* vor, dann in einer Kurzfassung. Erst danach kommt dann die Originalfassung mit Einzelheiten, Beispielen und Trainingsvorschlägen.

Es handelt sich um ein Phasenrezept. Wir schreiben es in der Ich-Form, damit Sie daran erinnert werden, daß es *unser* Rezept ist und nicht ein für jeden Lehrer und jede Unterrichtsstunde verbindliches Rezept, das immer, überall und von jedem ohne Widerrede befolgt werden muß.

Wir beginnen jetzt mit der Kürzestfassung. Unser Rezept besteht aus den folgenden Phasen:

Phase 0: Ich treffe *direkte Vorbereitungen* für die kommende Unterrichtsstunde.

Phase 1: Ich bemühe mich, bei den Schülern *positive reziproke Affekte auszulösen.*

Phase 2: Ich teile den Schülern mit, *was* sie lernen sollen, *wie* sie es nach meiner Planung lernen sollen und *warum sie es lernen sollen. Ich gebe also einen Informierenden Unterrichtseinstieg.*
Ich sorge dafür, daß die Schüler die Gelegenheit bekommen, zum Plan der Stunde Stellung zu nehmen und Änderungsvorschläge zu machen.

Phase 3: Ich sorge dafür, daß die Schüler die zum Lernen notwendigen Informationen haben. Ich gebe einen sogenannten *Informationsinput.*

Phase 4: Ich biete den Schülern eine oder mehrere *Lernaufgaben* an und demonstriere ihnen, wie die Lernaufgabe bearbeitet werden kann.

Phase 5: Ich lasse die Schüler eine gewisse Zeit *selbständig* an der Lernaufgabe arbeiten, damit sie Lernerfahrungen machen können. Bei dieser selbständigen Arbeit störe ich die Schüler nicht.

Phase 6:	Falls nach der 5. Phase noch eine Weiterverarbeitung im Klassenverband erfolgen soll, füge ich eine Auslöschungsphase ein, um den Schülern zu helfen, sich von der selbständigen Arbeit wieder auf die Arbeit im Klassenplenum umzustellen.
Phase 7:	Ich führe mit der Klasse eine Phase der *Weiterverarbeitung* durch.
Phase 8:	Ich sorge dafür, daß am Schluß der Stunde noch einige Minuten Zeit sind. In dieser Minute kann ich z. B. eine kleine Gesamtevaluation der Unterrichtsstunde mit den Schülern versuchen oder den Tagesordnungspunkt „Verschiedenes" mit ihnen behandeln.

Das war also die Kürzestfassung unseres Unterrichtsrezepts.

Vielleicht ist Ihnen noch nicht so ganz klar, was im einzelnen in den einzelnen Phasen geschehen soll. Wir erklären es Ihnen daher jetzt noch einmal, diesmal in Kurzfassung:

Rezept für die Ausführung einer Unterrichtsstunde: Kurzfassung

Phase O: Direkte Vorbereitung

Ich treffe die notwendigen direkten Vorbereitungen für den folgenden Unterricht. Zum Beispiel:

- ich stelle den Tageslichtprojektor auf, damit er gebrauchsfertig ist und lege die Folien zurecht, die ich brauchen will
- ich schreibe etwas an die Wandtafel
- ich hänge ein Schaubild auf
- ich lege Arbeitsmaterial für die Schüler bereit
- ich schaue noch einmal auf meine Vorbereitung, damit ich weiß, was ich zuerst sagen wollte

Diese Phase ist wichtig, weil sie mir Sicherheit gibt. Ich weiß z. B., daß ich nicht so leicht steckenbleiben werde, weil ich den Plan der Stunde – für mich und für die Schüler – an die Wandtafel geschrieben habe, so daß ich dort jederzeit abgucken kann. Und ich weiß auch, daß der Plattenspieler oder das Diaskop wirklich funktionieren.

Phase 1: Auslösen positiver reziproker Affekte

Ich bemühe mich, positive reziproke Affekte bei den Schülern auszulösen, damit in der Klasse eine Stimmung entsteht, die die Lernbereitschaft fördert und sich nicht eine Stimmung ausbreitet, die bei den Schülern auch noch den letzten Rest von Lust zum Lernen verschlingt. Wie kann ich das machen?

Ich kann zum Beispiel vor dem eigentlichen Unterrichtsbeginn einen Augenblick mit der Klasse oder mit einzelnen Schülern über persönliche Dinge sprechen, etwa indem ich Michael frage: „Michael, ich denke gerade daran, daß du ja den Grundschein machen wolltest. Hat es inzwischen geklappt?"

Oder: Ich frage Susanne, die gestern in der Erzählstunde berichtete, daß der Rücken ihrer Oma so weh tat, daß sie sich ins Bett legen mußte: „Geht es Deiner Oma heute schon ein wenig besser?"

Ich kann den Schülern etwas Lustiges erzählen, was ich gerade erlebt habe oder einen neuen Witz, den ich gestern gehört habe. Zum Beispiel: (Entfällt, weil wir nicht wissen, welche Witze Sie schon kennen.)

Ich kann die Schüler nachträglich für etwas loben, was sie in der vorangegangenen Stunde gut gemacht haben (oft bemerke ich so etwas erst, wenn die Stunde aus ist und die Schüler weg sind. Dann notiere ich es mir gleich, damit ich es am Beginn der nächsten Stunde nicht schon wieder vergessen habe.)

Ich kann positive Erwartungen äußern, Optimismus und engagierte Aktivität zeigen statt – wie es oft geschieht – mich bei den Schülern direkt oder indirekt dafür zu entschuldigen, daß ich ihnen ein bestimmtes Thema vorsetzen muß und ihnen etwas beibringen will.

Ich kann versuchen, die Schüler mit meinem persönlichen Engagement für das Thema „anzustecken". Voraussetzung dafür ist, daß ich mich mit irgendeinem Aspekt des Themas oder der Lernziele identifiziere. Diese Identifikation gebe ich den Schülern gegenüber zu erkennen. Da der Appetit meist erst beim Essen kommt, muß ich die Demonstration meines persönlichen Engagements so lange durchhalten, bis zumindest einige Schüler Anzeichen für Appetit zeigen. Ich kann es auch so sagen: ich muß darauf vertrauen, daß eine größere Zahl von Schülern nach einer Weile genügend Lernbereitschaft für den Unterricht zeigen werden. Bis es soweit ist, muß ich allein durchhalten können.

Es geht nicht darum, den Schülern übertriebenen Enthusiasmus vorzuspielen, sondern darum, daß ich ein grundsätzliches Vertrauen in die Lernbereitschaft der Schüler habe, und zwar auf der Grundlage zweier Überzeugungen:

– daß ich selbst das Unterrichtsthema für sinnvoll halte und

– daß ich davon überzeugt bin, daß die Mehrzahl der Schüler vernünftig genug ist, den Sinn des Themas zu erkennen und sich deswegen für die Erreichung der Lernziele einzusetzen.

Ich will also das Thema und die Lernziele mit Überzeugung

vertreten, statt halbherzig und in vorbeugend resignierter Haltung die Schüler zum Lernen verführen oder zwingen zu wollen.

Das Auslösen positiver reziproker Affekte gilt als Prinzip für den ganzen Unterricht, ist aber am Beginn des Unterrichts oder neuer Unterrichtsabschnitte besonders wichtig. Es ist nicht immer nötig, für diese Funktion eine eigene Phase vorzusehen, sondern sie kann auch in die folgenden Phasen integriert werden: ich kann z. B. mein persönliches Engagement durch die Art meines Informierenden Unterrichtseinstiegs für die Schüler sichtbar machen.

Diese Phase dauert in der Regel wenige Minuten.

Phase 2: Informierender Unterrichtseinstieg

Die Schüler müssen wissen, was und wie und warum sie lernen sollen, damit sie ihre willkürliche Lernbereitschaft einschalten können.

Ich gebe den Schülern die Ziele des Unterrichts bekannt (mündlich und/ oder schriftlich an der Tafel),
ich gebe den Schülern eine Übersicht über den geplanten Stundenverlauf und seine Abschnitte,
ich begründe, warum die Ziele wichtig sind oder diskutiere dies mit den Schülern („Warum muß man das lernen?").

Dieses Vorgehen heißt „Informierender Unterrichtseinstieg". Es ersetzt die üblichen Formen des Unterrichtsbeginns: z. B. daß der Lehrer einfach mit dem Unterricht beginnt, ohne die Schüler über seine Absichten aufzuklären, um sie gleichsam mitzureißen oder daß der Lehrer durch irgendeine phantasievolle Idee oder Vorkehrung die Schüler zu „motivieren" versucht, um auf diese Weise ihre unwillkürliche Lernbereitschaft von außen „einzuschalten".

Der Informierende Unterrichtseinstieg soll meine Absichten so weit wie nur möglich für die Schüler durchsichtig machen. Es paßt daher nicht zur Idee dieser Einstiegsform, wenn ich Informationen absichtlich zurückhalte, um die Schüler zu überraschen, Spannung zu erzeugen usw. Spannung u. ä. wird beim Informierenden Unterrichtseinstieg allein dadurch erzeugt, daß ich die Schüler darüber aufkläre, was auf sie zukommt. Wenn ich aus einem wichtigen Grund Informationen zunächst zurückhalten muß, dann teile ich den Schülern dies mit und erkläre ihnen die damit verbundene Absicht.

Der Informierende Unterrichtseinstieg beruht auf der Annahme, daß Menschen gern etwas Sinnvolles tun und daß daher mehr Schüler ihre Lernbereitschaft von sich aus einschalten werden, wenn sie Ziel und Sinn der Arbeit kennen. Bei den üblichen Einstiegsformen sie den Sinn des Unterrichts nicht oder nur sehr ungenau kennen.

Beim Informierenden Unterrichtseinstieg versuche ich, das Thema, die Lernziele, die Arbeitsschritte und die Bedeutung der Arbeit so lebendig, anschaulich und interessant darzustellen, wie es mir ohne Übertreibung möglich ist. Die notwendigen Informationen sind so knapp und präzise wie möglich zu geben, damit die Absichten verständlich werden. Zu viele Informationen verwirren ebenso wie zu wenige. Unter Umständen werden die wichtigen Informationen zunächst in konzentrierter Form gegeben, um dann später bei der jeweiligen Arbeitsphase spezifiziert zu werden. Die Schüler sollen Gelegenheit bekommen und aufgefordert werden, Stellung zu nehmen, nachzufragen und Ideen beizusteuern. Wenn Schüler den Plan kritisieren und Einzelheiten oder den Gesamtplan ablehnen, muß dies diskutiert werden.

Diese „Lernschwierigkeiten" gehören mit zum Unterricht, und Schüler können wichtige Lernerfahrungen machen, wenn solche Meinungsverschiedenheiten in der Klasse besprochen und nicht verdrängt werden. Ich will die Einwände der Schüler ernstnehmen und zur Diskussion stellen, selbst auf die Gefahr hin, daß der Zeitplan der Stunde nicht eingehalten werden kann. Dieses Verfahren zahlt sich langfristig aus, weil Klassen nach und nach lernen, solche Probleme schneller zu lösen. Bei solchen Diskussionen will ich aber nicht meine eigene Meinung verbergen, sondern den Schülern deutlich zeigen, was ich für richtig halte, möglichst ohne dies in aggressiver Form zu formulieren.

Oft hilft es den Schülern, sich für die Arbeit und das Thema willkürlich zu engagieren, wenn in der Planung gewisse Auswahlmöglichkeiten vorgesehen sind. Ich stelle diese Möglichkeiten dar. Entweder bitte ich die Schüler, sich für eine der Möglichkeiten zu entscheiden (z. B. eine von drei Lernaufgaben für die Bearbeitung zu wählen), oder ich lasse die Klasse abstimmen, welche Möglichkeit für alle Schüler gelten soll (z. B. wenn die Schüler die Reihenfolge bestimmter Arbeitsschritte selbst bestimmen können).

Ein Informierender Unterrichtseinstieg dauert in der Regel 2 bis 5 Minuten.

Phase 3: Informationsinput

Damit die Schüler etwas Neues lernen können, brauchen sie präzise Informationen. Diese Informationen sind die Grundlage dafür, daß die Schüler eine Lernaufgabe ausführen und Lernerfahrungen bilden können.

Ich biete den Schülern einen Satz von Informationen als „Lernreiz" dar (Beispiele: eine Geschichte vorlesen, einen Satz an die Tafel schreiben, ein Bild zeigen); vor der Reizdarbietung gebe ich einen „Set", der die Aufmerksamkeit der Schüler auf bestimmte Aspekte des Reizes lenkt und so die Vieldeutigkeit des Reizes verringert
oder:
- ich erkläre den Schülern etwas
- ich zeige *und* erkläre etwas
- ich demonstriere ein Verfahren
- ich versorge die Schüler mit Informationsmaterial, aus dem sie die notwendigen Informationen selbst herausholen können u. ä.

Diese Phase dauert oft nur 5 oder 10 Minuten. Sie kann in die 4. Phase übergehen bzw. mit ihr identisch sein.

Wichtig ist: Ich muß die für die spätere Erfahrungsphase unbedingt nötigen Informationen in die Klasse *eingeben,* statt – wie es in den meisten Unterrichtsstunden geschieht – diese Informationen aus den Schülern (im Sinne der „Erarbeitung" durch Fragen und Impulse) *herausholen* zu wollen. Diese Phase heißt deswegen „Informations*input*".

Durch diese Phase wird vermieden, daß die Schüler sich zu lange damit beschäftigen müssen, zu raten, was der Lehrer von ihnen wissen will. Welche Informationen unbedingt nötig sind, ergibt sich in erster Linie aus den erzieherischen Lernzielen und erst in zweiter Linie aus den fachlich/thematischen Lernzielen. Außerdem wird der Informationsbedarf durch die vorgesehenen Lernaufgaben bestimmt. Das Rezept, einen Informationsinput zu geben, verhindert, daß „Alles über das Thema wissen" unreflektiert zum dominierenden Lernziel wird.

Für die Schüler gilt in dieser (wie in den anderen Phasen) die Regel:

Jeder darf jederzeit jedes sagen. Das bedeutet konkret, daß es wichtiger ist, daß die Schüler etwas lernen, als daß ich meine Informationen ungestört abliefere. Schüler dürfen mich also jederzeit mit Fragen oder eigenen Ideen unterbrechen, wenn sie es nicht alle gleichzeitig tun, sondern einer zur Zeit.

Phase 4: Anbieten von Lernaufgaben

Damit die Schüler selbständig Lernerfahrungen machen können, bekommen sie eine oder mehrere Lernaufgaben.

- Ich stelle den Schülern eine interessante Lernaufgabe oder biete ihnen mehrere Lernaufgaben zur Auswahl an
- demonstriere der Klasse auf anschauliche Weise, wie die Aufgabe ausgeführt werden kann, etwa indem ich es an einem Beispiel vorspiele und vordenke oder indem ich es mit Schülern im Zeitraffer durchspiele
- bitte die Schüler, einzeln, zu zweit oder in Gruppen, die Lernaufgabe(n) zu bearbeiten
- sage den Schülern, wieviel Zeit sie für die selbständige Arbeit haben und wie das Ergebnis aussehen soll
- sage den Schülern, wie das Arbeitsergebnis hinterher weiterverarbeitet werden soll.

Auch in dieser Phase sind Stellungnahmen und Fragen der Schüler erwünscht. Ich bemühe mich, die Lernaufgabe so vorzubringen, daß möglichst wenig Reaktanz ausgelöst wird.

Lernaufgaben sollen die Schüler anregen, Lernaktivitäten auszuführen, die zu Lernerfahrungen führen. Bei der Formulierung von Lernaufgaben wird oft der Fehler gemacht, daß man von den Schülern zu viel Erfindungsgabe erwartet. Die Aufforderung „Diskutiert das Thema in Gruppen" nützt vielen Schülern wenig, weil sie nicht genau wissen, wie sie dabei vorgehen können. Deswegen ist es oft nötig, den Schülern Modelle für das mögliche Vorgehen zu bieten. Das ist der Zweck der oben erwähnten Demonstrationen der Lernaufgabe durch Lehrer und/oder Schüler. Die Modelldemonstration dient hier als Informationsinput, damit die Schüler nicht darauf angewiesen bleiben, Arbeitsverfahren aus dem Handgelenk zu improvisieren, was meist nicht gelingt. (Dies ist einer der Gründe, warum kooperative Arbeits- und Sozialformen im Unterricht so oft mißlingen: die Schüler lernen nicht, wie man es machen kann, sondern müssen es selbst erfinden bzw. man nimmt an, daß die Schüler Arbeitsweisen allein dadurch lernen, daß sie dazu aufgefordert werden. Auch wenn mich jemand hundertmal auffordert, das chinesische Wort für „Floh" auszusprechen, lernen werde ich es dadurch kaum.)

Diese Phase kann etwa fünf Minuten dauern.

Phase 5: Selbständige Arbeit an Lernaufgaben: Lernerfahrungen machen

Die Schüler setzen sich selbständig mit der Lernaufgabe auseinander. Während sie arbeiten, darf ich auf keinen Fall mit der ganzen Klasse, sondern höchstens leise mit Einzelschülern oder Gruppen interagieren.

- Ich sitze an meinem Platz und arbeite selbst (Modellverhalten!), oder
- ich bereite den folgenden Unterrichtsschritt vor (etwa indem ich etwas an die Tafel schreibe), oder
- ich gehe leise in der Klasse umher und flüstere mit einzelnen Schülern (um ihnen zu helfen, sie zur Arbeit anzuregen usw.), oder
- ich erlaube den Schülern, zu mir zu kommen, wenn sie etwas fragen oder um Hilfe bitten wollen u. ä.

Dies ist die eigentlich wichtige Phase des Unterrichts. Sie kann deswegen auch länger dauern als die anderen Phasen (5-35 Minuten, u. U. länger, etwa bei Doppelstunden oder noch längeren Unterrichtseinheiten). Es ist nicht immer nötig, daß im Anschluß an diese Phase noch eine längere Plenumsphase stattfindet. Bei sinnvollen Lernaufgaben erreichen viele Schüler in dieser Phase die Lernziele und benötigen hinterher keinen Klassenunterricht mehr.

Phase 6: Auslöschung

Wenn nach der Lernaufgaben-Phase noch eine Weiterverarbeitungs-Phase folgen soll, ist es nützlich, eine „Auslöschungs-Phase" einzufügen. Hier geschieht irgend etwas, was den Schülern hilft, sich von der selbständigen Arbeit wieder auf die Arbeit im Klassenverband umzustellen und sich darauf zu konzentrieren. Besonders nach Gruppenarbeit ist es nötig, die Gruppen durch ein kleines Zwischenspiel „auseinanderzureißen", damit sie nicht während der Plenumsphase an ihren Gruppenproblemen weiterarbeiten. Das Bedürfnis, weiterzumachen, wird „ausgelöscht".

Manchmal genügt es, wenn die Schüler sich nach der Arbeit an der Lernaufgabe wieder auf ihre alten Plätze setzen. Man kann aber auch eine kleine Pause einschieben oder sich kurze Zeit mit Dingen beschäftigen, die nicht direkt mit der Lernaufgabe zu tun haben (z. B. ich erzähle etwas oder Hausaufgaben werden eingesammelt oder etwas Organisatorisches wird geklärt).

Ich erkläre den Schülern, was durch die Auslöschungsphase bezweckt wird.

Phase 7: Feedback und Weiterverarbeitung oder Rendezvous mit Lernschwierigkeiten

Die Schüler brauchen Rückmeldung über Richtigkeit oder Angemessenheit ihrer Arbeitsergebnisse. Manchmal bekommen sie diese

Informationen, wenn wir gemeinsam die Ergebnisse der selbständigen Arbeit im Klassenverband weiterverarbeiten. Feedback und Weiterverarbeitung sind in diesem Fall zu einer Phase integriert. Manchmal muß ich mich in dieser Phase aber auch gezielt den „Lernschwierigkeiten" der Schüler aussetzen.

Während der selbständigen Arbeit kann ich durch Beobachtung Informationen darüber sammeln, wie erfolgreich die Schüler die Lernaufgabe bearbeiten.

Komme ich zu dem Urteil, daß die Arbeit im ganzen *erfolgreich* war und die meisten Schüler die erwarteten Lernerfahrungen gemacht haben, dann kann diese Phase eine oder mehrere der folgenden Funktionen haben:

- Die Schüler bekommen Gelegenheit, die Richtigkeit oder Angemessenheit ihrer Arbeitsergebnisse selbst zu überprüfen oder zu beurteilen.
- Ich gebe den Schülern Rückmeldung über den Erfolg ihrer Arbeit.
- Das Gelernte wird gemeinsam geübt, damit die Schüler es behalten können.
- Das Gelernte wird praktisch angewendet.
- Das Gelernte wird auf neue Situationen übertragen, oder die Schüler werden auf Transfermöglichkeiten aufmerksam gemacht.
- Das Gelernte wird kritisch geprüft, und es wird untersucht, welchen Stellenwert es in einem größeren Rahmen hat.
- Auf der Basis des Gelernten wird ein neuer Lernschritt gemacht oder vorbereitet u. ä.

Häufig ist dies eine Phase, in der ich mit der ganzen Klasse spreche, wobei die Initiative oft bei den Schülern liegt. Ich versuche, ein Gespräch anzuregen, aber ich bestehe nicht in jedem Fall darauf, daß mein Thema besprochen wird, weil unter Umständen in der Phase der selbständigen Arbeit schon alles Wichtige zur Sprache gekommen ist.

Es ist meist ungünstig, wenn die Schüler aufgefordert werden, die Ergebnisse in der Klasse „zusammenzutragen". Diese Arbeit langweilt viele Schüler, weil sie nur ein Nachplappern ist, und die Schüler sind oft mehr an ihren eigenen Lernergebnissen interessiert als an denen der anderen. Sinnvoll ist das Zusammentragen, wenn damit ein erzieherisches Lernziel wie „Die Schüler sollen die in der Gruppe zusammengetragenen Informationen für ein Plenum knapp und interessant wiedergeben können" erreicht werden soll. Oft geht es aber nicht um Lernziele dieser Art.

Um das schematische Zusammentragen zu vermeiden, kann ich in der Phase der Weiterverarbeitung neue, weiterführende Fragestellungen einführen. Bei der Behandlung dieser Fragestellung müssen die Schüler die Ergebnisse der selbständigen Arbeit *anwenden.* Gelingt ihnen dies, so zeigen sie dadurch gleichzeitig, daß sie bei der Arbeit Lernerfahrungen gemacht haben.

Beispiel für eine weiterführende Fragestellung:
Die Lernaufgabe bestand darin, daß die Schüler einen Text unter bestimmten Aspekten zu analysieren hatten. Jetzt erzählen die Schüler nicht einfach, was sie gefunden haben, sondern ich gebe ihnen eine These, die sie mit ihren Ergebnissen bestätigen oder widerlegen sollen. So entsteht eine Diskussion, in der die Arbeitsergebnisse benutzt werden müssen.

Eine weiterführende Fragestellung hat den Vorteil, daß sie die von den Schülern in der Erfahrungsphase produzierte „Informationsmasse“ reduziert. Wenn 35 Schüler an einer Aufgabe arbeiten, erzeugen sie nämlich oft eine so große Menge von Informationen, daß es meist schon aus Zeitmangel unmöglich ist, alle Informationen zusammenzutragen. Am deutlichsten ist das bei Aufsätzen: man kann nicht in einer Unterrichtsstunde 35 Aufsätze vorlesen lassen. Aber auch wenn man versucht, die Ideen aller Schüler zu einem bestimmten Problem festzuhalten, reichen oft weder der Platz an der Wandtafel noch die verfügbare Zeit aus, um alle Gedanken zu erfassen.

Wenn ich also keine weiterführende Fragestellung einführe, muß ich mir andere Verfahren zur Reduzierung der produzierten Informationen überlegen. Bei einem Weiterverarbeitungsgespräch sollte nicht planlos von Frage zu Frage gehüpft werden wie im typischen Erarbeitungsunterricht, sondern es sollte an wenigen feststehenden Fragen zielstrebig gearbeitet werden.

Komme ich zu dem Urteil, daß die Schüler mit ihrer Arbeit an der Lernaufgabe im wesentlichen *nicht erfolgreich* waren, (die Mehrzahl hat nicht die erwarteten Lernerfahrungen gemacht), dann kann ich diese Phase dazu benutzen, mich bewußt den „Lernschwierigkeiten“ der Schüler auszusetzen. Damit ist folgendes gemeint:

In vielen Unterrichtsstunden versuchen Lehrer bewußt oder unbewußt, den Lernschwierigkeiten der Schüler aus dem Wege zu gehen und den Unterricht möglichst so zu planen und durchzuführen, daß sie mit diesen Problemen nicht direkt konfrontiert werden. Das geschieht z. B. dadurch, daß man bevorzugt Schüler drannimmt, die sich melden und von diesen wieder besonders jene, von denen man vernünftige Antworten erwarten kann. „Schlechte Schüler“ werden zwar auch aufgerufen, aber sie bekommen oft weniger Zeit zum Antworten als „gute Schüler“ u. ä. (vgl. Brophy/Good, 1974).

Derartige Handlungsweisen werden nicht absichtlich von den Lehrern eingesetzt, um der Begegnung mit Lernschwierigkeiten auszuweichen, aber sie haben insgesamt doch den Effekt, daß viele Schwierigkeiten verborgen bleiben.

In der Phase nach der selbständigen Schülerarbeit kann ich mich nun bemühen, die Lernschwierigkeiten der Schüler wahrzunehmen und unter Umständen zu beheben. Das kann praktisch so geschehen, daß ich meinen ursprünglichen Plan, der vielleicht darin bestand, eine weiterführende Frage zu diskutieren, aufgebe und statt dessen alle Fragen der Schüler beantworte. In manchen Fällen können die mit der Lernaufgabe angestrebten Ziele dadurch doch noch teilweise erreicht werden. Zumindest können viele Schüler diesen Zielen näherkommen. Auch wenn die Schüler mit der Lernaufgabe Schwierigkeiten hatten, so wissen sie jetzt doch einigermaßen, was sie mich fragen könnten, um dem Lernziel näherzukommen. Denn während sie am Beginn der Stunde dem Thema ziemlich fremd gegenüberstanden, haben sie inzwischen Erfahrungen mit ihm gemacht, erkannt, welche Informationen ihnen noch fehlen und können diese Informationen von mir abrufen – wenn ich sie lasse.

Für mich ist dieses Vorgehen nicht einfach. Ich muß die Schüler dazu ermutigen, freimütig alles zu fragen, was sie nicht verstehen; ich muß mich dabei in die Schüler und ihre Denkweise einfühlen können, ihre Gedanken gleichsam sehen können, auch wenn sie vielleicht unbeholfen ausgedrückt werden; ich muß mich in diesem Gespräch so verhalten, daß ich das Vertrauen der Schüler nicht enttäusche und ihnen keine Blamage vor der ganzen Klasse bereite; und ich muß die Schülerfragen kurz, präzise und verständlich beantworten können. Außerdem muß ich es verkraften, daß mein Unterricht einen anderen als den geplanten Verlauf genommen hat, was vielen Lehrern sehr schwer fällt. Schließlich muß ich auf das „Abrundungserlebnis" verzichten, das Gefühl, daß ich alles unter Dach und Fach gebracht habe und am Schluß ein fertiges Ergebnis vorliegt. Denn wenn ich so eine Befragung hinter mir habe, glaube ich oft, ich könne den Schülern eigentlich gar nichts beibringen und sie könnten und wüßten nun noch weniger als vorher. Andererseits bekomme ich bei solchen Situationen eine klarere Vorstellung von den wirklich wichtigen Aufgaben, die ich als Lehrer zu lösen habe, und auch vom Umfang dieser Aufgaben. Wer immer nur Unterricht macht, der „wie geplant verläuft", der kann leicht übersehen, daß Lehrer vor allem deswegen wichtig sind, weil Schüler manchmal Lernschwierigkeiten haben, bei denen sie Hilfe brauchen.

Phase 8: Verschiedenes oder Gesamtevaluation

Am Schluß der Stunde ist manchmal noch etwas Zeit übrig. Hier kann ich mir deswegen manchmal einen kleinen Luxus erlauben, und jeder Lehrer sollte für solche Fälle immer etwas Geeignetes in Petto haben. (In Filmen und Fernsehstücken sagen die netten Lehrer in solchen Momenten meistens: „Schluß für heute, Kinder!" und ernten dafür meist ein großes Freudengeschrei. Das können wir uns in der Schule leider nicht erlauben.)

Sinnvoll ist es, mit den Schülern am Schluß noch einige Minuten über den Unterricht zu sprechen, um eine kleine Gesamtevaluation der Stunde zu machen. Dabei können z. B. Fragen wie die folgenden gestellt werden, die möglichst mehrere Schüler beantworten sollten:

- Wie hat dir die Stunde gefallen?
- Was fandest du schlecht und was gut?
- Was hätten wir geschickter machen können?
- Was sollen wir nächstes Mal anders machen?
- Was sollen wir noch einmal machen?
- Was hast du in dieser Stunde gelernt?
- Woran mußt du noch weiter arbeiten?
- Welchen Nutzen hast du davon, daß du dies gelernt hast?
- Wie kannst du das Gelernte anwenden oder üben?
- Was sollten wir noch lernen?
- Welche Hausaufgaben könntest du machen?

Dies ist *ein* Rezept für das Unterrichten, aber nicht unbedingt *das* Rezept, nach dem sich jedermann jederzeit und unter allen Umständen richten muß.

Dieses Rezept ist gedacht als ein Hilfsmittel für Leute, die das Unterrichten lernen möchten und die keine Lust haben, unterrichtlich ihr Leben lang zu „schwimmen". Es soll dem Anfänger helfen, eine elementare Art des Unterrichtens zu beherrschen und dadurch Sicherheit zu gewinnen. Denn:

Junge Lehrer beginnen ihre Unterrichtspraxis gewöhnlich mit den allerbesten Vorsätzen. Sie haben das Gefühl, daß die „alten“ Lehrer im Grunde allesamt autoritäre Typen sind, die die Bedürfnisse der Schüler mißachten, die Schüler in Unfreiheit halten, nur auf Leistung pochen und die Menschlichkeit vergessen. Sie wollen einen ganz anderen Unterricht machen. Wie viele Berichte junger Lehrer zeigen, führt dies sehr oft zu enttäuschenden Mißerfolgen. Unter dem Eindruck solcher Erfahrungen verkehren sich die optimistischen Einstellungen vieler Lehranfänger schnell in ihr Gegenteil, und der progressive Schwung verpufft in pessimistischer Resignation.

Aus diesem Grund schlagen wir ein Rezept vor, das durchaus *lehrerzentriert* ist. Nach diesem Rezept wird der Unterricht vom Lehrer initiiert und erwächst nicht „von selbst“ aus den Bedürfnissen und Interessen der Schüler. Der Unterricht wird vom Lehrer gelenkt, hat eine deutliche Struktur und ist nicht abhängig von den spontanen Einfällen und wechselnden Wünschen der einzelnen Schüler. Der Lehrer weiß, was er will und bringt dies den Schülern gegenüber offen und ehrlich zum Ausdruck, anstatt es schamhaft oder ängstlich vor ihnen zu verheimlichen. In diesem Unterricht treten viele der sog. Disziplinschwierigkeiten gar nicht erst auf, weil der Lehrer seine Aufgabe – nämlich Unterricht zu initiieren – ebenso ernst nimmt wie die Tatsache, daß Schüler Menschen sind, die ihr Handeln selbst steuern wollen und die man nicht als „unmündige Kinder“ beliebig manipulieren kann. Denn auch wenn unser Rezept lehrerzentriert gemeint ist: die Schüler haben hier immer noch mehr Möglichkeiten zur Mitsprache und zu selbständiger Aktivität als im Erarbeitungsunterricht.

Außerdem bewirkt unser Rezept, wenn man es richtig versteht und kreativ anwendet, daß Schüler wesentlich mehr lernen als in der Art von Unterricht, die an unseren Schulen dominiert. Es ist ausdrücklich als Alternative zum vorherrschenden Erarbeitungsunterricht konzipiert, und es soll dem Anfänger helfen, von vornherein einige der typischen Fehler zu vermeiden, die mit diesem Unterrichtsmuster zusammenhängen. Wir hoffen, daß die Anwendung dieses Rezeptes die heimliche Herrschaft des Erarbeitungsmusters in der Schule etwas zurückdrängt.

Wer sich bei seinen ersten Lehrversuchen an unserem Rezept orientiert, wird bald die Erfahrung machen, daß gelungener Unterricht kein Zufallstreffer ist, der nur dann zustandekommt, wenn die Schüler aus unerfindlichen Gründen gerade einmal von sich aus wollen, was sie sollen. Er wird erfahren, daß Unterricht trotz vieler

Unwägbarkeiten im Grunde ein planmäßig machbares Ereignis ist, und er wird feststellen, daß ihm das Unterrichten in zunehmendem Maße gelingt. Er wird weniger Angst haben, daß die Schüler alles kaputtmachen könnten, weil er weiß, daß er als Lehrer alles ihm Mögliche getan hat und während des Unterrichts tun wird, um die notwendigen Voraussetzungen für einen brauchbaren Unterricht zu schaffen. Er weiß zu unterscheiden, wie weit seine eigene Verantwortung als Lehrer und Initiator des Unterrichts geht und wo die Verantwortung der Schüler beginnt, und er macht sich keine Vorwürfe, wenn die Schüler nicht bereit sind, ihren Teil der Verantwortung zu übernehmen. Dieser Punkt ist sehr wichtig: Viele Lehrer machen sich leider immer wieder Vorwürfe, weil sie sich für etwas verantwortlich fühlen, was in Wirklichkeit in den Verantwortungsbereich der Schüler fällt.

Nur wenn ein Lehrer Sicherheit besitzt, ist er fähig, Schüler ernstzunehmen, ihnen gerecht zu werden und positive sozial-emotionale Beziehungen zu ihnen zu unterhalten. Ein Lehrer, dem diese Sicherheit fehlt, ist vor allem mit sich selbst beschäftigt. Er muß ständig kämpfen, sich verteidigen, darauf achten, daß er nicht sein Gesicht verliert. Er beschäftigt sich mehr damit, mit sich und den Schülern unzufrieden zu sein als den Schülern etwas beizubringen und sie als Menschen zu akzeptieren. Deswegen ist es so wichtig, daß Lehrer das Gefühl haben: Ich *kann* unterrichten. Ich kann den Schülern etwas beibringen, wenn ich will. Ich bin zwar nicht mit allen Einzelheiten meines Unterrichts zufrieden und auch nicht mit jeder Stunde, aber ich weiß, daß ich meiner Aufgabe grundsätzlich gerecht werde, und zwar so, wie es mir vorschwebt und wie ich es für richtig halte.

Kapitel 4

Positive reziproke Affekte senden

Was sind reziproke Affekte?

Wir Menschen haben eine große Bereitschaft, uns anstecken zu lassen. Und zwar lassen wir uns gern von den Stimmungen anstecken, die wir bei anderen wahrnehmen. Wenn Monika ärgerlich oder muffig durch die Wohnung schleicht, fühle ich mich auch bald unfroh und aggressiv. Versprüht sie dagegen ihre umwerfende Fröhlichkeit, dann verwandelt sich meine farblos-indifferente Stimmung nach und nach auch in Richtung Fröhlichkeit. Am nächsten Tag ist es vielleicht genau umgekehrt: meine Stimmung ist gerade ziemlich farbig, und die von Monika nimmt nun diese Färbung an. So bringen wir uns wechselseitig in bestimmte Stimmungen hinein und aus anderen heraus. Weil diese Stimmungsansteckung wechselseitig ist, spricht man von reziproken Affekten, ein Ausdruck, den unseres Wissens die Tauschs in unsere Sprache eingeführt haben (Tausch/Tausch, 1970, S. 115 ff.).

Wenn nun in der Interaktion zwei oder mehr Partner mit extrem unterschiedlichen Stimmungen aufeinandertreffen, welche Stimmung wird die Oberhand gewinnen? Oft wird diejenige Stimmung das Rennen machen, die überzeugender vorgetragen wird und sich hartnäckiger zu Worte meldet. Aber sicherlich spielt es auch eine große Rolle, in welcher Beziehung die verschiedenen Stimmungssender zueinander stehen. Die Stimmungen der Mitglieder einer Gruppe werden wahrscheinlich vor allem von der Stimmung der beliebten, wichtigen, mächtigen, ranghohen Personen bestimmt, während die unbedeutenderen Personen seltener eine Chance haben, das Stimmungsklima der Gruppe zu beeinflussen.

Lehrer sind Stimmungsmacher

In Schulklassen sind Lehrer wichtige und mächtige Personen, auch dann, wenn sie sich persönlich vielleicht ganz machtlos fühlen. Sie sind gewöhnlich in der Rolle eines Stimmungsmachers, ob sie wollen oder nicht. Von ihrer Laune ist die Laune der Schüler, die sie unterrichten, mehr oder weniger abhängig. Wie werden Lehrer ihrer Aufgabe als Stimmungsmacher gerecht?

Manche Lehrer geben sich kühl wie ein Eisschrank, wenn sie zum Unterrichtsbeginn in die Klasse schreiten. Sie nehmen neben ihrem Pult Aufstellung, straffen ihre Körpermuskeln, setzen eine strenge Miene auf, schweigen angestrengt und bedeutungsschwanger, um der Klasse auf diese Weise zu signalisieren: „Setzt euch hin, hört auf zu reden, schaut nach vorne, seid aufmerksam, der Unterricht beginnt." Manchmal ist dieser Stundenanfang ein ritualisiertes Duell. Der Lehrer greift an, indem er sein Drohstarren abschießt, und die Schüler kontern mit den ihnen zur Verfügung stehenden Mitteln: Flüstern, auf den Stühlen Rutschen, in der Schultasche Kramen, Lachen, Kichern, Zwischenrufe. Es kommt vor, daß der Lehrer in diesem Duell unterliegt. Besonders dann, wenn er das Drohstarren so lange fortsetzt, bis die Schüler sich daran gewöhnen und ihr eigenes Droh- und Aggressionsverhalten immer ungehemmter ausdrücken. Der Lehrer verliert bei solchen Szenen, wenn sie nur oft genug vorkommen, seinen Glauben in die Menschheit, denn er kommt ja nicht auf die Idee, daß die Schüler in einer relativ harmlosen Stimmung waren, bevor er die Klasse betrat, und er merkt auch nicht, daß er die aggressive Stimmung durch sein Eisschrank-Verhalten ausgelöst und richtig angefacht hat.

Wir erleben unsere Stimmungen gern als etwas, was von außen über uns kommt. Wir sehen uns nicht als Erzeuger unserer eigenen Stimmungen, sondern wir glauben, daß wir von unserer Umwelt gestimmt werden, ohne uns dagegen wehren zu können. Wir lesen unsere Stimmungen an der Außenwelt ab, und zwar wie eine automatische Abtastanlage, die nach einem Programm arbeitet, das wir nicht beeinflussen können. So stehen wir da und warten, mit welcher Stimmung uns die anderen programmieren werden und verzichten darauf, uns selbst aktiv in eine bestimmte Stimmung zu begeben oder gar andere mit unserer Stimmung zu infizieren. Wir lassen uns unsere Stimmungen diktieren.

Ein großes Problem für viele Lehrer sind die Laute der Enttäuschung, die man oft am Stundenanfang von Schülern hört. Man hat sich ein schönes Zeichenthema ausgedacht und hofft, daß die Schüler sich begeistert auf die Arbeit stürzen und hervorragende Kunstwerke schaffen werden. Statt dessen vernimmt man ein mehrstimmiges, langgezogenes, völlig unenthusiastisches „O“. Dazu Kommentare wie: „Das ist langweilig“, „Das haben wir schon mal gemacht“, „Schon wieder!“, „Das ist viel zu schwer“, „Das kann ich nicht“, „Keine Lust!“, „Haben Sie nicht mal ein anständiges Thema für uns?“

Jetzt könnte der Lehrer denken: „Es ist vollkommen normal und nicht anders zu erwarten, daß unter fünfunddreißig Schülern naturgemäß immer einige sind, die bei einem Angebot Enttäuschung oder Unzufriedenheit empfinden, sich nicht optimal bedient fühlen und dies auch ausdrücken wollen. Ich weiß aber aus Erfahrung, daß einige dieser Schüler später doch noch Lust bekommen werden und daß mit den anderen immer noch Sonderlösungen vereinbart werden können, die auch sie zufriedenstellen. Und wenn dann immer noch einzelne Schüler übrigbleiben, die nicht zufrieden sind, dann ist das ihr Problem und nicht meine Schuld. Denn mehr kann ich wirklich nicht tun." Das *könnte* ein Lehrer in dieser Situation denken, und manche Lehrer denken auch so.

Viele Lehrer, und gerade viele jüngere, denken jedoch anders. Sie fallen in ein tiefes Loch des Selbstzweifels, weil sie denken: „Die Schüler lehnen mein Angebot, mit dem ich mir so viel Mühe gemacht habe, ab. Ich treffe einfach nicht die Interessen der Klasse. Ich habe die Schüler nicht richtig motiviert. Die Schüler sind undankbar und unwillig. Man kann machen, was man will, sie sind dagegen."

Diese Lehrer lassen sich von den ablehnenden Beiträgen einzelner Schüler beeindrucken, als ob es sich dabei um das in demokratischer Abstimmung ermittelte Votum aller Schüler der Klasse handelte. Sie lassen sich von der Stimmung der unzufriedenen Schüler bereitwillig anstecken. Sie geben damit ihre Rolle als Stimmungsmacher freiwillig auf und lassen sich ihre Stimmung (und vielleicht die Stimmung der gesamten Klasse) statt dessen von einzelnen Schülern herstellen.

Weil dies keine angenehme Erfahrung ist – ein Lehrer spürt an dieser Stelle immerhin, daß er irgendwie zum Spielball der Schüler wird –, deswegen sind die traditionellen methodischen Vorkehrungen so beliebt, die bewirken sollen, daß die Schüler gar nicht erst auf den Gedanken kommen, ein Enttäuschungs-O mitsamt den entsprechenden Kommentaren anzubringen. Die Geheimnistuerei des Erarbeitungsmusters und die phantasiereichen Motivierungsversuche sind Vorkehrungen mit genau dieser Funktion. Ablehnende Schüleräußerungen, die die eigene Stimmung und die der Klasse negativ beeinflussen könnten, sollen von vornherein ausgeschaltet werden. Freilich ist das oft vergebliche Liebesmühe, weil Schüler sich nicht unbedingt davon abhalten lassen, ihre Meinungen und Stimmungen auch ungefragt zu äußern.

Lernziele

- Lehrer müssen akzeptieren lernen, daß in einer größeren Gruppe von Menschen stets verschiedene Stimmungen – angenehme und unangenehme – vorkommen und ausgedrückt werden. Es ist unnormal, wenn alle Gruppenmitglieder gleichzeitig von derselben Stimmung gepackt sind. Wer dies nicht ertragen kann, der macht sich abhängig von den Stimmungen anderer.
- Sie müssen lernen, auf die unangenehmen (aber auch auf die

angenehmen) Stimmungen, die Schüler ausdrücken, angemessen zu reagieren, ohne sich diese Affekte gleich selbst aufzwingen zu lassen. Jeder Schüler hat das Recht, seine Stimmung auszudrükken. Aber ein Lehrer hat nicht die Pflicht, sofort zu jeder geäußerten Stimmung überzulaufen.

– Sie müssen lernen, willkürlich positive reziproke Stimmungen zu senden, und zwar mit der Absicht, die Schüler damit anzustecken. Lehrer dürfen sich hierbei die Initiative nicht vollkommen von Schülern aus der Hand nehmen lassen. (Es ist übrigens nicht nötig, daß die Absicht, die Stimmung der Schüler positiv zu beeinflussen, vom Lehrer wie ein Staatsgeheimnis gehütet wird. Er kann z. B. zu den Schülern sagen: „Ich hoffe, daß euch das, was ich eben gesagt habe, freut und daß ihr dadurch in eine gute Lernstimmung kommt. Ich möchte nämlich gern positive reziproke Affekte bei euch auslösen, wie die Psychologen sagen. Ihr könnt das selbst mal versuchen, zu Hause oder in der Schule, wenn ihr Lust habt.")

Lehrer können lernen, absichtlich positive reziproke Affekte zu senden

Es gibt Lehrer und Lehrerinnen, die anscheinend über eine natürliche Begabung verfügen, Sonnenschein auszustrahlen und um sich herum zu verbreiten. Man kann neidisch werden, wenn man sieht, wie mühelos solche Kollegen damit ganze Schulklassen anstecken. Ob das nun eine Naturbegabung ist oder nicht, jeder kann sich diese Fähigkeit absichtlich angewöhnen, wenn er will. Man kann sich ein Mäkelgesicht und einen Vorwurfswortschatz angewöhnen; warum sollte man sich nicht ebenso einen freundlichen Gesichtsausdruck und einen akzeptierenden Wortschatz aneignen können? Wir müssen nur von unserer Gewohnheit ablassen, fortwährend nach Gründen für schlechte Stimmungen und moralistische Ermahnungen auszuspähen und dafür die Gewohnheit annehmen, hinter Gründen für gute Stimmungen herzujagen, selbst zu bemerken, wenn wir in guter Stimmung sind[1] und dann diese Stimmung auch noch auszudrücken,

---

[1] Viele Menschen bemerken es schon gar nicht mehr, wenn sie einmal glücklich sind, nur weil sie ständig mit Sehnsucht oder Bedauern in die Vergangenheit starren oder ihren Blick in ängstlicher oder freudiger Erwartung auf die Zukunft richten.

statt sie geheimzuhalten. Das hört sich jetzt natürlich einfacher an als es ist, denn aus vertrauten Gewohnheiten auszusteigen, das gelingt selten von heute auf morgen. Aber Sie haben ja Zeit.

Wenn es um Verhaltensänderung geht, sind wir allerdings auch oft viel zu ungeduldig. Wir probieren es drei Tage lang, und wenn wir dann noch kein neuer Mensch geworden sind, meinen wir: „Es geht eben nicht." Wären wir auf anderen Gebieten ebenso ungeduldig, dann könnten wir weder lesen noch schwimmen noch ein Musikinstrument spielen. Haben Sie also bitte Geduld mit sich, wenn Sie damit beginnen, sich das Senden positiver reziproker Affekte anzugewöhnen.

Dieser Rat bezieht sich nicht nur auf die Zeit, die Sie sich zu geben bereit sind, sondern auch auf die Perfektion, die Sie von sich fordern. Wenn Sie sich von heute an auf den Standpunkt stellen: „Ich ganz allein und niemand sonst ist für die Stimmung in meiner Klasse verantwortlich. Es liegt nur an mir, welche Laune die Schüler haben, denn meine Affekte verursachen die Affekte der Schüler", dann würden Sie zu viel auf einmal von sich erwarten, und Ihr Scheitern wäre vorprogrammiert. Ihre Einstellung wäre nicht weniger extrem und unrealistisch als die Einstellung: „Ich bin vollkommen abhängig von der Stimmung der Schüler und kann nichts dafür, wenn die Schüler meine Laune verschlechtern." Realistischer wäre diese Einstellung: „Ich kann die Stimmung der Schüler manchmal positiv beeinflussen. Manchmal gelingt es mir aber auch nicht. Dann fehlt mir einfach die Kraft, unangenehmen Stimmungen zu widerstehen. Ich bin eben auch nur ein Mensch." Aber als solcher kann ich nach und nach lernen, von den Stimmungen anderer unabhängig zu werden. Ein gutes Rezept ist ja nicht schon deswegen falsch, weil man manchmal unfähig ist, es anzuwenden.

Es ist Ihre ganz persönliche Entscheidung, ob Sie sich ärgern, freuen oder relativ gleichmütig bleiben. Sie selbst bestimmen Ihre Stimmungen und Gefühle, und niemand sonst.

Ein Lehrer muß nicht andauernd mit einem Strahlegesicht umherlaufen wie ein Politiker im Wahlkampf, der sich von einem potentiellen Wähler beobachtet glaubt. Aber es gehört auch nicht zu seinen Beamtenpflichten, in seinem Gesichtsausdruck fortwährend die Bedeutung und Schwere seines Amtes und die Würde des Staates abzubilden, dem er dient.

Vorschläge zur Realisierung des Rezepts

Wenn Sie anfangen wollen, mehr Verantwortung für Ihre Stimmungen zu übernehmen und nach Möglichkeit häufiger und intensiver positive reziproke Affekte zu senden, was können Sie tun?

- Versuchen Sie, Ihre persönlichen Stimmungen und Gefühle deutlicher wahrzunehmen und zu akzeptieren. Glauben Sie nicht mehr, daß Sie nur dann ein guter Mensch sein können, wenn Sie Ihre unangenehmen Gefühle bemerken, sondern versuchen Sie, auch angenehme Gefühle bei sich zu akzeptieren, sowie den Wunsch, häufiger angenehme Gefühle zu erleben. Sagen Sie öfter zu sich selbst: „Das freut mich richtig" oder „Mir geht es gut, ich bin jetzt eigentlich glücklich". (Die Gefahr, daß Sie Ihre insgesamt eher unglückliche Lage dadurch vollkommen aus den Augen verlieren könnten, ist recht gering.)
- Drücken Sie anderen Menschen gegenüber solche Stimmungen ruhig mit Worten aus; wenn Sie unbedingt wollen, auch mit Taten. Loben Sie sich selbst dafür, wenn andere es nicht tun.
- Suchen Sie in Ihrer Umgebung nach Reizen, die Ihnen Freude machen, damit bei Ihnen positive Affekte aufkommen können. Es gibt in der miesesten Schulklasse immer wieder Dinge zu beobachten, über die man sich freuen oder die man wenigstens komisch finden kann. Manchmal lohnt sich ein Blick aus dem Fenster. Und manchmal ist die Art, wie die Unordentlichkeit angeordnet ist, komischer als die gelungenste Karikatur, vorausgesetzt, daß man auf die Idee kommt, es einmal zur Abwechslung von dieser Seite her zu sehen. Sollten Sie in einem Klassenraum überhaupt nichts Positives entdecken können, dann treten Sie mit dem Hausmeister, mit den Schülern oder mit irgend jemand sonst in Verhandlungen ein, damit irgend etwas derartiges eingerichtet wird.
  Auch im Verhalten von Schülern entdeckt man, wenn man sich Mühe gibt, immer wieder Einzelheiten, die zu angenehmen Affekten berechtigen.
- Teilen Sie sich selbst Ihre angenehmen Empfindungen mit, damit Sie auch merken, daß Sie welche haben. Erst wenn Sie das können, sind Sie in der Lage, Ihre Empfindungen auch anderen Menschen gegenüber auszudrükken. Tun Sie das dann auch ruhig ab und zu.
- Wenn Sie sich angewöhnen möchten, häufiger zufrieden und fröhlich zu sein, dann können Sie so vorgehen: Finden Sie in jeder Unterrichtsstunde irgend etwas, was Sie gut gemacht haben. Erzählen Sie sich dieses gute Erlebnis selbst, loben Sie sich dafür und freuen Sie sich darüber. Berichten Sie einer anderen Person Ihr angenehmes Erlebnis. Suchen Sie sich möglichst jemanden aus, der Ihnen die Sache nicht madig macht, sondern bereit ist, sich zusammen mit Ihnen zu freuen.
- Übernehmen Sie aber auch die Verantwortung, wenn Sie schlechte Laune haben. Zum Ärgern gehören immer zwei. Wenn Sie also z. B. sagen: „Mit euch kann man keinen Unterricht machen, ihr benehmt euch wie immer völlig daneben", dann behaupten Sie im Grunde: Die Schüler sind zu 100% an meiner Stimmung schuld, ich selbst bin mit 0,00% beteiligt, also unschuldig. So schieben Sie die Verantwortung von sich weg. Sprechen Sie lieber über sich selbst als über die Schüler. Sagen Sie vielleicht: „Mir geht es jetzt so, daß ich eigentlich ziemlich ärgerlich, aber auch ganz mutlos

bin.“ Solche „Ich-Botschaften“ sind weniger ansteckend als die beliebten „Du-Botschaften“, mit denen wir gern den anderen die Verantwortung aufzuschwatzen versuchen (vgl. Gordon, 1972, 114 ff. oder Gordon 1977, S. 112 ff.). Du-Botschaften sind nämlich oft aggressiv und verschlechtern die Stimmung aller Beteiligten unnötig. Wenn Sie sich mehr auf Ich-Botschaften stützen, haben Sie außerdem den Vorteil, daß Sie sich hinterher nicht so viele Vorwürfe machen müssen, weil Sie wieder einmal ganz gegen Ihre Absichten autoritär gehandelt haben.

Dies sind einige Ratschläge für Lehrer, die sich angewöhnen möchten, häufiger als bisher positive reziproke Affekte zu senden. Vielleicht haben Sie den Eindruck, daß diese Ratschläge nur zu einem unmoralischen Gefühlsmanagement verführen und daß jemand, der diese Ratschläge befolgt, zu einem Monster werden könnte, das seine warmen Gefühle in jeder Lebenslage mit kalter Berechnung einsetzt. Wer so denkt, der muß sich für einen ziemlichen Bösewicht halten, denn er verdächtigt ja sich selbst, daß er nur darauf aus ist, andere Menschen mit unlauteren Mitteln zu übervorteilen. In der pauschalen Ablehnung solcher Selbstbeeinflussungstechniken drückt sich die Sehnsucht aus, ohne Verstand und ohne Theorien auszukommen, natürlich und spontan leben zu können wie ein Regenwurm. Diese Vorstellung hat etwas Attraktives an sich, aber in ihr steckt auch die Weigerung, ein Mensch zu sein.

Viele Menschen fürchten, daß ihre Gefühle erkalten könnten, wenn sie sie besser wahrnehmen und sie in gewisser Weise selbst steuern. Tatsache ist, daß die meisten von uns ständig mit eingetrockneten Gefühlen umherlaufen. Aber nicht deswegen, weil wir unsere

Gefühle freiwillig einer straffen Verstandeskontrolle unterwerfen, sondern weil wir ziemlich unreflektiert der sozialen Norm folgen, nach der Emotionen in den meisten Situationen nicht offen ausgedrückt werden dürfen.

Warum es besonders wichtig ist, zum Unterrichtsbeginn positive reziproke Affekte zu senden

Das Prinzip, positive Affekte zu senden, gilt für jede menschliche Interaktion und für jede Phase des Unterrichts. Es ist am Beginn des Unterrichts genauso angebracht wie am Ende, in der Mitte oder in der Pause. Wir haben trotzdem eine besondere Phase dafür vorgesehen und sie an den Beginn gesetzt. Denn der Anfang ist für die weitere Stimmung in einer Unterrichtsstunde von besonderer Bedeutung. Sie sollten in bezug auf die Stimmung die Initiative ergreifen. Denken Sie sich für den Anfang Ihrer Stunde eine kleine Maßnahme aus, die die Wahrscheinlichkeit vergrößert, daß die Schüler am Stundenbeginn etwas Wärme und Freundlichkeit oder irgendein angenehmes Gefühl erleben werden. Ihre affektive Aktion muß nicht unbedingt spontan sein, und Sie brauchen auch nicht zu verzweifeln, wenn sie nicht sofort eine „schallende“ Wirkung hervorruft. Affekte brauchen manchmal etwas Zeit, um sich reziprok zu entwickeln. Versuchen Sie, sich am Stundenbeginn wie ein kleiner Ofen zu verhalten: ein Ofen geht ja auch nicht gleich wieder aus Enttäuschung aus, nur weil das bisher ungeheizte Zimmer noch eine ganze Weile auf seine Bemühungen, Wärme auszustrahlen, ziemlich kühl reagiert.

Um Unterricht machen und Lernprozesse initiieren zu können, brauchen Sie etwas Durchhaltevermögen. Gerade am Unterrichtsbeginn ist es für einen Lehrer oft nicht einfach, das Senden positiver Affekte unbeschwert fortzuführen, wenn Belohnungen zunächst ausbleiben und dafür vielleicht Bestrafungen dominieren (z. B. die oben erwähnten O-Kommentare). Aber oft genügt es schon, wenn Sie auf eine Kritik oder eine unspezifische Motzerei nicht gleich beleidigt reagieren. Es gelingt Ihnen, Ihre positive Stimmung länger durchzuhalten, wenn Sie sich daran hindern, auf eine Sendung negativer Affekte postwendend mit den gleichen Affekten zu antworten. Sie können Ihr Nicht-beleidigt-sein dadurch deutlich ausdrücken, daß Sie in solchen Situationen aktives Zuhören praktizieren und Ihre

Verzweiflung so lange aufschieben, bis sie wirklich begründet ist. Aktives Zuhören bedeutet: Sie nehmen die Stimmung oder das Gefühl zur Kenntnis, das von Schülern ausgedrückt wird und senden es in ruhiger, unaggressiver Weise zurück. Zum Beispiel sagen Sie: „Du findest das Thema richtig blöd.“ Oder: „Du fürchtest, das wird heute wieder so eine langweilige Stunde.“ (Wer tief beleidigt ist, wird kaum fähig sein, aktiv zuzuhören. Andererseits: wer aktives Zuhören lernt, lernt dabei gleichzeitig, die Tatsache zu akzeptieren, daß andere Menschen anders empfinden können, als man es im Moment gern hätte und daß sie auch das Recht haben, ihre unerwünschten Empfindungen auszudrücken. Wenn man dies gelernt hat, fühlt man sich nicht so leicht durch negative Gefühle anderer bedroht. Das bedeutet: zusammen mit der Fähigkeit des aktiven Zuhörens erwirbt man die Fähigkeit, nicht so schnell beleidigt zu sein.)

Ein anderes Rezept, mit dem Sie Ihre Durchhaltefähigkeit verlängern können, heißt: Lassen Sie auch andere Meinungen zu Worte kommen. Normalerweise lehnen nicht alle Schüler ein Thema oder eine Lernaufgabe ab. Wenn Sie sich jedoch nur mit den Kritikern beschäftigen, haben Sie vielleicht bald das Gefühl, daß *alle* Schüler sich gegen das Unterrichtsvorhaben sperren, obwohl Sie die ganze Zeit vielleicht nur mit 4 Schülern diskutiert haben. Sie könnten sagen: „Ihr findet das Thema langweilig. Wie geht es den anderen, die noch nicht ihre Meinung gesagt haben?“ In allen Klassen, die wir bisher kennengelernt haben, kommen dann auch andere Meinungen zum Vorschein, und wir erfahren, daß nicht alle Schüler von vornherein dagegen sind.

Manche Lehrer finden ein solches Vorgehen kriminell. Sie meinen, dadurch werde ein Keil in die Klasse getrieben und man hindere die Schüler daran, untereinander solidarisch zu sein. Die Gefahr dieser Einstellung ist, daß hier Solidarität mit Konformität verwechselt wird. Wenn die Solidarität auf der Tatsache beruht, daß viele Gruppenmitglieder die eigene Meinung hinunterschlucken müssen und den Mund zu halten haben, kann sie nur brüchig sein.

Es ist nicht verboten, Schüler direkt danach zu fragen, wie ihnen der Plan der Stunde gefällt. Warum soll man nicht sogar zu den Schülern sagen: „Ich habe mir Mühe gegeben, die Stunde für euch so interessant wie möglich zu planen. Findet ihr nicht auch, daß es eine gute Idee ist, es so zu machen?“ Wichtig ist nur, daß die Schüler, die sich kritisch äußern, nicht direkt oder indirekt dafür bestraft werden.

Denken Sie auch daran, daß die Schüler in die Schule gekommen sind, um etwas zu lernen und daß es nicht Ihre Aufgabe ist, den

Schülern möglichst unproblematische und bequeme Unterhaltung zu bieten. Es ist kein Charakterfehler von Ihnen, wenn Sie versuchen, die Schüler von der Brauchbarkeit Ihres Plans zu überzeugen. Wenn Schüler bessere Vorschläge machen und wenn diese Vorschläge sofort realisiert werden können, dann ist es sinnvoll, auf diese Ideen einzugehen und den Plan der Stunde entsprechend zu ändern. Ist das nicht der Fall, dann sind Sie berechtigt, bei Ihrem Plan zu bleiben und ihn gewaltlos durchzusetzen. Gerade dazu sind Sie ja Lehrer. Manchmal bedeutet das, daß Sie Ihren Standpunkt auch gegen eine Mehrheit von Schülern beibehalten und verteidigen müssen, ebenso wie Politiker das tun, wenn sie z. B. aus Überzeugung die Wiedereinführung der Todesstrafe ablehnen, auch wenn sie sich damit bei der Mehrheit der Bürger vielleicht unbeliebt machen. Gewöhnlich sind Schulklassen vernünftig genug, sich in einem ernsthaften Gespräch überzeugen zu lassen. Man muß sich eben nur auf eine solche Diskussion einlassen und den eigenen Standpunkt verdeutlichen können, anstatt, wie es Motivierungspraktiken nahelegen, die Schüler überrumpeln und verführen zu wollen.

Das Senden positiver reziproker Affekte ist also nicht nur in den ersten zwei Unterrichtsminuten wichtig, sondern Sie sollten versuchen, es auch in den folgenden Phasen durchzuhalten, und zwar möglichst so lange, bis Ihnen die Schüler ein entsprechendes Echo senden. Und wenn Sie erst ein solches Echo erhalten haben, dann ist es für Sie nicht mehr besonders anstrengend, auch weiterhin positive Affekte zu senden.

Das Rezept, gleich in den ersten Unterrichtsminuten aktiv eine angenehme Stimmung auszustreuen, soll Ihnen helfen, die für das Durchhalten solcher Stimmungen nötige Energie zu bekommen. Wenn Sie am Stundenbeginn Schüler lächeln sehen oder freundliche Worte von ihnen hören, ist das für Sie eine Kraftquelle.

Außerdem hat dieser Stundenbeginn noch eine andere Funktion. Sie stellen nämlich auf diese Weise den Kontakt mit den Schülern her und prüfen, „ob die Leitung stimmt", d. h. ob die Kommunikation zwischen Ihnen und den Schülern funktioniert. Einerseits möchten Sie also durch den nicht direkt auf das Unterrichtsthema bezogenen Anfang erreichen, daß eine lockere und freundliche Atmosphäre in der Klasse entsteht. Aber andererseits überprüfen Sie damit, ob Sie bei den Schülern überhaupt ankommen, ähnlich wie eine Rockgruppe am Beginn ihres Auftritts überprüft, ob die Mikrophone richtig eingeschaltet sind.

Wer bei Schülern positive reziproke Affekte auslösen will, muß ein gutes Gewissen haben. Darum ist es sehr wichtig, daß Sie sich mit Ihrem Unterrichtsplan identifizieren. Das geht nicht, wenn Sie glauben, ein Thema unterrichten zu müssen, das Sie selbst für schwachsinnig halten. Sie können sich jedoch mit einem solchen Thema identifizieren, wenn Sie ihm Lernziele *hinzufügen,* die für Sie sinnvoll sind. Niemand kann von einem Lehrer verlangen, daß er etwas unterrichtet, was ihm vollkommen sinnlos erscheint. Als Lehrer sind Sie dafür verantwortlich, Unterrichtsthemen mit Sinn zu versehen. Wenn Ihnen das nur ausnahmsweise einmal gelingt, sollten Sie nicht Lehrer sein. Sie können Ihre Schüler nicht überzeugen, daß es für sie sinnvoll ist, am Unterricht teilzunehmen, wenn Sie die Unterrichtsthemen und die Art ihrer Behandlung selbst für sinnlos halten.

Wie Sie am Unterrichtsbeginn positive reziproke Affekte senden können

Einige Vorschläge haben wir bereits auf Seite 105 gemacht. Hier sind einige Ergänzungen dazu.

- Erzählen Sie den Schülern, in welcher Stimmung Sie sind, besonders dann, wenn es eine gute Stimmung ist.
- Erzählen Sie den Schülern ein angenehmes oder lustiges Erlebnis, das Sie hatten. Auch wenn es nichts mit dem Unterrichtsthema zu tun hat.
- Fragen Sie die Schüler, ob sie gestern abend im Fernsehen auch den amerikanischen Spielfilm „Woody, der Unglücksrabe“ gesehen haben.

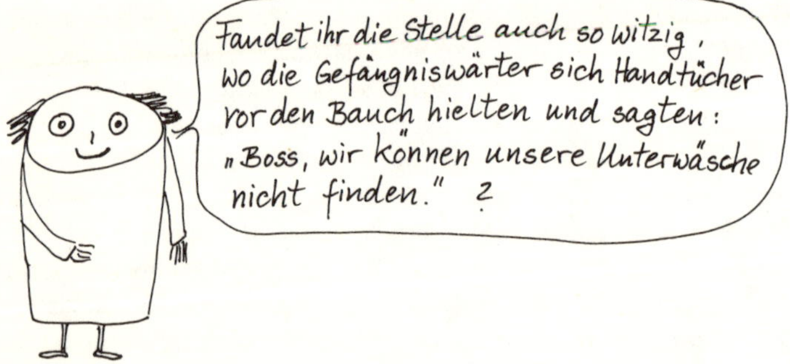

- Machen Sie den Schülern ein Kompliment.
  Vielleicht steckt das die Schüler an, auch Ihnen manchmal ein Kompliment zu machen. Niemand kann jemandem Komplimente machen, von dem er

selbst niemals welche bekommt. Meistens bringen Lehrer den Schülern ungewollt bei, daß es irgendwie ungehörig sei, einem Lehrer etwas Nettes zu sagen.

- Schreiben oder zeichnen Sie etwas Lustiges an die Tafel.
- Zeigen Sie den Schülern etwas Interessantes.
- Stellen Sie den Schülern ein Rätsel.
- Lesen Sie ein paar Sätze aus einem lustigen Buch vor, das Sie selbst gerade lesen.
- Sprechen Sie einmal in Reimen statt wie üblich in Prosa!
- Singen Sie den Schülern die erste Strophe eines lustigen Liedes vor. Oder singen Sie mit der ganzen Klasse ein Lied, wenn Sie wissen, daß die Schüler das mögen.
- Machen Sie etwas, was Sie noch nie gemacht haben.

Kurz: Lassen Sie sich manchmal irgendeine Kleinigkeit einfallen.

Dann fragen Sie doch einfach die Schüler: „Wißt ihr irgendwas Schönes oder Lustiges, damit wir einen angenehmen Stundenanfang haben?“

Beispiele aus dem Leben:

Wenn ich in einer Grundschulklasse unterrichte, die ich noch nicht kenne, stelle ich mich immer zuerst vor: „Ich bin Jochen Grell.“ Dann füge ich manchmal hinzu: „Damit ihr nicht immer Fräulein Fleißig zu mir sagt.“ Darüber müssen viele Schüler lachen oder schmunzeln. Das freut mich dann, und ich fühle mich in der neuen Klasse schon ein bißchen wohler und erzähle den Schülern einiges über mich.

Ein Schüler aus einem 6. Schuljahr, der einer Lehrerin Feedback geben sollte, schrieb dabei folgendes: „Ich finde, daß Micky Maus ein Hauptfach werden sollte. Und daß man nicht immer gleich nachsitzen muß. Es müßten auch bessere Lehrer da sein, zum Beispiel wie

Herr X, der hat immer erst zehn Minuten Witze erzählt und dann erst Unterricht gemacht."

Ich sehe, daß in der zweiten Klasse, in der ich Musik unterrichte, die Bilderwand neu dekoriert ist. Ich gehe auf die Wand zu und sage: „Habt *ihr* diese Blütenbäume gemalt? Die sind ja hübsch geworden! Das mag ich richtig gern leiden."

Ich wende mich an eine Gruppe des sechsten Schuljahrs: „Ihr habt eben so gelacht. Hat jemand einen neuen Witz erzählt? Den würde ich auch gern kennenlernen." Der Erzähler gibt den Witz noch einmal zum besten.

Was Sie vermeiden müssen

Es ist sehr wichtig, daß Sie die Schüler nicht anlügen. Sie sollen nicht auf Krampf etwas schön finden, was Ihnen in Wirklichkeit gleichgültig oder zuwider ist. Loben Sie die Klasse nicht für die ausgehängten Bilder, wenn Sie sie in Wirklichkeit häßlich, langweilig oder unordentlich finden. Verbergen Sie nicht krampfhaft Ihre schlechte Stimmung, sondern teilen Sie sie lieber in der Form von Ich-Botschaften mit. Versprechen Sie den Schülern nichts, wenn Sie nicht wissen, daß Sie es auch einhalten können. Statt „Heute kommt etwas sehr Interessantes" sollten Sie lieber sagen: „Ich glaube, das, was wir heute machen, könnte viele von euch interessieren. Jedenfalls hoffe ich es." Erzählen Sie den Schülern nicht etwas, das Sie gerade in einem Buch gelesen haben, als wäre es Ihr eigenes Erlebnis.

Versuchen Sie lieber gar nicht erst, reziproke Affekte auszulösen, wenn Sie nicht davon überzeugt sind, daß Ihre Affekte echt sind.

Sie sollen sich nicht als Schauspieler betätigen und den Schülern etwas vorspielen, was gar nicht da ist. Wir raten Ihnen nur, den Unterricht in irgendeiner Weise fröhlich statt grimmig zu eröffnen. Der Unterricht muß nicht unbedingt so geistreich und launig sein wie das Werbefernsehen. Aber auch nicht so würdig und ernst wie die Ziehung der Lottozahlen. Sie müssen das Rezept also nicht um jeden Preis immer und ununterbrochen anwenden. Machen Sie es einfach dann, wenn Sie Lust dazu haben.

Verboten sind auch Scherze, über die die ganze Klasse lachen kann, nur ein einzelner Schüler nicht. Dieses aggressive Lachen ist zwar sehr gut geeignet, eine Gruppe zu einigen. Aber da man hier auf Kosten eines Schülers lacht, womöglich regelmäßig desselben, sollte man auf dieses Rezept nach Möglichkeit verzichten.

Wir glauben, daß Sie das Rezept „Positive reziproke Affekte senden" auch ohne ein ausführliches Training ziemlich einfach in Handlungen umsetzen können. Es ist nur nötig, daß Sie den Vorsatz dazu nicht vergessen und ein paar konkrete Ideen haben, was sie tun oder sagen könnten. Vielleicht helfen auch ein paar Notizen, was Ihnen in der vorherigen Stunde an den Schülern gefallen hat und vielleicht ein Knoten im Taschentuch, damit Sie nicht vergessen, es den Schülern zu sagen. Sie können sich auch eine Liste von Ideen machen und ab und zu daraufschauen.

Vielleicht geht es für Sie nur darum, daß Sie eine Angewohnheit aufgeben, die für manche Lehrer typisch ist: die Gewohnheit, das Angenehme im Unterricht planmäßig zu übersehen und kommentarlos zu übergehen; es als selbstverständlich hinzunehmen, wenn Schüler in guter Stimmung sind und immer erst dann aktiv zu werden, wenn sich ihre Stimmung verfinstert.

Vielleicht brauchen Sie Anregungen, Ideen und etwas Mut, um sich das absichtliche Senden positiver Affekte anzugewöhnen. Es gibt viele gruppendynamische Spiele und Übungen, die sich als Training eignen.

Für eins dieser Spiele, das Spaß macht und gleichzeitig die Fähigkeit vergrößert, Angenehmes zu sehen und auszudrücken, braucht man nicht mehr als ein Wollknäuel und einige Teilnehmer, die sich zu einer Runde zusammensetzen. Die Spielregel heißt: einem Teilnehmer das Wollknäuel

zuwerfen und ihm dabei etwas Schönes sagen, zum Beispiel: „Mir gefällt deine Frisur sehr gut" oder „Ich finde, du kannst Kritik vertragen. Als ich gestern so sauer auf dich war, hast du nicht gleich zurückgemeckert, und ich hab das Gefühl, daß du mir gar nicht böse bist. Das ist sehr angenehm." Jeder Werfer hält den Wollfaden mit der Hand fest. So entsteht nach und nach ein dichtes Netz aus Fäden zwischen den Spielern. Man hört auf, wenn einem der Faden ausgegangen ist oder wenn man keine Lust mehr hat. Anschließend kann man sich über das Spiel unterhalten, das Wollknäuel wieder zusammenrollen oder zusammen Kaffee trinken. Wir haben dieses Spiel von Ute Rocke gelernt. Woher sie es kennt, wissen wir nicht. Das Wollknäuel-Spiel macht wirklich viel Spaß! Ährlich!

Überprüfen Sie, ob Sie mit dem Rezept erfolgreich arbeiten können!

Wie jedes Handlungsrezept muß auch dieses von Ihnen persönlich auf seine Brauchbarkeit überprüft werden. Dazu können Sie sich, wenn Sie Lust haben, eine Tabelle anlegen.

Wenn Sie nach 500 Versuchen mit diesem Rezept feststellen, daß Sie nur in 30% der Fälle die Stimmung der Schüler oder Ihre eigene positiv beeinflussen konnten, können Sie das Rezept absetzen und sich Gedanken darüber machen, ob das Rezept falsch ist oder ob Sie sich für das Rezept nicht eignen.

Überprüfen Sie, ob Sie mit dem Rezept erfolgreich arbeiten können!

Mein Versuch, positive reziproke Affekte auszulösen	Reaktion der Schüler	Urteil: Nach meinem Gefühl war die Anwendung erfolgreich (+) nicht erfolgreich (-) weder - noch (+ -)
1. Witz (Holzfäller in Kanada)	Einige lachten, viele haben den Witz wohl nicht verstanden.	+ –
2. Ich erzälle, daß ich gestern beim Baden war und wie gut es mir gefallen hat.	SS stimmen mir zu, schlagen andere gute Badestellen vor.	+
3.		

Kapitel 5

Das Rezept des Informierenden Unterrichtseinstiegs

Das Rezept des Informierenden Unterrichtseinstiegs erscheint uns selbst weder besonders originell noch ungewöhnlich oder neuartig. Tatsächlich wird dieses Rezept sinngemäß im Alltagsleben ständig mit Erfolg angewendet. Aber jedesmal, wenn wir dieses Rezept bei Studenten oder Lehrern propagieren, gibt es eine ziemliche Aufregung. Offenbar müssen viele einen großen Teil ihrer vertrauten Ansichten über den Haufen werfen oder wenigstens in Frage stellen, bevor sie das Rezept des Informierenden Unterrichtseinstiegs als eine Hypothese akzeptieren können, die man einmal im Unterricht überprüfen sollte.

Dieses Mißtrauen ist verständlich, weil das Rezept des Informierenden Unterrichtseinstiegs sich gegen die Ideen über Motivation wendet, die durch die Lehrerbildung verbreitet werden.

Wir geben zu, daß „Motivation" ein hervorragender Prüfungsstoff ist. Die verschiedenen Theorien lassen sich gut nacherzählen, man kann die Formel von Heckhausen auswendig lernen, erläutern und eloquent beteuern, daß man gegen sekundäre Motivation ist. Schlimm am Motivationskomplex sind nicht die Theorien als solche, sondern die Tatsache, daß sie praktisch nicht helfen, sondern schaden und daß sie trotzdem in der Form von Moralforderungen („Du sollst die Schüler richtig motivieren") quicklebendig bleiben und Lehrern, die ihren Beruf ernstnehmen, das Herz schwermachen. Und am schlimmsten ist, daß das Gebot, daß man die Schüler zu motivieren habe, sich in der Praxis mit üblen Gewohnheiten verheiratet. Denn diese üblen Gewohnheiten bekommen dadurch den vornehmen, wissenschaftlich klingenden Namen „Motivation" und sind für den Rest der Ewigkeit tabu.

Exkurs: Warum eignen sich Motivationstheorien nicht für die Konstruktion von Handlungsrezepten?

Eigentlich müßten wir an dieser Stelle einen Exkurs von 300 Seiten schreiben, um dem Thema gerecht zu werden, denn es gibt so viele Motivationstheorien und Varianten von Motivationstheorien und Verfeinerungen von Varianten von Motivationstheorien, daß fast alles, was man darüber sagt, gleichzeitig stimmt und nicht stimmt. Aber genau dies ist ein Grund, warum diese Theorien für die Praxis so unfruchtbar sind. Wenn *alles* richtig und falsch ist, dann ist es schwierig, klare Aussagen aufzufinden und daraus Handlungsrezepte zu entwickeln.

Der erste große Fehler des Motivationsbegriffs ist, daß das Wort zur Zauberformel geworden ist, die beinahe alles bedeuten kann. Die meisten pädagogischen Psychologen haben das noch nicht gemerkt, aber Wissenschaftler aus anderen Disziplinen unterhalten sich schon darüber, wie man den Begriff „Motivation" am geschicktesten abschaffen kann (z. B. die Ethologen, vgl. Heymer, 1977, S. 82).

Ein zweiter Fehler des Motivationskonzepts ist die unselige Unterscheidung zwischen primärer und sekundärer Motivation. Diese Begriffsbildung transportiert den verwirrenden Aberglauben, daß man Motivationszustände bei Schülern entweder von außen einschalten kann oder aber daß sie der einzelne Schüler von sich aus ‚innerlich' einschaltet – und daß man dieses innerliche Einschalten angeblich durch geschickte „Motivation" von außen anschalten kann. Dies belastet Lehrer mit der unlösbaren Aufgabe: Du sollst die Schüler intrinsisch motivieren. Fest steht, daß die Gegenüberstellung (und moralisch unterschiedliche Bewertung) von intrinsischer und extrinsischer Motivation Probleme zudeckt, statt sie theoretisch zu erhellen. Lehrer werden auf eine falsche Fährte gelockt, wenn sie sich aufschwatzen lassen, daß sie die Schüler intrinsisch motivieren könnten. Und wenn sie erst in dieser Sackgasse sitzen, haben sie nichts mehr in der Hand, womit sie die Schüler beeinflussen könnten und warten auf das spontane Eintreffen massenhafter intrinsischer Motivation oder auf die phantastischen Motivationsideen, die den intrinsischen Motor bei 35 Schülern gleichzeitig anwerfen (vgl. Avila/Purkey, 1971). Wir können Ihnen nur raten, das Thema „intrinsische Motivation" zu vergessen, wenn Sie erfolgreich unterrichten wollen.

Ein drittes Argument gegen die Ideen von ‚richtiger' Motivation wendet sich gegen die Vorstellung, Motivation sei etwas, was am Beginn von Unterrichtsstunden stattzufinden habe und was vom Lehrer aufgeführt wird. Man muß *eine* Motivation planen, wenn die Unterrichtsstunde gut werden soll. Diese Idee läßt sich auf Schriften zurückführen, in denen mit überzeugenden Worten beschrieben wird, daß jeder Lernprozeß mit der Motivation beginne und daß man deswegen eine „Phase der Motivation" an den Unterrichtsanfang stellen müsse. Aus solcher Literatur wurde der Aberglaube gefiltert, man könne als Lehrer durch eine gewaltige Aktion am Stundenbeginn ganze Klassen so zur Motivation hinreißen, daß der Vorrat mindestens fünfundvierzig Minuten ausreicht. Dieser Aberglaube wird von seiten der Theoretiker ständig neu gefüttert und verstärkt, und zwar dadurch, daß die Theoretiker Musterbeispiele aus der Praxis zitieren und die Behauptung aufstellen, daß die Schüler dadurch motiviert worden seien. Die beeindruckenden Musterbeispiele verdecken nämlich die Tatsache, daß es keine Theorie und keine empirischen Befunde gibt, die die Idee der Motivationsphase und die diesbezüglichen Anstrengungen der Lehrer rechtfertigen. Und Lehrer, die ihre Augen aufsperren und den Verstand einschalten, können auch täglich erfahren, daß die Motivationsversuche meistens enttäuschende Effekte haben. Trotzdem bleibt der Glaube an die Wirksamkeit dieses Rezepts ungebrochen. Die Tradition des motivierenden Unterrichtseinstiegs ist zu einer geheiligten Mythologie geworden, und wer daran zweifelt, ist ein Ketzer. Die Motivationsphase ist ein gutes Beispiel dafür, wie der Glaube an und die Hoffnung auf die Wirksamkeit eines bestimmten Vorgehens vollkommen ausreichen, um dieses Vorgehen am Leben zu erhalten.

Ein Beispiel dafür, wie die Theorie mit Musterbeispielen von Motivationsphasen an der Produktion des Mythos mitwirkt, ist ein Fall, den Schwab

(1974, S. 96 f.) darstellt, und zwar als Beispiel für eine „die Lernmotivierung voll herausfordernde Situation". Es handelt sich um den Bericht eines Schulrats über die Behandlung des Themas „Verdunstung" in der Grundschule.

Da hat der Lehrer es so „arrangiert", daß die Wandtafel in der Pause nicht gereinigt wurde. „Demonstrativ" betätigt er sich jetzt als Tafelreiniger, und zwar absichtlich so, daß die Tafel „trieft". Anschließend sagt er etwas Organisatorisches an. „Danach dreht er sich mit dramaturgischem Akzent wieder zur Tafel um und fragt: Nanu, wo ist denn das viele Wasser geblieben?

Nachdem die erste Verblüffung bei den Schülern abgeklungen ist, erörtern sie von ihnen spontan entwickelte, vom Lehrer aber zunächst kaum kommentierte Problemlösungsversuche. . . ." Soweit der Bericht über das Praxisbeispiel, und nun zum theoretischen Kommentar:

„Die folgende Feststellung ist kaum zu bezweifeln: Beim zweiten Beispiel (das wir hier geschildert haben) muß der Lernerfolg der Schüler größer gewesen sein als beim ersten (im ersten Beispiel wird den Schülern sachlich – „trocken" – erklärt, worum es geht), und zwar nicht nur in bezug auf angestrebte kognitive Lernziele, sondern auch und gerade in bezug auf solche affektiver und sozialer Art."

So einfach ist das. Man dekretiert einfach, daß die Schüler kognitiv, affektiv und sozial mehr gelernt haben müssen, wenn der Unterricht mit einer Situation beginnt, die die Lernmotivierung herausfordert. Es muß nach der Theorie so sein, also ist es so! Diese Art der Argumentation hat viele Löcher. Es wird z. B. nicht gezeigt, wieso das beschriebene Musterbeispiel als Operationalisierung des theoretischen Begriffs „die Lernmotivierung herausfordernde Situation" zu gelten hat. Welche Merkmale dieses Einstiegs machen ihn zu einem „motivierenden Einstieg"? Man erfährt einfach nicht, was an diesem Beispiel die motivierenden Elemente sind. Liegt es daran, daß der Lehrer den Schülern Theater vorspielt? Daß er sich dumm stellt? Sind Scherzfragen motivierend? Werden die Schüler von der gespielten Überraschung angesteckt? Ist die Lehrerfrage das motivierende Element? Sind die Schüler vom Mysterium der getrockneten Tafel fasziniert? Erklärt die Theorie, welches Element bzw. welche Elemente motivierende Effekte auslösen und warum? Nein!

Unser vierter Einwand gegen die Motivationsideologie: Der Begriff „Motivation" (oder „Motivierung herausfordernde Situation") ist viel zu allgemein, um irgendeine praktische Verwendbarkeit zu besitzen. Man kann diesem Begriff keinen Steckbrief entnehmen, der einem hilft, eine gelungene Motivation zu identifizieren, wenn man eine sieht. Und noch viel weniger lassen sich aus dem verschwommenen Begriff Anweisungen herleiten, wie man eine Situation erfindet, die Schüler motiviert. Das Wort „Motivation" gibt Lehrern lediglich den Befehl: Sei ideenreich! Hab Phantasie! Denk Dir irgend etwas Komisches aus!

Das sind gewiß schöne Ratschläge. Nur benötigt man dazu keine Motivationstheorie.

Einwand 5: Die Ideologie von der sagenhaften Effektivität einer Motivierungsphase hat den Fehler, daß niemals genau beschrieben wird, welche Effekte es eigentlich genau sein sollen, die man erwarten kann. Was heißt „Die Schüler sind motiviert"? Wie sieht das aus? Jeder Lehrer hat zwar das Gefühl, daß dies eine unsinnige Frage ist. Man spürt doch, daß der Unterricht läuft und die Schüler gefesselt sind und mitgehen. Aber ist es ein Beweis dafür, daß Schüler motiviert wurden, wenn der Lehrer zufrieden oder begeistert ist? Das Argumentationsloch besteht darin, daß der Motiviertheitszustand der Schüler weder beschrieben noch gemessen wird. Man begnügt sich damit, den Eindruck zu haben, die Schüler seien motiviert worden. Das hat nichts mit Wissenschaftlichkeit zu tun, sondern ist reine Glaubenssache. Die kurzfristigen Effekte von Motivationseinstiegen müssen am Verhalten der Schüler gemessen werden, bevor man behaupten kann, man habe sie durch ein bestimmtes Verfahren motiviert. Eine noch so euphorische Lehrerstimmung beweist da gar nichts.

Ähnlich ist es mit den langfristigen Effekten. Wo ist der Beweis, daß die phänomenalen Lernergebnisse, die das obige Beispiel in Aussicht stellte, nicht nur theoretisch eintreten müssen, sondern es auch tatsächlich tun, wenn man die Schüler am Stundenbeginn in eine motivierende Situation hineinschiebt? Es gibt solche Beweise nicht. Auch dies ist bloßes Wunschdenken.

Und schließlich Einwand 6: Was spricht dafür – einmal angenommen, man könnte die vorausgesagten Effekte genau beschreiben und hätte sie obendrein noch mit genügender Exaktheit gemessen –, daß die Effekte ursächlich mit dem Motivationsgag zusammenhängen? Wo sind die präzisen Theorien und die experimentellen Ergebnisse, die es wahrscheinlich machen, daß Stundeneinstiegsmotivierungsversuche und kurz- und langfristig meßbare Eigentümlichkeiten des Schülerverhaltens in eine Ursache-Wirkung-Kette gehören? Sie existieren nicht. Woher weiß ich, daß mein toller Einstieg dafür verantwortlich ist, daß die Schüler so gut mitmachen und so viel lernen? Ich weiß es gar nicht, sondern ich bilde es mir ein, weil es mir jahrelang immer wieder eingeredet worden ist.

Der motivierende Stundeneinstieg ist ein Mythos. Er ist nur deswegen so lebendig, weil so viele Lehrer einen so starken Glauben an seine Wirksamkeit haben. Und dieser starke Glaube steckt sogar Theoretiker an. Die lassen sich in diesem Glauben dazu verleiten, den – ohnehin viel zu verschwommenen – theoretischen Begriff ohne großes Federlesen mit dem in der Praxis geltenden traditionellen Motivationsbegriff zu vertauschen. Dabei ist der praktische Begriff gar kein Begriff, sondern nur eine Sammlung von eindrucksvollen Beispielen und gelungenen Anekdoten. Aber diese Anekdoten stärken das Vertrauen der Wissenschaftler, und dieses Vertrauen stärkt wieder das der Praktiker, so daß sich ein hübscher Zirkel ergibt, bei dem sich jeder immer wieder in seiner Ansicht bestätigt fühlen kann – solange er darauf besteht, nicht zu merken, daß in Wirklichkeit über ganz unterschiedliche Themen geurteilt wird: einmal über verschwommene theoretische Begriffe, das andere Mal über Geschichten aus der Schulpraxis.

Für die Lehrer kommt unter dem Strich nicht viel mehr heraus als ein schlechtes Gewissen. Warum gelingt es mir nur so selten, die Schüler richtig zu motivieren? Bin ich zu faul, zu phantasielos? Gebe ich mir nicht genug Mühe mit den Schülern? Diese nagenden Schuldgefühle sind fruchtlos, überflüssig und unberechtigt. Niemand kann täglich so viele grandiose Einfälle produzieren, wie er müßte, wenn er nach der Gag-Konzeption von Motivation vorgehen wollte. Kein Lehrer ist verantwortlich, die Schüler zu *motivieren*. Schüler sind Menschen. Und Menschen motivieren sich selbst – oder sie lassen es bleiben.

Zur Zeit versucht man, Lehrern Theorien als praxisrelevant zu verkaufen, die erklären sollen, warum einzelne Schüler in bestimmten Situationen „motiviert" reagieren und andere nicht. Ergebnis solcher Theorien sind meist die heute so überaus beliebten Modelle: hübsche Zeichnungen mit Kästchen und verschiedenartigen Pfeilen, die dazwischen hin- und herschwirren. Das Ganze soll die Bedingungsvariablen samt Bedingungsgefüge darstellen. Gemeinsam ist diesen Modellen, daß sie meist so kompliziert sind, daß sich kaum ein Lehrer die Mühe macht, den Sinn der einzelnen Pfeile und Kästchen zu entziffern. So wird erfolgreich verhindert, daß das Bedingungsgefüge der Motivation von vielen Lehrern zur Kenntnis genommen und verstanden wird. Das schadet jedoch nichts, weil diese Theorien ohnehin nur auf eine einzige Art praktisch angewendet werden können: man kann sie als Prüfungsthema wählen.

Wollte ein Lehrer solche Modelle der Lernmotivation zur Analyse und Planung unterrichtlicher Strategien anwenden, dann müßte er zuerst das jeweilige Modell mit der Zahl seiner Schüler multiplizieren, wodurch sich die Kompliziertheit des Ganzen noch geringfügig erhöhen würde. Denn die Modelle erklären ja immer nur, welche

Bedingungen es sind, die einen *einzelnen* Schüler motivieren. Anschließend müßte sich der Lehrer in einen Computer verwandeln, der ständig die relevanten, die Lernmotivation der einzelnen Schüler beeinflussenden Variablen mißt, weitermeldet und mit geeigneten Strategien beantwortet. Selbst wenn wir jedem Einzelschüler seinen eigenen Computer (oder Lehrer) zur Seite stellen könnten, wäre damit noch nicht viel gewonnen. Denn dann würde erst die Frage richtig aktuell „Welche Variablen sollen denn nun wirklich gemessen werden?" und die Tatsache offenbar, daß sich die Theoretiker gar nicht einigen können, welches Modell das richtige ist und daß die Motivationstheorien gerade erst angefangen haben, ein weites Feld zu beackern und noch gar nicht wissen, ob man darauf überhaupt etwas anbauen kann.

Aber selbst wenn all dies kein Problem wäre, so stünde man immer noch ganz am Anfang, denn wenn man eine Diagnose hat, so fehlt doch noch immer die Therapie. Zwar weiß ich alles über das Bedingungsgefüge der Lernmotivation des Schülers Karl-Heinz Sowieso an diesem regnerischen Freitag um 9 Uhr 37, aber was soll ich nun tun? Und selbst wenn ich einige Ideen hätte, wie ich Karl-Heinz zu diesem bestimmten Zeitpunkt am besten helfen kann, dann stünde noch längst nicht fest, daß mir die Mittel zur Verfügung stehen, diese Ideen zu verwirklichen. Vielleicht fehlt mir die Zeit (Ute, Johann und Elke haben sich vorher gemeldet, und ich muß zunächst ihr Bedingungsgefüge fachgerecht beeinflussen). Vielleicht fehlt mir das geeignete Material. Vielleicht fehlen mir die passenden Worte. Vielleicht gelingt es mir nicht, mein nichtverbales Verhalten willkürlich so zu steuern, wie es für das lernmotivationale Bedingungsgefüge von Karl-Heinz im Moment angezeigt ist.

Diese Schwierigkeiten werden natürlich auch von den Motivationsexperten gesehen, die uns die Modelle als praxisrelevant anzubieten versuchen. Sie versuchen, die angerichtete Kompliziertheit dadurch wieder zu reduzieren, daß sie Lehrern raten, sich Bilder von ihren Schülern zu machen und die Schüler Typologien zuzuordnen. Wir müssen dann z. B. feststellen, zu welchem „Pathologietyp" bestimmte Schüler gehören. Sind sie „resigniert-fatalistisch", „ängstlich-strebsam", „unkritisch-selbstbewußt", „ehrgeizig", „genügsam-untertauchend" oder haben sie eine „defiziente Arbeitshaltung"? (Knörzer, 1978, S. 283 ff.)

Oder wir sollen die Schüler danach einteilen, ob sie „extrinsisch, d. h. vorwiegend um der Fremdbekräftigung willen motiviert sind", ob sie sich selbst bekräftigen oder ob sie „ihrer Selbstbekräftigung einen unrealistischen Gütestandard zugrunde legen" (Heckhausen, 1974, S. 583). Wenn wir die Schüler dann in das richtige theoretische Kästchen einsortiert haben, müssen wir ihnen das dazu passende treatment angedeihen lassen. Bedenklich an diesen Ansätzen ist: wir sind aufgefordert, uns Vorurteile von den Schülern zu machen. Wir sollen sie psychologisch abmessen und ihnen Eigenschaften zuordnen und sie aufgrund dieses labeling-(Abstempelungs-)Verfahrens unterschiedlich behandeln. Die Gefahr dabei ist, daß wir nicht mehr auf die Schüler als Menschen reagieren, die mal so und mal so handeln, sondern daß sich Vorurteile selbständig machen und vielleicht sogar von dem jeweiligen Schüler in sein Selbstbild übernommen werden. Wenn Karl-Heinz erst gelernt hat, sich als einen „genügsam-untertauchenden" Charakter zu definieren, dann können wir uns als Lehrer getrost zur Ruhe setzen, denn wir brauchen ihm jetzt nur noch zweimal im Jahr den Spruch ins Zeugnis zu schreiben: „Karl-Heinz müßte mehr aus sich herauskommen und sich besser beteiligen."

Schlechte Gewohnheiten von Lehrern, die sich mit dem Namen „Motivation" schmücken

Lehrer machen täglich die Erfahrung, daß einige Schüler – und manchmal ziemlich viele – keine Lust haben. Sie sperren sich direkt oder indirekt gegen das Thema oder gegen bestimmte Lernaktivitäten. So etwas ist ganz normal. Wenn man einer Gruppe von Menschen etwas vorschlägt, dann sind meistens einige dafür und einige dagegen. Für Lehrer genügt das aber nicht, sie sehen hier viel lieber ein Motivationsproblem: Schüler, die sich sperren, sind nicht richtig motiviert. Diese Interpretation und die daraus folgende Attribution (= der Lehrer schreibt den Schülern das Merkmal oder die Eigenschaft „fehlende Motivation" oder „geringe Motivation" zu; attribuieren = zuschreiben) haben natürlich zur Folge, daß Lehrer jetzt glauben, sie könnten die Schwierigkeit am besten dadurch lockern oder beseitigen, daß sie die Schüler „besser motivieren". Diese Deutung führt folgerichtig zu einer Art von Unterricht, die wir als „Verführungsunterricht" bezeichnen. Lehrer bemühen sich, die Schüler durch irgendein eindrucksvolles Erlebnis, das sie meist an den Stundenbeginn zu legen versuchen, so stark zu motivieren, daß die Schüler gar nicht mehr merken, daß sie etwas lernen sollen und worum es sich genau handelt. Der Motivationsreiz soll dem Unterricht einen Schwung verleihen, der die Schüler mitreißt, so daß sie in dieser Strömung gleichsam automatisch lernen. Der „trockene" Stoff wird sozusagen vom Lehrer angefeuchtet, damit er genießbar und von den Schülern ohne kritische Einwände gierig verschlungen wird. Hinterher merken die Schüler dann erst: „Meine Güte, wir haben ja etwas gelernt! Ich dachte, wir haben das nur gemacht, weil es so viel Spaß bringt!" Jedenfalls hoffen das die Lehrer im Stillen.

Man sagt zu den Schülern nicht etwa: „In dieser Stunde sollt ihr verschiedene Bodenarten kennenlernen, und es geht darum, diese Bodenarten genau zu untersuchen und zu beschreiben, damit ihr lernt, diese verschiedenen Bodenformen zu unterscheiden und richtig zu benennen", sondern der geschickte Pädagoge motiviert die Schüler durch eine spannende Geschichte:

Ein Junge will nicht verraten, wo er gewesen ist, aber seine Schwester, die Kluge, hat gesehen, daß an seinen Stiefeln Erdspuren hängengeblieben sind und meint: „Wenn ich diese Bodenproben mit dem Boden an verschiedenen Stellen unserer Umgebung vergleiche, dann finde ich sehr schnell heraus, wo du dich herumgetrieben hast." Schon bekommen die Schüler verschiedene Bodenproben und sollen sich als gewitzte Schwester fühlen, die als Privatdetektivin das Geheimnis ihres Bruders entlarvt, indem sie die an den Schuhen klebenden Indizien mit der Lupe untersucht und sie mit Proben potentieller Tatorte vergleicht. (Die Schüler bekommen hierzu natürlich die nötigen Arbeitspapiere, um ihre Beobachtungen einzutragen.)

Was wir an diesem Beispiel kritisieren, ist nicht, daß die Arbeit in eine Geschichte eingekleidet wird, die dem Untersuchen von Bodenproben einen praktischen Sinn gibt. Wir halten es sogar für sehr gut, wenn Lehrer versuchen, Lernaktivitäten den Schülern in einem Sinnhorizont zu präsentieren. Was wir kritisieren, ist etwas anderes: daß der Lehrer es absichtlich vermeidet, den Schülern reinen Wein einzuschenken, und zwar, weil er von zwei Annahmen oder Erwartungen ausgeht, nämlich 1. daß der bloße Stoff als solcher für die Schüler abschreckend oder langweilig sein müsse und 2. daß man deswegen verhindern müsse, daß die Schüler den unverkleideten Stoff zu Gesicht bekommen.

In der schriftlichen Vorbereitung zur Unterrichtsstunde, aus der unser Beispiel stammt, wird das so ausgedrückt: „Ob es wirklich gelingt, die Untersuchung und Beschreibung der Bodenproben in der Haltung eines Detektivs vornehmen zu lassen, hängt vom Geschick des Lehrers ab, entsprechende Ansätze durch Impulse zu verstärken. – Erkennen die Kinder relativ schnell, daß ihnen nur ein „gut verpacktes" Lernziel, für das sie sich noch gar nicht interessieren, geboten wird, muß die Bodenuntersuchung bald zu einer schulischen Pflichtaufgabe werden."

Dieses Zitat zeigt deutlich, daß es dem Lehrer darauf ankommt, die Schüler – um es ganz kraß zu sagen – zu täuschen. Ein grundsätzliches Mißtrauen in die Fähigkeit und Bereitschaft der „Kinder", sich von der Sache selbst und durch den selbständigen Umgang mit einer Lernaufgabe fesseln zu lassen, wird hier sichtbar. Man glaubt nicht so recht daran, daß eine größere Zahl von Schülern allein aus dem Grund mitmachen könnte, weil sie *einsehen,* daß die Arbeit richtig, sinnvoll oder nützlich ist.

Da Lehrer sich nicht richtig vorstellen können, daß sich Schüler wirklich für die Sache interessieren könnten und aus der Eigentätigkeit selbst ihre Motivation beziehen werden, fordert man dies gar nicht erst von ihnen, sondern versucht, den Lerngegenstand lieber gleich heimlich und von hintenherum zu präsentieren.

Wir lehnen diese Art von „Motivation" vor allem aus zwei Gründen ab, einem grundsätzlichen und einem praktischen.

Der grundsätzliche Gedanke ist: *Wenn ich Schüler durch Verpakkung des Themas und andere Motivierungstricks zum Lernen verführe, nehme ich sie nicht als Menschen ernst, die denken können und sich selbst steuern wollen.*

Wenn den Schülern deutlich wäre, was genau sie lernen oder üben sollen, könnten sie ihre Denkfähigkeit und ihr bewußtes Wollen einschalten, um die angestrebten Ziele zu erreichen. Daran werden sie aber durch eine Art der Unterrichtsführung gehindert, die um den Grundsatz herum aufgebaut ist, daß Schüler vom Lehrer „angeheizt" werden müssen, weil sie von sich aus kein Interesse am Schulstoff haben. Dahinter steckt die Angst, die Schüler könnten ihr Engagement verweigern, wenn sie die „schulische Pflichtaufgabe" in ihrer ganzen Häßlichkeit und Armseligkeit erblicken. So wird dann der schmucklose Schulstoff, so gut es geht, hinter hübschen Fassaden versteckt. Und dies verhindert dann tatsächlich, daß sich die Schüler bewußt engagieren, motivieren, interessieren, anstrengen können.

Wohlgemerkt, wir behaupten nicht, daß sich Schüler für jeden Schulstoff interessieren würden, wenn die Lehrer nur darauf verzichten, sie motivieren zu wollen. Es ist selbstverständlich, daß Menschen verschiedene Interessen und Motive erleben und daß diese Motiviertheitserlebnisse schnell wechseln können. Der wichtige Punkt ist, daß Schülern die Chance genommen wird, sich bewußt für etwas zu entscheiden und einzusetzen, wenn man den Gegenstand, für den sie sich entscheiden könnten, vor ihnen verbirgt.

Was hier passiert, ist ein Beispiel für den Mechanismus der sich selbst erfüllenden Prophezeihung.

Man findet immer wieder Bestätigung dafür, daß Schüler nicht bereit sind, willentlich zu lernen, weil man ihnen gar nicht erst die Chance gibt, das Gegenteil zu beweisen. Je größer die Anstrengungen, mit denen man Motivation zu erzeugen versucht, desto mehr bestätigt man seine Überzeugung, daß im Grunde kein Schülerinteresse vorhanden ist, wenn man es nicht vorher kunstvoll erzeugt. So wird immer wieder bestätigt, daß die Lehrer *noch mehr* Anstrengungen machen müssen, um die Schüler zu motivieren.

Das Erstaunliche an diesem Vorgang ist, wie wenig Lehrer offenbar bereit sind, ihren eigenen Augen zu trauen. Obwohl sie mit ihren Versuchen, das Motivationskonzept in die Unterrichtspraxis zu übersetzen, mehr Mißerfolge als Erfolge erleben, bleibt der Glaube an die Richtigkeit des gängigen Interpretationsrezepts „Motivation" im Grunde unerschüttert. Es wankt nicht nur nicht, sondern wächst sogar noch, und niemand kommt auf den Gedanken, daß die ganze Problematik vielleicht mit ganz anderen Theorien viel besser interpretiert werden könnte und daß bei anderen Interpretationen bessere Handlungsrezepte herausspringen könnten. Wahrscheinlich beruht die Stabilität des Motivationskomplexes in Schulkultur und Wissenschaft auch darauf, daß die Vorstellung von der „richtigen Motivation" einfach Hoffnungen wachhält: daß man nämlich eines Tages doch noch lernen werde, die motivierenden didaktischen Einfälle nur so aus dem Hut zu ziehen, wie das manchen Kollegen offenbar täglich zu gelingen scheint.

Nun zum praktischen Grund, warum wir diese Art von Motivation für falsch halten: *Die Schüler werden durch den prunkvollen Motivationszauber am Stundenbeginn allzu oft auf eine falsche Fährte gelockt,* so daß die vom Lehrer ausgelösten Lernaktivitäten von den angestrebten Lernzielen fortführen.

Ein Beispiel hierfür erlebte ich in einem 3. Schuljahr. Die Lehrerin wollte den Schülern beibringen, drei Arten von Sätzen zu unterscheiden: Aussage-, Frage- und Ausrufesätze. Die Schüler sollten solche Sätze formulieren und lernen, welche Satzzeichen man für sie gebraucht. Da die Lehrerin davon überzeugt war, daß dies ein ziemlich trockener Stoff sei, fühlte sie sich herausgefordert, eine Motivierung zu erfinden, die geeignet war, den vermuteten Trockenheitseffekt des Themas radikal abzubauen. Zu diesem Zweck verdunkelte sie den Klassenraum (dabei merken Schüler meist schon: „Jetzt kommt gleich was!" und sind entsprechend motiviert) und projizierte ein Foto an die Wand: einen Personenwagen, der gegen einen Baum gerast war und ziemlich lädiert aussah. Jetzt waren die Schüler nicht mehr zu bremsen. Laut überlegten sie: Wie war es zu dem Unfall gekommen? Hatte der Fahrer überlebt? Waren vielleicht mehrere Personen im Auto gewesen? Wann und wo war der Unfall passiert? Um was für einen Wagentyp handelt es sich bei dem Unfallauto? Sie fingen an, von Unfällen zu erzählen, die sie selbst erlebt oder von denen sie gehört hatten. Kurzum: sie waren richtig schön motiviert. Nur leider nicht zur Zufriedenheit der Lehrerin. Denn die hatte sich etwas ganz anderes vorgestellt. Sie hatte erwartet, bei der Betrachtung des zer-

quetschten Autos würden die Schüler spontan in Aussage-, Frage- und Ausrufesätze ausbrechen, die sie dann zur weiteren Behandlung an die Tafel zu schreiben gedachte:
Ein Unfall! (Ausrufesatz)
Holt Hilfe! (Ausrufesatz)
Wo ist das nächste Telefon? (Fragesatz)
Hier ist ein Unfall passiert. (Aussagesatz)
Das sieht ja schlimm aus usw.

Der Rest der Stunde wurde ein Kampf der Lehrerin, gegen die Motivationsgeister, die sie selbst gerufen hatte und die sich am Ende als siegreich erwiesen.

Bei diesem Beispiel erkennt man, daß starke Motivationsreize in Tateinheit mit der Geheimhaltung der Lehrabsichten schädlich sind. Hätte die Lehrerin die Schüler zu Beginn zwei Minuten lang darüber aufgeklärt, mit welcher Absicht sie das Foto zeigen wollte, dann hätten die Schüler vielleicht weniger innere Erregung verspürt, aber für die Lernziele wäre der Unterricht sicher günstiger ausgegangen. Und vielleicht hätten sich die Schüler am Ende auch wohler gefühlt, weil sie das Gefühl gehabt hätten: „Ich habe in dieser Stunde etwas gelernt. Ich kann jetzt mehr als vorher."

Indem Lehrer besondere Anstrengungen machen, den Schülern trockene Themen schmackhaft zu machen, senden sie gleichzeitig Erwartungen: sie demonstrieren den Schülern, daß sie das Thema für langweilig halten und daß sie wenig Hoffnung haben, daß die Schüler von der Sache selbst und der Arbeit an sich gefesselt werden könnten. Wie wir heute wissen, sind solche Erwartungen außerordentlich ansteckend. Es kann gut sein, daß die Schüler auf diesem Wege die

Meinung bzw. die ängstliche Erwartung des Lehrers erfahren und übernehmen. Jedenfalls ist es schwierig, sich für ein Thema zu begeistern, das einem mit subtilen Pantomimen angeboten wird, die auf ein schlechtes Gewissen hindeuten und den Verdacht wecken, daß mit dem Thema irgend etwas nicht in Ordnung sein könnte.

Auch wenn die Gags, mit denen Lehrer Schulklassen zu motivieren versuchen, im einzelnen höchst verschiedenartig und oft recht phantasievoll sind, das Prinzip bleibt immer das gleiche: den Schülern Informationen vorenthalten, damit sie unwillkürlich lernen und gar nicht erst lange überlegen können, ob sie auch wollen. Der motivierende Stundeneinstieg ist ein Verführungstrick, über dessen Rechtfertigung Lehrer gar nicht mehr nachzudenken brauchen. Er ist „eine mehr oder weniger automatische Reaktion auf eine allgemein übliche Situation in einer sozial üblichen Weise“ (Kluckhohn, 1951, S. 269 f.). Wenn es uns gelingt, diese Sitte aus der Distanz zu betrachten und für einen kurzen Augenblick aus dem Glaubenssystem auszusteigen, das sie stützt, dann merken wir plötzlich, daß unsere Motivierungsbräuche genauso rational oder irrational sind wie die fremdartigen Bräuche eines fast ausgestorbenen Stammes am Ende der Welt.

Varianten von Motivierungsbräuchen

Motivierungsbräuche mit Verführungsabsicht kommen in verschiedenen Formen vor, die in der Praxis durchaus miteinander vermischt und kombiniert sein können. Am häufigsten sind die folgenden Typen:

Typ A: Die Schüler haben Religion. Der Lehrer schreibt an die Tafel „Es werde Licht“ und spricht: „Jetzt seid ihr dran.“ Da die Schüler sich nicht so recht entschließen können, fügt er hinzu: „Los, sagt mal was dazu!“

Das Prinzip dieser Variante heißt: Den Schülern etwas hinwerfen und sie raten lassen, was sie damit sollen. Wir haben zu diesem Verfahren schon verschiedentlich Beispiele zitiert.

Typ B: Das Prinzip dieser Variante ist, die Schüler irgend etwas *machen* zu lassen, ohne ihnen mitzuteilen, was sie eigentlich machen und wozu. Häufig wird dazu ein Schüler an die Tafel oder an den Tageslichtprojektor gebeten, der dann stellvertretend für die ganze Klasse die verlangte Aktivität ausführt, während der Rest sich mehr oder weniger langweilt.

Als Beispiel zitieren wir aus einer Stunde, in der einzelne Schüler aufgefordert wurden, auf einer Projektorfolie mit einem Koordinatenkreuz kleine Papierschiffe hin- und herzuschieben, die jeweiligen Standorte mit Kreuzchen zu bezeichnen und mit Hilfe eines Lineals miteinander zu verbinden. Es war auch die Rede davon, daß Schiffe abgetrieben worden seien und daß die ganze Tätigkeit besonders für den Rettungshubschrauber von Wichtigkeit sei. Ein Schüler darf ein „A“ auf ein Schiff schreiben, weil das Schiff „Anton“ heißt. Die Schüler schreiben öfter Zahlen an die Tafel, z. B.: 3 / – 1. Die anderen müssen das in ihr Heft schreiben. Sie sollen auch die Tafelzeichnung im Heft nachmachen.

Originalton Lehrer:

Und ein fünftes Schiffchen liegt da. Jörg, legst du's bitte hin? Name des Schiffes? Jörg?

...

Zeichnest du noch bitte den Pfeil ein? Die Richtung stimmt, Renate, aber trotzdem hast du dich an eine Vereinbarung nicht gehalten.

...

So, ich würde gern haben, daß ihr das Schiffchen D in dieselbe Richtung treiben laßt. Der Wind hat sich also nicht geändert.

...

So, ihr vergleicht bitte, ob eure Schiffe alle in die gleiche Richtung fahren.

Die ganze Stunde besteht nur darin, daß der Lehrer den Schülern sagt, was sie jeweils machen sollen und zwischendurch immer wieder mit leicht ungehaltenen Worten für Ruhe sorgt, weil sich die Schüler ziemlich zu langweilen scheinen.

Was können die Schüler in einer Stunde lernen, in der sie zwar ununterbrochen etwas machen sollen, aber höchstens raten können, um was es dabei geht? Wenn Sie selbst Kinder haben, die zur Schule gehen, dann können Sie einmal beim Mittagessen die Frage diskutieren: „Was hast du heute in Mathe (in Deutsch usw.) gelernt?“ Dabei werden Sie wahrscheinlich erleben, daß Ihnen geschildert wird, was in der Stunde *gemacht* worden ist, aber daß Ihr Kind keine oder nur eine vage Idee davon hat, was es eigentlich gelernt haben soll. Die eben zitierte Stunde würden viele Schüler vielleicht so beschreiben: „Was wir heute in Mathe hatten? Och, er hat den Tageslichtprojektor aufgestellt, und dann mußten wir die Schiffe immer verschieben, weil sie abgetrieben waren. Die Schiffe waren ganz gut, aber eigentlich war es langweilig.“

Bei dieser Art von Mach-Unterricht werden die Schüler ähnlich behandelt, wie Zirkustiere, mit denen eine Nummer eingeübt wird. Da die Tiere sowieso nicht verstehen würden, was der Clou der Sache ist, erklärt man es ihnen gar nicht erst. Es ist lediglich wichtig, daß sie die richtigen Bewegungen ausführen können. Schüler sind jedoch Menschen, die Erklärungen verstehen können. Und Menschen lernen besser, wenn sie wissen, was sie lernen.

Typ C: Dies ist das Verfahren, einfach mit dem Erarbeiten zu beginnen. Man stellt eine Frage, dann die nächste, und bevor die Schüler überhaupt wissen, was gespielt wird, werden sie vom Strudel des Meldefingerhebens und Fragenbeantwortens mitgerissen.

(Typ B und C gelten unter Lehrern nicht unbedingt als gute Motivation. Wir rechnen sie trotzdem zu den Motivierungsbräuchen, da sie im Unterricht häufig vorkommen und dem Zweck dienen, die Schüler irgendwie zum Mitmachen zu bewegen.)

Typ D ist der klassische Motivationseinstieg, nämlich den Unterricht mit einem Gag einzuleiten, der die Schüler von den Sitzen reißen soll. Wir hatten dazu die Beispiele „Verdunstung", „Bodenproben-Detektiv" und „Autounfall" zitiert. Damit wir nicht bei der „Aller guten Dinge sind drei"-Regel stagnieren, fügen wir hier noch fünf weitere Beispiele hinzu.

Irgendwo haben wir einmal gehört oder gelesen, daß ein Lehrer ein Päckchen Quark in die Höhe gehalten und die Schüler gefragt haben soll: „Wo wächst das?" Uns wurde berichtet, das sei eine gute Motivation gewesen. Wozu oder für was die Schüler mit dem Quark motiviert werden sollten, haben wir vergessen.

In dem empfehlenswerten Heft „Lehrverhalten" von H. Brabeck, H. Hoster und W. Pesch (1977, S. 28 ff.) wird aus dem Protokoll einer Stunde zum Thema „Kakao" zitiert. Dort verteilt der Lehrer ohne weitere Erklärung verschiedene Schokoladestückchen an die Schüler. „Die Schüler sprechen laut durcheinander und zeigen lebhaftes Interesse an den ausgeteilten Süßigkeiten." Der Lehrer sorgt dann für Ruhe und fordert die Schüler auf: „Vielleicht berichtet ihr einmal, was ihr so im einzelnen bekommen habt." Zu den Lernzielen dieser Stunde gehören: erkennen, daß Kakao bestimmte Bedingungen braucht, erkennen, daß Ghana der größte Kakaoproduzent der Welt ist; daß es problematisch ist, wenn ein Land so extrem auf ein Produkt angewiesen ist" u. ä. „Die Schüler sitzen im Block, der frontal angeordnet ist."

Dieses Beispiel zeigt, daß gute Motivation für Lehrer teuer werden kann.

Von einem Kollegen hörten wir das folgende Motivationsbeispiel: Die Schüler sollten lernen, „aktiv" und „passiv" zu unterscheiden. Um eine geeignete Motivation zu schaffen, gab der Lehrer zu Anfang der Stunde (aktiv) einem Schüler eine Ohrfeige, der sie (passiv) hinnehmen mußte. Das machte die Klasse auch wirklich aktiv. Allerdings richtete sich die Aktivität nicht so sehr auf die Diskussion des Themas „Was ist der Unterschied zwischen AKTIV und PASSIV?", sondern mehr der Frage zu „Darf ein Lehrer einen Schüler ohrfeigen?". Moral: Vorsicht bei der Motivation im Grammatikunterricht!

Im 3. Schuljahr sollen die Schüler das richtige Verhalten am Zebrastreifen lernen. Der Lehrer fängt an: „Als ich heute morgen zur Schule kam, da passierte mir folgendes." Er schildert einen gefährlichen Vorfall zwischen Kindern und einem Auto am Zebrastreifen. Dann meint er: „Gottseidank, hab ich ein Foto davon, das war hier in der Schule schon vorhanden." Und tatsächlich. Die Lehrmittelfirma Sowieso hat zufällig genau den Vorgang fotografiert und als großes Wandbild reproduziert, den der Lehrer gerade vor fünf Minuten selbst erlebte.

Manche Motivationen sind wie ein Wunder! Vielleicht kommt es daher, daß das Verfahren, ‚selbsterlebte' Geschichten zu erfinden (oder nachzuerzählen) auch ein beliebtes Mittel in Predigten ist.

Letztes Beispiel: Kunert (1977, S. 57) meint: „Auch im universitären Bereich scheint es angebracht, die Studenten über Lernanreize zu motivieren. Die Thematik „Theorie der Schule" führte ich mit zwei Schallplatten von Pete Seeger und Arik Brauer ein." Was lernen wir daraus? Lehrer sollten eine große Schallplattensammlung haben.

Allerletztes Beispiel: Bei Studenten beobachten wir sehr oft, daß sie schon im 1. oder 2. Semester die fixe Idee internalisiert haben, sie müßten ihren Unterricht unbedingt mit einem großkalibrigen motivationalen Paukenschlag beginnen. Wenn man mit ihnen Unterrichtsstunden plant, kommen oft Vorschläge wie: „Man müßte erst einmal mit einem Spiel (Film, Silbenrätsel usw.) beginnen." Einmal planten wir eine Stunde zum Thema „Wie pflegt man einen Haushund?" Da kam einem Studenten diese Idee: „Was wäre, wenn der Lehrer auf allen Vieren in die Klasse gekrochen kommt, bellt und sagt: Denkt euch mal, ich wäre ein Hund! Wie würdet ihr mich behandeln?"

Vergessen Sie einmal alles, was Sie über den Segen der Motivation gelernt haben, und betrachten Sie die Motivationseinstiege, die Sie beobachten oder von denen Sie hören, ohne die angelernten Vorurteile. Geben Sie den Einstiegen einmal unwissenschaftliche Namen, die ausdrücken, wie sie auf einen unbefangenen Beobachter wirken müssen. Sie werden dabei feststellen, daß auf viele dieser Einstiege Namen wie die folgenden passen:

Werbetrick, alberner oder lustiger Gag, Strohfeuer, Verführungsversuch, bewußtes Anlügen, Theater spielen, vom Thema ablenken, Effekthascherei, absichtliches Zurückhalten von Informationen, Kindertümelei, umständlicher Umweg, Kinder nicht ernstnehmen, Rätselraten, Kinder hereinlegen oder in eine Falle locken, Köderungsversuche, den Unterrichtsstoff verzuckern, tarnen, verkleiden, etwas als wertvoll darstellen, was man selbst für wertlos hält usw.

Auch wenn diese Charakterisierungen böswillig gewählt sind – sie bezeichnen präzise die Manipulationstendenzen in unseren Motivationsversuchen, während das Wort „Motivieren" sie vornehm verbirgt.

Interessant ist, daß kaum jemand versucht, Erwachsene in ähnlicher Weise zu motivieren, wie es bei „Kindern" gang und gäbe ist. Wir kommen uns albern vor, wenn wir für Erwachsene unsere Motivationsfallen aufbauen. Warum geht es uns bei Kindern nicht ebenso? Weil Kinder in dem Sinne keine Menschen sind. Sie sehen nur so ähnlich aus. In Wirklichkeit aber funktionieren sie ganz anders. Jedenfalls tun wir so, als wäre das unsere Ansicht, und das, was wir über Entwicklungspsychologie zu wissen glauben, vor allem aber unsere „Erfahrung“, gibt uns darin sogar noch recht.

Fassen wir unsere Kritik an den schulischen Motivierungsbräuchen zusammen. Die latente Funktion dieser Sitten besteht nicht darin, den Schülern das Lernen zu erleichtern, sondern den Lehrern das Unterrichten. Denn in Wirklichkeit geht es um dies: Man nimmt in Kauf, daß ein Unterrichtseinstieg nach dem Motivationsrezept den Schülern die Möglichkeit nimmt, sich bewußt *für* den Gegenstand des Unterrichts zu engagieren und tauscht dafür den Vorteil ein, daß gleichzeitig die Möglichkeiten der Schüler eingeschränkt werden, sich bewußt *dagegen* zu entscheiden. Denn Schüler können nur schlecht etwas ablehnen, von dessen Existenz sie gar nichts wissen oder das sie nur nebelhaft wahrnehmen.

Mit Hilfe der Motivierungsverfahren – ebenso wie durch den Erarbeitungsunterricht insgesamt – können Schüler mit vergleichsweise geringem Kraftaufwand gezwungen werden, im Verhalten und im Denken eng den kognitiven Fußspuren des Lehrers zu folgen. (Es ist so ähnlich wie beim Wandertag: Wenn die Schüler wissen, wohin es gehen soll und obendrein noch selbst den Weg kennen, dann muß man damit rechnen, daß sich einige von ihnen selbständig machen, einen kürzeren oder längeren Weg wählen, vorauseilen oder trödeln. Kennen sie jedoch nicht das Ziel, so sind sie genötigt, sich stets in Sichtweite des Lehrers aufzuhalten oder gar bei Fuß zu marschieren. Beim Wandertag kann das im Sinne der Aufsichtspflicht ja durchaus notwendig und vernünftig sein. Aber für das Lernen ist es häufig tödlich, weil den Schülern die Chance verbaut wird, Erfahrungen aufzubauen.)

Erarbeitungsunterricht und Motivierungsbräuche sind Mittel zur kognitiven Fesselung der Schüler. Diese Methoden funktionieren relativ gut, wie es scheint, denn sie werden täglich tausendfach eingesetzt, obwohl sie das Lernen nicht sonderlich fördern und die Schüler zu einer vorwiegend passiven Teilnahme am Unterricht zwingen. Sie können nicht arbeiten, sondern müssen *mit*arbeiten. Sie können kaum Erfahrungen mit dem Lerngegenstand machen, sondern üben sich im Zuhören, Aufpassen, Abwarten und Fragenbeantworten. Sie bleiben immer abhängig von den Gedankenschritten oder -sprüngen eines Lehrers, was ihnen weder hilft, die grundlegenden Fakteninformationen kennenzulernen noch diese gedanklich zu verarbeiten. Eine effektive Gedankenfesselungsmethode ist noch kein effektiver Unterricht.

Wie Sie sich selbst überzeugen können, daß das Motivationsrezept nicht hilft

Vielleicht sind Sie ein begeisterter Anhänger der Motivationsbräuche, die wir auf den letzten Seiten kritisiert haben. Dann ist es vielleicht nötig, daß Sie sich selbst noch einige zusätzliche Erfahrungen schaffen, um diese kritische Beurteilung nachvollziehen zu können. Wenn Sie noch nicht Lehrer sind, könnten Sie versuchen, so viele Unterrichtseinstiege wie möglich zu beobachten oder sich erzählen zu lassen, um sie nach dem unten folgenden Schema zu beurteilen. Leichter haben Sie es, wenn Sie schon Lehrer sind und täglich unterrichten. Dann können Sie Ihre eigenen Motivationsversuche kritisch unter die Lupe nehmen und dabei die Erfahrung machen, daß das Einstiegsmotivationsrezept nicht die Wunderwirkungen hat, die Sie im Stillen erhoffen.

Gehen Sie folgendermaßen vor:

Denken Sie an die Stunden zurück, die Sie in den letzten 3 bis 4 oder mehr Wochen gegeben haben und beschreiben Sie in Stichworten 10 (zehn) Beispiele für gelungene motivierende Unterrichtseinstiege.

Unsere Voraussage ist: Sie werden große Schwierigkeiten haben, die 10 Beispiele zusammenzukriegen. Wenn Sie jetzt die Gesamtzahl der Stunden nehmen, die Sie in dem Zeitraum gegeben haben, aus denen Ihre Beispiele stammen und das Verhältnis der beiden Zahlen betrachten, dann merken Sie schon: Gelungene Motivationseinstiege gehören zu den seltensten Tierarten.

Betrachten Sie jetzt jedes Ihrer Beispiele genauer. Schreiben Sie zu jedem eine Liste der Situations-Elemente, die nach Ihrer Ansicht die motivierenden Effekte bewirkt haben. Hier werden Sie zu dem Ergebnis kommen, daß der Begriff „Motivation" eine Leerformel ist und kein präzises Rezept zur Konstruktion motivierender Situationen.

Denken Sie anschließend über die Effekte der einzelnen Einstiege nach. Waren die meisten Schüler ‚motiviert' oder nur wenige? Handelte es sich nur um einen kurzfristigen Effekt oder hielt er die ganze Unterrichtsstunde hindurch an? Wußten Sie vorher, wie der Einstieg auf die Schüler wirken würde, oder waren Sie eher überrascht, welche Wirkung Sie ausgelöst hatten? Wir nehmen an, daß Ihnen der ‚Motivationseffekt' eher wie ein glücklicher Zufall in den Schoß gefallen ist, denn Sie haben sich oft bemüht, die Schüler zu motivieren, ohne diesen Effekt zu erzielen. Wir glauben, daß ein derartiges Nachdenken über Motivationseinstiege Ihnen helfen wird, die notwendige Distanz zu diesem Traum aller Lehrer zu gewinnen.

(Ende des Exkurses zum Motivieren)

Annahmen, die dem Rezept „Informierender Unterrichtseinstieg" zugrunde liegen

Die erste Annahme ist: Wir können andere Menschen nicht motivieren, sondern jeder Mensch motiviert sich selbst. Wir können z. B.

Ihr Interesse oder Ihren Lernwillen nicht von außen anschalten. Wenn Sie dieses Buch nicht interessiert, stellen Sie es ins Bord zurück und setzen sich vor den Fernseher oder gehen schwimmen. Wenn Sie aber weiterlesen und vielleicht sogar den Wunsch haben, einen Vorschlag auszuprobieren, dann haben Sie selbst sich motiviert, nicht wir, denn viele andere Leser werden diesen Wunsch nicht verspüren. Motivationszustände werden von der einzelnen Person angeschaltet, nicht von irgendeinem Motivationskünstler.

Die zweite Annahme: Menschen sind eher bereit, ihre Motivation einzuschalten, wenn sie wissen, wofür. Wenn Sie zu Ihrem Freund sagen: „Hast Du morgen um 17 Uhr 31 Zeit?“, dann wird er zögern, diese Frage zu bejahen – und zwar in der Regel so lange, bis er weiß, was Sie morgen zu diesem erstaunlichen Zeitpunkt mit ihm vorhaben.

Genauso geht es Schülern. Auch sie können in der Regel ihre Motivation erst dann einschalten, wenn sie wissen, um was es genau geht und welchen Sinn es hat, die Motivation einzuschalten.

Wenn wir mit Erwachsenen interagieren, finden wir es ganz selbstverständlich, daß sie zuerst Informationen fordern, bevor sie sich motivieren. Aber bei Schülern haben wir den Verdacht, daß sie ihre Motivation böswillig ausschalten werden, wenn sie erst genau über das Unterrichtsvorhaben informiert sind. Wir trauen ihnen nicht zu, daß sie rationalen Argumenten zugänglich sein könnten, sondern wir halten sie für „Kinder“, mit denen man „kindgemäß“ umgehen muß – und wir zwingen sie dadurch in die Rolle eines unmündigen Wesens, das seinen irrationalen Launen folgt und nicht begreifen kann, was zu seinem eigenen Besten ist. So verzichten wir freiwillig auf die Kräfte, die entstehen, wenn die Schüler ihre Motivation einschalten und willkürlich lernen. Das ist genauso dumm, als würde man sein Auto schieben, anstatt den Motor anzuwerfen.

Das Rezept „Informierender Unterrichtseinstieg“ und was es vorhersagt

Das Rezept, das wir Ihnen vorschlagen, verlangt, daß Sie Ihre Vorurteile über die Kindlichkeit von Schülern vergessen und Schüler genauso behandeln wie Sie einen Freund oder Bekannten behandeln würden.

Für den Unterricht heißt das: Versuchen Sie nicht, nach einer prunkvollen Motivierungsidee zu suchen, die die Schüler zum Lernen verführt, sondern nehmen Sie die Schüler als vernünftige Wesen ernst und sagen Sie ihnen am Stundenbeginn so einfach und so klar und so interessant, wie Sie es nur formulieren können, was in der Stunde passieren soll und warum. Erzählen Sie den Schülern alles, wenigstens alles Wichtige, über den Plan der kommenden Stunde, den Sie in Ihrem Kopf haben. Schreiben Sie die wichtigsten Punkte an die Tafel, auf eine Folie oder auf das Arbeitspapier, damit die Schüler eine Übersicht über Ihren Plan bekommen und dort immer wieder „nachschlagen“ können. Auf diese Weise machen Sie für die Schüler sichtbar, was sonst immer nur in den Köpfen der Lehrer verborgen ist und von niemandem eingesehen werden kann. Sie legen die Karten auf den Tisch und verzichten auf jede Geheimnistuerei. Es macht nichts, wenn Sie Ihren Plan für die Stunde so darstellen, daß Schüler dabei lecker werden oder sich freuen. Sie brauchen den Informierenden Unterrichtseinstieg nicht langweilig oder trocken zu gestalten. Die Schüler können ruhig gefühlsmäßig angesprochen werden. Aber das wichtigste Ziel ist doch: den Schülern den kommenden Unterricht durchsichtig zu machen.

Unsere Voraussage ist: wenn Sie am Stundenbeginn einen Informierenden Unterrichtseinstieg vorausschicken, dann werden *mehr* Schüler bereit sein, sich selbst zu motivieren, als bei den üblichen Unterrichtseinstiegen, die nach dem Prinzip konstruiert sind, Informationen zurückzuhalten.

Wichtig ist beim Informierenden Unterrichtseinstieg, daß die Schüler um ihr Einverständnis mit dem Unterrichtsplan gebeten werden, wie das bei Menschen üblich ist. Oft ist es auch sinnvoll, Auswahlmöglichkeiten zu nennen, statt einen perfekten Plan zu beschreiben, der nur so und nicht anders vollstreckt werden darf. Einige Schüler werden sich freuen, daß sie mitentscheiden oder mitüberlegen dürfen. Andere können dabei lernen, daß man sich auch einmal selbst für etwas entscheiden muß und sich nicht immer alles vorsetzen lassen kann.

Wie sieht ein Informierender Unterrichtseinstieg aus?

Als gelernter Motivationsverehrer würden Sie eine Rechtschreibstunde im 3. Schuljahr vielleicht folgendermaßen beginnen:

„Wir haben jetzt Deutsch und machen Rechtschreibung. Holt bitte die

Rechtschreibhefte heraus. Ich schreibe euch jetzt etwas an die Tafel. Schaut es euch genau an.“ Sie schreiben:

Wir fliegen nach Hause.

Beim Fliegen kommen wir schneller voran.

Dann drehen Sie sich zur Klasse um, schauen die Schüler mit großen Augen erwartungsvoll an und fragen: „Was fällt euch daran auf? (Pause) Wer hat etwas gemerkt? (Pause) Achtet mal darauf, wie die Wörter bei diesen beiden Sätzen geschrieben werden.“ Undsoweiter, je nachdem wie lange es dauert, bis ein Schüler begriffen hat, daß Sie von ihm hören wollen, wie erstaunt er darüber ist, daß „FLIEGEN“ einmal groß und einmal klein geschrieben wird.

Das ist der traditionelle Erarbeitungs-Motivierungsversuch-Unterrichtsbeginn – und den müssen Sie sich verkneifen, wenn Sie einen Informierenden Unterrichtseinstieg machen wollen. Dann würde die gleiche Stunde etwa so beginnen:

Lehrer: „Wir machen in dieser Deutschstunde Rechtschreibung. Und zwar sollt ihr heute lernen, daß Verben in Nomen verwandelt werden können und daß sie dann groß geschrieben werden müssen. Das ist wichtig, weil man sehr viele Rechtschreibfehler macht, wenn man in Nomen verwandelte Verben nicht von echten Verben unterscheiden kann.

Ich hab mir die Stunde so gedacht:

1. Ich erkläre euch, woran man erkennt, daß ein Verb in ein Nomen verwandelt wurde und daß man es also groß schreiben muß. Und dann sollt ihr 2. die Gelegenheit haben, das Erkennen solcher in Hauptwörter verwandelter Verben genau zu üben. Ihr baut dabei sozusagen in eurem Gehirn eine kleine Alarmanlage ein: sobald euch ein Verb in die Quere kommt, klingelt eure Alarmanlage, und ihr wißt: Hier muß ich überlegen: Groß oder klein? Wenn diese Warnanlage erst richtig funktioniert, braucht ihr euch nicht mehr viel darum zu kümmern, denn sie arbeitet dann automatisch, und ihr braucht nicht jedesmal lange zu überlegen, wie das Wort geschrieben werden muß. Dieses Üben soll in einem Diktat geschehen. Dabei ist immer einer von euch abwechselnd der Lehrer. Ihr übt, ganz allein zu kontrollieren, ob das Verb groß oder klein geschrieben wird. Und gleichzeitig könnt ihr dabei versuchen, beim Diktat so leise zu sein, daß ihr den Lehrer verstehen könnt.

Ich glaube, daß euch das Spaß machen wird und daß ihr schnell erkennen werdet, worauf es bei der Groß- oder Kleinschreibung von Verben ankommt.

Ja, wollt ihr dazu etwas fragen?

Seid ihr damit einverstanden, daß wir es so machen?“

Dieser Informierende Unterrichtseinstieg dauert etwa 2 Minuten. Die Erläuterungen werden übersichtlicher für die Schüler, wenn Sie die wichtigsten Punkte an die Tafel geschrieben haben und beim Sprechen immer auf die entsprechende Stelle zeigen:

Rechtschreibung

Verben, die in Nomen verwandelt sind, schreibt man **groß** !

Lernziele

1. in Nomen verwandelte Verben erkennen (Alarmanlage)
2. selbständig kontrollieren, ob **groß** oder **klein**
3. so leise sein, daß ihr den „Lehrer" versteht

Was wir machen

1. Erklärung und Fragen dazu
2. Übung

Ein zweites Beispiel:

3. Schuljahr, Religion

„Ich will euch jetzt erzählen, was in dieser Stunde gemacht werden soll.

Das Thema heißt: Wie können Kinder einen Streit beenden, damit nicht erst die Eltern eingreifen müssen?

Dieses Thema ist für euch sehr wichtig. Warum? Kinder kommen oft in Streit.

Ein Beispiel: Deine Schwester sagt zu dir: „Leihst du mir mal deine Schallplatte?" Du willst nicht, weil sie dir neulich auch nichts leihen wollte. Ihr kommt in Streit, fangt an, euch anzuschreien, dann fängt der eine an zu hauen, einer läuft zu eurer Mutter und beklagt sich. Eure Mutter meckert mit euch rum. Euer Vater kommt dazu, und schon ist ein großer Streit zwischen Vater und Mutter ausgebrochen. Aus dem kleinen Streit ist eine große Familientragödie geworden. Es wäre besser gewesen, ihr beide hättet euren Streit für euch selbst gelöst. Das ist der Grund, warum das Thema „Wie können Kinder allein einen Streit beenden?" so wichtig ist.

Ich hab mir gedacht, daß wir diese Stunde so machen können:

1. Viele von euch möchten zu diesem Thema bestimmt gern eigene Erlebnisse und Gedanken erzählen. Deswegen fangen wir damit an, daß zuerst ungefähr fünf von euch Streitgeschichten erzählen können, wenn ihr diesen Wunsch habt.

2. Danach möchte ich euch drei Dinge erklären, nämlich zwei Fremdwörter, die etwas mit diesem Thema zu tun haben: das Wort „Eskalation“ und das Wort „Konflikt“ und außerdem einen ganz wichtigen Gedanken: „Wörter sind bessere Waffen“.

3. Wir überlegen uns gemeinsam, welche Rezepte man anwenden kann, um einen Streit ganz allein – ohne Eltern und andere Erwachsene – zu beenden.

Und 4. Wir probieren in kurzen Rollenspielen die einzelnen Rezepte aus, um zu sehen, wie man sie anwenden kann. Ich sage euch dann immer eine Streitsituation, und zwei von euch versuchen, den Streit vernünftig zu beenden.

Was haltet ihr von diesem Plan?“

(Sie können sich überlegen, was der Lehrer zu diesem Informierenden Unterrichtseinstieg an die Tafel schreiben könnte. Bedenken Sie bitte auch, daß es hier nicht darum geht, die einzig richtige Art festzustellen, wie man das Thema „Konflikte“ im Unterricht behandeln sollte, ob es z. B. wichtiger wäre, den Schülern beizubringen, Konflikte als etwas Normales anzusehen und nicht als etwas Störendes, was man unbedingt vermeiden muß. Dieser Lehrer hat sich für diese Stunde die genannten Ziele vorgenommen. Wenn Sie selbst unterrichten, können Sie sich Ihre eigenen Ziele überlegen.)

Ein drittes Beispiel aus dem Sachunterricht in einer Schule für Lernbehinderte, Klasse 6/7, zweistündig, das uns eine Lehrerin (Ursula Boyer-Korff) mitgeteilt hat:

„Heute will ich mit euch das Thema *Speisequark* behandeln.	An der Tafel erscheint: „Thema Speisequark“
Zuerst erzähle ich euch über Quark: Ich sage euch, welche Sorten von Speisequark es gibt, wie teuer diese Sorten sind, wieviel in einem normalen Paket Quark drin ist und wie man frischen Quark erkennt.	1. Sorten Preise Gewicht Haltbarkeit
Danach sollt ihr üben: Immer drei Schüler bekommen 1 Paket Quark. Jede Gruppe soll dann sagen, welche Sorte Quark sie hat, welchen Preis diese Sorte hat, welches Gewicht das Paket hat, wie lange der Quark haltbar ist.	2. Jede Gruppe erzählt
Am Schluß will ich euch zeigen, wie lecker Quark schmeckt, wenn er als Quarkspeise zubereitet wird. Die wollen wir nämlich herstellen. Die Rezepte dazu stehen an der Tafel.“	3. Jede Gruppe stellt Quarkspeise nach Rezept her.

Argumente gegen das Rezept „Informierender Unterrichtseinstieg“, die wir häufig hören

Von Lehrern, die das Rezept noch niemals probiert haben, kommen gewöhnlich tausend Argumente gegen den Informierenden Unterrichtseinstieg. Viele können sich ein Lächeln nicht verkneifen und winken mit der Pose des erfahrenen Praktikers lässig ab. Dabei führen sie Begründungen wie die folgenden an:

„Dann wissen die Schüler ja schon alles im voraus.“
„Dadurch geht doch jede Spontaneität verloren.“
„Wenn Sie das machen, ist sofort die ganze Spannung weg.“
„Dann ist doch der Clou der Stunde weg.“
„Dann wird ja schon alles vorweggenommen.“
„Wenn Sie die Lernziele angeben, dann sinkt das Interesse der Schüler sofort auf den Nullpunkt, das garantiere ich Ihnen.“
„Wichtig ist doch, daß man den Schülern nicht einfach etwas vorsetzt, sondern daß die Schüler selbst etwas herausfinden können.“
„Da wird den Schülern ja alles schon fertig vorgesetzt, jede Flexibilität wird verhindert.“
„Wenn man die Ziele mitteilt, fördert man bei den Schülern Opportunismus, sie machen dann nur noch, was der Lehrer will und weil er es will.“

In solchen Argumenten kommen die „ästhetischen Kriterien“ zum Ausdruck, nach denen viele Lehrer Unterricht beurteilen und planen. Es sind die Kriterien, die zum Muster des Erarbeitungsunterrichts gehören. Außerdem hört man darin die Angst, die Schüler könnten ihre Mitarbeit verweigern, wenn man ihnen die Ziele und Arbeitsschritte zu früh mitteilt. Ein Lehrer sagte uns in so einer Diskussion: „Es ist doch legitim, wenn man den Schülern noch nicht gleich am Anfang sagt, daß sie hinterher schreiben müssen. Wenn ein Lehrer gleich sagt: ‚Und dann schreiben wir auch noch‘, sind die Schüler gleich desillusioniert.“ Wir halten es für besser, wenn Schüler am Anfang desillusioniert sind, als wenn sie sich hinterher hereingelegt fühlen.

Viele Lehrer haben am Informierenden Unterrichtseinstieg auszusetzen, daß das Verfahren zu sachlich (zu kalt, zu mechanisch, nicht natürlich, nicht kindgemäß) sei. Das ist teilweise richtig. Informierende Unterrichtseinstiege sind sachlicher als Motivationstricks, genauso „unnatürlich“ wie sie, und sie sollen gar nicht ‚kindgemäß‘ sein, weil unsere Vorstellungen von Kindgemäßheit falsch sind. Aber es stimmt nicht, daß durch Informierende Unterrichtseinstiege „alles, was noch Spaß macht, aus dem Unterricht entfernt“ wird, wie ein Lehrer befürchtete.

Es ist nicht so, daß nur Geheimnisse Spaß machen. Man kann sogar mehr Spaß haben, wenn man weiß, was man tut.

Oft hörten wir auch das Argument „In manche Stunden gehört diese Art des Einstiegs einfach nicht hinein.“ Wir konnten aber nicht in Erfahrung bringen, um welche Art von Stunden es sich dabei handelt. Darum ist dieser Einwand für uns nicht stichhaltig.

Die meisten Lehrer glauben, daß der Informierende Einstieg sich vor allem in den höheren Klassen eigne und für die „Kleinen“ reichlich unpassend sei. Wir sind nicht dieser Ansicht, denn wir halten es für destruktiv, wenn Schüler in der Grundschule jahrelang auf Märchenstunden dressiert werden.

Manche Lehrer bezeichnen es als Nachteil des Informierenden Unterrichtseinstiegs, daß das Verfahren den Schülern eine gewisse Kontrolle über den Lehrer ermöglicht. So könnten die Schüler es etwa bemängeln, wenn nicht alles geschafft wird, was angekündigt wurde. Wir halten dies für einen Vorteil dieses Rezepts.

Sehr oft wird auch behauptet, daß die Schüler zu stark gelenkt würden, wenn Lehrer ihren Plan und die Ziele bekanntgeben. Dadurch seien die einzelnen Schritte vorher festgelegt, man könne nun nicht mehr auf die spontanen Einfälle der Schüler und auf die Besonderheiten ihrer Arbeitsergebnisse reagieren, und es wäre unmöglich, die stets unvorhersehbaren Zufälligkeiten des Unterrichtsprozesses angemessen zu berücksichtigen.

Dazu ist zu sagen, daß die meisten Lehrer in den allermeisten Unterrichtsstunden einen relativ starren – wenn auch oft verschwommenen – Plan durchzusetzen versuchen, an den sie die Schüler nicht heranlassen. Im Normalfall wird dieser Plan auf Schleichwegen verfolgt. Die Schüler werden indirekt stark gegängelt und bekommen nicht die Chance, eigene Ideen zum Vorgehen zu äußern, weil alles in der Hand des Lehrers liegt und allein sein Geheimnis bleibt. Gibt ein Lehrer dagegen seine Planung den Schülern bekannt, dann versucht er zwar, die Schüler und ihr Lernverhalten zu lenken, und dazu ist er ja auch Lehrer, aber gleichzeitig bietet er den Schülern Kontrollmöglichkeiten, denn sie können jetzt ja zu seinem Plan Stellung nehmen. Wie wir eben gesehen haben, kritisieren Lehrer am Informierenden Unterrichtseinstieg oft gerade dies: daß den Schülern die Möglichkeit eröffnet wird, kritisch Stellung zu beziehen, denn sie fürchten, die Schüler könnten dies zur Torpedierung des Unterrichts benutzen. Durch einen Informierenden Unterrichtseinstieg werden die Schüler jedoch geradezu darauf gestoßen, daß sie mitsteuern und den Lehrerplan modifizieren können.

Interessant ist auch dieser Einwand: „Wenn ich den Schülern gleich am Anfang genau sage, was sie lernen sollen usw., dann brauche ich ja gar nicht mehr zu unterrichten, weil ich nach 10 Minuten schon mit dem Thema fertig bin." Offenbar ist es – besonders für junge Lehrer – manchmal ein Problem, die 45 Minuten der Unterrichtsstunde irgendwie vollzukriegen. Jedenfalls scheint das als ein heimliches Motiv hinter manchem umständlichen methodischen Vorgehen zu stehen. Man steuert die Lernziele nicht direkt an, sondern schleicht sich irgendwie auf Umwegen heran, um so das peinliche Erlebnis zu vermeiden, verfrüht mit dem Stoff fertig zu werden. Diese Angst hängt auch damit zusammen, daß dem Anfänger ständig eingetrichtert wird, jede Unterrichtsstunde müßte eine thematisch und methodisch abgerundete und in sich geschlossene „künstlerische Einheit" ohne „Stilbruch" sein.

Am interessantesten ist ein Argument, das beinahe in jeder Diskussion über den Informierenden Unterrichtseinstieg von einem Teilnehmer zur Verteidigung der Motivationsideologie vorgetragen wird. „Warum sind Sie eigentlich so gegen Motivieren? Wenn Sie die Schüler informieren, dann ist das doch im Grunde auch nichts anderes als eine Motivation." Dieser Gedanke zeigt deutlich, daß der Begriff „Motivation" eine Leerformel ist. „Motivation" hat einen großen Magen und kann sogar solche Praktiken schlucken und verdauen, die in der Schule so selten sind wie eine Honigbiene in der Tiefsee. Dieses unbeschränkte Fassungsvermögen hat aber zugleich zur Folge, daß man mit Hilfe des Motivationsbegriffs nichts mehr unterscheiden kann. Aus der Definition „Alles, was Schüler motiviert, ist Motivation" erfährt man soviel wie aus dem Satz „Eine Definition ist, wenn man etwas definiert". Wozu braucht man Wörter, wenn sie nichts bedeuten?

Vorteile des Informierenden Unterrichtseinstiegs und Erfahrungen

Ein Informierender Einstieg kostet nichts, man braucht weder viel Zeit dafür, noch muß man geniale Ideen produzieren wie beim traditionellen Motivationskonzept, und – ein solcher Einstieg richtet keinen Schaden an. Man muß einfach nur wissen, was man will und bereit und fähig sein, dies den Schülern klarzumachen.

Hier liegt andererseits auch eine kleine Schwierigkeit: viele Lehrer wissen selbst nicht immer so genau, was sie eigentlich wollen. Aber gerade das ist ein großer Vorteil des Informationseinstiegs. Er erzieht nämlich Lehrer dazu, genauer zu überlegen, was sie wollen. Wer seinen Stunden häufiger einen Informierenden Einstieg vorausschickt, der zwingt sich selbst, eine präzisere Vorstellung von seinem Unterricht zu entwickeln, gewöhnt sich daran, Unterricht klar zu strukturieren und ist auf diese Weise besser vorbereitet. Man gewöhnt sich daran, den Unterricht aus der Perspektive der Schüler zu sehen, indem man den Plan für sie verständlich darstellt. Wenn man das einige Zeit gemacht hat, lernt man auch, dem Unterricht selbst dann eine eindeutige Struktur zu geben, wenn man nicht alle Einzelheiten vorher durchdacht hat. Denn durch die Gewohnheit, Ziele, Begründungen und Arbeitsschritte offenzulegen, erwirbt man ein Repertoire strukturierender Maßnahmen und Vorgehensweisen, die man nach einiger Zeit flexibel und improvisierend einsetzen kann.

Ein Informierender Unterrichtseinstieg ist nichts weiter als eine erläuterte Tagesordnung. Eine solche Tagesordnung erhöht die Wahrscheinlichkeit, daß viele der Tagenden sich bemühen werden, beim Thema zu bleiben. Natürlich kann sie nicht vollkommen verhindern, daß einige trotzdem vom Thema abweichen. Das ist aber kein Grund, auf eine Tagesordnung gleich ganz und gar zu verzichten.

Eine Lehrerin, die das Rezept des informierenden Unterrichtseinstiegs ausprobierte, schrieb uns: „Durch den vorweg genannten Fahrplan der Stunde können die Schüler sich wohl besser auf den kommenden Unterricht einstellen. Äußerungen wie „Ich hab dazu keine Lust“ haben wahrscheinlich abgenommen. Versuche der Schüler, mit mir über die Anzahl zu erledigender Aufgaben zu verhandeln, haben mit Sicherheit abgenommen.“

Haben die Schüler sich nur einer massiven Lenkung durch den Lehrer angepaßt? Nach unseren Erfahrungen sind Schüler sehr kritisch, wenn sie eine schlechte, diffuse Tagesordnung vorgesetzt bekommen. Andererseits sind die meisten Schüler bereit, mitzumachen, wenn sie eine Tagesordnung bekommen, die ihnen vernünftig erscheint. Eine solche Tagesordnung ist ein Mittel der Verständigung und nicht ein Heiligtum, das vor jeder Abänderung um jeden Preis geschützt werden muß. Lehrer, die von sich glauben, nur sie allein könnten aufgrund ihrer pädagogischen Qualifikation und Verantwortung den Unterrichtsablauf steuern und Schüler hätten sich da herauszuhalten, sollten lieber bei den alten Motivationsverfahren bleiben und den Informierenden Einstieg gar nicht erst versuchen.

Wenn Sie also zu Beginn der Stunde den Schülern die Ziele und

Arbeitsschritte mitteilen, sollten Sie bereit sein, unter Umständen mit den Schülern Themen wie diese zu diskutieren:

- Wie findet ihr diesen Plan?
- Habt ihr Lust dazu?
- Wie könnte man diese Lernziele am besten erreichen? Welche Ideen habt ihr?
- Warum ist es wichtig, das zu lernen?

Schüler, die die Tagesordnung nicht kennen, können nicht über solche Fragen diskutieren.

Lehrer, die den Informierenden Unterrichtseinstieg probiert haben, sind überrascht, wie positiv die Schüler darauf reagieren. Die vermuteten Schwierigkeiten (daß die Schüler den Plan pauschal ablehnen und unwillig daran herummäkeln würden) bleiben aus. Statt dessen nehmen die Schüler oft intelligent Stellung, engagieren sich im Sinne der Lernziele und verhalten sich wesentlich disziplinierter als gewohnt.

In einer Klasse wendeten Praktikanten das Rezept des Informierenden Unterrichtseinstiegs regelmäßig an. Bald fragten die Schüler ihren Klassenlehrer: „Warum machen Sie das nicht auch so?"

Neulich hatte ich mit meiner Tochter (Sexta) folgendes Gespräch:

Ich: Was macht ihr gerade in Biologie?

Sie: Wir sollten was im Buch durchlesen und dann davon was schreiben. Also nicht abschreiben, sondern so umgewandelt mit unseren eigenen Wörtern schreiben.

Ich: Hat er nicht gesagt, ihr sollt dabei üben, wie ihr euch beim Lesen wichtige Informationen notieren könnt?

Sie: Sowas hab ich von einem Lehrer noch nie gehört.

Ich: Fändest du es gut, wenn ein Lehrer sowas sagt?

Sie: Ja.

Ich: Warum?

Sie: Ja, dann weiß man, was man arbeiten soll, daß man nicht irgendeine Nebensache macht, sondern das, was wichtig ist. Sonst macht jeder was anderes.

Schüler mögen es, wenn man sie über die Lernziele informiert.

Auch Unterrichtsbeobachter haben etwas davon. Ein Referendar erzählt:

„Wenn ich mit dem Seminar eine Hospitationsstunde besichtige, stecke ich die Unterrichtsvorbereitung gleich in meine Tasche, denn ich will sie erst hinterher lesen. Im Laufe der Stunde versuche ich immer, herauszufinden, worauf der Lehrer hinauswill. Kurz vor Schluß der Stunde kann ich dann meist ungefähr ahnen, welche Lernziele der Lehrer anstrebt. Erst dann schaue ich in seine Vorbereitung und lese mir die dort formulierten Lernziele durch. Entweder ist meine Schätzung richtig, oder – was oft der Fall ist – sie ist falsch. Ich frage mich: Wenn ich schon nicht merke, was der Lehrer eigentlich will, wie muß es dann erst den Schülern gehen?“

Das Mittel des Informierenden Unterrichtseinstiegs gibt dem Unterricht Zieltransparenz. Die Ziele werden für Schüler und Beobachter sichtbar, und der Lehrer befreit sich aus seiner einsamen und gottähnlichen Rolle, indem er sich in die Karten schauen läßt.

Indikation und Kontraindikation für das Rezept

Wann soll man das Rezept anwenden und unter welchen Bedingungen sollte man es vermeiden?

Das Grundprinzip des Informierenden Unterrichtseinstiegs ist: Der Lehrer versucht, den Schülern seine eigenen Absichten soweit zu verdeutlichen, wie es für deren Lernen nützlich ist.

Wenn Sie diese Formel zur Beurteilung heranziehen, dann werden Sie nicht in Versuchung kommen, den Schülern überflüssige Ausführungen über Ihre Absichten zu machen.

In vielen Sportstunden ist es überflüssig, ausführlich die Ziele zu beschreiben oder eine Übersicht über den geplanten Stundenverlauf zu geben, weil die Schüler sehen können, was sie lernen sollen und weil sie das Muster des Vorgehens bereits aus vielen früheren Stunden kennen und verstehen. Auch wenn Sie ein Diktat diktieren wollen, benötigen die Schüler kaum noch Erläuterungen.

Ein Informierender Unterrichtseinstieg ist nicht angezeigt, wenn es keine neuartigen oder speziellen Absichten zu vermelden gibt, weil man etwas zum achtundvierzigsten Male wiederholt.

Ein Informierender Einstieg ist dagegen immer dann angezeigt, wenn Sie das Gefühl beschleicht, Sie müßten den Schülern in der guten alten Motivationsabsicht irgend etwas zunächst noch verheimlichen. In solchen Fällen müssen Sie Ihren Plan sehr kritisch durchdenken und sich die Frage stellen, ob Sie durch das Verheimlichen wirklich das Lernen der Schüler fördern und beschleunigen oder ob sie dadurch nur den Unterrichtsverlauf unnötig in die Länge ziehen. Denken Sie daran, daß direktes Vorgehen immer besser ist als indirektes Anschleichen und daß Schüler wesentlich mehr davon haben, wenn sie etwas selbständig ausführen und üben können, als wenn sie erst durch ein langwieriges und undurchschaubares Verfahren geschleust werden, an dessen Schluß irgendeine lächerliche Erkenntnis steht, die dann doch nur von zwei oder drei Schülern begriffen wird.

Wenn Sie zu dem Schluß gekommen sind, daß Sie aus irgendeinem Grunde den Schülern noch nicht mitteilen können, was passieren soll, dann ist ein Informierender Einstieg dieser Art angezeigt:

„Liebe Schüler, heute werde ich etwas mit euch machen, was ich euch aus einem ganz bestimmten Grund nicht vorher verraten kann. Es kommt nämlich darauf an, daß ihr zunächst ganz unbefangen reagiert – und zwar ohne zu wissen, worum es eigentlich geht. Ich habe nämlich drei verschiedene Arten vorbereitet, wie der Unterricht weitergehen wird. Welche von diesen Möglichkeiten nachher in Frage kommt, das wird von euren Reaktionen abhängen. Hinterher werdet ihr diese Geheimnistuerei verstehen und mir zustimmen, daß es richtig war, euch noch nichts weiteres zu verraten." Sie sehen, daß hier keine Ergebnisse vorweggenommen werden und daß man den Schülern nicht schon alles vorher verrät. Trotzdem ist dies ein Informierender Unterrichtseinstieg, denn der Lehrer informiert die Schüler über seine Absichten.

Informierende Unterrichtseinstiege sind auch nötig, wenn der Plan der Stunde vom Lehrer noch nicht genau festgelegt ist, weil er sich erst im Verlauf des Unterrichts entwickeln soll. In solchen Fällen kann man seine Absichten ähnlich wie in den folgenden Beispielen bekanntgeben:

„Ich lese euch jetzt eine Kurzgeschichte vor. Den Titel nenne ich euch noch nicht, weil ich glaube, daß es eine gute Aufgabe wäre, wenn ihr euch nachher selbst einen passenden Titel überlegt. Ich selbst finde diese Geschichte interessant und wichtig, aber irgendwie verwirrt sie mich auch. Ich möchte euch die Geschichte zuerst einmal vorlesen, und wir können dann hinterher zusammen überlegen, was wir weiter mit dieser Geschichte machen können oder ob wir einfach zu einem anderen Thema übergehen. Seid ihr damit einverstanden?"

Oder: „Für diese Stunde habe ich keinen festen Plan, was wir tun können. Bitte laßt uns die ersten zehn Minuten dazu benutzen, uns einen gemeinsamen Plan zu überlegen, der möglichst vielen gefällt."

Oder: „Ich habe mir gedacht, daß wir die letzte Stunde zu diesem Thema dazu benutzen können, daß jeder von euch sich darüber klar wird, welche Meinung er eigentlich zu diesem Zeitpunkt ganz persönlich zu dem Problem, mit dem wir uns so lange beschäftigt haben, einnimmt. Deswegen möchte ich euch zwei Fragen stellen:

1. Wie können wir verhindern, daß ihr euch in eurer Meinung vielleicht irgendwie von meiner persönlichen Meinung beeinflußt fühlt. Denn ich werde meine Meinung ja auch sagen, und vielleicht denkt ihr dann, ich möchte euch diese Meinung aufzwingen. Und 2. Wie können wir vorgehen, wenn das Ziel der Stunde ist: Jeder versucht, seine eigene persönliche Meinung zu formulie-

ren und kennenzulernen? Was können wir da konkret machen, um das zu erreichen? Ich weiß nicht, ob ihr damit einverstanden seid, daß wir uns zuerst über diese beiden Fragen unterhalten. Was meint ihr?"

Auch dies sind Informierende Unterrichtseinstiege, allerdings nur dann, wenn der Lehrer, der so spricht, wirklich keine anderen Absichten in seinem Koffer versteckt hat, als er den Schülern zur Kenntnis gibt. Hat er dagegen schon einen genauen Plan, den er den Schülern nur noch nicht mitteilen will, weil er glaubt, er könne diesen Plan am besten durchsetzen, wenn er ihn gar nicht erst vorzeigt, dann sind diese Ausführungen betrügerische Unterrichtseinstiege. Und die sind niemals angezeigt.

Zusammenfassend: Das Rezept des Informierenden Unterrichtseinstieges kann immer angewendet werden, wenn die Schüler etwas Neues lernen sollen. Man kann auf dieses Rezept verzichten, wenn die Schüler sowieso wissen, was, warum und wie etwas gemacht werden soll.

Hinweise für die Gestaltung Informierender Einstiege und Warnung vor möglichen Fehlern

Zuerst zu den Fehlern, die Sie vermeiden sollten.

Da das Mitteilen der Absichten, Lernziele und Arbeitsschritte samt Begründungen den Schülern beim Lernen helfen und sie zum Mitarbeiten veranlassen soll, dürfen Sie den Informierenden Unterrichtseinstieg nicht als Selbstzweck sehen. Es ist unwichtig, ob Ihr Einstieg ein perfektes Exemplar seiner Art ist. Wichtig ist nur, daß er seine Arbeit macht, nämlich den Schülern Ihre Lehrabsichten ausreichend deutlich zu machen. Streben Sie deswegen nicht Vollständigkeit an, sondern Verständlichkeit und Übersichtlichkeit. Fassen Sie alles zusammen, was sich zusammenfassen läßt, und reduzieren Sie Ihre Ausführungen auf das Wichtigste. Rezitieren Sie den Schülern nicht alle sechsundzwanzig operationalisierten Lernziele, die Sie zur Feier der Unterrichtsbesichtigung durch das Seminar formuliert haben, sondern formulieren Sie die Ziele so, daß sie von Schülern verstanden werden.

Beispiele:

„Heute lernt ihr, eine Geschichte zu interpretieren. Interpretieren heißt: den Sinn der Geschichte herausfinden, untersuchen, ob der Verfasser durch seine Erzählung irgendeine Meinung ausdrücken will und welche."

„Am Ende dieser Stunde könnt ihr erklären, was eigentlich geschieht, wenn ein Vulkan ausbricht, woher die glühenden, flüssigen Steine kommen, die ein Vulkan ausspuckt, und ihr wißt, in welchen Gegenden der Erde es besonders viele Vulkane gibt."

„In dieser Stunde lernt ihr ein paar Rezepte kennen, wie ihr einen Streit mit anderen Kindern selber beenden könnt, und ihr könnt probieren, ob ihr solche Rezepte anwenden könnt."

Zählen Sie nicht alle vierunddreißig Unterrichtsphasen auf, die Sie dem Studienleiter zuliebe in Ihre schriftliche Vorbereitung geschrieben haben, sondern fassen Sie die Einzelschritte für die Schüler zu drei bis fünf sinnvollen Hauptschritten zusammen. (Wenn Sie gelernt haben werden, das Erarbeitungsmuster zu ignorieren, nimmt die Anzahl der vorgeplanten Einzelschritte sowieso bald ab.)

Wenden Sie das sogenannte Kofferprinzip an. Stellen Sie sich vor, jeder Hauptschritt der Unterrichtsstunde sei in einem Koffer verpackt, der eine Überschrift trägt, damit man die Koffer nicht verwechselt. Nennen Sie beim Informierenden Unterrichtseinstieg nur die Namen der einzelnen Koffer, damit die Schüler ungefähr Bescheid wissen, was darin ist und erklären Sie die Einzelheiten später, wenn der jeweilige Koffer aufgemacht wird. Auf diese Weise können Sie die für das Lernen wichtigen Informationen nach und nach herausrücken, ohne daß den Schülern die Übersicht über den Gesamtplan verlorengeht.

Geben Sie den Schülern nach Möglichkeit auch Ihre persönlichen Begründungen für bestimmte Einzelschritte an. Zum Beispiel: „Ich dachte, wenn ihr all die Musikinstrumente seht, dann wollt ihr gern sofort damit spielen und probieren, wie sie klingen. Und ihr könnt dann gar nicht aufpassen, weil ihr immer an die Instrumente denken müßt. Deswegen könnt ihr in den ersten zehn Minuten . . ."

Denken Sie daran, daß es unheimlich viele verschiedene Arten gibt, die Schüler über das zu informieren, was Sie geplant haben. Wenn Sie Ihre Phantasie nicht eintrocknen lassen, ist kein Informierender Unterrichtseinstieg wie der andere.

Vergessen Sie nicht, daß die Schüler zu Ihrem Plan Stellung nehmen dürfen und daß sie sogar das Recht haben, ihn abzulehnen. Fordern Sie die Schüler auf, ihre Meinung zu sagen, Fragen zu stellen, Ideen beizusteuern. Argumentieren Sie mit ihnen, wenn sie den Sinn Ihres Plans nicht erkennen, und ändern Sie Ihren Plan, wenn die Schüler bessere Ideen haben als Sie. Gewöhnlich akzeptieren die meisten Schüler Ihren Plan oder eine Variante davon, wenn Sie ihn ausreichend genau erklärt haben. Meist dauert dies nur wenige Minuten.

So können Sie das Rezept trainieren:

Wir stellen uns vor, daß Sie sich ab und zu mit Kollegen oder Freunden treffen. Vielleicht, um über die Probleme an der Schule oder im Seminar oder sonstwo zum soundsovielten Male die altbekannten traurigen neuesten Nachrichten auszutauschen, vielleicht auch mit dem Vorsatz, auf keinen Fall über die Schule zu reden. Wie dem auch sei, Sie könnten den Vorschlag machen, einmal das Rezept des Informierenden Unterrichtseinstiegs zu trainieren. Vielleicht beißen die anderen an, vielleicht bringt es ihnen sogar Spaß, und möglicherweise entschließen Sie sich sogar, öfter mal etwas ähnlich Sinnvolles zusammen zu machen. Wir kennen Lehrergruppen, die sowas tatsächlich tun und es gar nicht mehr lassen wollen.

Dieses Arbeitsblatt ist ein Vorschlag, an dem Sie sich orientieren könnten.

Thema:	**Rollenspiel-Microteaching in zwei Runden am Beispiel „Informierender Unterrichtseinstieg"**
Lernziele:	a) Die Teilnehmer sollen Kriterien zur Konstruktion und Beurteilung Informierender Unterrichtseinstiege kennenlernen. b) Die Teilnehmer sollen Informierende Unterrichtseinstiege planen und ausführen können.

Vorgehen:

1. Information: Informieren Sie sich zuerst, was ein Informierender Unterrichtseinstieg ist.
2. Demonstration: Lassen Sie sich dann, wenn es irgendwie möglich ist, von einem Teilnehmer, der das Rezept schon im Unterricht verwendet, einige Beispiele vorspielen.

Mit „Vorspielen" ist gemeint: der Teilnehmer *erzählt* nicht, was er in der Klasse den Schülern gesagt hat oder was er ihnen gesagt hätte, sondern er tut so, als sei er im Unterricht, habe eine Klasse vor sich sitzen und redet die Teilnehmer an, als seien sie wirklich die Schüler. Er spielt den Unterrichtseinstieg also richtig vor und berichtet nicht nur davon. Der Zweck dieses Vorspielens ist: die Teilnehmer hören nicht nur eine Beschreibung, wie ein solcher Einstieg sein soll, sondern sie sehen lebendige Beispiele vor sich. Das ist darum nützlich, weil eine verbale Beschreibung immer weniger Informationen enthält als das Ding oder Ereignis selbst.

Wir betonen dies so, weil sich nach unserer Erfahrung sehr viele Leute mit allen Mitteln davor drücken, wirklich einmal ein Rollenspiel zu wagen.
Sie würden lieber ein sechsstündiges Referat halten oder vier Stunden lang langweilige Themen diskutieren, als sich einmal zwei Minuten lang hinzustellen und vier oder fünf Leuten einen Unterrichtseinstieg vorzu-

spielen. Es ist aber sehr wichtig, sich dazu durchzuringen, weil man beim Rollenspielen unvergleichlich viel mehr Erfahrungen machen kann und wesentlich interessantere und präzisere Diskussionen zustandekommen, als wenn man die ganze Zeit nur diskutiert, wie man es seit vierzig Jahren gewohnt ist. Allerdings setzt dieser Lerneffekt des Rollenspiels bei vielen Menschen noch nicht beim allerersten Versuch ein, sondern erst beim zweiten oder vierten. Solange dauert es nämlich oft, bis man sich daran gewöhnt hat, daß es nicht darauf ankommt, eine reife Schauspielerleistung hinzulegen und eine große Schau abzuziehen, sondern daß es genügt, wenn man sich einfach selbst darstellt, ohne sich kunstvoll zu verstellen.

Nach der Demonstration der Beispiele können Sie kurz darüber diskutieren. Wir raten Ihnen allerdings, die Diskussionszeit radikal zu begrenzen, damit Sie noch Zeit haben, das Einstiegsrezept selber zu probieren und Feedback zu Ihrem Versuch zu bekommen.

Nachdem Sie also etwa drei Minuten diskutiert haben, gehen Sie zur Einzelarbeitsphase über.

3. Einzelarbeit: Jeder bereitet einen Informierenden Unterrichtseinstieg vor, den er nachher den anderen vorführen wird.

Dazu müssen Sie wissen, was Sie wollen. Sie brauchen also eine fertig vorbereitete Unterrichtsstunde. Wenn Sie schon Lehrer sind, brauchen Sie nur an eine eigene Stunde zu denken, die Sie vor kurzem gegeben haben. Falls Sie noch studieren und sich nicht in der Lage sehen, sich schnell eine Unterrichtsstunde auszudenken, können Sie auf schriftliche Unterrichtsvorbereitungen zurückgreifen. Sicherlich wurden Sie angehalten, sich mit dem Klassiker der „Berliner Schule“ (Heimann, Otto, Schulz, 1977) zu beschäftigen. Sie können sich z. B. auf eine der dort abgedruckten Vorbereitungen einigen und dazu einen Informationseinstieg konzipieren. Wenn alle Teilnehmer sich auf die gleiche Stunde stürzen, wird vielleicht noch deutlicher, wie unterschiedlich solche Einstiege gestaltet werden können. Andererseits finden Sie es vielleicht anregender, Einstiege zu verschiedenen Stunden miteinander zu vergleichen.

Notieren Sie sich, mit welchen Worten Sie den Schülern in verständlicher Weise das Lernziel (notfalls mehrere Lernziele, aber möglichst nicht mehr als drei oder vier) bekanntgeben können, ebenso wie Sie den Schülern kurz begründen können, warum es für sie wichtig ist, das Ziel zu erreichen.

Schreiben Sie auch auf, wie Sie den Schülern eine Übersicht über die geplanten Arbeitsschritte geben können.

Und machen Sie schließlich einen Zettel fertig, der das enthält, was Sie in der Klasse an die Wandtafel schreiben würden.

Lesen Sie sich dann Ihr Werk still durch, um sich den Informierenden Einstieg schon etwas einzuprägen.

4. Gruppenarbeit: Einer spielt seinen Einstieg vor. Die anderen notieren sich Beobachtungen dazu.

Geben Sie nach dem Versuch zuerst schriftliches Feedback. Überlegen Sie, ob es an dem vorgespielten Versuch noch etwas zu verbessern gibt.

Wenn ja, schreiben Sie das Wort JA auf einen kleinen Zettel. Hatten Sie dagegen den Eindruck, daß der erste Versuch perfekt war, dann schreiben Sie NEIN. Diese Zettel bekommt der Spieler. Er hat dann schon einen kleinen Eindruck, wie sein Versuch angekommen ist. (Sie können dieses schriftliche Feedback natürlich auch weglassen oder anders gestalten. Der Hauptzweck dieses Verfahrens ist, daß sich jeder Teilnehmer wirklich Gedanken macht und sein eigenes Urteil zu finden versucht. Außerdem ist es auch eine Art geheimer Abstimmung, bei der sich jeder unbeeinflußt festlegen muß. Dadurch werden Argumente produziert, denn die anderen werden Sie wahrscheinlich auffordern, Ihr Urteil zu begründen und näher zu erläutern.)

Dann beginnt das mündliche Feedback. Dabei geht es darum, daß Sie versuchen, dem Spieler Informationen zu geben, die ihm helfen. Damit ist nicht gemeint, daß Sie ihn anlügen müssen, sondern nur, daß Sie nicht eine Diskussion über Gott und die Welt anzetteln, die nichts mehr mit dem Rollenspiel zu tun hat. Damit solche Diskussionen sich nicht entfalten können, raten wir Ihnen, auch das mündliche Feedback zu begrenzen. Zum Beispiel, indem Sie sich an die Regel halten, daß jeder Teilnehmer einmal (1X) objektives und einmal subjektives Feedback gibt (vgl. S. 299). Der Spieler bemüht sich, erst dann auf dieses Feedback zu antworten oder nachzufragen, wenn alle Teilnehmer ihr Feedback loswerden konnten. Im übrigen gelten für das Feedback-Gespräch die TZI-Regeln (vgl. S. 286 und 289).

Nach diesem kurzen Feedback-Gespräch sollten Sie dem Spieler Vorschläge für die Verbesserung des Zweitversuchs machen. Das kann wieder schriftlich geschehen, aber auch mündlich. Für das schriftliche Verfahren spricht, daß jemand, der Feedback erhält nur begrenzt aufnahmefähig ist. Es ist recht schwierig, sich fünf Vorschläge zu merken.

Nacheinander spielt jetzt jeder Teilnehmer seinen Einstieg vor und erhält dazu Feedback.

Danach können Sie eine kurze Pause einlegen und dann in die zweite Runde gehen. Es ist sehr wahrscheinlich, daß jeder Teilnehmer mehrere Vorschläge für Verbesserungen seines Versuchs gehört hat oder selbst den Wunsch hat, seinen Versuch zu verbessern. Genauso wahrscheinlich ist es aber auch, daß die meisten einen Zweitversuch als besonders belastend und nervösmachend erleben werden. Es kostet die meisten noch mehr Überwindung, einen Einstiegsversuch zu wiederholen, als einen Erstversuch durchzuführen, vielleicht weil beim zweiten Versuch der Neuigkeitscharakter der Darbietung entfällt, oder weil man sich schärfer beobachtet fühlt. Es lohnt sich aber, den Zweitversuch trotzdem durchzuführen. Man braucht immer Mut, wenn man weiterkommen will.

Das Arbeitsverfahren kann beim Zweitversuch in einigen Punkten geändert werden. Vielleicht ist Ihnen beim ersten Durchgang etwas eingefallen, was berücksichtigt werden sollte. Sie könnten beim zweiten Durchgang Ihren Einstiegsversuch etwas anders vorbereiten, indem Sie nämlich noch überlegen, was Sie beim zweiten Mal anders machen wollen und zu welchen Punkten Sie Feedback wünschen. Bevor Sie Ihren Einstieg vorspielen, teilen Sie den Beobachtern diese beiden Dinge mit.

Beim Feedback bemühen sich die Teilnehmer, nur die Fragen des

Spielers zu beantworten. Das kostet etwas Überwindung, denn manchmal muß man sich zwingen, großartige Ideen einfach für sich zu behalten.

Welche Kriterien man bei Informierenden Unterrichtseinstiegen berücksichtigen kann, haben wir auf der folgenden Liste zusammengestellt. Bitte berücksichtigen Sie bei der Lektüre dieser Liste, daß nicht in jedem Einstieg alle angeführten Punkte vorkommen müssen, sondern daß die wichtigste Frage immer lautet: Ist mir nach diesem Einstieg klar, was ich lernen soll, warum das wichtig ist und wie die Stunde ablaufen soll?

Checkliste „Informierender Unterrichtseinstieg“

Nicht vergessen:

Ein Informierender Unterrichtseinstieg hat die *Funktion,* den Schülern die Ziele und den Plan der Stunde transparent zu machen. Die Schüler bekommen so die Chance, Stellung zu nehmen und sich bewußt mit der Lernarbeit zu identifizieren oder sich zu distanzieren.

1. *Wie lange dauert die Information am Stundenbeginn?*
   Beginn: Ende: Dauer:

2. *Der Lehrer nennt den Schülern die Lernziele und erläutert sie anschaulich.*

3. *Der Lehrer begründet die Lernziele.*
   Der Lehrer erläutert, warum die Lernziele wichtig sind.
   Der Lehrer diskutiert mit den Schülern, warum die Lernziele wichtig sind.

4. *Der Lehrer gibt den Schülern eine Übersicht über den geplanten Stundenverlauf.*
   Er beschreibt die vorgesehenen Arbeitsschritte und Lernaufgaben.

5. *Der Lehrer hat mit knappen, einprägsamen Formulierungen das Thema, die Lernziele und den Stundenverlauf an die Wandtafel geschrieben.*

6. *Der Lehrer macht deutlich, daß es sich bei seinem Plan um einen Vorschlag handelt, zu dem die Schüler Stellung nehmen dürfen.*
   Die Schüler werden ermutigt, ihre Meinung dazu zu sagen.

Der Lehrer bringt zum Ausdruck, daß er sich über Fragen, Vorschläge, Kritik usw. freuen würde.

7. *Der Lehrer weist die Schüler auf Mitbestimmungsmöglichkeiten hin.*
   Der Lehrer hat für die Schüler Auswahlmöglichkeiten vorgesehen.
   Der Lehrer hat noch nicht jede Einzelheit durchgeplant und macht die Schüler auf Freiräume aufmerksam, die sie selbst ausfüllen können.

8. *Der Informierende Unterrichtseinstieg war nicht zu umfangreich und nicht zu langatmig.*

9. *Der Lehrer drückt positive Erwartungen aus:*
   daß der Unterricht den Schülern Spaß machen wird, daß sie Interesse haben und erfolgreich lernen werden.

10. *Der Lehrer wirkt kontaktbereit, persönlich, freundlich, die Schüler ansprechend.*

11. *Der Lehrer gibt zu erkennen, wie er persönlich zum Lernstoff steht.*

12. *Der Lehrer erklärt, in welchem Zusammenhang das Thema zu früheren oder zukünftigen Unterrichtsinhalten steht.*

13. *Der Lehrer äußert sich anerkennend über das, was die Schüler bereits gelernt haben und schon beherrschen.*

14. *Weitere Beobachtungen.*
    (z. B. besonders kreative Ideen)

15. *Vorschlag für den zweiten Versuch:*

Schlußbemerkung:

Das Rezept des Informierenden Unterrichtseinstiegs ist nicht weithin anerkannt. Viele erfahrene Lehrer und viele Lehrer von Lehrern werden Sie für schwachsinnig erklären, wenn Sie ihnen von diesem Rezept berichten. Die Motivationsideologie beherrscht zur Zeit das

Gedankenfeld fast aller Lehrer und Experten. Vielleicht haben Sie trotzdem Lust, einmal Ihre eigenen Erfahrungen zu machen. Sie werden merken, daß die Interaktion mit Ihren Schülern eine neue Dimension bekommt, wenn Sie anfangen, den Schülern Ihre Absichten offenzulegen, statt Sie vor ihnen geheimzuhalten.

P.S.: Neulich machte ich im 8. Schuljahr eine informelle Schülerbefragung. Ich wollte wissen, was die Schüler an mir und meinem Unterricht gut oder schlecht finden. Einer schrieb: „Für Ihr Alter sind Sie eigentlich ganz schön albern.“ Aber das nur nebenbei. Viele Schüler schrieben: Ich finde es gut, daß Sie immer an die Tafel schreiben, was Sie in der Stunde machen wollen.“

Kapitel 6

Das Grundgesetz des Lernens

Die beiden wichtigsten Prozesse, durch die wir Menschen unser Verhalten verändern, sind Reifung und Lernen. Bei Reifungsprozessen sind Informationen, die von außen kommen, überflüssig, denn die Verhaltensänderungen erfolgen nach einem Informationsprogramm, das im Individuum gespeichert ist. Niemand braucht uns vorzumachen oder zu erklären, wie man läuft und lächelt, weii die dazu notwendigen Informationen schon in uns drin sind.

Kennzeichnend für Lernprozesse ist es dagegen, daß Informationen verarbeitet werden, die von außen – aus der Umwelt des Lernenden – stammen. Erst wenn solche Informationen oder Reize aus der Umwelt im Lernenden irgendeine Erfahrung bewirken, genauer: erst wenn der Lernende aus den Umweltreizen selbständig eine Erfahrung konstruiert, findet Lernen statt.

Diese Tatsache ist so wichtig, daß wir sie als *Grundgesetz des Lernens* bezeichnen und daraus die folgende Formel machen:

Jnformation + Erfahrung → Lernen

Wenn Sie sich diese Formel merken, sind Sie vor einigen Versuchungen geschützt, für die Lehrer recht anfällig sind. Sie sind z. B. nicht in Versuchung, die Bedeutung von Informationen zu überschätzen, denn Sie wissen: ohne Erfahrung sind Informationen für die

Katz. Aber Sie unterschätzen die Bedeutung von Informationen auch nicht, denn Sie wissen, daß zur Erfahrungsbildung äußere Informationen da sein müssen, weil es sonst nichts zu erfahren gibt.

An dieser Stelle können wir uns nicht verkneifen, den folgenden Text zu zitieren:

„Vieles deutet darauf hin, daß der Mensch in fremder Umgebung zunächst nur soviel erkennen kann, wie er aus seiner jeweiligen Lebenserfahrung mitbringt und so gelernt hat. Kinder, die zum erstenmal mit alter Kunst im Museum konfrontiert wurden, erkannten zum Beispiel in der Darstellung eines St. Martin einen Mann, der einem anderen die Klamotten klaut. So belustigend dieses Beispiel auch sein mag, so zeigt es doch auch deutlich, daß durch Betrachten allein, ohne zusätzliche sprachliche Information, die die gemachten Erfahrungen tangieren, ein Kunstwerk nur sehr bedingt zu verstehen ist." (Homann, 1977)

Dies gilt nicht nur für Kunstwerke.

Das Grundgesetz des Lernens erinnert auch daran, daß die Verantwortung im Unterricht nicht einseitig auf den Lehrerschultern ruht, sondern daß auch die Schüler Verantwortung haben, und daß ihnen diese Verantwortung niemals abgenommen werden kann. Das Grundgesetz macht auf die unbestreitbare Tatsache aufmerksam, daß zum Lernen im Unterricht immer zwei gehören: ein Lehrer, der den fremdgesteuerten Teil übernimmt und ein Schüler, der seine Selbststeuerung einschaltet und für sich persönlich aus den Informationen eine Erfahrung herstellt. Ein Lehrer kann nicht mehr tun, als Schülern Informationen anzubieten, die ihnen beim Prozeß der Erfahrungsbildung hilfreich sind: Informationen über Lernziele und über den Sinn von Lernzielen; Informationen als Material, an dem Schüler Erfahrungen machen können und Informationen, die den Rahmen abstecken, innerhalb dessen Schüler bleiben müssen, um bestimmte Erfahrungen zu machen und nicht irgendwelche beliebigen. Beim Erarbeitungsunterricht wird diese Teilung der Verantwortlichkeiten verwischt, der Lehrer arbeitet so, als werde das Lernen der Schüler von ihm gemacht und als sei es unausweichlich, daß die Schüler lernen, wenn sie sich nur konzentrieren, aufpassen, mitmachen, sich der Lehrerführung blindlings anvertrauen. Es wird gleichsam die Parole ausgegeben: „Ich lerne euch schon, vertraut mir nur." Dabei überschreiten Lehrer eindeutig ihre Kompetenzen und übernehmen mehr Verantwortung als ihnen zusteht und als gesund für sie ist. Das Grundgesetz des Lernens macht klar: Lehrer können den Schülern den Tisch decken, aber essen müssen die Schüler selber. (Die Zwangsfütterung des Erarbeitungsunterrichts erleichtert die Verdauung nicht, sondern erschwert sie.)

Lernen ist kein mechanischer, vollkommen von außen induzierbarer Prozeß wie das Naßwerden bei Regen. Zu Lernprozessen kommt es im Unterricht nur dann, wenn die Fremdsteuerung mit Mitteln der Information bei einzelnen Schülern in selbstgesteuerte Erfahrungsbildung übergeht. Die Informationen sind nur der Reiz, und was sie aus diesem Reiz machen, das bestimmen die Schüler grundsätzlich selbst.

Am deutlichsten bemerkt man dies, wenn ein vollkommen neues Können gelernt werden soll. Es ist z. B. immer überraschend für einen Lehrer, wenn ein Schüler ganz plötzlich Wörter selbständig lesen kann. Man spürt, daß im Schüler selbstgesteuerte Prozesse abgelaufen sein müssen, die uns rätselhaft sind und die wir nicht direkt beeinflussen können.

Der Begriff „Erfahrung" ist relativ unscharf. Aber diese Unschärfe erinnert daran, daß wir als Lehrer hier eine Grenze vor uns haben, die wir weder mit List noch mit wissenschaftlich optimierten Lehrmethoden überschreiten können: das eigentliche Lernen findet im Schüler statt.

Man kann schematisch drei Stufen des Erfahrungsprozesses unterscheiden:

– *Erfahrung im Sinne von „etwas erfahren":*
Hier ist Erfahrung das „Rohmaterial für das Lernen" (Wesley/Cartwright, 1968, S. 66). Die selbstgesteuerte Tätigkeit des Lernenden besteht darin, Informationen in sich hineinzulassen und aufzunehmen. Schon dieses Wahrnehmen ist aktives Handeln, und nicht, wie man oft intuitiv annimmt, ein Prozeß, bei dem das Individuum passiv bleibt und mit Informationen vollgefüllt wird. Schon an dieser Stelle sind Lehrer auf die freiwillige Selbststeuerung der Schüler angewiesen. Wir können Schüler vielleicht dazu zwingen, den Gesichtsausdruck aufmerksamen Wahrnehmens anzunehmen, aber wir können sie in der Regel nicht zwingen, ganz bestimmte Wahrnehmungen auch tatsächlich zu machen. Wenn Schüler sich sperren *wollen,* haben wir keine Werkzeuge, um sie daran zu hindern.

Erfahrungen im Sinne von Wahrnehmungen sind an aktive Handlungen gebunden, besonders solche der Sinnesorgane.

Wir lernen, was wir sehen.
Wir lernen, was wir hören.
Wir lernen, was wir sagen.
Wir lernen, was wir schreiben.
Wir lernen, was wir lesen.
Wir lernen, was wir denken.
Wir lernen, was wir fühlen.
Wir lernen, was wir uns vorstellen.
Wir lernen, was wir zeichnen.
Wir lernen, was wir konstruieren.
Wir lernen, was wir unternehmen.
Wir lernen, was wir schmecken.
Wir lernen, was wir betasten.
Wir lernen, was wir riechen.
(Wesley, Cartwright, 1968, S. 67)

All diese Aktivitäten müssen die Schüler selbst ausführen.

Ein Lehrer, der seiner Klasse ein Experiment vorgeführt hatte, war einmal ganz verzweifelt: „Ich wollte den Schülern zeigen, daß die Flamme blau brennt. Aber die Schüler behaupteten alle, die Flamme sei grün gewesen. *Wie bringe ich Ihnen nun bei, daß die Flamme doch blau war?*"

Wahrnehmungserfahrungen sind nur schwer von außen machbar.

– *Erfahrung im Sinne von „eine Erfahrung machen":*

Hier wird das wahrgenommene Rohmaterial vom Lernenden zu etwas Eigenem verarbeitet: er bildet eine Erfahrung, verschlüsselt das Wahrgenommene, macht es sich zu eigen. Von diesem Prozeß der persönlichen Aneignung sehen wir als Lehrer kaum etwas. Manchmal beobachten wir, daß dieser Prozeß nicht so zustande kommt, wie wir es uns wünschen; etwa wenn wir einem Schüler zum dritten Mal etwas zu erklären versuchen und feststellen müssen, daß wir irgendwie nicht bis zu ihm durchkommen. Manchmal finden wir kleine Indizien für intensive persönliche Aneignungsarbeit, etwa, wenn ein Schüler eine Frage stellt und wir plötzlich erkennen, auf welchem Holzweg oder auf welchem intelligenten Umweg sich seine Gedanken befinden. Dieses Einbauen neuer Informationen in das persönliche Bedeutungssystem müssen Schüler von sich aus leisten. Wir können sie dabei unterstützen, aber wir können diese Leistung nicht erzwingen.

– *Erfahrung im Sinne von „eine Erfahrung besitzen":*

Diese Art von Erfahrung ist das Ergebnis, das zurückbleibt, wenn die beiden eben beschriebenen Prozesse von Schülern geleistet wurden. Wir sprechen dann davon, daß Lernerfahrungen gemacht wurden.

Wenn wir diese drei Formen der Erfahrung in unser Grundgesetz des Lernens einfügen, ergibt sich dieses Schema:

Lehrer	Schüler	
INFORMATION	+ ERFAHRUNG aktives Wahrnehmen und aktive Verarbeitung/Aneignung	→ LERN- ERFAHRUNG
Fremdsteuerung	Selbststeuerung	

Es kommt uns darauf an, zu zeigen, wie wichtig der Anteil der Selbststeuerung bei *jedem* Lernprozeß ist und daß immer der Lernende die Hauptarbeit leistet. Wer das versteht, wird vielleicht etwas bescheidener, was seine Rolle als Lehrer betrifft. Wir verlangen weder von uns, daß wir sofort bei jedem Schüler hervorragende Lernprozesse bewirken, noch verlangen wir von jedem einzelnen Schüler, daß gerade er auf eine besondere Art von Lernsteuerung optimal reagiert. Wir gehen davon aus, daß unsere Versuche, Schülern beim Lernen zu helfen, eben immer nur Versuche sind. Das heißt, wir rechnen nicht damit, daß jeder Versuch erfolgreich ist und scheuen uns nicht, es auch einmal anders zu probieren. Wir bilden uns nicht zuviel auf unsere pädagogische Kompetenz ein, und statt beleidigt zu sein, wenn Schüler mit unserem Angebot nichts anzufangen wissen, hören wir ihnen zu, wenn sie uns mitzuteilen versuchen, daß sie auf anderen Wegen besser lernen könnten als auf denen, die wir für sie vorgesehen haben. Wir klammern uns nicht an die Richtigkeit unserer Methoden, sondern tolerieren es, wenn Schüler, die besser wissen können als wir, was für sie gut ist, andere Lernaktivitäten wählen als die, die wir vorgeschlagen haben. Wir sind überzeugt, daß wir Schülern nichts beibringen können, wenn wir ihre Selbststeuerung umgehen, ignorieren oder sie sogar auszuschalten versuchen.

Was bedeutet das praktisch? Daß wir die Vermittlung von Informationen als das beurteilen, was sie ist: als Ausgangspunkt für Lernprozesse, nicht als Endziel. Wir verzichten darauf, ganze Unterrichtsstunden damit zu vergeuden, daß wir Informationen aus den Schülern herausfragen. Wir überlegen uns:

– Welche Informationen sollte ich den Schülern *vorgeben,* damit sie daraus Lernerfahrungen machen können?

Das ist die Frage nach dem Informationsinput (s. nächstes Kapitel).

– Welche Lernaktivitäten kann ich den Schülern vorschlagen, damit sie die Informationen selbstgesteuert verarbeiten können?

Dies ist die Frage nach geeigneten Lernaufgaben (s. Kapitel 9).

Das Grundgesetz des Lernens legt einen zweiteiligen Unterrichtsaufbau nahe: zuerst einen Lehrerteil mit Informationsinput (Fremdsteuerung) und danach einen Schülerteil, wo die Schüler im Rahmen von Lernaufgaben selbständig Lernaktivitäten ausführen und selbstgesteuert Lernerfahrungen bilden können.

Lernziele: Fachliche oder erzieherische?

Welche Informationen man den Schülern geben muß, damit sie Material für selbstgesteuertes Lernen haben, hängt natürlich von den Lernzielen ab. Lehrer neigen dazu, die Lernziele für ihren Unterricht unreflektiert aus den Themen abzuleiten, die im Lehrplan (oder in den zugelassenen Lehrbüchern) aufgeführt sind. In der Praxis sind wir noch immer weitgehend der Theorie vom „Bildungswert" verhaftet und handeln so, als komme es nur darauf an, den Schülern die Inhalte der jeweiligen Schulfächer einzutrichtern, weil diesen „geistigen Gütern" „prägende Kräfte" „innewohnen", die die Schüler selbsttätig „bilden" (Hehlmann, 1960, S. 60). Man erkennt diese Bildungswert-Mentalität, wenn man sich die schriftlichen Vorbereitungen von Lehramtsanwärtern anschaut („fertige" Lehrer machen selten schriftliche Vorbereitungen, die detailliert genug wären, um analysiert werden zu können). Da scheint das Lieblingswort zur Formulierung von Lernzielen „erkennen" zu sein. Was sollen Schüler „erkennen"?

Möglichst alles, was in den Lehrbüchern über das betreffende Thema steht, z. B.

- daß Kakao bestimmte Klimabedingungen braucht
- den Unterschied zwischen Winterschlaf und Winterruhe
- daß beim Infinitiv nicht bestimmt ist, welche Person das im Verb ausgedrückte Tun (oder Sein) betrifft bzw. für wen dieses Tun (oder Sein) gilt
- die Grundbedingungen des merkantilistischen Wirtschaftssystems im absolutistischen Frankreich
- die Fundamentalbeziehung zwischen Umfang und Flächeninhalt des Kreises[1]

Die Hauptaufgabe der Schule in unserer Gesellschaft besteht jedoch nicht darin, mit Schülern Wissensinhalte zu erarbeiten, die sie nach vier Tagen oder zwei Wochen wieder vergessen haben. Das haben die Kultusminister der BRD bereits 1973 in ihrer Erklärung „Zur Stellung des Schülers in der Schule" klargestellt. Da heißt es:

„In der Zielsetzung für Unterricht und Erziehung zeigt sich in den Landes-

---

[1] Prüfen Sie einmal aus Spaß, welche dieser Inhalte (es sind Formulierungen aus publizierten Unterrichtsvorbereitungen) Sie selbst beherrschen. Könnten Sie fundiert aus dem Stegreif darüber informieren, ohne erst besondere Nachforschungen anzustellen? Und was hätten Sie davon, wenn Sie es könnten? Wären Sie glücklicher, im Beruf erfolgreicher, politisch engagierter? Die meisten Menschen – einschließlich der meisten Lehrer – können zu den meisten Schulthemen unvorbereitet keine präzisen Angaben machen. Und trotzdem bricht die Welt nicht zusammen.

verfassungen, Gesetzen, Rechts- und Verwaltungsvorschriften einschließlich der Bildungspläne bei zum Teil unterschiedlichen Formulierungen eine weitgehende Übereinstimmung:

Die Schule soll:

- Wissen, Fertigkeiten und Fähigkeiten vermitteln,
- zu selbständigem kritischen Urteil, eigenverantwortlichem Handeln und schöpferischer Tätigkeit befähigen,
- zu Freiheit und Demokratie erziehen,
- zu Toleranz, Achtung vor der Würde des anderen Menschen und Respekt vor anderen Überzeugungen erziehen,
- friedliche Gesinnung im Geist der Völkerverständigung wecken,
- ethische Normen sowie kulturelle und religiöse Werte verständlich machen,
- die Bereitschaft zu sozialem Handeln und zu politischer Verantwortlichkeit wecken,
- zur Wahrnehmung von Rechten und Pflichten in der Gesellschaft befähigen,
- über die Bedingungen der Arbeitswelt orientieren."

(Zitiert nach: Kultusminister des Landes Schleswig-Holstein, 1973, S. 9)

Beachten Sie, wie bescheiden sich die Zielsetzung „Wissen" in dieser Aufstellung ausmacht und überlegen Sie einmal, welche Fähigkeiten und Fertigkeiten die Schüler besitzen, nachdem sie das notwendige Wissen haben, um Winterruhe und Winterschlaf unterscheiden zu können. Befähigt sie dieses Wissen zu selbständigem kritischen Urteil, eigenverantwortlichem Handeln und schöpferischer Tätigkeit? Wird durch diese Information ein Grundstein für ihre Erziehung zu Freiheit und Demokratie gelegt? Orientiert sie die Winterruhe über die Bedingungen der Arbeitswelt?

Wir stellen diese inquisitorischen Fragen, weil wir folgendes deutlich machen wollen: Die fachlichen Inhalte, die Ihnen der Lehrplan aufzählt, sind in den allermeisten Fällen noch nicht die Lernziele, die Sie wirklich anstreben sollten. Diese Themen sind nur die Anlässe, zu denen Sie sich mit den Schülern in der Schulklasse versammeln, und Sie haben als Lehrer die Aufgabe, zu diesen Anlässen Lernziele *hinzuzufügen.*

Welche Lernziele angestrebt werden sollten und wie man sie formulieren kann, ist nicht Thema dieses Buches. Hier kommt es uns darauf an, Sie davon abzuhalten, pausenlos in die „Die-Schüler-sollen-erkennen-daß-Manier" zu verfallen und in Ihrem Unterricht auf der Ebene der Wissenserarbeitung zu stagnieren.

Wie können Sie lernen, häufiger für Ihren Unterricht Lernziele zu identifizieren, die anspruchsvoller und wichtiger sind als die fachlichen Wegwerf-Faktenwissen-Lernziele?

Wir schlagen Ihnen vor, daß Sie sich zu diesem Zweck ein Suchschema basteln. Beispielsweise kann es aus einer Serie von Fragen bestehen, die Sie jedesmal durchgehen und zu beantworten versuchen, wenn Sie ein Unterrichtsthema vor sich haben, über das Sie unterrichten wollen (sollen). Auf diese Weise machen Sie etwas, was Klafki „Didaktische Analyse" genannt hätte. Der Unterschied dazu ist nur, daß Sie Ihre eigenen Fragen benutzen, Fragen, die für Sie selbst sinnvoll sind, und Sie nicht einfach die Fragen übernehmen, die in einem schlauen Buch stehen oder von einem Papst der Wissenschaft als die wichtigsten bezeichnet wurden. Es kommt nicht so sehr darauf an, daß Sie hier etwas im Sinne irgendwelcher Forderungen „richtig" machen, sondern daß Sie sich selbst mit dem identifizieren, was Sie vorhaben. Denn – wie wir schon gesagt haben – Sie können nicht unterrichten, wenn Sie nicht überzeugt sind, daß es sinnvoll ist. (Daß Sie dabei immer auch überlegen, ob Ihre Zielvorstellungen in den von der Gesellschaft vordefinierten Rahmen hineinpassen, ist selbstverständlich. Sie werden mit Ihren Schülern weder die Techniken des Taschendiebstahls einüben noch sie zu überzeugten Anhängern nationalsozialistischen Gedankenguts erziehen können. Selbstverständlich ist auch, daß dieser gesellschaftliche Rahmen für die Auswahl erlaubter und unerlaubter Lernzielvorstellungen keine sehr präzisen Grenzen hat, interpretationsbedürftig ist und sich ständig verändert, was den einen zu langsam und den anderen zu schnell geht.)

Die folgenden Fragen sind ein Beispiel für ein solches Suchschema zur Identifikation sinnvoller Lernziele. Sie selbst müssen entscheiden, ob Sie mit solchen Fragen arbeiten können oder ob Sie ein Suchschema brauchen, das anders formuliert ist.

Such- und Prüfschema zur Identifizierung sinnvoller Lernziele

A. Beurteilung der fachlichen (Wissens-) Lernziele

Ist es wichtig, die fachlichen Informationen, die zu diesem Thema gehören, ständig verfügbar zu haben?
Benötige ich selbst diese Informationen für mein tägliches Leben in dieser Gesellschaft? Würde ich in irgendeiner Hinsicht schlechter leben, wenn ich diese Informationen nicht hätte?
Kenne ich jemanden, der diese Informationen täglich oder regelmäßig braucht?
Genügt es, wenn man sich diese Informationen dann beschafft (oder wieder hervorholt), wenn man sie benötigt?
Welchen Sinn könnte es für die Schüler haben, daß sie diese Information ihrem Gedächtnis einprägen, so daß sie sie jederzeit reproduzieren können?
Gibt es irgendeinen vernünftigen Grund dafür, daß möglichst viele Menschen diese Information ständig parat haben sollten?

Wenn Sie sich derartige Fragen stellen und darüber nachdenken, werden Sie feststellen, daß die meisten Themen des Unterrichts nicht darum wichtig sind, weil den Schülern unschätzbare Informationen zum Zwecke des Wissens derselben überliefert werden, sondern daß sie eher der Anlaß dafür sind, daß wichtigere Ziele erreicht werden. Daß Sie z. B. genau erklären können, was „monosemieren" bedeutet, ist sozusagen ein Luxus, ein Hobby, Ihr Privatvergnügen. Sie können mit dieser Information nicht viel mehr anfangen als sich zu brüsten, daß Sie sie im Gegensatz zu anderen zufällig haben. Dagegen kann das Monosemieren für Sie durchaus eine praktische Bedeutung gewinnen, wenn Sie sich entschließen, das Wissen zu einer Fähigkeit oder Fertigkeit weiterzuentwickeln, die Ihr Kommunikationsverhalten verbessert. Sie gehen dann über die Stufe des Wissens und Erkennens hinaus und geraten in den Bereich der erzieherischen Lernziele. Sie *können* monosemieren und nicht bloß darüber reden, wie man es definiert.

B. Suchen nach bedeutsamen erzieherischen Lernzielen

Gibt es ein oder mehrere bedeutsame erzieherische Lernziele, die Schüler erreichen können, wenn sie sich mit diesem Thema beschäftigen?

1. Welche praktischen Fähigkeiten und Fertigkeiten können die Schüler lernen oder üben, damit die Behandlung des Themas für sie eine lebenspraktische Bedeutung erhält?
   - Wo und wie werden Kenntnisse über dieses Thema angewendet? Wer benutzt dieses Wissen und wozu?
   - Welche Tätigkeiten müssen die Schüler beherrschen lernen, damit

sie nicht nur etwas über das Thema wissen, sondern ein für sie nützliches Können erwerben?

2. Welche „persönlichkeitsbildenden“ Lernziele könnte ich diesem Thema hinzufügen?
   - Was kann ein Schüler über sich selbst und für seine eigene Persönlichkeit lernen?
   - Lernt er, über sich selbst nachzudenken, sich selbst besser zu verstehen, sich selbst mehr zu mögen, mit sich selbst besser zurechtzukommen (z. B. in der Freizeit), die eigenen Einstellungen und Überzeugungen zu erforschen und zu formulieren, die persönlichen Interessen und Bedürfnisse besser zu erkennen und direkter auszudrücken?

Wir sind der Meinung, daß unsere Schule in bezug auf Lernziele dieser letzten Art eine Wüste ist. Wir haben alle möglichen Arten von „social studies“ im Lehrplan, aber kaum etwas, was man als „personal studies“ bezeichnen könnte. Es ist richtig, daß es Lehrer gibt, die intuitiv so unterrichten, daß sich ihre Schüler als Menschen entwickeln können. Das können Sie auch lernen. Eine Voraussetzung dafür ist, daß Sie begreifen, daß viele Themen nur wichtig sind als Anlässe für Schüler, mit sich selbst in Kontakt zu kommen. Das wird manchmal bedeuten, daß Sie ein Schulthema radikal zusammenstreichen und in anderen Fällen, daß Sie ein Thema weit intensiver und detaillierter behandeln, als es in der Schule gewöhnlich geschieht. Sie werden z. B. Hobbies von Schülern nicht mehr einfach mit der Bemerkung von der Tagesordnung streichen können, daß sie nicht im Lehrplan stünden.

3. Welche „kommunikativen“ Erziehungsziele könnte ich diesem Thema hinzufügen?
   - Welche Interaktions- und Kommunikationsfertigkeiten und -einstellungen könnte ich anläßlich dieses Themas bei den Schülern fördern?
4. Welche Erziehungsziele aus dem Bereich „Das Lernen lernen“ könnte ich diesem Thema hinzufügen?
   - Welche Arbeitsweisen und Lerntechniken kann ich den Schülern in dieser Stunde zeigen und sie üben lassen?
   - Wie kann ich erreichen, daß die Schüler nach dieser Stunde mehr Lust zum Lernen haben als vorher? (Beispiel: „Ihr übt *ganz allein zu kontrollieren,* ob das Verb groß oder klein geschrieben wird.“)
5. Welche Erziehungsziele aus dem Bereich „angemessenes Verhalten im Unterricht“ (Disziplin) kann ich dem Thema dieser Stunde hinzufügen?
   - Eignen sich das Thema der Stunde und die Lernaufgabe dazu, daß die Schüler z. B. üben, einander ausreden zu lassen, auf die Argumente anderer Schüler zu antworten, bestimmte Verhaltensregeln einzuhalten, die für das gemeinsame Lernen im Unterricht notwendig eingehalten werden müssen?

Diese Überlegungen sind wichtig, weil Lehrer häufig zu glauben scheinen, daß diszipliniertes Verhalten von selbst kommen müsse und daß es schlecht sei, den Schülern ein solches Verhalten gezielt beizubringen und es mit ihnen einzuüben. Wir empfehlen dagegen, besonders in der Grundschule, mindestens in jeder zweiten Stunde irgendein relevantes Ziel aus dem Bereich Disziplin ausdrücklich in den Mittelpunkt zu stellen, den Schülern genau zu erklären, wie das entsprechende Verhalten gemeint ist, es ihnen möglichst sogar vorzumachen, die Schüler zu bitten, besonders darauf zu achten, daß sie dieses Verhalten praktizieren und sie dafür zu verstärken, wenn sie es tun oder sie daran zu erinnern, wenn sie es vergessen.

Sehr viele Lehrer lassen sich in bezug auf die Unterrichtsdisziplin die Initiative von den Schülern aus der Hand nehmen. Sie warten so lange, bis die Schüler störende Verhaltensweisen zeigen und versuchen dann, diese Verhaltensweisen mit Mitteln, die ihnen ihr gerechter Zorn diktiert, wieder auszurotten – häufig recht erfolglos.

Wir halten es für nützlicher, wenn Sie stattdessen Ihre Disziplinlernziele formulieren und versuchen, Ihren Schülern das disziplinierte Verhalten beizubringen, ohne das Sie nicht unterrichten können. Sie brauchen sich nicht dafür zu schämen, daß Sie den Wunsch haben, daß die Schüler den Mund halten, wenn Sie etwas Wichtiges sagen wollen. Vor allem dann nicht, wenn Sie bereit sind, Schülern dasselbe Recht zuzugestehen. Es gehört weder zu Ihren Beamtenpflichten, die Schüler zu unterdrücken, noch sich von ihnen aus theoretischen Gründen unterdrücken zu lassen. Sie können nicht im Interesse der Schüler unterrichten, wenn Sie Ihre eigenen Interessen dabei verleugnen müssen.

6. Welche Ziele, die sich auf die Förderung von Kreativität und Selbständigkeit beziehen, könnte ich diesem Thema hinzufügen?
   - Können die Schüler in dieser Stunde üben, selbständig Entscheidungen zu treffen?
   - Können Schüler in dieser Stunde ihre Fähigkeit vergrößern, kreativ und produktiv zu sein?

Selbständigkeit und Kreativität fallen nicht vom Himmel, sondern wir müssen Verhaltensweisen und Rezepte lernen, die uns erlauben, selbständig und kreativ zu handeln. Viele Lehrer haben solche Ziele wie Selbständigkeit und Kreativität faktisch aus ihrem Programm gestrichen, weil sie nicht mehr aus eigener Überzeugung unterrichten, sondern nur noch dem heiligen Lehrplan zuliebe. In einem solchen Unterricht dominieren die fachlichen Wissenslernziele, und das hat oft zur Folge, daß den kreativen und selbständigen Schülern das kreative und selbständige Verhalten im Unterricht abgewöhnt wird und daß andere für Unselbständigkeit und mangelnde Kreativität belohnt werden.

Wenn Sie nicht wollen, daß Ihr Unterricht in diese Sackgasse gerät, müssen Sie lernen, zu Fachthemen erzieherische Lernziele hinzuzufügen. Dazu werden Sie auch von den offiziellen Stellen durchaus ermutigt. Das obige Zitat von den Kultusministern ist ebenso als eine derartige Ermutigung zu lesen wie viele Stellen in Lehrplänen und Richtlinien, Gesetzen und Erlassen. Wenn Sie einfach ernstnehmen, was in solchen Texten – häufig in den Präambeln – geschrieben steht, dann müssen Sie einsehen, daß der Hinweis auf den brutalen Zwang, den der Lehrplan angeblich auf jeden Lehrer ausübt, eine schlechte Ausrede für verbiesterte Belehrungswut ist.

Kapitel 7

Das Rezept des Informationsinputs

Wenn man dieses Rezept mit Imperativen formuliert, dann heißt es so:

1. Überlege dir genau, welche Lernerfahrungen die Schüler benötigen, um die Lernziele (oder das Lernziel) deiner Stunde zu erreichen!
2. Identifiziere die Informationen, die die Schüler unbedingt benötigen, um die erwünschten Lernerfahrungen machen zu können!
3. Streiche die notwendigen Informationen anschließend auf die Hälfte oder auf ein Drittel zusammen!
4. Mach dir einen Plan, wie du diese zusammengestrichenen Informationen so kurz, so präzise, so lebendig und so fesselnd wie nur möglich darbieten kannst!
5. Probiere die Darbietung zu Hause vor dem Spiegel so oft, bis sie sitzt!
6. Streiche dabei noch einmal die Hälfte weg!
7. Gib dir, bevor du in die Klasse eintrittst, den strengen Befehl: Heute *gebe* ich den Schülern ein paar Informationen, statt sie, wie sonst, aus ihnen herauszuholen!
8. Gehorche dir selbst: Liefere den Schülern einen kurzen Informationsinput und widerstehe währenddessen standhaft allen Versuchungen des Erarbeitungstriebes!

Ein Informationsinput ist dazu da, Zeit zu sparen. Anstatt sich indirekt Schrittchen für Schrittchen an die Informationen heranzuschleichen und den Unterricht zu beenden, wenn Sie nach 44 Minuten alle relevanten Informationen halbwegs erschlichen zu haben glauben, gehen Sie direkt vor: Sie geben den Schülern die Informationen und schlagen ihnen danach eine Lernaufgabe vor, damit sie aus den Informationen etwas machen können. Wer als output des Unterrichts Lerneffekte erwartet, der muß zunächst etwas investieren. Rauskommen kann nur dort etwas, wo man etwas eingibt. Daher der Name Informations*input.*

Das A und O beim Informationsinput ist, daß Sie herausfinden, welche Informationen unbedingt nötig sind, damit die Schüler die gewünschten Lernerfahrungen machen und bedeutsame Lernziele erreichen. Beim Bestimmen der notwendigen Informationen müssen Sie scharf kalkulieren, denn ein zu umfangreicher Informationsinput ist fast noch schädlicher als ein zu knapper. Diese wichtige Kürze-Regel verhindert, daß Sie dem Irrtum verfallen, sie müßten den Schülern stets alle Einzelheiten über das jeweilige Thema beibringen und hätten es darum nicht nötig, über bedeutsame erzieherische Lernziele nachzudenken.

Vorbereitung eines Informationsinputs: Bestimmen bedeutsamer erzieherischer Lernziele

In diesem Abschnitt zeigen wir an Beispielen, wie Sie, statt sich unreflektiert auf die fachlichen Wissenslernziele zu stürzen, zu einem Thema bedeutsame erzieherische Lernziele bestimmen können. Denn erst wenn Sie die haben, können Sie darangehen, einen knappen Informationsinput zu entwerfen, der den Schülern beim Lernen hilft, statt sie zu verwirren.

Beispiel 1:

Sie wollen in Sachkunde das Thema „Kartenzeichen" behandeln. Wenn Sie dem Erarbeitungsmuster folgen, werden Sie einen größeren Teil der Stunde damit beschäftigt sein, die Bedeutung der verschiedenen Signaturen zu erarbeiten. Am Ende haben die Schüler dann schon die Bedeutung der anfangs erarbeiteten Zeichen wieder vergessen.

Wir haben solche Stunden öfter beobachtet. Die Lernziele, die bei diesem Vorgehen angestrebt werden, sind immer Wissenslernziele wie:

- die Schüler sollen erkennen, daß in Landkarten Informationen durch bestimmte Zeichen verschlüsselt werden,
- die Schüler sollen die Bedeutung bestimmter Kartenzeichen kennen (nennen können).

Wenn Sie ein Suchschema für bedeutsame erzieherische Lernziele heranziehen, werden Sie finden, daß sich dieser Aufwand nicht lohnt. Es ist nicht wichtig, daß ich *weiß,* „Karten enthalten verschlüsselte Informationen", sondern viel wichtiger ist es, daß ich Informationen aus Karten herausholen kann und nicht nur die schönen Farben der Karten bestaune. Es ist auch nicht besonders sinnvoll, sich die Bedeutung von Signaturen ein für allemal einzuprägen, weil jede vernünftige Karte eine Legende hat, die die Zeichen erklärt. Außerdem variieren diese Zeichen von Karte zu Karte, so daß das Auswendiglernen von solchen „Vokabeln", die man ohnehin nur selten braucht, nur eine überflüssige Belastung des Gehirns ist.

Welche bedeutsameren Ziele könnte man anstreben? Gibt es Fähigkeiten oder Fertigkeiten, die die Schüler am Thema „Kartenzeichen" üben können?

Jeder von uns muß manchmal Landkarten lesen können, jedenfalls kann man mit dieser Fähigkeit in vielen Situationen etwas anfangen. Welche praktischen Fähigkeiten müßte man üben, damit man jede beliebige Karte lesen kann? Aus diesen Fragen ergeben sich Lernziele wie diese:

- die Schüler können angeben, worüber eine Karte informiert;
- sie können die Legende einer Karte finden und die Bedeutung der Signatur „nachschlagen";
- sie können grafisch kodierte Informationen in verbale Informationen übersetzen;
- sie können angeben, welche Informationen sie einer Karte entnehmen wollen und diejenige Karte aussuchen, die dazu am geeignetsten ist.

Entscheidet man sich für solche Ziele, dann hat das Konsequenzen für den Informationsinput. Man wird versuchen, den Schülern Informationen zu geben, die ihnen dabei helfen, ein bestimmtes Können zu erwerben. Man wird nicht damit zufrieden sein, daß die Schüler von selbst „erkennen", *daß* eine Karte eine Legende hat, sondern man hält es für wichtiger, daß Schüler sich daran gewöhnen, Legenden zielsicher zu Rate zu ziehen.

Ein geeigneter Informationsinput könnte darin bestehen, daß der Lehrer den Schülern *vormacht*, wie er eine Karte liest. Er hängt eine Karte auf, die alle Schüler gut sehen können und demonstriert ihnen das Kartenlesen. Dabei denkt er laut und kommentiert die einzelnen Schritte seines Vorgehens. Auf diese Weise bekommen die Schüler die notwendigen Informationen nebenbei geliefert, haben aber vor allem die Möglichkeit, durch die Beobachtung des Modellverhaltens die Technik des Kartenlesens kennenzulernen. An diesem Modell können sie sich orientieren, wenn sie das Kartenlesen nachher selbst probieren (Lernaufgabe).

Die Schüler werden nicht gezwungen, einen Informationsvorrat anzuspeichern, mit dem sie zunächst gar nichts anfangen können, sondern sie lernen von vornherein die praktischen Handlungen, für die die Informationen nur das Handwerkszeug sind.

Beispiel 2:

Thema: „Tropischer Regenwald". Der Lehrer strebt das folgende Erziehungsziel an: die Schüler sollen lernen, sich zu einem Text, den sie lesen, Notizen zu machen, die sie befähigen, den Inhalt später zu referieren.

In diesem Fall wird der Regenwald zum Anlaß, an dem ein wichtiges Können gelernt werden kann.

Der Lehrer legt keinen großen Wert darauf, daß die Schüler bis an ihr Lebensende alles über den Regenwald wissen, sondern ist damit zufrieden, wenn die Schüler nebenbei einige Informationen über dieses Thema mitkriegen.

Wie sieht hier der Informationsinput aus?

Nachdem der Lehrer die Ziele mitgeteilt, begründet oder mit den Schülern diskutiert hat (Informierender Unterrichtseinstieg), zeigt er ihnen, wie man einen Text durcharbeitet und sich sinnvolle und nicht zu ausführliche Notizen macht.

Er kann ihnen dabei verschiedene Verfahren demonstrieren. Vielleicht rät er den Schülern, zunächst das ganze Kapitel durchzulesen, um anschließend mit dem Aufschreiben von Notizen zu beginnen. Oder er schlägt vor, absatzweise vorzugehen: Durchlesen eines Absatzes, Notizen machen, Durchlesen des nächsten Absatzes usw. Eine weitere Möglichkeit ist, daß nach jedem Satz überlegt wird: Was ist in diesem Satz die wichtigste Aussage? (Es ist nicht gut, wenn ein einziges Durcharbeitungsverfahren vom Lehrer verpflichtend vorgeschrieben wird, weil es bei diesem Ziel darauf ankommt, daß jeder Schüler sich im Laufe der Zeit an ein Arbeitsverfahren gewöhnt, mit dem er persönlich gut zurechtkommt.)

Ebenso vielfältig sind die Möglichkeiten, wie man einen Text zu kurzen und auch später noch entzifferbaren Notizen zusammenfaßt. Wie kann man die Notizen übersichtlich gegliedert aufschreiben? Mit welchen (persönlichen und/oder standardisierten) Abkürzungen kann man arbeiten? Kann man manche Dinge schneller durch eine einfache Skizze notieren als mit Worten? Mit welchen „Satzzeichen" kann man arbeiten (Doppelpunkt, Unterstreichungen, Pfeile usw.)?

Alle diese Arbeitstechniken können vom Lehrer lebendig dargestellt werden, so daß die Schüler schon einen Vorsprung haben, wenn sie später die Lernaufgabe bekommen, den Regenwald-Text selbst durchzuarbeiten. Sie brauchen die geeigneten Verfahren nicht erst selbst zu erfinden, sondern können aus dem Angebot des Informationsinputs einige Techniken auswählen und für sich weiterentwickeln. Vielleicht hat der Lehrer auch ein Arbeitsblatt vorbereitet, auf dem verschiedene Methoden des Exzerpierens zusammenfassend an Beispielen dargestellt sind. (Es handelt sich hier um Lernziele des Bereichs „Das Lernen lernen". Darüber gibt es eine umfangreiche Literatur, z. B. Naef, 1974; Günther/Heinze/Schott, 1977, an der Sie sich orientieren können. Aber noch wichtiger scheint uns, daß Sie den Schülern auch Ihre persönlichen Arbeitsweisen demonstrieren – falls Sie welche haben und Ihnen das bewußt ist.)

Vielleicht will ein Lehrer dem Thema „Regenwald" ganz andere Lernziele hinzufügen. Ich will vielleicht erreichen, daß die Schüler eine emotionale Einstellung zu diesem Gegenstand gewinnen: daß sie über die unglaubliche Vielfalt erstaunlicher Anpassungen begeistert sind und daß sie traurig darüber sind, daß täglich in vielen Gebieten der Erde so viel von dieser Wunderwelt vernichtet wird.

Bei diesen Zielen müßte ein völlig anderer Informationsinput konzipiert werden. Man könnte kurze Abschnitte aus Reiseberichten vorlesen oder für einzelne Schüler fotokopieren, in denen Begeisterung über die Regenwald-Natur zum Ausdruck kommt und einige Fakten über die Regenwald-Vernichtung an die Tafel oder auf eine Projektor-Folie schreiben. Man könnte aussagekräftige Bilder zeigen oder einen Film. Man könnte die eigene Einstellung darstellen, wenn sie der Einstellung entspricht, die man in den Schülern zu wecken hofft. Vielleicht erzählt man auch davon, wie man selbst den Wald in unseren Breiten erlebt und davon, welche Sehnsucht man nach Wanderungen und Beobachtungen in unberührten Regenwäldern empfindet. Eine Lernaufgabe müßte den Schülern die Gelegenheit geben, ihre Gefühle und Meinungen zu bestimmten Informationen zu formulieren und auszusprechen.

Beispiel 3:

Ich möchte erreichen, daß die Schüler eine bestimmte Geschichte interpretieren. Und zwar, daß sie nicht nur erarbeiten, „was der Dichter uns damit sagen wollte", sondern daß sie genau am Text prüfen und belegen können, warum sie zu einer bestimmten Interpretation kommen. Deswegen verzichte ich auf die übliche Art der Besprechung, bei der in der 43. Unterrichtsminute ein Schüler planmäßig von selbst auf die richtige Formulierung kommen soll. Statt dessen gebe ich den Schülern einige Interpretationsmöglichkeiten in Thesenform vor und erkläre ihnen, wie sie diese Thesen am Text überprüfen können (= Informationsinput). Nachdem die Schüler selbständig an dieser Lernaufgabe gearbeitet haben, kann im Gespräch versucht werden, die vernünftigste Interpretation zu finden, die ursprünglichen Deutungsthesen zu modifizieren oder über Interpretationsschwierigkeiten zu verhandeln.

Beispiel 4:

Die Schüler sollen den Gedanken verstehen, daß historische Quellen ebenso wie Darstellungen in Geschichtsbüchern stets einseitig und tendenziös sind. Das Geschichtsthema, dem dieses Ziel hinzugefügt wird, ist mehr oder weniger zufällig „Das Reich des Dschingis Khan".

Da wir nicht dafür schwärmen, die Schüler auf die hektische Suche nach einem einfachen Gedanken zu schicken, machen wir einen Informationsinput. Dazu haben wir die folgenden Informationen zur Auswahl und (je nach Phantasie und eigenen Informationsmöglichkeiten) eine Menge mehr:

- Eine gut verständliche Formulierung des Gedankens, den die Schüler verstehen (und nicht bloß finden) sollen, die wir mündlich vortragen, anschreiben oder vervielfältigen können.
- Einige Textbeispiele, an denen wir demonstrieren können, daß die These zutrifft.
- Eine Liste von „Schlagzeilen", mit denen das Thema in der Literatur, in Lehrplänen usw. bezeichnet wurde und wird (z. B. „Eine entscheidende Stunde bei Liegnitz", „Als 1241 die *Mongolen* in Schlesien einfielen . . .", „Thronzwist am Hofe Dschingis Chans" . . .).
- Eine Reihe kurzer Texte aus Geschichtsbüchern und Quellenwerken, die hinsichtlich der These untersucht werden können.

Aus solchem Material läßt sich mit wenig Aufwand ein knapper Informationsinput herstellen, der den Schülern dabei hilft, den Grundgedanken der Stunde zu verstehen und in der Praxis (also in Texten) wiederzuerkennen.

Vielleicht kann man auch einen kurzen Text aus einer Tageszeitung auftreiben, an dem sich zeigen läßt, daß die These nicht nur für das Mittelalter stimmte, sondern auch heute täglich relevant ist. Das könnte den Schülern den Transfer erleichtern.

Lernaufgaben zu diesem Thema könnten sein: die Schüler suchen in Texten nach Stellen, die die Richtigkeit der These bestätigen oder die es nicht zu tun scheinen; sie schreiben einen Schulbuchbericht über das Thema um: Wie könnte das Ereignis in einem mongolischen Geschichtsbuch dargestellt sein?; sie vergleichen zwei oder mehr Darstellungen des gleichen Ereignisses miteinander usw.

Wenn Sie also das nächste Mal Themen wie die folgenden behandeln:

- Frühblüher
- Direkte und indirekte Rede
- Wie man einen Hund (ein Meerschweinchen, einen Vogel) richtig pflegt
- Der Viertaktmotor
- Die Inhaltsangabe
- Die Kurzgeschichte Sowieso von dem und dem
- Die geistigen Ursachen des Terrorismus (nur für solche Lehrer, die noch keine Angst vorm Verfassungsschutz und vor Schülerspitzeln haben, die nicht Böll lesen, noch nie was von Biermann gehört haben und des Sympathisantizismus unverdächtig sind!)

- Das Geschichtsbild nützt stets/manchmal/teilweise/immer den Herrschenden (wie oben!)
- Fische atmen mit Kiemen
- Die Füße der Tiere sind Anpassungen

dann überlegen Sie sich bitte, ob Sie es für nützlich halten, daß Sie die Schüler zum 40 000sten Male 45 Minuten damit zu unterhalten versuchen, daß sie raten sollen, was Sie gern von ihnen hören möchten. Wir hoffen, daß Sie zu dem Schluß kommen werden, daß die Schüler dieses Ratespiel schon oft genug geübt haben und daß es nicht viel für sie bringt, wenn sie es noch ein weiteres Mal üben. Außerdem können Sie sich damit trösten, daß die Schüler bei anderen Kollegen auch weiterhin genug Gelegenheit haben werden, das richtige Verhalten beim Erarbeiten zu trainieren.

Nach diesen einleitenden Überlegungen werden Sie dann Ideen entwickeln, welche erzieherischen Lernziele gut zu Ihrem Thema passen. Oder Sie werden einfach erzieherische Ziele hinzufügen, die Sie für wichtig halten, die mit dem Thema vereinbar sind und die unserer demokratischen Grundordnung nicht ins Gesicht schlagen. Überlegen Sie sich dann einen mageren Informationsinput und eine fette Lernaufgabe, damit die Schüler den Informationsinput ausschöpfen können.

Aus den obigen Beispielen wird hoffentlich auch deutlich, daß bei der Planung von Unterricht nach den hier dargestellten Rezepten nicht einfach schrittweise vom ersten Rezept zum zweiten, dann zum dritten usw. vorgegangen werden kann. Sondern: Wenn Sie Ihren Informationsinput planen, berücksichtigen Sie gleichzeitig Ihre Lernziele und Ihre Ideen über mögliche Lernaufgaben. Und einen informierenden Unterrichtseinstieg können Sie ohnehin erst dann planen, wenn Sie Ihre ganze Unterrichtsstunde im Geiste vor sich sehen. Bei der Planung muß Ihre didaktische Phantasie von einem Rezept zum anderen hin- und herspringen. Aber wem sagen wir das?

Im folgenden wollen wir auf 3 Formen des Informationsinputs näher eingehen: Erklären, Vormachen, ‚Sets'.

Beispiel für einen Informationsinput vom Typ „Erklären"

Das folgende Beispiel gehört zum informierenden Unterrichtseinstieg von S. 154 f. Es ging in dieser Stunde um die Großschreibung von Verben. Beachten Sie bei diesem Beispiel bitte die folgenden Merkmale:

1. die Kürze (der Informationsinput dauert nur wenige Minuten)
2. daß Informationen vom Lehrer *in einem Zug gegeben* werden
3. daß von den Schülern erwartet wird, einige Minuten konzentriert zuzuhören
4. daß die Schüler nicht durch vieldeutige Fragen und rätselhafte Reize verwirrt werden (kein Erarbeiten)
5. daß der Lehrer sich eine persönliche Art ausgedacht hat, den Schülern ein kleines Rechtschreibproblem zu verdeutlichen und sich nicht von der offiziellen Grammatik einschüchtern läßt (z. B. Terminus „Nomenmacher")
6. daß der Lehrer gleichzeitig auf zwei Ebenen informiert: einmal eher abstrakt, indem er die nach seiner Meinung wichtigen grammatischen Aspekte darstellt und danach auch konkret, indem er Beispielsätze benutzt
7. daß der Lehrer das „trockene Thema" mit einer leicht absurden Geschichte versieht, die der Erklärung einen dünnen Roten Faden gibt, die Schüler vielleicht zum Schmunzeln bringt, aber doch nicht so viel Gewicht hat, daß sie vom eigentlichen Thema des Inputs ablenkt
8. daß der Lehrer sich auch überlegt hat, wie er die Tafel benutzt, so daß er ein klares Tafelbild herstellen kann, während er erklärt
9. daß der Lehrer an verschiedenen Stellen seine Absichten erläutert
10. daß er den Schülern helfen möchte, bei jeder Begegnung mit einem Verb selbständig entscheiden zu können, ob es groß oder klein geschrieben werden muß (Könnenslernziele statt Wissenslernziele)
11. daß der Lehrer den Schülern am Schluß des Informationsinputs die Möglichkeit gibt, Fragen zu stellen oder etwas zu erzählen, was sie unbedingt loswerden wollen (z. B. könnte ein Schüler den dringenden Wunsch verspüren, dem Lehrer und der Klasse mitzuteilen, daß Menschen nicht fliegen können. Das muß er am Ende des Informationsinputs auch ruhig sagen dürfen.)

Der Lehrer gibt den Schülern die Informationen, damit sie anschließend möglichst viel Zeit haben, die richtige Schreibung zu üben und das Entscheidungsverhalten (groß oder klein?) möglichst zu automatisieren.

Der Informationsinput:

„Ich möchte euch jetzt erklären, wie ihr Verben erkennen könnt, die in Nomen verwandelt worden sind und die deswegen groß geschrieben werden müssen. Das mache ich mit einer ausgedachten Geschichte. Dann ist es für euch etwas lustiger. Die Geschichte: Zwei Kinder kommen aus der Schule. Es ist sehr heiß, und sie wollen zum Baden.

Kai sagt: „Ich will schnell ins Wasser. Los, wir fliegen einfach nach Hause!" (Lehrer schreibt an die Tafel: Wir fliegen nach Hause.)

Ina sagt: „Prima Idee! Beim Fliegen kommen wir schneller voran." (Tafel: Beim Fliegen kommen wir schneller voran.)

So, jetzt kommt das, was in dieser Stunde für euch wichtig ist:

Im ersten Satz ist das Wort „fliegen" ein Verb. Man schreibt es klein. Aber im zweiten Satz wird „Fliegen“ groß geschrieben. Hier ist das Verb in ein Nomen verwandelt worden.

Woran erkennt man, daß es ein Nomen ist, und nicht mehr ein Verb?

Man erkennt es an dem Nomenmacher. In diesem Satz ist das Wort „beim“ der Nomenmacher. Wenn „beim“ vor dem Verb steht – „beim“ ist das gleiche wie „bei dem“ – verwandelt sich das Verb in ein Nomen.

Es gibt noch andere Nomenmacher. „Zum“ ist einer davon. In der Geschichte sagt Kai: „Ich hab große Lust zum Fliegen“. Ina sagt: „Nee, ich will doch nicht fliegen. Da wird mir nur schwindelig.“

Für diese beiden Nomenmacher „beim“ (bei dem) und „zum“ (zu dem) könnt ihr euch in dieser Stunde eine Alarmanlage in euren Kopf einbauen, die euch immer warnt, wenn ihr ein Verb mit Nomenmacher groß schreiben müßt. Bevor ihr mit dem Üben anfangt, möchte ich euch noch fragen: Wollt ihr hierzu noch etwas wissen oder sagen? (Pause.) Vielleicht seht ihr hier noch eine Schwierigkeit, an die ich nicht gedacht habe. (Pause.)“

Während des Erklärens ist dieses Tafelbild (s. S. 192) entstanden:

Dieses Informationsinput-Beispiel gehört zum Typ „Erklären“.

Wir unterscheiden daneben noch die beiden Typen „Vormachen“ und „Set zu einem (vieldeutigen) Informationsreiz“. Diese beiden Typen von Informationsinputs stellen wir jetzt dar.

Informationsinputs vom Typ „Vormachen“

Viele Fähigkeiten lernt man besser, wenn man sieht, wie sie von anderen, die sie schon beherrschen, ausgeführt werden. Sie können z. B. die Zeichensprache der Prärieindianer besser lernen, wenn ich Ihnen die einzelnen Zeichen vormache. Spiele lernen wir selten allein

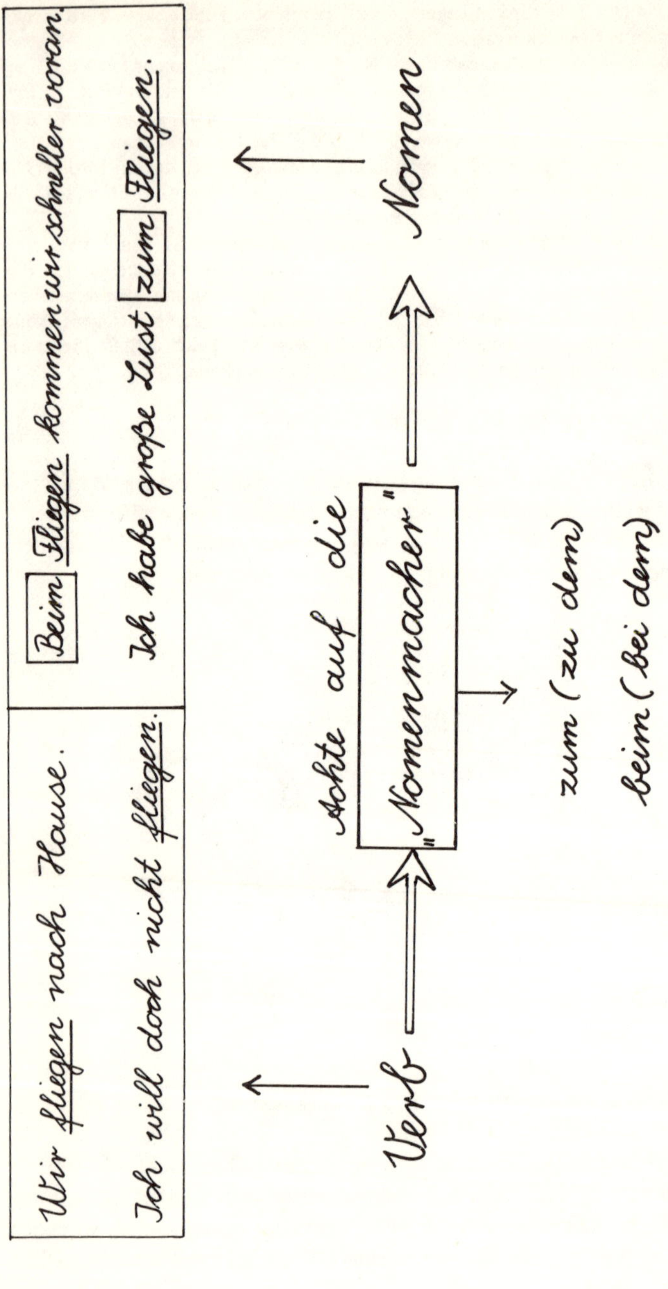
Wir fliegen nach Hause.
Ich will doch nicht fliegen.
Beim Fliegen kommen wir schneller voran.
Ich habe große Lust zum Fliegen.
Verb
Achte auf die
„Nomenmacher"
Nomen
zum (zu dem)
beim (bei dem)

durch die Lektüre der Regeln; meist gucken wir ein neues Spiel von Leuten ab, die es von anderen Leuten abgeguckt haben. Im Unterricht ist es selbstverständlich, daß den Schülern ein Lied, das sie lernen sollen, zunächst einmal vorgesungen – „vorgemacht“ – wird. Ebenso ist es bei englischen Wörtern: man macht den Schülern die Aussprache vor und bittet sie sogar, den Mund des Lehrers im Auge zu behalten, wenn er den Laut „th“ bildet.

Auch im Sportunterricht werden Übungen vorgeturnt, damit die Schüler sich bei ihren eigenen Versuchen daran orientieren können. Weniger bekannt ist, daß man die Vorteile des Lernens an Modellen auch in allen anderen Unterrichtsfächern erfolgreich ausbeuten kann.

In „Techniken des Lehrerverhaltens“ habe ich erwähnt, daß es Schüler gibt, die nicht wissen, was man tun muß, wenn der Lehrer zu einem sagt, daß man die Vokabeln lernen soll. Die verschiedenen Vokabellernmethoden können Lehrer ihren Schülern vorspielen, damit die Schüler sich für die passendste Methode entscheiden und sie üben können.

Lehrer können ihren Schülern demonstrieren, wie man sich zu einem Text Notizen macht, und sie können ihnen vormachen, wie man bei einem Vortrag mitschreibt, damit man nicht gleich alles wieder vergißt und hinterher über den Inhalt diskutieren kann. Dazu braucht der Lehrer nur eine Schulfunksendung oder eine Schallplatte abzuspielen und kann – für die Schüler sichtbar – seine Notizen gleichzeitig an der Wandtafel festhalten. (Wer einmal an einer Hochschule Vorlesungen gehalten oder gehört hat, weiß, daß es sehr vielen Studenten nicht gelingt, eine Vorlesung vernünftig mitzuschreiben. Sie haben es nie gelernt. Vielleicht weil ihre Lehrer dachten, dies könne jeder von Geburt an. Oder weil die Lehrer es selbst nicht konnten.)

Noch unbekannter ist, daß man auch Modelle für solche Handlungsweisen bieten kann, die normalerweise unsichtbar sind, weil sie im Gehirn des Individuums ablaufen und keine Geräusche, sondern höchstens Denkfalten erzeugen. Tatsächlich kann man aber Denkvorgänge ganz einfach demonstrieren, indem man laut denkt, damit die Zuschauer hören können, was der Kopf eigentlich macht, wenn er denkt. (Für junge, hoffnungsvolle Schachspieler mit Ehrgeiz wäre es gut, wenn sie manchmal die Gedanken guter Spieler hören könnten, und zwar zunächst möglichst in Zeitlupe.) Für Schüler, die von sich zu sagen gewöhnt sind „Aufsätze kann ich nicht“, wäre es von größter Nützlichkeit, öfter ein Gehirn zu belauschen, das sich mit dem Fabrizieren von Aussagen beschäftigt. Ich kann Schülern z. B. vormachen, welche Entscheidungen ich treffe, wenn ich eine Inhaltsangabe verfasse; wie ich feststelle, was das Wesentliche ist und was ich lieber weglassen sollte; wie ich einen Spezialausdruck durch einen allgemeineren Ausdruck ersetze; wie ich einen zusammenfassenden Ausdruck für 35 Seiten dramatischer Verwicklungen suche und finde.

Wenn ich den Schülern helfen will, bei sich eine Alarmanlage für Verben zu installieren, die man groß schreiben muß, dann kann ich ihnen laut vordenken, wie diese Alarmanlage in meinem Kopf funktioniert.

Das Demonstrieren solcher Handlungsweisen und Denkvorgänge wird in unseren Schulen offenbar sehr selten verwendet. Jedenfalls haben wir nie Beispiele dafür beobachten können. Bei vielen bedeutsamen erzieherischen Lernzielen ist ein Informationsinput angezeigt, bei dem der Lehrer den Schülern vormacht, was sie lernen sollen und während des Vormachens erklärt, warum er was macht, damit die Schüler die wichtigen Aspekte des Modellverhaltens erkennen können. Konkrete Beispiele für diese Art des Informationsinputs finden Sie im Kapitel über Lernaufgaben.

Informationsinputs vom Typ „Set zu einem (vieldeutigen) Informationsreiz“

Die Verteidiger der Reinheit der deutschen Sprache möchten wir zunächst um Nachsicht bitten, daß wir auf ein fremdländisches Wort zurückgreifen, obwohl es sicher genug einheimische gibt. Wir glauben aber, daß es manchmal ganz günstig ist, aus der mit so vielfältigen Bedeutungen belasteten Muttersprache auszusteigen. Es ist einfacher, einen relativ unbekannten Begriff mit Bedeutung anzufüllen als einen alten Begriff zu definieren. Wie man bei einer uralten Kanne immer noch den Geschmack der früher darin aufbewahrten Flüssigkeiten zu verspüren meint, so lassen sich auch viele gebräuchlichen Begriffe nicht mehr gefahrlos verwenden, weil sich jeder darunter etwas anderes vorstellt.

Was heißt „Set“?

Im Fernsehen haben wir ein schönes Beispiel für einen Set beobachtet. Ein Sprecher sagte:

„‚Meine Familie und ich‘ ist ein Gewinnspiel im *ZDF*-Werbefernsehen. *PASSEN SIE GUT AUF, UND MERKEN SIE SICH ALLE PRODUKTE, DIE IN DER SENDUNG VORKOMMEN. SIE KÖNNEN EINEN* . . . (die genaue Automarke haben wir vergessen) *GEWINNEN.*“

Vielleicht ist es schlechte Werbung für den Set-Begriff, wenn wir ihn schon zu Anfang in seiner Verwendung als Werbetrick zeigen. Aber wir finden dieses praktische Beispiel trotzdem gut, weil wir daran gleich zeigen können, wozu ein Set im Unterricht nicht da ist.

Ein Set soll nämlich den Schülern die Absichten des Lehrers verdeutlichen, damit sie nicht so lange im Dunkeln tappen und herumraten müssen. Ein Set soll im Unterricht nicht, wie in diesem Werbebeispiel, die wahren Absichten verschleiern. Der Zweck des Gewinnspiels ist ja nicht, daß möglichst viele Leute Autos gewinnen, sondern man möchte das Publikum dazu bringen, sich die Namen von Produkten zu merken, damit es sie um so leichter kauft, wenn es sie plötzlich im Laden vor sich sieht.

Ein Set hat drei Funktionen:

- Er soll die Aufmerksamkeit der Schüler in eine bestimmte Richtung lenken.
- Er ist ein Appell an die Schüler, sich zu konzentrieren.
- Er reduziert die Vieldeutigkeit von Reizen für die Schüler.

Sets sind immer dann angezeigt, wenn Lehrer die Schüler mit einem Informationsreiz konfrontieren, aus dem sie etwas lernen sollen. Wie wir oben beschrieben haben, neigen Lehrer dazu, den Schülern solche Reize kommentarlos zu präsentieren, weil sie den Wunsch haben, daß die Schüler spontan und ursprünglich-unvoreingenommen auf den Reiz reagieren. Für die Schüler ist diese Situation allerdings ganz und gar nicht frei und offen. Denn der Durchschnittsschüler ist in diesem Fall nur mit dem Problem beschäftigt: „Was will er/sie von mir hören?“ Er überlegt sich etwa: „Welches Fach haben wir? Aha, Deutsch. Ist es Rechtschreibung oder Grammatik? Dann will er/sie sicher von mir hören . . .“ Das kommentarlose Präsentieren vieldeutiger Reize (und wir haben schon gesehen, daß die alltäglichsten Reize unendlich vieldeutig sind) bringt gar nichts ein. Es verunsichert die Schüler nur und macht den Unterricht zufallsabhängiger als nötig.

Aus diesem Grunde empfehlen wir Ihnen, die Reize, die Sie den Schülern darbieten, mit Sets zu versehen, die die Vieldeutigkeit verringern. Wenn Sie also eine Geschichte vorlesen oder erzählen, den Schülern eine These an die Tafel schreiben, einen Versuch vorführen, Bilder oder Filme zeigen, ein ausgestopftes Tier oder ein Modell aufstellen usw., dann sollten Sie die Schüler nicht hinterher erwartungsvoll anschauen und sich der Hoffnung hingeben, daß einer zufällig genau das sagen wird, was Sie gern hören wollen. Sie sollten auch nicht zu den Schülern sagen: „Was fällt euch daran auf?“ Sie sollten vor der Darbietung des Reizes einen Set geben, der den Schülern mitteilt, worauf sie achten sollen.

Statt das Winterbild aufzuhängen und zu warten, bis einer spontan sagt „Im Winter ist es kalt“, sagen Sie beim Aufhängen: „Dieses Bild habe ich mitgebracht, damit ihr besser überlegen könnt, welche Probleme die Wildtiere im Winter lösen müssen, wenn sie diese Zeit lebend überstehen wollen. Ich möchte euch bitten, aufzuzählen, was im Winter ganz anders ist als im Sommer, damit wir an der Tafel eine Liste der winterlichen Schwierigkeiten für die Tiere machen können. Ich schreibe schon mal ein Merkmal des Winters an, das ihr alle wißt:

IM WINTER IST ES KALT.“

Ein Set funktioniert meist besser als Mittel zur Zentrierung der Aufmerksamkeit, wenn er nicht nur die Mitteilung enthält, auf welche Aspekte man achten soll, sondern auch warum (aus welchem Grund) oder wozu (zu welchem Zweck) diese Aspekte besonders zu beachten sind. Nehmen wir an, Sie wollen eine Fabel im Unterricht behandeln.

Bevor die Fabel gelesen wird, geben Sie den folgenden Set:

„Heute möchte ich mit euch eine Fabel als Theaterstück spielen. Deswegen bitte ich euch, beim Durchlesen der Fabel dreierlei zu überlegen:

1. Wie sprechen die drei Tiere in der Fabel? Welchen Klang kann ihre Stimme haben?
2. Wie laut oder leise sprechen die Tiere? An welchen Stellen sprechen sie laut, an welchen leise?
3. Welche Bewegungen passen zu ihren Worten? Welche Haltung nehmen die Tiere ein, wenn sie sprechen oder zuhören, was ein anderes Tier sagt?“

Dieser Set bekommt für die Schüler wesentlich mehr Bedeutung, weil die Schüler wissen, *wozu* sie auf diese drei Aspekte achten sollen.

Ein anderer Set zur gleichen Fabel:

„In dieser Stunde sollt ihr die Merkmale einer Fabel kennenlernen. Wenn ihr diese Merkmale kennt, wißt ihr, ob eine kurze Geschichte eine Fabel ist oder nicht.

Achtet bitte beim Lesen auf zwei Dinge:

1. Woran erkennt man, daß die Tiere – die Figuren in einer Fabel – keine richtigen Tiere sind, sondern sozusagen verkleidete Menschen?
2. Versucht, jedes Tier in der Fabel zu charakterisieren. Was für eine Art von Mensch soll das Tier darstellen? Welchen Charakter hat es?“

Diesen Set-Informationsinput könnte man durch einen mündlich-schriftlichen Erklärungsinput ergänzen, der den Schülern Informationen über die Merkmale einer Fabel vorgibt, damit sie hinterher in einer Lernaufgabe diese Merkmale bei 30 Fabeln wiedererkennen und lernen können, Fabeln von Erzählformen wie Anekdote, Witz usw., zu unterscheiden.

Machen Sie Set-Experimente!

Wenn Sie Lust haben, Experimente zu machen, die demonstrieren, was ein Set bewirkt, dann schlagen wir Ihnen folgendes vor:

Wählen Sie eine Geschichte (z. B. einen Schüleraufsatz) aus, die Sie vorlesen wollen. Verteilen Sie an eine Gruppe von Schülern oder Erwachsenen, die schon daran gewöhnt sind, relativ frei zu diskutieren, vor dem Lesen verschiedene schriftliche Sets.

Einige Teilnehmer bekommen diesen Set:

Ich lese euch einen Schüleraufsatz vor. Danach möchte ich mit euch darüber diskutieren, welche Zensur ihr dafür geben würdet und wie ihr eure Zensuren begründet. Bitte macht euch nach dem Hören des Aufsatzes hierzu einige Notizen, bevor die Diskussion beginnt.

Andere Teilnehmer bekommen diesen Set:

Ich lese euch eine kurze Erzählung vor. Hinterher möchte ich mit euch den Sinn dieser Erzählung besprechen. Warum hat der Verfasser die Erzählung geschrieben? Was möchte er uns damit sagen? Bitte macht euch nach dem Hören . . .

Eine dritte Gruppe bekommt diesen Set:

Ich lese euch einen Aufsatz vor. Hinterher möchte ich mit euch darüber sprechen, welchen Titel dieser Aufsatz haben könnte. Und außerdem, ob ihr schon einmal etwas Ähnliches selbst erlebt habt. Später sollt ihr nämlich versuchen, selbst einen Aufsatz über dieses Thema zu schreiben. Bitte macht euch nach dem Hören . . .

Eröffnen Sie die Diskussion und bitten Sie einzelne Teilnehmer, ihre Gedanken zu äußern. Beobachten Sie, was für erstaunte Gesichter die Teilnehmer machen, wenn die anderen über ganz andere Themen reden, als sie erwartet hatten.

Kapitel 8

Erklären und Lehrervortrag

Wenn es eine Unterrichtsmethode gibt, die heute der allgemeinen Verdammung verfallen ist, dann ist es der Lehrervortrag. Daß Lehrer nicht so viel reden dürfen, ist ein Gebot, das die zukünftigen Lehrerstudenten offenbar schon vor der Immatrikulation auswendig können.

Tatsächlich vermeiden viele Lehrer Vorträge im Unterricht genauso eisern wie Nonnen das Fluchen. Jedenfalls tun sie das, wenn sie beobachtet werden. (Ob unbeobachtete Lehrer viele Lehrervorträge halten, wissen wir nicht mit Sicherheit, da wir nur solche Lehrer beobachten können, die beobachtet werden und dies auch wissen.)

Wie Sie selbst es mit dem Lehrervortrag halten, können Sie am besten feststellen, indem Sie sich einmal selbst beobachten oder – noch besser – indem Sie einen oder zwei Schüler bitten, mit einem strukturierten Beobachtungssystem das Ausmaß Ihrer Vortragstätigkeit in Unterrichtsstunden zu messen. Höchstwahrscheinlich werden Sie dabei feststellen, daß Sie überhaupt niemals richtige Vorträge halten, sondern höchstens einige vortragende Sätze von sich geben, um dann ganz schnell eine oder mehrere Fragen an die Schüler zu richten, damit Ihnen deren Aufmerksamkeit nicht wegläuft.

Nach unseren Erfahrungen kommen Lehrervorträge im Unterricht genauso selten vor wie Fahndungserfolge bei Ladendiebstählen. Wir glauben, daß die Aussage von Becker u. a. (1976, Band II, S. 108) über die Häufigkeit des Vortragens nicht zutrifft: „Heute möchte jeder Lehrer schülerorientiert unterrichten und keine Lehrvorträge mehr halten; trotzdem ist der Lehrvortrag noch eine weitverbreitete Unterrichtsmethode. Vor allem Lehranfänger neigen dazu, diese Methode überzustrapazieren.“ Die Methode des Vortrags ist heute im Unterricht so selten wie die Gruppenarbeit, wahrscheinlich noch seltener. Vielleicht beruht dieser Beurteilungsunterschied darauf, daß wir langatmige Gesprächsbeiträge von Lehrern nicht als Lehrervorträge rechnen, sondern sie bei „Erarbeitung“ abbuchen. Manche Lehrer holen nämlich beim Erarbeiten öfter zu längeren Ausführungen aus, was bisweilen mit einer gewissen Unfähigkeit zusammenhängt, einen Satz zu beenden. Sie könnten mit ihren Worten eine größere Wirkung erzielen, wenn sie nur zwei Sätze machten; aber sie verderben ihren Beitrag, indem sie frühestens nach dem 37. Satz zum Schluß kommen – und dann oft auch nur, weil die Schüler inzwischen soviel Lärm veranstalten, daß erst wieder für Ruhe gesorgt werden muß. Diese Eigenart mancher Lehrer hat nichts mit Lehrervorträgen zu tun, sondern es handelt sich einfach um Geschwätzigkeit und die Unfähigkeit, sich kurz und genau auszudrükken. Gewöhnlich sind diese überlangen Beiträge keine vorbereiteten Lehrervorträge, sondern improvisierte Ergüsse.

Richtig ist, daß die meisten Lehrer, und besonders die Anfänger, den Lehrervortrag in übertriebener Weise zu vermeiden suchen, jedenfalls, wenn sie guten Unterricht machen wollen. (Ein Indiz liefert Lattewitz (1975): er befragte Chemielehrer, welche teaching skills (Lehrfertigkeiten) sie für besonders wichtig hielten. Dabei kam der Lehrervortrag auf den allerletzten Platz.)

Da der Lehrervortrag in der Literatur fast durchweg schlechte Noten erhält und ständig als hochgiftiges Medikament angepriesen wird, das man nur mit der allergrößten Vorsicht verabreichen dürfe, traut sich kaum ein Lehrer, einmal fünf oder zehn Minuten lang eine vorbereitete, in sich geschlossene Erklärung an die Schüler abzuliefern. Die von unpräzisen Theorien nahegelegte undifferenzierte Ablehnung des Lehrervortrags führt in der Praxis zu dem schon beschriebenen exzessiven Gebrauch des Erarbeitungsmusters. Die in vielen Schriften ausführlich behandelte Frage, ob der Lehrervortrag eine bessere Methode sei als das Unterrichtsgespräch oder die Gruppenarbeit, ist jedoch genauso sinnlos wie das Problem, ob der Mensch sich lieber mit Seife waschen oder ob er sich besser die Zähne putzen sollte.

Wenn ich erreichen möchte, daß die Schüler Fakten *wissen,* dann ist das Vortragen dieser Fakten immer noch die billigste, einfachste und wirksamste Darbietungsmethode (vorausgesetzt, daß ich die Fähigkeit beherrsche, Fakten vernünftig vorzutragen). Wenn ich darüber hinaus den Wunsch habe, daß die Schüler die Fakten auch noch längere Zeit *behalten,* dann muß ich ihnen zusätzliche Lernerfahrungen ermöglichen, damit sie sich die Fakten einprägen und merken können. Will ich aber, daß Schüler bestimmte Fakten nicht nur wissen, sondern auch *verstehen,* dann muß ich irgendwie erreichen, daß die Schüler die Fakten zuerst einmal bekommen und sich, wenn sie sie erst haben, in einer Weise mit ihnen beschäftigen können, daß sie sie verstehen.

In allen Fällen erzeugt nicht der Lehrervortrag das Lernen, sondern er ist nur eine Voraussetzung dafür, daß die Schüler möglicherweise Wissen aufnehmen, Wissen behalten oder Wissensinhalte verstehen. Ob sie das tun oder nicht, hängt nur teilweise vom Lehrervortrag ab. Denn ein Vortrag kann nur effektiv sein, wenn die Zuhörer ihre Selbststeuerung einschalten. Hier gilt, wie überall, das Grundgesetz des Lernens (s. S. 172 ff.).

Einmal baten wir eine befreundete Studienrätin, uns die Themen zu nennen, über die sie in der letzten Zeit Lehrervorträge gehalten hatte. Sie konnte sich nicht erinnern, bot uns aber an, einmal einen Lehrervortrag auf Tonband zu nehmen und uns zur Verfügung zu stellen. Wir bekamen dann einen Lehrervortrag über die Entdeckung Amerikas durch Kolumbus. Unsere Freundin erklärte uns: „Wenn ich es recht bedenke, war es das erste Mal, daß ich einen richtigen Lehrervortrag gehalten habe. Bisher habe ich eigentlich immer nur Scheinvorträge gehalten und es strikt vermieden, längere Ausführungen zu machen. Sonst habe ich immer nach wenigen Sätzen den Schülern Fragen gestellt.“ Besonders erstaunt war die Lehrerin über die Wiederholung, die auf die Kolumbusstunde folgte. Während sie sonst bei der Frage „Worüber haben wir in der letzten Stunde gesprochen?“ immer nur spärlich Auskunft bekommen hatte, wußten die Schüler diesmal zusammenhängend über Kolumbus zu berichten.

Wir erzählen diese Geschichte nicht, weil wir Sie überreden wollen, nur noch Lehrervorträge zu machen. Aber wir möchten Sie dazu überreden, den Lehrervortrag als Informationsdarbietungsmethode (schönes Wort, nicht?) wieder etwas ernster zu nehmen, statt borniert auf ihn herabzuschauen – und den Erarbeitungszirkus unreflektiert mitzumachen.

Daß wir sprechen und Informationen weitergeben, diskutieren und umformulieren können, ist sicherlich eine unserer wichtigsten Fähigkeiten. Diese Fähigkeit wird ihre Bedeutung voraussichtlich auch in den nächsten 400 Jahren behalten, obwohl es Bücher, Fernsehen und Computer gibt. Bis heute ist das gesprochene Wort noch immer die Brücke zum Verständnis von Texten. Denken Sie nur daran, daß Ihnen eine ganze Reihe von Texten, die Sie heute ohne Schwierigkeiten lesen und verstehen können, früher einmal, als Sie noch keine Vorlesungen darüber gehört hatten, ziemlich unverständlich vorkamen. Viele philosophische Texte können nur von denen verstanden werden, die längere Zeit Gelegenheit hatten, den Ausführungen des betreffenden Philosophen zu lauschen bzw. anderen zuzuhören, die diese Erfahrung machen konnten. Dies ist ein Grund, warum auch heute noch an den Universitäten viele Vorlesungen gehalten werden. Diese Veranstaltungen vermitteln nämlich gar nicht vorwiegend Wissen, sondern sie führen die Zuhörer in gedankliche Traditionen ein und helfen ihnen damit, sich selbst Wissen aus Texten anzueignen.

Kleine Kinder lernen ihre Muttersprache, indem sie Erwachsenen zuhören und sich schließlich in ihre Gespräche einmischen. Wer sich Vorlesungen anhört, gewöhnt sich nach und nach an die Fremdsprache eines neuen Wissensgebietes, fängt langsam an, einzelne Brocken zu verstehen, nimmt bald einiges in seinen aktiven Wortschatz auf und beherrscht die Sprache schließlich mühelos.

Schüler müssen in der Schule ebenso neue Sprachen lernen wie Studenten an der Universität. Viele können weder die Schullehrbücher noch die Tageszeitung lesen. Lehrer können sie im Grunde nur dadurch mit diesen Sprachen vertraut machen, daß sie sie selbst sprechen[1], damit die Schüler über das Hören schließlich zum Verstehen und von da zum Lesen und Selbersprechen kommen können.

Welche Eigenschaften hat ein verständlicher Lehrervortrag?

- Ein Lehrervortrag soll möglichst *einfach* sein.
- Ein Lehrervortrag soll *übersichtlich gegliedert, geordnet* sein.
- Ein Lehrervortrag soll ein *mittleres Ausmaß von Kürze-Prägnanz* haben: er darf *nicht zu weitschweifig,* aber auch *nicht zu knapp* sein.
- Ein Lehrervortrag soll ein *mittleres Ausmaß an zusätzlicher Stimulanz* haben: er soll lebendig, anregend, humorvoll usw. sein, aber dies alles natürlich in Maßen.

Dies sind die „Dimensionen der Verständlichkeit" – die Verständlichmacher –, wie sie von Schulz von Thun, Tausch und anderen in Hamburg erforscht und propagiert werden. Wir wollen diese wichtigen Ideen hier nicht ausführlich referieren, weil die Autoren selbst das viel besser gemacht haben, als wir es tun könnten. Wir empfehlen Ihnen sehr, sich bei einem der folgenden Texte über dieses Verständlichkeitskonzept zu informieren:

Schulz von Thun, 1975 (ein kurzer, sehr gut geschriebener Aufsatz);
Langer/Schulz von Thun/Tausch, 1974 (ein Buch, das das gleiche Thema ausführlicher darstellt und Trainingsmaterial enthält);

---

[1] Es ist zwar lieb gedacht, wenn Lehrer sich eine Kindersprache aneignen oder sich bemühen, alle Fremdwörter im Unterricht strikt zu vermeiden, aber im Sinne der Förderung der Kommunikationsfähigkeit genau das Falsche.

Fittkau/Müller-Wolf/Schulz von Thun, 1977 (ein Buch, in dem nur einige Seiten der Verständlichkeit gewidmet sind – S. 31 ff. –, während der Rest auch sehr nützliche Informationen enthält);
Schulz von Thun/Götz, 1976 (ein Verständlichkeitstrainingsbuch vor allem für Mathematiklehrer).

Einfachheit

Man kann die Einfachheit tatsächlich auch übertreiben, obwohl dies wahrscheinlich viel seltener geschieht als die Übertreibung der Kompliziertheit. Denn es ist wirklich einfacher, einen Sachverhalt kompliziert darzustellen, als ihn zu vereinfachen.

Wir haben aber verschiedentlich Klagen darüber gehört, daß ein Vortrag oder ein Text *zu* einfach gewesen seien. Die Zuhörer/Leser fühlten sich nicht herausgefordert, ihren Verstand einzusetzen. Sie empfanden es als beleidigend, mit einem Text konfrontiert zu werden, der sozusagen von der Voraussetzung ausging „Alle Zuhörer/Leser sind total unwissend und denkunfähig." Sie fühlten sich nicht nur aufs Äußerste gelangweilt, sondern sie hatten auch die Empfindung, daß der Autor ihnen gegenüber Geringschätzung ausdrückte und fühlten sich entsprechend abgestoßen. So kann ein zu einfacher Text in Wirklichkeit schwieriger sein als ein Text, der einen gewissen Schwierigkeitsgrad besitzt. Es ist nämlich schwierig, auf den Inhalt eines Vortrags zu achten, wenn man sich gleichzeitig mit dem Gefühl abplagen muß „Man will mich auf den Arm nehmen". Ich selber erinnere mich an einen Chemielehrer, der alles so einfach ausdrückte, daß viele Schüler es schwierig fanden, ihn zu verstehen.

Dieser Hinweis darf Sie aber nicht zu vorschnellen Folgerungen verleiten. Die allermeisten Schreiber und Sprecher drücken sich eher zu kompliziert aus. Bevor Sie den Versuch machen, es in Punkto Kompliziertheit zur Meisterschaft zu bringen, sollten Sie erst einmal überprüfen, ob Sie wirklich zu der winzigen radikalen Minderheit der Übervereinfacher gehören. Nur wenn Sie ganz eindeutige Indizien für schädliche Übervereinfachungstendenzen bei sich nachgewiesen haben, sollten Sie versuchen, Ihr Sprach- und Schreibverhalten *vorsichtig* in Richtung „größere Kompliziertheit" auszubauen.

Der Begriff „Einfachheit" ist nicht einfach statisch definierbar, weil das Phänomen, das er bezeichnet, publikumsabhängig ist. Ob eine Erklärung einfach oder schwierig ist, hängt natürlich ganz entscheidend davon ab, was das jeweilige Publikum schon weiß. Für ein Kind kann es wichtig und notwendig sein, wenn ich ihm das Wort „Wahrscheinlichkeit" erkläre. Wenn ich aber dasselbe vor einer Gruppe von Statistikern versuche, glauben diese Fachleute der Wahrscheinlichkeit wahrscheinlich, daß ich satirische Absichten hege oder mich gar über sie lustig machen wolle.

Ein Lehrervortrag muß auf sein Publikum zugeschnitten sein.

Lehrer müssen sich vorstellen können, was ihre Schüler interessieren könnte. Sie müssen versuchen, inhaltlich und in ihrer Ausdrucksweise die Lebenssituation ihrer Schüler zu berücksichtigen und Worte, Beispiele, Argumente wählen, die bei den Schülern „ankommen“, weil sie ihre relevanten Erfahrungen und Vorkenntnisse aktualisieren. Auch hier darf ein Lehrer nicht zu sehr übertreiben: wer im Unterricht stets kindertümelt, braucht sich nicht zu wundern, wenn seine Schüler naiv bleiben (und sei es nur, um dem Lehrer entgegenzukommen).

Merke: Eine gewisse Differenz in der Sprache des Lehrers zu der Sprache seines Publikums ist nicht nur vertretbar, sondern als Lernanreiz sogar notwendig.

Zusammenfassung:
„Lehrer und Autoren sollten erinnern, daß keine linguistische Vereinfachung inhärent komplexe Ideen leicht verstehbar macht, und während anfängliche Vereinfachung pädagogisch immer zu vertreten ist, ist eine irreführende Übervereinfachung schlimmer als überhaupt keine Vereinfachung.“ (meint: Ausubel, 1974, S. 373.)

Kürze oder Redundanz oder Kürze statt Redundanz?

Wenn man einen Inhalt zu sehr vereinfacht, leiden gewöhnlich Kürze und Prägnanz darunter. Man kann es auch so sagen: der Text wird *redundanter.*

Was heißt das?

Was mit „redundant“ gemeint ist? „Redundant“ ist ein Adjektiv, ein Eigenschaftswort. Es gibt diesen Ausdruck, dieses Wort auch als Nomen oder Hauptwort, also als Substantiv. Redundant ist ein Text oder eine Zusammenstellung von Sätzen, die etwas aussagen sollen, wenn das, was inhaltlich an Informationen mitgeteilt werden soll, wenn der Informationsgehalt des Textes mit mehr Worten und ausführlicher mitgeteilt wird, als unbedingt und absolut nötig wären.

In diesem letzten Absatz können Sie problemlos einiges streichen, ohne daß dadurch wichtige Informationen verlorengehen. Das kommt, weil dieser Absatz ziemlich redundant ist. Um noch ein einfaches Beispiel aus dem Leben zu geben (das Sie auch streichen können, wenn Sie schon verstanden haben, was mit „Redundanz" gemeint ist):

Der Ausspruch „Sie Idiot!" ist weniger redundant als die folgende Formulierung: „Ich sage Ihnen hiermit, was Sie sind, nämlich, daß Sie ein Idiot sind."

Für einen (Lehrer-)Vortrag ist nun wichtig, daß er eine gewisse Redundanz hat, damit er von den Schülern verstanden wird. Solche Vorträge, in denen der Zuhörer nicht ein einziges Wort überhören darf oder gar noch zwischen die Zeilen hören muß, wenn er den Zusammenhang begreifen will, in denen jedes Wort also gleich wichtig für das Ganze ist, haben keine oder eine sehr geringe Redundanz. Die Folge ist: sie sind sehr schwer verständlich, zumindest für solche Zuhörer, denen die dargestellten Gedanken noch nicht völlig vertraut sind. Außerdem: kein Mensch ist in der Lage, wie ein Tonbandgerät wirklich jedes gesprochene Wort aufzunehmen. Manchmal kommt uns beim Zuhören ein eigener Gedanke, mit dem wir uns kurzfristig beschäftigen – es ist ja auch gut, wenn wir mitdenken –, oder wir werden plötzlich für einige Sekunden dadurch abgelenkt, daß z. B. irgendein Zuhörer melodisch hüstelt oder sich malerisch räkelt – und schon haben wir ein Wort, einen ganzen Satz oder sogar mehrere Sätze nicht mitbekommen.

Die Redundanz in einem Vortrag muß also so dosiert sein, daß die Zuhörer durch kurzfristiges Ausschalten ihrer ungeteilten Aufmerksamkeit nicht völlig den Anschluß verlieren, sondern nach dem Wiedereinschalten auch bald wieder folgen können und so die Hoffnung niemals ganz zu verlieren brauchen, daß sie schließlich doch noch begreifen werden, worum es geht. Man spricht hier auch von einer „günstigen Texttemperatur" oder von einer „angemessenen Informationsdichte".

Mit welchen Mitteln kann man nun eine solche dosierte Redundanz erzielen? Bildlich gesprochen: der Vortragstext muß so aufgebaut sein, daß die wirklich wichtigen Gedanken wie weithin sichtbare Bergesgipfel aus der Ebene emporragen. Und es müssen darüber hinaus in der Ebene ab und zu Plätze zu finden sein, wo ein Schild mit der Aufschrift „Schöner Bergblick“ die Aufmerksamkeit auf bestimmte Teile des Massivs lenkt.

Um noch etwas in Redundanz zu schwelgen, verdeutlichen wir diesen Gedanken noch einmal grafisch.

Sie sehen unten zwei Texte, und zwar aus der Vogelperspektive. Text A ist wenig redundant. Bei ihm folgen die wichtigen Informationen dicht an dicht, und der Hörer oder Leser darf kaum ein Wort versäumen. Wahrscheinlich wird er den Text mehrmals lesen müssen, um ihn zu verstehen.

WICHTIGWICHTIGWICHTIGWICH TIGunwiWICHTIGWICHTIGchtig WICHTIGWICHTIGWICHTIGWICH WICHTIGWICHTIGunWICHTIGWI CHTIGWICHTIGWICHTIGWICHTI wichWICHTIGWICHTIGWICHtig	unwichtigunwichtigWICHTIGunwich tigunwichWICHTIGWICHTIGtigunwich tigunwichtigunwichtigunwichtigun wichtiWICHTIGWICHTIGunwichtigun wichtigunwichtigunwichtigWICHTIG unwichtigunwichtigunwichtig.
Text A	Text B

In Text B dagegen sind die wichtigen Informationen umrahmt von Material, das zwar nicht völlig unwichtig, aber doch weniger wesentlich und wichtig ist. Dieser Text erlaubt dem Leser/Hörer das Mitdenken oder kurzfristige Abschweifen und erleichtert das Verstehen. (Viele Studenten machen ihre Referate so wie Text A. Wenn Sie ein Fachbuch lesen und beim Lesen das Wichtigste unterstreichen und hinterher merken, daß Sie fast keinen Satz ununterstrichen gelassen haben, dann ist dieses Buch wahrscheinlich in einem zu wenig redundanten Stil verfaßt.)

Die sprachlichen Mittel, mit denen dosierte Redundanz erzeugt wird, sind vielfältig. Ganz wichtige Gedanken oder Ausdrücke kann man einfach zweimal sagen. Häufig wird man auch das Mittel der Paraphrase (= verdeutlichende Umschreibung) einsetzen. Oder man benutzt Beispiele und Analogien, wendet den Gedanken oder den Begriff auf andere Probleme an usw. So entstehen Aussagen, die nichts fundamental Neues und Weiterführendes enthalten, sondern statt dessen das Grundthema variieren.

Redundanz im positiven, verständlichkeitsfördernden Sinne wird auch dadurch unterstützt, daß ab und zu wichtige Schlüsselwörter oder -formulierungen im Text wiederholt werden, was bei geschriebenen Texten bekanntlich verpönt ist. Als Beispiel übersetzen wir diesen letzten Satz hier einmal in redundantere Vortragssprache:

Wenn ich ein Ausmaß an Redundanz erreichen will, das die

Verständlichkeit meines gesprochenen Textes erhöht, dann kann ich auch das folgende Mittel anwenden: Ich *wiederhole wichtige Schlüsselwörter und wichtige Schlüsselformulierungen* so oft wie es nur geht. Das *Wiederholen wichtiger Ausdrücke und Gedanken* ist in geschriebenen Texten, wie Sie alle aus der Aufsatzerziehung wissen, streng verpönt. Wir alle haben gelernt, daß wir die gleichen *Wörter und Formulierungen* nicht zu oft *wiederholen* dürfen. Aber in einem Vortrag fördert es die Redundanz und damit die Verständlichkeit des Gesprochenen, wenn man ungeniert *Wiederholungen einbaut,* statt alles nur ein einziges Mal zu sagen. Dagegen macht es einen Vortragstext schwer verständlich, wenn der Redner nach der Devise vorgeht: „Ich sage alles nur einmal. Wenn ihr nicht richtig zuhört, habt ihr selbst schuld." *Ich wiederhole:* Keine Angst vor Wiederholungen in einem Vortrag!

Daß in diesem Beispiel auch mit Paraphrasen und volkstümlichen Illustrationen gearbeitet wurde, um die Informationsdichte herabzusetzen, wird Ihnen sicher beim Lesen nicht entgangen sein. Falls doch, dürfen Sie den Absatz unter diesem Aspekt ruhig noch einmal durchlesen. (Dies ist ein Beispiel für einen nachträglich induzierten Set.)

Zum Abschluß unseres Pro-Redundanz-Plädoyers ein Zitat:

Unter dem Titel „Sechs Gedanken in zehn Minuten" berichtet ein Autor namens „-ff." in „Die Welt" vom 25. 6. 1965 unter anderem: „Für den Hauptteil des Vortrages empfehlen die Experten (. . .) ein Rezept, das man als Gesetz der optimalen spezifischen Gedankendichte bezeichnen könnte. In einem Kurzreferat von fünf Minuten Dauer können, so sagen sie, im besten Falle nur drei wesentliche Gedanken noch klar voneinander getrennt untergebracht werden. Dementsprechend sollte ein Zehn-Minuten-Vortrag nicht mehr, aber auch nicht weniger als sechs markante Gedankengänge enthalten. In einem durchschnittlichen Kolleg von dreiviertelstündiger Dauer darf also der Student (. . .) zumindest 27 einprägsame gedankliche Formulierungen erwarten."

Warnung: Optimale spezifische Gedankendichte wird nicht dadurch gefördert, daß der Vortragende überflüssige Abschweifungen und umständliche Exkurse begeht.

Nachtragen müssen wir noch, daß Kürze auch im wortwörtlichen Sinne eine sehr wichtige Eigenschaft von Vorträgen, Erklärungen und Diskussionsbeiträgen ist. Es ist nämlich außerordentlich anstrengend, eine längere Zeit nichts anderes tun zu dürfen als zuzuhören. Darum hat der Spruch „Du darfst über alles reden, nur nicht über zehn Minuten" einen ganz ernsthaften Sinn. Man darf ihn natürlich nur nicht allzu wörtlich interpretieren. Aber selbst wenn man das tut: in zehn Minuten kann man schon eine ganze Menge mitteilen, wenn man seine Gedanken vorher anständig sortiert hat.

Eine der wichtigsten Eigenschaften von Lehrervorträgen haben wir bisher nicht erwähnt, vielleicht weil sie allzu selbstverständlich erscheint: daß nämlich ein Lehrervortrag auch wirklich diejenigen Inhalte darstellen muß, die die Schüler lernen sollen. Leider ist dieser Hinweis ganz und gar nicht überflüssig. Viele Lehrer haben ein etwas zweideutiges Verhältnis zur präzisen Darstellung der Lerninhalte. Sie versuchen, den Stoff so zu vermitteln, daß die Schüler nicht genau wissen, was sie lernen sollen. Sie wollen vermeiden, daß die Schüler zu direkte Tips bekommen, was nachher in der Klassenarbeit oder im Test drankommen wird. Unbewußt spalten sie sich in zwei verschiedene Personen auf: in einen Wissensvermittler und in einen Leistungsprüfer. Und der Wissensvermittler bemüht sich, so zu unterrichten, als wisse er nicht, was der Leistungsprüfer vorhat. Dadurch kann man sich das Gefühl verschaffen, bei der Beurteilung nicht allzu subjektiv zu sein. Das Erarbeitungsmuster ist für diese indirekte und vage Art von Informationsvermittlung sehr gut geeignet.

Wie kann man den Stoff für einen Lehrervortrag bearbeiten und aufbereiten?

Es ergibt keinen guten Lehrervortrag, wenn ein Lehrer sich das entsprechende Schulbuch nimmt, sich alles durchliest, was dort über das Thema steht, um diesen Stoff dann im Unterricht nachzuerzählen. Wenn der Lehrer keine besseren Informationen zu bieten hat als die aus dem Schulbuch, dann soll er lieber gar nicht erst einen Lehrervortrag halten.

Man hört oft Meinungen wie „Das ist ein trockenes Thema", „Dieser Stoff ist langweilig" u. ä. Wir glauben, daß hier ein falscher Gedanke im Hintergrund steht. „Trockenheit" kann niemals die Eigenschaft eines Themas sein, sondern resultiert immer nur aus der Art, wie das Thema verpackt wurde. Menschen, die bestimmte Themen als trocken, langweilig oder schwerverdaulich empfinden, haben die Erfahrung gemacht, daß ihnen diese Themen in trockener, langweiliger und schwerverdaulicher Zubereitung aufgedrängt wurden.

Schulbücher haben in der Regel viele Mängel. Gewöhnlich ist der Stoff nicht nur einseitig ausgewählt und ideologisch gefärbt – denken Sie nur an die Feindbilder, die nicht nur in unseren Geschichtsbüchern tradiert werden oder an die Tendenz, die eigenen Institutionen und Zustände harmonischer darzustellen, als sie sind –, sondern er ist sehr oft auch noch in einer abschreckend abstrakten Sprache dargestellt (vgl. *Vester,* 1975, S. 180 ff.).

Was in Schulbüchern steht, ist häufig extrem unanschaulich und langweilig.

Sachverhalte und Vorgänge, die – anders präsentiert – regelrecht spannend sein könnten, werden in Schulbüchern oft unter einem Haufen zusammengefaßter Zusammenfassungen von Verallgemeinerungen begraben. Von komplexen und facettenreichen Themen bleiben bedeutungsarme Formeln und Stereotype übrig – Material, das ungeeignet ist, von dem dargestellten Gegenstand einigermaßen klare Vorstellungen zu wecken. Diese generalisierten Darstellungen wecken nicht nur kein Interesse bei der Mehrzahl der Schüler, sondern sie halten sie geradezu davon ab, sich den Sachverhalten und Problemen selbst zuzuwenden. Daß Schulbücher so sind, hängt damit zusammen, daß sie möglichst *alles* behandeln müssen, was die Schüler im Laufe eines bestimmten Schuljahrs über ein bestimmtes Fach lernen sollen.

Schulbuchwissen ist häufig totes Wissen: es besteht aus Verallgemeinerungen, die als richtig oder wahr gelten und an denen deswegen nicht mehr gerüttelt werden darf. Dabei kann jeder, der damit anfängt, sich an die Quellen dieses Schulbuchwissens heranzuarbeiten, alsbald feststellen, daß die allermeisten Schulbuchinformationen keineswegs zu den wissenschaftlich unbestreitbaren „Tatsachen" gehören. Und auf einmal wird die Unterscheidung zwischen richtig und falsch viel schwieriger. Man stellt etwa fest, daß historische Abläufe auch ganz anders gegliedert und dargestellt werden können als im Geschichtsbuch. Oder man findet, daß Angaben über die Lebensweise einer heimischen Tierart zwar in jedem Biologiebuch stehen, daß aber Beobachtungsdaten, die diese Angaben stützen könnten, offenbar noch niemals erhoben wurden oder daß sich die Daten verschiedener Biologiebücher widersprechen oder daß die Daten zumindest vielfältig interpretierbar sind.

Kurz, man entdeckt, daß das „lebendige Wissen" viel weniger abstrakt und festgelegt ist, als es die Schulbücher suggerieren – aber auch, daß es viel spannender ist, sich mit diesem lebendigen, sich verändernden Wissen zu beschäftigen.

In einem Lehrervortrag soll ein Lehrer versuchen, *lebendiges Wissen lebendig darzustellen.* Dazu muß er den Stoff, die Informationen, die ihm vorliegen, *„aufbereiten"*. Das heißt, er muß versuchen, aus den mehr oder weniger blassen Informationen, die er vorfindet, ein farbigeres, einprägsameres, interessanteres, attraktiveres Material herzustellen, das seine Hörer voraussichtlich ansprechen wird und das eine geeignete Grundlage für weiteres Nachdenken, Diskutieren, Forschen ist.

Wie macht man das?

Stoffaufbereitung ist eine Sache von *Finden* und *Erfinden*: ich muß Informationen finden, die konkreter, interessanter, aussagekräftiger sind als die blassen Schulbuchinformationen, und ich muß zu den mir vorliegenden Informationen etwas hinzuerfinden, bevor ich sie in einem Vortrag verwenden kann.

Das Finden geeigneter Informationen ist ein Prozeß, der auch vom Zufall abhängig ist. Man kann nicht erwarten, daß durch eifriges Suchen immer gleich die besten Informationen verfügbar werden.

Ein Lehrer sollte deswegen nicht erst dann mit der Informationssuche beginnen, wenn ein Lehrervortrag unmittelbar bevorsteht, sondern er sollte dem Zufall eine Chance geben, indem er zufällig Gefundenes sammelt und speichert.

Zum Beispiel:
Wenn er vor dem Fernseher sitzt und etwas über die Orientierung der Zugvögel lernt, kann er sich Informationen, die er für wichtig hält, auf einer Karteikarte notieren. Oder er findet in der Zeitung eine interessante Tabelle, die er sich dann auf eine Karteikarte klebt, um sie zukünftig vielleicht einmal zu verwenden. Oder er liest ein Buch und macht sich dabei Notizen.

Wenn ein Lehrer in dieser Weise Informationen speichert, die er vielleicht einmal im Unterricht gebrauchen könnte, baut er sich nach und nach ein Archiv auf, aus dem er bei Bedarf gezielt Informationen für seinen Unterricht entnehmen kann.

Die Themen, über die Lehrer unterrichten, wiederholen sich meist in mehr oder weniger regelmäßigen Abständen. Wir kennen viele Lehrer, die bei jeder Themenwiederholung mit der Vorbereitung wieder ganz von vorn anfangen müssen, weil sie kein vorratswirtschaftliches Verfahren einzusetzen gelernt haben. Sie gehen dann wieder an ihren Bücherschrank und vergeuden ihre Zeit damit, die gleichen Stellen, wo etwas über Bismarcks Bündnispolitik oder den Deichbau steht, wieder herauszusuchen und sich davon Exzerpte anzufertigen. Dies ist ein sehr unökonomisches Verfahren. Ein Lehrer sollte sich Arbeitsmethoden angewöhnen, die solche Doppelarbeit verhindern.

Ein geeignetes Speichersystem, das meinen individuellen Bedürfnissen angepaßt ist, verhindert, daß ich jedesmal wieder ganz von vorn anfangen muß. Außerdem wird auf diese Weise mein Wissensvorrat kumulativ erweitert. Nach einiger Zeit ist es nicht mehr mein Hauptproblem, geeignete Informationen für meinen Lehrervortrag zusammenzubekommen, sondern aus den mir vorliegenden Informationen diejenigen auszuwählen, die am besten in meinen Vortrag passen. Und da ich bei jeder Wiederholung eines Themas in meinem Speicher mehr Informationen zur Auswahl (z. B. auch zum Weglassen) habe, kann auch die inhaltliche Qualität meines Lehrervortrages von Mal zu Mal verbessert werden.

Die eigentliche Arbeit der Stoffaufbereitung für einen Lehrervortrag besteht jedoch darin, daß zu den vorliegenden Informationen etwas *hinzuerfunden* wird. Zunächst: Wer einen Vortrag hält, muß selbst verstehen, was er sagt. Wenn man einen Inhalt versteht, bedeutet dies, daß man etwas hinzugefügt hat, nämlich etwas von dem, was man bereits vorher wußte. Verstehen heißt: einen Inhalt mit den Bedeutungen zu verbinden und aufzufüllen, die bereits in meinem Gehirn gespeichert sind.

Studenten, die ein Referat halten müssen, verzichten manchmal aus Zeitdruck oder weil es ihnen zu schwierig erscheint, auf diese Arbeit. Sie erzählen dann etwas, was sie selbst gar nicht verstanden haben und verlassen sich darauf, daß die vielen wörtlichen Zitate, die sie bringen, den Zuhörern den Zusammenhang schon deutlich machen werden. Häufig mißlingt diese Strategie: viele Zuhörer bekommen keinen Zugang zu den dargestellten Inhalten.

Die wichtigste Regel der Stoffaufbereitung lautet also: mache aus dem Stoff etwas Eigenes. Formuliere den Inhalt, den du darstellen willst, mit deinen eigenen Worten. Erst wenn dir das keine größeren Schwierigkeiten mehr macht, kannst du einigermaßen sicher sein, den Stoff verstanden zu haben und ihn für andere verständlich darstellen zu können. (Dabei kann es durchaus vorkommen, daß dein Verständnis des Stoffes von dem abweicht, was der Autor gern vermitteln wollte; aber dies wird ein Zuhörer leichter entdecken, wenn ihm ein falsches Verständnis des Stoffes *verständlich* dargestellt wurde, als wenn er gar nichts verstanden hat.)

Also: nichts Unverstandenes erzählen! Und wenn du doch einmal das Gefühl haben solltest, etwas sei wichtig und müsse unbedingt berichtet werden, obwohl du nicht sicher bist, ob du es wirklich verstehst, dann nenne deine Zweifel und Fragen, sprich über deine Schwierigkeiten statt sie zu verbergen. Daraus lernen die Zuhörer mehr, als wenn du sie mit keimfreien aber unverständlichen Sätzen konfrontierst.

Suchen, finden und erfinden sind beim Prozeß der Aufbereitung von Informationen meist miteinander vermischt. Vielleicht beginne ich damit, mein Thema zu gliedern, um von Anfang an einen Rahmen für meine Vorbereitungsarbeit zu haben. Bald bemerke ich aber, daß ich meine Gliederung wieder ändern muß, weil ich neue Informationen finde oder mir Ideen kommen, die in die Gliederung nicht hineinpassen. Es kann auch sein, daß ich ganze Abschnitte, die ich vorher geplant hatte, wieder streiche, weil ich herausgefunden habe, daß ich mir zu viel vorgenommen hatte. Oder ich entdecke eine neue Informationsquelle, durch die mein Vortrag einen völlig neuen Akzent bekommt, so daß ich mich genötigt sehe, die Themenformulierung zu ändern.

Die Stoffaufbereitung ist keine Folge von Arbeitsschritten, die logisch aufeinander aufbauen, sondern eher ein nervenaufreibendes Hin und Her. Die inhaltliche Vorbereitung eines Lehrervortrags (ebenso wie die Vorbereitung einer Unterrichtsstunde) wird in der Praxis eher gehemmt, wenn ich meine Einfälle nach einem starren Fahrplan zu produzieren versuche.

Im folgenden stellen wir an Beispielen dar, was im einzelnen mit „Stoffaufbereitung“ gemeint ist.

Beispiel ‚Auswählen‘

So wie die Unterrichtsthemen in den Lehrplänen und Schulbüchern formuliert sind, sind sie gewöhnlich viel zu umfangreich. Wenn etwa in den Richtlinien des Kultusministers das Thema „Die Fledermaus“ aufgeführt wird, dann fassen viele Lehrer dies als Befehl auf, den Schülern „Alles über die Fledermaus“ beizubringen. Diese Interpretation führt dazu, daß den Schülern eine Reihe oberflächlicher Allgemeinplätze angeboten werden.

Lehrer, die ihre Aufgabe so interpretieren, vergessen, daß es ihre Aufgabe ist, den durch die vorgeschriebenen Themen gezogenen Rahmen in eigener Verantwortung auszufüllen. Ein Lehrer kann sich dafür entscheiden, seinen Schülern in fünfundvierzig Minuten zur Orientierung einen groben Überblick über alle wichtigen Aspekte der Fledermauskunde zu geben, aber er kann sich genauso gut dafür entscheiden, einzelne Aspekte auszuwählen, um sie den Schülern gleichsam in stärkerer „Vergrößerung“ zu präsentieren.

Beispiele:
- Warum sind uns die Fledermäuse unheimlich?
- Anpassungen bei nachtaktiven Tieren am Beispiel der Fledermäuse
- Tiere, die mit den Fingern fliegen – Flugapparat und Flugmechanik bei Fledermäusen
- Fledermauswanderungen und ihre Erforschung
- Wie Fledermäuse den Winter überstehen
- Nahrungsspezialisierungen bei verschiedenen Fledermausarten
- Wie man die in Deutschland vorkommenden – etwa 20 – Fledermausarten unterscheiden kann
- Wie kann man die Fledermäuse bei uns schützen?
- Gibt es tatsächlich Vampire?
- „Sehen“ mit den Ohren – die Echoortung der Fledermäuse
- Woran man erkennt, daß Fledermäuse ursprünglich Tiere der Tropen sind

Jedes dieser Unterthemen ist umfangreich genug für eine mehrstündige Unterrichtseinheit. Und die Liste möglicher Themen ist hiermit noch längst nicht erschöpft.

Auswählen kann man nur, wenn man umgekehrt auch etwas hinzuzufügen hat. Wenn ich das Thema „Echoortung“ weglasse, weil ich mich nicht mit der Orientierung der Fledermäuse befassen will, sondern etwa mit ihrer Flugtechnik, dann muß ich zu *diesem* Teilthema eben auch präzisere Informationen anzubieten haben. Solche Informationen muß ein Lehrer sich beschaffen können. Dies ist einer der Gründe, warum viele Lehrer sich ziemlich regelmäßig dafür entscheiden, den Schülern lieber einen allgemeinen Überblick über ein umfangreicheres Thema zu geben statt exemplarisch in die Tiefe zu gehen und sich konkreteren Einzelfragen zuzuwenden.

In den meisten Fällen sollen Lehrervorträge den Schülern Informationen bieten, die sie zur Bewältigung einer *Lernaufgabe* benötigen. Es kommt dann nicht primär darauf an, daß die Schüler die Informationen selbst behalten, sondern daß sie über die Arbeit mit diesen Informationen Fähigkeiten erwerben und entwickeln. Daraus folgt als Forderung: Die Informationen für einen Lehrervortrag müssen so ausgewählt und aufbereitet werden, daß sie sich für eine Weiterverarbeitung im Sinne der Lernaufgabe(n) (und der in den Lernaufgaben implizierten Lern- und Erziehungsziele) eignen.

Beispiele haben wir oben schon gegeben. Hier sind noch einige:

Wenn die Schüler lernen sollen, eine Tabelle zu erstellen, dann muß im Lehrervortrag Material angeboten werden, das sich zu einer Tabelle zusammenstellen läßt.

Wenn die Schüler lernen sollen, sich kritisch mit Wertvorstellungen auseinanderzusetzen, dann muß der Lehrervortrag hierfür geeignetes Material bereitstellen.

Wenn die Schüler üben sollen, zu einem Problem Hypothesen zu entwickeln und Verfahren zu planen, wie man die Hypothesen prüfen kann, dann muß der vorbereitende Lehrervortrag ihnen ein oder mehrere Probleme explizit vorstellen, die zur Hypothesenbildung auffordern.

Wenn Schüler dagegen lernen sollen, Probleme zu erkennen und sie zu formulieren, dann muß der vorausgehende Lehrervortrag Probleme implizit – unausgesprochen – enthalten.

Geht es bei einem Lehrervortrag aber wirklich darum, ein bestimmtes Wissen zu vermitteln, dann muß man konkrete, plastische, überprüfbare, kritisierbare, nachvollziehbare Informationen auswählen, und nicht abstrakte und stereotypisierte Verallgemeinerungen und Zusammenfassungen. Denn Allgemeines behält man besser, wenn man die einzelnen Informationsitems kennt, auf denen es beruht, wenn man Beispiele kennt, auf die es sich bezieht, wenn man weiß, wie das Wissen zustande gekommen ist und auf welche Forschungen oder Experimente es zurückgeht. Wenn man es für wichtig hält, Schülern die Lebendigkeit und Unvollkommenheit unseres Wissens zu demonstrieren, sollte man gerade diejenigen Informationen auswählen, die den etablierten Stereotypen widersprechen.

Beispiel ‚Ordnen und Gliedern'

Bei einem Lehrervortrag müssen die Einzelinformationen sorgfältig angeordnet werden. Die einzelnen Items werden in eine Struktur gebracht, indem sie einem oder mehreren Grundgedanken untergeordnet werden. Der Zusammenhang kann chronologisch hergestellt werden oder einer Fachsystematik folgen. Häufig wird ein Lehrer jedoch von solchen vorgegebenen Gliederungsgewohnheiten abweichen müssen, weil er nur so auf die Lernvoraussetzungen seiner Schüler angemessen Rücksicht nehmen kann. Für die Schüler ist es vielfach günstiger, wenn sie zuerst mit bekannten und vertrauten Sachverhalten konfrontiert werden und anschließend erst mit unvertrautem, neuartigem Material.

Zum Beispiel wird ein Lehrer sich nicht scheuen dürfen, die biologische Systematik auf den Kopf zu stellen, indem er einen Sachverhalt zuerst am Beispiel eines Säugetiers darstellt, um dann zu den niederen Tieren überzugehen (Ausubel, 1974, S. 374).

Wie ein Lehrer seinen Stoff auch gliedert, auf jeden Fall muß er den Schülern die Struktur des Vortrags und die Prinzipien, nach denen der Stoff geordnet wurde, durchsichtig machen.

Beispiel ‚Informationen auffüllen'

Ein leerer Luftballon ist ein recht unscheinbares Gebilde. Erst wenn er aufgeblasen ist, gibt er etwas her.

Für einen Lehrervortrag müssen einzelne Informationen oft ähnlich behandelt werden wie ein Luftballon: der Lehrer muß einzelne Informationen mit Hilfe seiner Phantasie „auffüllen", um sie in Probleme zu verwandeln, über die es sich nachzudenken lohnt, um sie lebendiger, einfacher, anschaulicher oder persönlicher zu machen.

Hier sind einige Rezepte für das „Aufblasen" von Informationen.

- Berichte über Einmaliges, Individuelles. Nenne z. B. genaue Zahlen oder Personennamen.
- Füge Kontrastmaterial hinzu, um die Information mit einem Hintergrund zu versehen, vor dem sie sich gut abhebt.
- Verdeutliche Allgemeines durch Besonderes.
- Denk dir Beispiele aus, um Gedanken zu veranschaulichen.
- Illustriere Gedanken und Fakten durch Ereignisse und Geschichten.
- Verwandle Fakten und Gedanken in etwas Anschauliches, indem du sie mit bekannten Dingen vergleichst oder Analogien bildest.
- Übersetze Zahlen in anschauliche Vorstellungen.
- Benutze Tabellen, Zeichnungen, Schemata, Bilder, um etwas zu erklären.
- Bringe deine persönliche Einstellung zum Inhalt zum Ausdruck, indem du deine Erfahrungen, deine Fragen, Zweifel, Meinungen, Überzeugungen, dein Verständnis und dein Urteil mit erwähnst.
- Mache Sachverhalte lebendig, indem du sie in Fragen oder Probleme verwandelst.
- Stelle die eigenen Hintergrundideen dar und mache die Voraussetzungen deutlich, von denen du ausgehst.

- Verwende leicht merkbare Formulierungen, „Schlagzeilen", um deine Gedanken zusammenzufassen und zu wiederholen.
- Stelle dir die Einwände vor, die die Zuhörer haben könnten und berücksichtige sie in deiner Darstellung.
- Erzähle eigene Erlebnisse, die zum Gegenstand der Erklärung passen.
- Demonstriere etwas mit Handbewegungen oder Pantomime.
- Dramatisiere den Inhalt, verwandle ihn in ein Gespräch oder ein Streitgespräch.
- Schildere einen Sachverhalt als rätselhaften Vorgang oder erstaunliche Leistung.

Kurz: Es gibt unendlich viele Möglichkeiten, Informationen interessanter, verständlicher und anschaulicher zu machen, indem man ihnen in der Darstellung etwas hinzufügt.

Beispiel:

Die Länge der Nervenverbindungen in unserem Gehirn (etwa 500 000 km) läßt sich veranschaulichen, indem man die mittlere Entfernung zwischen der Erde und dem Mond zum Vergleich heranzieht: mit einem 500 000 km langen Lasso könnte man von der Erde aus den Mond einfangen, oder: Wir könnten unsere Nervenbahnen (nur die aus dem Gehirn) 12½mal um den Äquator wickeln.

Wir haben meist viel zu wenig Ideen, wenn wir etwas zu erklären versuchen. Wir bewundern Menschen, die fesselnd und einleuchtend erklären können und glauben von uns selbst, wir hätten nicht genug Phantasie.

Tatsache ist, daß die Menschen, die angeblich so viel Phantasie haben, nichts weiter tun, als ständig bestimmte Produktionsrezepte anzuwenden. Außerdem glauben solche Menschen nicht an das Märchen, daß Phantasie eine angeborene Eigenschaft sei, die man hat oder eben nicht hat, sondern sie setzen ihren Verstand in Bewegung und suchen nach Ideen, anstatt auf sie zu warten. Sie können unwahrscheinlich phantasievoll sein, wenn Sie es ebenso machen.

Kontakt zwischen Redner und Zuhörern

Wenn jemand etwas vorträgt, stellt er eine Beziehung zu seinem Publikum her. In dieser wechselseitigen Beziehung haben beide Seiten Bedürfnisse, die befriedigt werden müssen. Der Sprecher braucht das Gefühl, daß seine Gedanken ankommen. Die Zuhörer möchten das Gefühl haben, daß mit ihnen gesprochen wird und nicht über sie hinweg oder an ihnen vorbei. Ein Vortragender fängt bald an zu stottern, wenn die Zuhörer ihn mit Fischaugen fixieren und keinerlei Reaktion zeigen. Und Zuhörer schlafen ein oder verlassen – im Geist oder real – den Ort, wenn der Sprecher sich verhält, als seien sie gar nicht vorhanden.

Ein Vortrag mag vom Inhalt her noch so interessant und wichtig sein, wenn er nicht von „Anmachern" durchsetzt ist, die den Kontakt zwischen Hörern und Sprechern immer wieder bekräftigen, fallen die schönsten Gedanken zwischen die Dornen. Im Englischen gibt es für diese Beziehung zwischen Hörern und Sprecher den militärisch klingenden Ausdruck „rapport". Fehlt zwischen beiden Seiten dieser rapport, dann verhallen die klügsten Worte unerhört im Weltraum.

Hier sind einige Methoden, mit denen man beim Vortragen den rapport pflegen kann:

- die Schüler direkt anreden, vielleicht sogar mit „Du", so als spräche man mit einem einzigen Schüler;
- Blickkontakt mit Schülern aufnehmen, während man redet, statt die Blicke ständig in den Spickzettel zu senken oder beim Reden die Wandtafel zu fixieren;
- manchmal den Platz wechseln, von dem aus man redet, aber nicht unbedingt wie ein Schwarzer Panther an imaginären Gitterstäben auf- und abtigern (Entschuldigen Sie bitte den kleinen Bildbruch!);
- einen Set vorausschicken, der die Aufmerksamkeit der Zuhörer in die erwünschte Richtung lenkt;
- die Relevanz der Ausführungen für die Ziele der Schüler betonen;
- ab und zu auf die Bedeutung oder den Stellenwert bestimmter Punkte hinweisen („Dies ist jetzt wichtig", „Das müßt ihr euch merken", „Und jetzt kommt ein wichtiger Begriff . . ."));
- eine witzige Formulierung gebrauchen;
- mit rhetorischen Fragen arbeiten, die die Schüler zum Mitdenken anregen;
- den Schülern vielleicht die Möglichkeit geben, physisch zu reagieren (z. B. wenn man über die Zeichensprache der Prärie-Indianer berichtet, können die Schüler bestimmte Zeichenwörter mit den Händen „nachsprechen");
- die Schüler öfter ermutigen, den Vortrag durch Fragen oder Ergänzungen zu unterbrechen. (Es ist möglich, daß sich auf diesem Wege aus einem Vortrag ein lebendiges und interessantes Gespräch entwickelt, bei dem die Schüler viel freier und engagierter reden als bei dem üblichen Erarbeitungsgespräch, wo Lehrer sich oft in der Position von Bettlern befinden, die

um Almosen der Schüler bitten und immer nur einzelne trockene Wörter bekommen, während die Schüler sich mit längeren Beiträgen vorsichtig oder vornehm zurückhalten, weil sie nicht sicher sein können, was der Lehrer will.)

Es gibt unendlich viele Möglichkeiten, wie man es fertigbringen kann, nicht wie eine Schallplatte zu reden, sondern mit den Zuhörern zu sprechen. Jeder kann diese Möglichkeiten für sich entdecken und diejenigen für sich auswählen, die für ihn am passendsten sind. Es macht Spaß, mit diesen Mitteln zu experimentieren, und es ist wichtig, Schülern solche Anmacher vorzumachen und sie zu ermutigen, sie selbst beim Vortragen anzuwenden. Die Referate, die Studenten in den Hochschulseminaren halten, sind oft deswegen so einschläfernd und geisttötend, weil die meisten Studenten sich nicht die geringste Mühe geben, ein paar Anmacher in ihren Vortrag einzubauen und zu ihren Kommilitonen einen rapport herzustellen.

Elemente eines Lehrervortrags

„Nach einem Vortrag wird ein Zuhörer gefragt: ‚Worüber hat denn der Redner gesprochen?‘ Verdrießlich antwortete der Gefragte: ‚Das hat er nicht gesagt‘.“ (Reiners, 1961, S. 510)

Was schließen wir daraus?

Daß wir eines oder mehrere der folgenden Elemente in unseren Lehrervortrag einbauen sollten.

1. *Themenangabe/Überschrift*

Dies soll den Schülern einen Eindruck davon vermitteln, welcher Inhalt auf sie zukommt. Vielleicht weckt das Thema auch Spannung, weil es rätselhaft, widersprüchlich o. ä. ist.

2. *Übersichtsbemerkung*

Eine Übersichtsbemerkung repräsentiert den Gegenstand des Vortrags in seiner Gesamtheit. Die Schüler werden mit Hilfe eines oder mehrerer Sätze gleichsam auf einen Berg geführt, von dem aus sie einen Überblick über das Gebiet und seine Umgebung gewinnen können, das sie später im einzelnen durchwandern werden. Die Übersichtsbemerkung hat also die Funktion einer Landkarte oder eines Programmhefts. Sie ist der informierende Einstieg für den Vortrag.

Beispiele für Methoden, die man bei der Formulierung von Übersichtsbemerkungen anwenden kann:

- zeigen, in welchen größeren Zusammenhang das Thema gehört (z. B. „Die Erforschung sozialer Vorurteile ist ein Teilgebiet der sozialpsychologischen Einstellungsforschung.")
- den Roten Faden des kommenden Lernstoffs verdeutlichen (z. B. „Ich werde euch jetzt etwas von verschiedenen Tieren und Pflanzen berichten. Dabei steht jedesmal eine Fragestellung im Mittelpunkt: Wie überstehen diese verschiedenen Lebewesen den Winter? Wie sind sie auf die Bedingungen dieser Jahreszeit vorbereitet?")
- das Grundproblem darstellen, um das es bei dem Thema geht (z. B. „Das Problem ist: Wie kommt es eigentlich, daß ein kleiner Stein im Wasser versinkt, während ein riesengroßes, viel, viel schwereres Schiff auf dem Wasser schwimmt, ohne unterzugehen?")
- beschreiben, was das neue Thema von einem früher behandelten unterscheidet oder was beide Themen verbindet (z. B. „Wir haben bisher behandelt, welche Gründe es für die Reformation gab, heute wollen wir uns mit den Folgen befassen.")
- einige zentrale Begriffe nennen und ihre Beziehung zum Thema zeigen (z. B. „In dieser Unterrichtseinheit beschäftigen wir uns mit den Wirkungen des Eises auf die Landoberfläche. Wir behandeln die Gletscher, den Spaltenfrost, das Flußeis, das Bodeneis und die Lawinen. Da Eis gefrorenes Wasser ist, hängt dies ja mit unserem Hauptthema „Landschaft und Wasser" zusammen.)
- erklären, welche Funktion oder Bedeutung der Gegenstand hat, der behandelt wird (z. B. „Darwin hat seine Theorie der natürlichen Auslese vor mehr als hundert Jahren gefunden, aber sie gilt auch heute noch." „Wenn viele Menschen zusammenleben wollen, ergeben sich daraus Probleme. Zur Lösung dieser Probleme ist eine Rechtsordnung nötig. Die Rechtsordnung eines Staates ist die Verfassung. Unsere Verfassung ist das Grundgesetz.")

3. *Organisationshilfe(n)*

Organisationshilfen können schon in einer Übersichtsbemerkung enthalten sein. Falls das nicht der Fall ist, muß man sich überlegen, welche Gedanken als Organisationshilfe für die Schüler nützlich sein könnten. Was ist eine Organisationshilfe? Eine Organisationshilfe ist ein *advance organizer.*

Die kognitive Struktur ist ein System aus für uns bedeutungsvollen Kategorien und Ideen, das wir dazu benutzen können, neue Informationen schnell und relativ dauerhaft einzuordnen, vorausgesetzt in ihm sind bereits Kategorien und Ideen vorhanden, die einen Bezug zu den neuen Informationen haben, so daß die neuen Informationen unter die existierenden Kategorien subsumierbar sind.

Das finden Sie doch auch, oder?

Wir vermuten trotzdem, daß dieser Satz Ihnen nicht allzuviel sagt.

Und wir wollen deswegen am Beispiel dieses Satzes versuchen, das Prinzip und den Nutzen eines „advance organizer" zu demonstrieren. Sie werden unseren Anfangssatz dann wahrscheinlich kaum wiedererkennen, so sehr wird er sich (hoffentlich!) verändert haben, obwohl er wörtlich erhalten bleibt.

Beginnen wir noch einmal von vorn, diesmal aber mit einem „advance organizer" (oder einer „Organisationshilfe"):

Die Psychologie befaßt sich mit der Erforschung des menschlichen Erlebens und Verhaltens. Ein Teilgebiet der psychologischen Forschung ist die Untersuchung des menschlichen Lernens. Ein Teilproblem der Lernpsychologie wiederum ist:

Wie erwerben die Menschen eigentlich ihr Wissen? Was geschieht, wenn wir neue Informationen lernen und behalten?

Zu dieser Frage gibt es verschiedene Theorien.

Eine dieser Theorien stellen wir hier kurz dar, und zwar deswegen, weil sich aus ihr ableiten läßt, warum Lehrer den Schülern sogenannte Organisationshilfen (advance organizer) präsentieren sollen, bevor sie mit der Vermittlung des eigentlichen Lernstoffs beginnen. Und außerdem werden Sie besser verstehen, wie solche Organisationshilfen angefertigt werden können, wenn Sie die dazugehörige Theorie kennen.

Was besagt nun diese Theorie?

Sie sagt folgendes: Unser Gehirn produziert aus den Informationen, die wir von außen bekommen – die wir etwa durch Lesen oder durch Zuhören aufnehmen – unser persönliches Wissen, indem es die neuen Informationen mit dem bereits früher gespeicherten Wissen verbindet.

Den Wissensspeicher kann man sich wie einen Schrank mit vielen Schubladen vorstellen. Jede Schublade hat eine Aufschrift, die darüber Auskunft gibt, was in sie eingeordnet werden darf. Je mehr wir wissen, desto mehr Schubladen hat unser Speicherschrank und desto besser können wir neue Informationen einordnen. Durch das Einordnen wird die Anzahl der Einzelinformationen reduziert, und es fällt uns darum leichter, diese Informationen zu behalten. Diesen Wissensspeicher bezeichnen Psychologen als „kognitive Struktur".

Die kognitive Struktur ist ein System aus für uns bedeutungsvollen Kategorien und Ideen, das wir dazu benutzen können, neue Informationen schnell und relativ dauerhaft einzuordnen, vorausgesetzt in ihm sind bereits Kategorien und Ideen vorhanden, die einen Bezug zu den neuen Informationen haben, so daß die neuen Informationen unter die existierenden Kategorien subsumierbar sind. Zum Beispiel:

die Information „Der Anstoß zum Dumping kann also ebenso von staatlichen Maßnahmen (Wirtschaftspolitik) ausgehen wie von der Kosten- und Marktsituation einzelner Unternehmungen“ oder die Information „Wirtschaftspolitisch besonders hervorgetreten sind die sogenannten Exportsubventionen“ kann ich nur mit Aussicht auf Erfolg in meinem Wissensspeicher ablegen, wenn ich eine oder mehrere Schubladen besitze, in die diese Informationen hineinpassen. Lege ich die Informationen dagegen irgendwo unsystematisch ab, dann habe ich nur geringe Aussicht, die Informationen jemals wiederzufinden: ich habe sie vergessen.

Das Lernen und Behalten bedeutungsvoller Informationen kann nun – wie Experimente gezeigt haben – dadurch erleichtert werden, daß der Lehrer die im Schüler vorhandene kognitive Struktur mobilisiert und dem Schüler so hilft, den neuen Wissensstoff zu organisieren und ihn in seine kognitive Struktur einzusortieren.

Wie kann der Lehrer aber nun diejenigen Elemente der kognitiven Struktur im Lernenden mobilisieren, die für die Einsortierung der neuen Fakten geeignet sind?

Diese Aufgabe löst man durch eine passende Organisationshilfe (advance organizer). Das ist ein Text, der genau das Ideengerüst darstellt, das der Schüler zum Einordnen des Neuen benutzen kann. Die Organisationshilfe zeigt dem Lernenden die Schubladen seines Wissensspeichers, in die er die neuen Fakten einordnen kann, und zwar bevor er die Fakten selbst zum Lernen vorgesetzt bekommt. Der Schüler erhält durch den Organisationshilfetext Hinweise, wie und wo er das Neue an bereits Bekanntem verankern kann und wie er aus einem Haufen mehr oder weniger bedeutungsloser Fakten ein bedeutungsvolles Gedankengebäude bauen kann.

Zwischenfrage: Wie sieht es jetzt in Ihrem Kopf aus?

Eher so? Oder eher so?

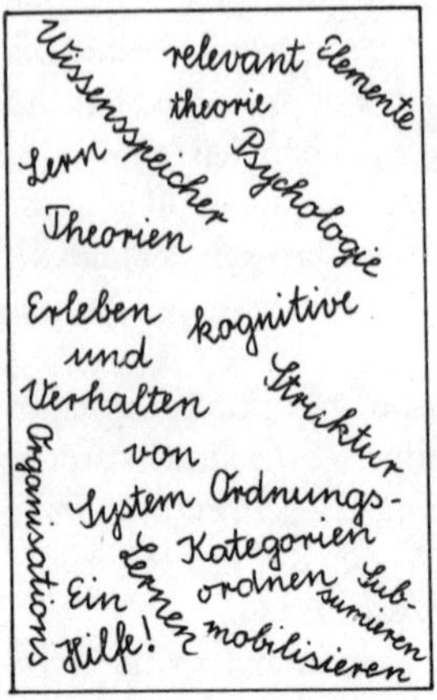

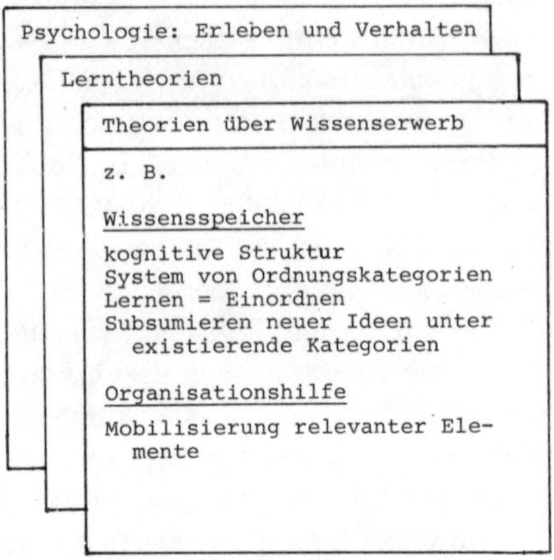

Es gibt verschiedene Typen von Organisationshilfen.

,Vergleichende' Organisationshilfen sind nach Ausubel (1974, S. 154 f. und 160) dann angebracht, wenn der Lernstoff den Schülern schon relativ bekannt ist und wenn es schwierig sein dürfte, den neuen Stoff von dem, was bisher durchgenommen wurde, zu unterscheiden (Diskriminierung). In so einem Fall dient die Organisationshilfe dazu, die Ähnlichkeiten und Unterschiede zwischen den beiden Lernstoffen zu unterstreichen und den Schülern so bewußt zu machen.

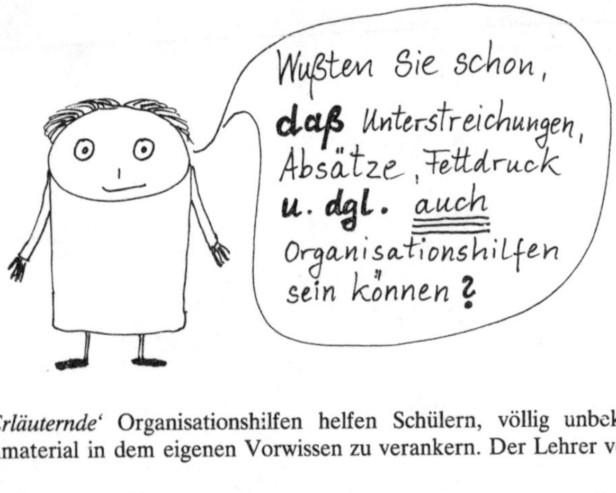

,Erläuternde' Organisationshilfen helfen Schülern, völlig unbekanntes Lernmaterial in dem eigenen Vorwissen zu verankern. Der Lehrer versucht

durch seine Erläuterungen, in den Schülern neue Systeme aufzubauen, in die der Stoff eingeordnet werden soll. Dabei müssen Begriffe benutzt werden, die dem Lernenden bereits bekannt sind, und neue Schlüsselbegriffe sind über diese bekannten Begriffe einzuführen. Als *‚integrierende'* Organisationshilfe kann man einen Text bezeichnen, der den Schülern hilft, einen neuen Lernstoff, der mit vorher gelerntem Stoff in Widerspruch steht, in ein umfassenderes System zu integrieren.

Für eine umfangreichere Unterrichtseinheit (oder für ein Lehrbuch) ist eine *‚hierarchische Serie'* von Organisationshilfen vorzusehen. Am Anfang steht eine *‚globale'* Organisationshilfe, auf die im Verlauf des Lehrgangs jeweils *‚speziellere'* Organisationshilfen folgen.

Organisationshilfen sind besonders wichtig, wenn das Lernmaterial aus einer Anhäufung von Faktenmaterial besteht, das sich der Lernende kaum merken kann, wenn er es nicht übergeordneten Kategorien zuordnet.

„Die Hauptfunktion einer Organisationshilfe ist, die Kluft zu überbrücken zwischen dem, was der Lernende bereits weiß und dem, was er wissen muß, bevor er erfolgreich die jeweilige Aufgabe lernen kann." (Ausubel, 1974, 160). Eine Organisationshilfe soll *vor dem Lernmaterial* präsentiert werden. Sie muß *abstrakter, allgemeiner und umfassender* formuliert sein als der Text, in dem das Lernmaterial dargestellt wird. Eine Organisationshilfe macht dem Lernenden bewußt, wo und wie er den neuen Stoff in seine vorhandene kognitive Struktur einpassen kann.

Tip: Wir lernen sehr viel von Modellen und guten Beispielen. Wenn Sie Modelle für gelungene Organisationshilfen suchen, empfehlen wir Ihnen das Taschenbuch von H. v. Ditfurth und V. Arzt, 1977. Lesen Sie sich einmal durch, wie dort Kapitel miteinander in einen Zusammenhang gebracht werden, die so verschiedene Themen behandeln wie „Fliegen" oder „Intelligenz". H. v. Ditfurth ist überhaupt ein sehr gutes Modell für verständliches Erklären. Wir Lehrer können uns da vieles abgucken, wenn wir einen Fernseher haben.

Weiter im Text. Das nächste Element in einem Lehrervortrag ist:

4. *Begründung für das Thema*

Lehrer müssen sich überlegen, warum es wichtig ist, daß die Schüler etwas über das Thema wissen, das behandelt werden soll. Sie sollten versuchen, diese Begründung den Schülern gegenüber so zu formulieren, daß die Schüler die Bedeutsamkeit des Themas verstehen. Die Begründungen sollten nicht zu allgemein und nicht zu zukunftsbezogen sein („Das müßt ihr wissen, um später als Erwachsene einmal mitreden zu können"), sondern sie sollten den unmittelbaren Nutzen betonen, den die Schüler davon haben, wenn sie das

Thema beherrschen. Inwiefern verbessert es die Lebensqualität der Schüler, wenn sie über das Thema Bescheid wissen? („Wenn etwas darüber im Fernsehen kommt, verstehst du es besser und brauchst nicht frustriert abzuschalten.“ „Du kannst mitreden, wenn über das Thema Sowieso gesprochen wird und dir auch eine eigene Meinung bilden.“ „Du kannst heute nachmittag, wenn du draußen spielst, mal darauf achten, ob du Spuren der Erosion siehst. Dann klingelt es in deinem Kopf, und du merkst: Aha, das war Erosion durch Regenwasser.“)

5. *Lernziele bekanntgeben*
Die Schüler müssen wissen, was sie aus dem Lehrervortrag lernen sollen, worauf sie beim Zuhören besonders achten und was sie sich merken müssen („Set“).

6. *Inhaltsverzeichnis/Gliederungsschema*
Die Schüler müssen wissen, wie der Vortrag aufgebaut ist. Der Lehrer schreibt die Gliederung am besten an die Tafel, erläutert sie zu Beginn und weist während des Vortrags immer wieder darauf hin, an welcher Stelle der Gliederung er sich gerade befindet. Der Lehrer muß die Schüler mit geeigneten Worten und Gesten darauf aufmerksam machen, wenn er von einem Punkt zum nächsten übergeht. (z. B. „Das war jetzt der Abschnitt ‚Wie beeinflußt der Spaltenfrost die Gestalt des Bodens?‘. Ich beginne jetzt mit dem 5. Punkt: ‚Die Wirkungen des Flußeises‘.“)

7. *Beziehungen verdeutlichen*
Ein Lehrer kann nicht erwarten, daß die Schüler alle Verzahnungen im Inhalt des Vortrags sogleich von selbst erkennen. Er muß sie deswegen durch Querverweise explizit machen. Das heißt: Er muß auf Ähnlichkeiten, Unterschiede, Widersprüche, Zusammenhänge zwischen den in den verschiedenen Abschnitten vorgetragenen Gedanken hinweisen. Er muß bei Ergänzungen zu früher formulierten Gedanken, bei Wiederholung vorher geäußerter Ideen unter einem anderen Aspekt den Zusammenhang verdeutlichen.

Diese Aufgabe ist deswegen so wichtig, weil die Gliederung eines Sachverhalts in Unterthemen und voneinander getrennte Abschnitte immer irgendwie künstlich ist. Die durch die Gliederung bedingte Trennung bestimmter Gedanken muß deswegen bis zu einem gewissen Grade wieder rückgängig gemacht werden. Ausubel (1974, 167) nennt dieses Bemühen das Prinzip der „integrativen Aussöhnung".

Beispiel: „Vorhin habe ich davon gesprochen, daß ein Vortrag einfach formuliert sein muß. Jetzt will ich dieser Forderung in einem gewissen Sinne widersprechen, indem ich darauf hinweise, daß zu große Einfachheit auch nachteilig sein kann. Wir werden noch sehen, daß sich das nicht widerspricht."

8. *Bedeutsamkeitssignale geben*

In jedem Vortrag gibt es unterschiedlich wichtige Gedanken. Lehrer müssen den Schülern mit Worten (aber auch mit anderen Mitteln, z. B. Betonung) die Bedeutsamkeit bestimmter Gedanken markieren.

9. *Zusammenfassungen*

Unter Umständen ist es nötig, wichtige Gesichtspunkte im Verlauf des Vortrages in regelmäßigen Intervallen zusammenzufassen. Rückblicke sind ebenso hilfreich wie Vorblicke. Am Schluß sollte eine kurze Zusammenfassung des gesamten Inhalts stehen.

10. *Postorganizer*

Während ein „*advance* organizer" vor der Präsentation des Lernmaterials gegeben wird, folgt ein „*post*organizer" hinterher. Der Lehrer kann z. B. beschreiben, was die Schüler jetzt, nachdem sie den Lehrervortrag angehört haben, wissen sollen (Gage/Berliner, 1975, S. 524).

11. *Verbindungen zum folgenden Stoff aufzeigen*

(‚Interlecture structuring'; Gage/Berliner, 1975, 525)

Nach dem Vortrag kann der Lehrer den Schülern mitteilen, welche Inhalte in den folgenden Stunden behandelt werden sollen. Er kann auch noch einmal auf das verweisen, was vorausging. So wird den Schülern noch einmal das Gesamtbild ins Bewußtsein gerückt. Dies geschieht im Unterricht wahrscheinlich viel zu selten.

Bitte, beachten Sie bei dieser Liste, daß sie nicht die Aufgabe hat, irgend jemanden einzuschüchtern. Wenn Sie vor der Fülle der Elemente erschrecken, die ein Vortrag haben sollte, dann machen Sie etwas falsch. Sie machen es richtig, wenn Sie zu sich sagen: ‚Das ist eine gute Idee! Ich will mal versuchen, einen Lehrervortrag zu machen, bei dem ich versuche, den Schülern die Beziehungen zwischen den verschiedenen Gedanken zu verdeutlichen. Dabei werde ich selbst klüger – und vielleicht die Schüler auch." Wenn Sie sich auf diese Weise etwas herauspicken, was Ihnen einleuchtet und etwas für Sie Neues probieren, dann haben Sie etwas davon. Sie haben aber überhaupt nichts davon, wenn Sie zu sich sagen: „Wenn ein Lehrervortrag so viele Teile haben soll, dann ist das nichts für mich. Das lerne ich ja doch nie."

Kurze Erklärungen geben

Lehrer brauchen nicht ständig längere Vorträge zu halten. Oft werden sie ohne Vorwarnung vor die Aufgabe gestellt, aus dem Handgelenk irgend etwas zu erklären, was die Schüler nicht verstehen. Für Anfänger kann es ein ziemlicher Schock sein, wenn sie nichtsahnend mit den Schülern eine Geschichte lesen und plötzlich feststellen müssen, daß sie nicht in der Lage sind, den Schülern zu sagen, was etwa ein Wort wie „besänftigt" bedeutet.

Manche Lehrer geben sich mit der Hoffnung zufrieden, daß die Erklärungskräfte in den Jahren der Praxis schon von selbst ungeheuer anwachsen werden. Nicht alle haben mit diesem Rezept Erfolg. Für manche Lehrer besteht das Hauptproblem darin, die nötige Kürze zu wahren, sie beantworten unscheinbarste Schülerfragen mit Grundsatzreferaten nebst Überblick über den Forschungsstand. Andere wissen überhaupt nicht, wie man etwas vernünftig erklären kann. Für sie kann es nützlich sein, sich verschiedene Erklärungstypen zu vergegenwärtigen und den Versuch zu machen, ihre Erklärungen nach solchen Mustern aufzubauen.

Zwei Beispiele für Erklärungsmuster:

Modell für die Erklärung eines Begriffs nach dem Muster „Definition – Beispiel – Definition" (Regel – Beispiel – Regel):

Nehmen wir an, die Schüler wollten wissen, was das Wort „ablenken" bedeutet. Eine (übertrieben ausführliche) Erklärung nach diesem Muster kann so aussehen:

Die Erklärung	*Kommentar*
Du kennst das Wort „ablenken" nicht, und ich soll dir erklären, was es heißt. Hab ich es so richtig verstanden?	Der Lehrer überprüft, ob er genau verstanden hat. Der Schüler muß hier die Gelegenheit bekommen, seine Frage eventuell zu präzisieren.
Man kann das Wort so erklären:	Dieser Satz macht die Struktur der Erklärung für den Schüler durchsichtig.

„Ablenken“ bedeutet: *etwas von seiner Zielrichtung abbringen.*

Der Lehrer gibt jetzt eine Definition. In anderen Fällen könnte der Lehrer an dieser Stelle eine Regel oder ein Prinzip nennen.

Wenn etwas abgelenkt wird, gehören immer drei Dinge dazu:
Erstens: eine Person oder ein Gegenstand;
diese Person oder dieser Gegenstand müssen *zweitens* ein Ziel haben;
und *drittens:* die Person oder der Gegenstand müssen durch irgendwas von ihrem Ziel abgebracht – abgelenkt – werden.

Der Lehrer arbeitet jetzt die Elemente des Begriffs heraus.

Hier verwendet der Lehrer schon den zu erklärenden Begriff. Der Schüler erhält ein Modell dafür, wie man das Wort in Sätzen gebraucht.
„Erstens“, „zweitens“, „drittens“: dies erleichtert den Schülern, die wesentlichen Elemente der Definition voneinander zu unterscheiden.

Ein Beispiel dafür:

Dies macht wieder die Struktur der Erklärung deutlich.

Hier ist ein Fußball. Ich will diesen Ball – er ist der Gegenstand – nach dort ins Tor schießen. Das Tor ist die Zielrichtung für den Ball. Ich schieße jetzt also:
aber ein anderer Spieler kommt dazwischen und schießt den Ball mit dem Kopf zur Seite.
Er hat den Ball von seiner Zielrichtung *abgelenkt.*

Der Lehrer stellt jetzt ein Beispiel dar.
- er macht die Erklärung lebendig, indem er das Beispiel z. T. vorspielt.
- er wählt für das Beispiel Sachverhalte, die dem Schüler vertraut sind und die ihn deswegen wahrscheinlich interessieren.
- das Beispiel ist attraktiv (spannend).
- er weist darauf hin, welche Elemente des Beispiels welchen Elementen des Begriffs entsprechen (Ball: Gegenstand).
- er verwendet den Begriff wieder in einem Satz.

	(*Vorsicht:* Allzu spannende Beispiele könnten vom Inhalt der Erklärung ablenken!)
Noch ein zweites Beispiel:	(Es ist nicht immer nötig, mehrere Beispiele zu bringen.) Die Bemerkung macht wieder die Struktur der Erklärung deutlich: wo bin ich jetzt mit meiner Erklärung?
Du willst gern ein spannendes Buch lesen. Das Lesen ist dein Ziel. Plötzlich bellt draußen ganz laut ein Hund. Du rennst erschreckt oder neugierig zum Fenster. Das Gebell hat dich von deinem Ziel – das Buch zu lesen – abgelenkt.	Der Lehrer bringt ein zweites Beispiel, in dem der Schüler die „Hauptrolle“ spielt. Er wendet ähnliche Mittel an wie im ersten Beispiel. Das Wort „abgelenkt“ wird wieder in einem Satz gebraucht. Der Schüler kann sich so langsam daran gewöhnen.
Also: ein Ding oder ein Mensch wird abgelenkt, wenn irgendwas dazwischenkommt, was sie von ihrer Zielrichtung wegbringt.	Der Lehrer wiederholt jetzt noch einmal die Definition mit etwas anderen Worten.
Möchtest du etwas dazu fragen?	Der Schüler erhält jetzt Gelegenheit, nachzuhaken, falls ihm die Erklärung nicht geholfen hat.

Der Lehrer kann jetzt auch Fragen stellen, um zu überprüfen, ob der Schüler die Erklärung verstanden hat. Oder er kann Aufgaben stellen, die zum Üben des Begriffs anregen:
- Fallen dir Beispiele ein, wo du oder irgend etwas anderes abgelenkt wurden?
- Wir können diesen Ausdruck und wie man ihn richtig gebraucht jetzt noch etwas üben. Wodurch könnte eine Kugel abgelenkt werden, die über den Fußboden rollt?
- Ein Schüler soll im Unterricht einen Text abschreiben. Wie könnte es aussehen, wenn er davon abgelenkt wird?
- Ich erzähle jetzt zwei ganz kurze Geschichten. Überlege bitte, welche etwas mit Ablenkung zu tun hat: 1. Ich fahre mit meinem Auto durch die Stadt. Ich will in ein Fischgeschäft, um Schollen zu kaufen. Da hat eine Ampel rot, und ich muß warten. 2. Ich will mir aus der Küche etwas zu trinken holen. Da fällt mir ein, daß ich das Fenster im Schlafzimmer schließen wollte. Ich gehe und schließe das Fenster.
- Welches Ereignis hat etwas mit Ablenkung zu tun und warum?

Modell einer Erklärung nach dem Muster „Beispielsätze bilden“:

(Dies ist im Grunde das volkstümliche Verfahren „Ein-Pintukalobjekt-ist-wenn-man . . .“):

„Ich sage euch einige Sätze, in denen das Wort „ablenken“ vorkommt, damit ihr die Bedeutung aus dem Zusammenhang erkennt.

Satz 1: Wenn du Hausaufgaben machen willst, stellst du das Radio an. Die Musik lenkt dich von der Mathematik ab.

Satz 2: Wenn ein kleines Kind sich wehgetan hat, versuchen die Eltern manchmal, es mit Spielzeug von dem Schmerz abzulenken.

Satz 3: Ein Autofahrer wurde von einer Fliege abgelenkt und fuhr gegen einen Baum.

Trainingsvorschläge zu „Erklären“

Vielleicht gibt es ein paar Lehrer mit einer angeborenen Begabung zum Erklären. Die meisten von uns gehören wahrscheinlich zu denen, die noch viel lernen können.

Was können Sie tun, um Ihre Erklärungsfähigkeit zu verbessern? Wir nennen nur einige Ideen, die Sie selbst zu Übungen aufblasen können, wenn Sie das Gefühl haben, daß Ihre Ausdrucksfähigkeit noch verbessert werden kann.

- Versuchen Sie, ein Thema auf zehn verschiedene Arten zu gliedern und darzustellen. Zum Beispiel: für Kleinkinder, Jugendliche, Arbeiter, Nonnen, Politiker . . . ernst, lustig, spannend, langweilig . . . praktisch oder theoretisch . . . abstrakt oder konkret . . . schematisch oder anekdotisch . . . Dies kann man als Spiel mit Freunden durchführen. Dabei haben Sie Spaß, erweitern Ihre Ausdrucksmöglichkeiten und bekommen neue Ideen.
- Wählen Sie ein grammatisches oder mathematisches Problem und erklären Sie es auf drei verschiedene Arten. (Lehrer können Schülern nicht helfen, wenn sie etwas fünfmal auf dieselbe Weise erklären. Wir müssen lernen, dieselbe Sache unterschiedlich erklären zu können.)
- Nehmen Sie eine knappe Informationsquelle (z. B. einen Lexikonartikel, eine Zeitungsmeldung, eine Zeichnung, eine Tabelle, Stichwörter) und blasen Sie diese Informationen zu einem Vortrag von fünf Minuten auf.
- Sammeln Sie Schülerfragen und üben Sie, kurze und präzise Antworten zu geben.
- Lassen Sie sich über ein Thema ausfragen, das Sie beherrschen. Versuchen Sie, kurze und prägnante Erklärungen zu geben.
- Formulieren Sie zu einem Text, der aus dem Zusammenhang gerissen wurde, eine Organisationshilfe.
- Halten Sie Kurzvorträge über Themen, die den Zuhörern unbekannt sind.
- Nehmen Sie als Reiz ein paar Sätze aus einem Schullehrbuch. Können Sie die Sätze umformulieren? Fallen Ihnen anschaulichere Wörter ein? Können Sie eine Zeichnung oder Tabelle dazu machen? Welche Fragen löst der Satz bei Ihnen aus? Kommen Ihnen Beispiele in den Sinn, die den Inhalt

illustrieren? Läßt sich der Gedanke als Problem formulieren? Was ist das Gegenteil oder ein Kontrast zu der Aussage? usw.
Versuchen Sie, den Informationen so viel hinzuzufügen, wie Ihnen einfällt. Zerreden, problematisieren, veranschaulichen Sie die Sätze nach Strich und Faden.
Wenn Sie zusammen mit einigen anderen über ein kleines Informationsquantum sprechen, merken Sie erst, was alles darinsteckt und auf wieviele verschiedene Arten man das Quantum aufblasen könnte. Das wird Ihre Kreativität anregen. Aber vielleicht wird es Sie auch ein wenig ängstigen, weil sie merken, daß unscheinbare Informationen viel vieldeutiger sind, als Sie bisher dachten.

- Treffen Sie sich in einer Gruppe, um das verständliche Erklären zu üben. Einigen Sie sich auf ein Thema, das jeder Teilnehmer auf seine Art darstellen soll. Oder machen Sie es so, daß jeder ein anderes Thema erklärt. Beide Verfahren sind lehrreich. Geben Sie sich gegenseitig Feedback.
- Machen Sie sich ein Programm, wie Sie das Erklären in bestimmten Schritten trainieren können. Beispiel: Zuerst tragen Sie Erklärungen vor, die Sie zu Hause vorbereitet haben; dann versuchen Sie, etwas nach 5minütiger Vorbereitungszeit zu erklären; schließlich antworten Sie unvorbereitet auf überraschende Fragen, die Ihnen ein anderer Teilnehmer stellt.
- Informieren Sie sich über die Dimensionen der Verständlichkeit (vgl. die Literaturvorschläge auf Seite 202 f.) und arbeiten Sie nach den dazugehörigen Trainingsvorschlägen.
- Trainieren Sie das Erklären/Vortragen überhaupt möglichst in Kleingruppen. Notieren Sie sich Beobachtungen, wenn ein Teilnehmer einen Erklärungsversuch macht und geben Sie ihm Feedback. Dabei bilden sich nach und nach in Ihrem Kopf Kriterien, nach denen Sie Erklärungen beurteilen und selbst gestalten können. Von solchen Übungen haben Sie sehr viel mehr als von 1000 schlauen Erklärungen in 100 klugen Büchern (wie z. B. diesem hier). Woran man wieder einmal sieht, daß Lernen eigentlich erst beginnt, wenn Informationen aufgetischt worden sind. Leider enden viele Lernprozesse hier aber schon, denn nicht jeder denkt daran oder besteht darauf, mit den Informationen auch Erfahrungen zu machen.

Sie denken vielleicht: Das Erklären ist nicht so wichtig. Ich kann morgen oder nächsten Monat oder nach der 2. Prüfung immer noch damit anfangen, verständliches Erklären zu trainieren. Hören Sie endlich damit auf, sich ständig solche Märchen zu erzählen! Fangen Sie einfach an!

Zusammenfassung:

„Informationsinput“ bedeutet: die für die folgende Lernaufgabe grundlegenden Informationen werden den Schülern *gegeben,* damit sie Zeit bekommen, bedeutsame Erfahrungen zu machen. Welche Informationen nötig sind, das hängt nicht so sehr vom Fachinhalt des jeweiligen Themas ab, sondern hauptsächlich von den erzieherischen Lernzielen, die diesem Thema hinzugefügt wurden.

Ein Informationsinput kann eine *Erklärung* sein, man kann etwas *vormachen* oder man kann einen *vieldeutigen Informationsreiz zusammen mit einem Set* darbieten. In der Praxis muß man diese Formen oft miteinander vermischen. Natürlich kann ein Informationsinput auch schriftlich gegeben werden.

Es gibt eine große Zahl brauchbarer Rezepte zur Gestaltung von Vorträgen und Reden, die Lehrer beachten und sich durch Training aneignen können. Dazu gehören: advance organizer, angemessene Redundanz beim informierenden Sprechen, ‚Anmacher‘, die vier Verständlichkeitsdimensionen u. a.

Informationsvermittlung ist ein unverzichtbarer Teil des Lernens in der Schule, aber er ist noch nicht das Lernen. Gelernt wird erst, wenn Schüler aus Informationen Erfahrungen machen. Lehrervorträge und -erklärungen sind nicht dazu da, die Schüler vom Sprechen und Erfahren abzuhalten. Sie sind nur zu rechtfertigen, wenn sie Schülern beides erleichtern. Deswegen ist es auch nicht das Wichtigste, daß ein Lehrer seinen Vortrag ungestört abliefern kann, ohne von den Schülern durch Fragen und ähnliches unterbrochen zu werden. Ein Vortrag ist gut, wenn die Zuhörer sich angeregt fühlen, Zwischenfragen zu stellen und auch einmal etwas zu sagen.

Kapitel 9

Das Rezept „Lernaufgaben"

Lernaufgaben sind dazu da, Schüler zu Aktivitäten anzuregen, die zu bestimmten Lernerfahrungen bei ihnen führen. R. W. Tyler (1973, S. 70) sagt, „daß die Methode des Lehrers zur Kontrolle der Erfahrung des Lernenden in einer solchen Manipulation der Umgebung besteht, daß stimulierende Situationen hergestellt werden – Situationen, die die Art des gewünschten Verhaltens hervorrufen werden." Lernaufgaben sind solche stimulierenden Situationen.

Der Ausdruck „Situation" besagt nicht, daß der Lehrer die Elemente der Umwelt so arrangieren müßte, daß sie die Schüler sozusagen „wortlos" zu einem bestimmten Verhalten auffordern, sondern verbale Aufforderungen oder Anweisungen des Lehrers sind in den allermeisten Fällen notwendig, um eine Situation handlungsstimulierend zu machen. Dies ist schon aus dem Grunde notwendig, weil die wortlose Darbietung von Reizen gewöhnlich sehr viele verschiedene Aktivitäten anregen kann.

Wenn ein Lehrer in der Klasse ein Gemälde aufhängt, auf dem die Arche Noah zu sehen ist, können die Schüler z. B. das Bild beschreiben – darauf sind Schüler meist schon dressiert –, sie können aber auch das Bild abzeichnen, die sichtbaren Tiere aufzählen oder abzählen, die Geschichte aus der Bibel nacherzählen, die Konstruktion der Arche analysieren, mit dem Nachbarn über das Bild spöttische Bemerkungen austauschen oder sich darüber ärgern, daß sie von ihrem Platz aus keine Einzelheiten erkennen können. Die Schüler können dem Bild nicht ansehen, zu welchen (Lern-)Aktivitäten der Lehrer sie durch das Aufhängen stimulieren will, deswegen muß der Lehrer sie mit Worten darüber aufklären, ihnen also einen Set geben.

Das wichtigste Merkmal einer Lernaufgabe ist, daß die Schüler für eine gewisse Zeit ohne direkte Steuerung eines Lehrers handeln müssen (und können). Wir sprechen also nur dann von einer Lernaufgabe, wenn der Lehrer aufhört, mit der ganzen Klasse zu interagieren.

Prinzipien für die Gestaltung von Lernaufgaben

Lernziele haben gewöhnlich zwei Komponenten. Sie beschreiben einerseits, welches *Verhalten* die Schüler lernen sollen, und sie bezeichnen andererseits, auf welche *Inhalte, Gegenstände, Themen* sich dieses Verhalten beziehen soll:

Lernziel: *Das ABC* *auswendig hersagen können*

↑ ↑

Inhalt/Gegenstand/ Thema *Verhalten*

Das erste allgemeine Prinzip zur Gestaltung von Lernaufgaben ist darum zweiteilig und heißt:

Lernaufgaben sollen die Schüler dazu anregen, diejenigen Verhaltensweisen auszuführen und zu üben, die durch das Lernziel angestrebt werden, und zwar an denjenigen Themen, Inhalten, Gegenständen, die das Lernziel vorschreibt.

Wenn ein Lehrer also erreichen will, daß die Schüler das ABC auswendig hersagen können (eine Fähigkeit, die wir beherrschen müssen, wenn wir etwa eine Telefonnummer suchen oder ein Fremdwort im Lexikon nachschlagen wollen), dann wird er den Schülern Lernaktivitäten vorschlagen, die sowohl auf das ABC bezogen sind wie auch die Tätigkeit des Auswendiglernens erfordern. Dies erscheint so selbstverständlich, daß es lächerlich wirkt, wenn wir es hier besonders betonen. Leider ist es aber so, daß in der Unterrichtspraxis beinahe täglich gegen dieses Prinzip massiv verstoßen wird.

Beim Erarbeitungsunterricht wird der Verhaltensaspekt meist ausgeschaltet, d. h. der Lehrer ist sich nicht darüber im Klaren, welches Verhalten er eigentlich fördern möchte. Die Lehrer unterrichten so, als seien sie der Meinung, daß es einzig und allein darauf ankomme, die jeweiligen Inhalte in die Köpfe der Schüler zu transportieren. Selbst wenn es einem Lehrer gelingen sollte, mit der Erarbeitungsmethode die Wissensinhalte in die Gehirne der Schüler zu bringen (was, wie wir gesehen haben, selten der Fall ist), so haben die Schüler dabei noch keine Verhaltensweisen gelernt, die für ihr späteres Leben nützlich sind. Denn bei der Erarbeitung sind die „Lernaktivitäten“ von der Art, daß sie bei den Schülern die Fähigkeit trainieren, sich im Unterricht „erarbeitungsgemäß“ zu verhalten: zuhören, leise sein, nicht mit dem Nachbarn reden, nach vorn schauen, raten, was der Lehrer wohl hören möchte, sich melden, keine unpassenden Fragen stellen, die den Lehrer irritieren und ihn von seinem Kurs abbringen könnten.

Dies sind nun aber sicherlich nicht die Ziele, die ein Lehrer bewußt anstreben würde. Höchstwahrscheinlich wird er sich sogar dagegen wehren, wenn man ihm sagt, daß dies die Ziele sind, für deren Erreichung er praktisch arbeitet. Diese Ziele schleichen sich über die Form des Erarbeitungsunterrichts heimlich ein: hier dominiert ein heimlicher Lehrplan und okkupiert die leere „Planstelle" Verhaltenslernziele.

Entsprechend sieht die Lehrerbildung aus. Sie trainiert über weite Strecken nichts weiter als die Fähigkeit, pädagogische und psychologische Begriffe und Ideen nachzuerzählen und vielleicht darüber mehr oder weniger fundiert und stringent zu diskutieren. Diese Verhaltensweisen sind zwar dann nützlich, wenn es darum geht, eine Prüfung zu bestehen oder nach einem Vortrag über pädagogische Probleme mit dem Referenten zu diskutieren. Aber sie helfen einem Lehrer wenig bei seiner täglichen Arbeit. Es ist eigentlich kein Wunder, daß Lehrer, die so ausgebildet wurden, in der Schule täglich dieselben Fehler machen und auf ihre theoretische Ausbildung schimpfen.

(Das mußte auch W. Klafki erleben. In einem Interview (in: b:e, Jg. 1977, Heft 3, S. 65, letzte Spalte) erzählt er von seiner „überraschendsten Erfahrung" aus der Zusammenarbeit zwischen Forscher- und Lehrergruppen: daß nämlich „die Planungsqualifikation, die Reflexionsqualifikation, die didaktische Begründungsqualifikation der Lehrer in einem ganz deutlichen Maße" gestiegen seien. Aber: „Die Erwartung . . ., daß sich solche Reflexion . . . mehr oder minder selbstverständlich in die Realisierungsfähigkeit der Lehrer umsetzen wird, hat sich nicht erfüllt. Das heißt also: Die Fähigkeit, das eigene didaktische Reflexionsniveau in pädagogisches Handeln übersetzen zu können, muß in spezifischen Lernprozessen des Lehrers entwikkelt werden."

Klafki hat gemerkt, daß die Erwartung naiv ist, Lehrer, die das Reden über Unterricht praktizieren, würden dabei das Unterrichten lernen. Viele Hochschul- und Schullehrer sehen dieses Problem gar nicht und machen sich folglich zu wenig Gedanken darüber, wie der Inhalts- und der Verhaltensaspekt von Lernzielen in geeigneten Lernaktivitäten integriert werden kann.)

Um jetzt zu unserem Lernziel „das ABC auswendig hersagen können" zurückzukommen – welche *Lernaktivitäten* wären geeignet, die beiden Komponenten dieses Ziels (Inhalt und Verhalten) gleichzeitig zu berücksichtigen? Welche Aktivitäten könnte der Lehrer den Schülern vorschlagen?

Hier einige Beispiele:

– „Bitte, lest euch das ABC immer wieder durch und flüstert dabei die Buchstaben mit. Ihr werdet merken, daß ihr das ABC dann bald auswendig könnt und kaum noch auf das geschriebene ABC schauen müßt. Ihr habt zu dieser Arbeit 5 Minuten Zeit."

- „Bitte, arbeitet zu zweit. Einer trägt das ABC leise aus dem Kopf vor. Der andere liest mit und sagt ihm die richtigen Buchstaben, falls er etwas falsch macht. Jeder probiert das Aufsagen fünfmal, dann kommt der andere mit dem Aufsagen dran."
- „Wir sprechen jetzt das ABC zehnmal hintereinander im Chor, damit jeder es sich genau einprägen kann. Das werden wir regelmäßig (ab und zu) wiederholen, bis jeder von uns das ABC auswendig kann."
- „Ich nenne euch jetzt einen Buchstaben aus dem ABC. Bitte, schreibt dann schnell auf, welche drei Buchstaben nach dem genannten Buchstaben kommen. Ein Beispiel: Ich sage „f". Und ihr müßt jetzt überlegen, welche Buchstaben nach „f" kommen. Aha, „g, h, i". Diese drei Buchstaben schreibt ihr auf."
- „Wir spielen jetzt Versteck. Aber der Sucher soll nicht bis 100 zählen, sondern dreimal das ABC aufsagen, bevor er mit dem Suchen beginnt."
- „Überlege dir, wie du dir das ABC so einprägen kannst, daß du es ganz aufsagen kannst und es nicht wieder vergißt. Du hast zehn Minuten Zeit dazu. Hinterher decke ich das ABC an der Tafel zu, und du sollst das ABC ganz allein aufsagen können."

Aufgabe:[1]

Erfinden Sie zu jedem der beiden folgenden Lernziele fünf geeignete Lernaktivitäten!

- Die Schüler sollen Wörter in einem Lexikon auffinden können und dabei nicht zu viel Zeit gebrauchen.
- Die Schüler sollen mit der Lexikonerklärung für ein ihnen unbekanntes Wort etwas anfangen können, d. h. sie sollen die Erklärung so analysieren können, daß sie die Bedeutung des unbekannten Wortes nach der Lektüre des Lexikonartikels wenigstens etwas besser verstehen als vorher.

---

[1] Sie lernen, was Sie tun.

Lernaufgaben sollen Schülern die Möglichkeit geben, daß sie selbständig Lernaktivitäten ausführen können.

Was ist damit gemeint?

„Selbständiges Ausführen von Lernaktivitäten“ bedeutet, daß die Schüler die Tätigkeiten selbst vollführen, die im Lernziel genannt sind. Es genügt nicht, wenn der Lehrer diese Tätigkeiten stellvertretend für die Schüler ausführt oder sie ihnen vormacht[2], um dann am Schluß der Stunde vielleicht noch die eigentlich nötigen Lernaktivitäten als Hausaufgaben zu verschreiben. So wird der wichtigste Teil des Unterrichts auf die Schüler und deren Eltern abgeschoben. Die Schüler sollen schon im Unterricht aktiv werden können, und zwar ohne daß sie dabei vom Lehrer gestört werden.

Bei Lernaufgaben im Kunstunterricht wird dieses Prinzip von den meisten Lehrern gewöhnlich beachtet. Es ist selten, daß ein Lehrer die ganzen 45 Minuten dazu benutzt, um mit der Klasse zu „erarbeiten“, wie das Bild gemalt werden soll und dann 2 Minuten vor dem Klingeln zu den Schülern sagt: „So, jetzt malt ihr alle das Bild zu Hause und bringt es zur nächsten Kunststunde mit.“ Auch kommt es nicht oft vor, daß Lehrer den Schülern die Bilder Pinselstrich für Pinselstrich diktieren oder den Schülern den Pinsel aus der Hand nehmen und die wichtigsten Stellen selber malen. In anderen Fächern aber sind solche Verfahren gang und gäbe und fallen weder dem Lehrer noch den Schülern als besonders albern auf. Beispiele kann man ebenso im Mathematikunterricht wie auch in Deutsch oder den Sachfächern beobachten. Bei dieser Art von Unterricht gewinnt man den Eindruck, daß der Lehrer nicht gewillt ist, auch nur ein kleines Stück seiner Verantwortung an die Schüler abzugeben, und es sieht aus, als traue er den Schülern nicht zu, daß sie irgend etwas allein machen könnten.

In vielen Stunden beginnen Schüler von sich aus mit selbständigen Lernaktivitäten, was aber meist nicht die Zustimmung des Lehrers findet. So kann man bei Lehrervorträgen beobachten, daß die Schüler bestimmte Worte leise wiederholen, sich mit ihrem Nachbarn über bestimmte Gedanken, die der Lehrer darstellt, unterhalten,

---

[2] Das Vormachen ist eine sehr wirksame Lehrmethode, die viel häufiger im Unterricht von Lehrern eingesetzt werden sollte. Sie ist jedoch eine Form der Informationsvermittlung (z. B. darüber, wie eine bestimmte Lernaktivität durchgeführt werden kann) und *kein Ersatz für selbständige Lernaktivitäten* der Schüler.

Mitschülern Verständnisfragen stellen oder damit anfangen, laut über den Inhalt des Vortrags nachzudenken. Nimmt man einen Lehrervortrag auf Tonband, dann hört man dieses ständige aktive Mitlernen der Schüler, ähnlich wie man aus der Ferne die Verkehrsgeräusche einer Stadt wahrnimmt. (Natürlich gibt es auch Stunden, in denen die Schüler gar nicht mehr den Wunsch oder die Hoffnung haben, noch mitlernen zu können, und in denen sie nur noch stören.) Für Lehrer sind die bescheidenen Mitlernaktivitäten (Mit-Lern-Aktivitäten) vielfach unerwünscht, weil sie glauben, daß die Schüler mehr lernen, wenn sie mit unbewegter Miene konzentriert dasitzen oder weil sie sich beim Vortragen gestört fühlen.

Bei der Verkehrserziehung waren gerade die 6 Teile des verkehrssicheren Fahrrades erarbeitet worden. Ein Schüler, der die 6 Punkte gern behalten wollte, begann, sie für sich leise zu memorieren. Dabei wandte er, um sich besser konzentrieren zu können, sein Gesicht für einen Augenblick von der Tafel und vom Lehrer ab. Aber der Lehrer hatte aufgepaßt und sprach mit leicht erhobener Stimme und eindrucksvoller Betonung: „Lars, hier vorne ist die Musik!“

Manchmal sind Schüler geradezu scharf darauf, eine Lernaktivität selbst auszuführen. Bei Lernaktivitäten, die damit zu tun haben, daß mit Gegenständen – Lupen, Mikroskopen, Batterien, Magneten, Musikinstrumenten, besonderen Werkzeugen für den Kunstunterricht – hantiert werden muß, würden die Schüler dem Lehrer die Gegenstände am liebsten aus der Hand reißen.

Oft kommt es auch vor, daß Schüler schon mit der Arbeit beginnen, obwohl der Lehrer noch nicht mit der Erklärung der Lernaufgabe fertig ist. Und bei Lehrern, die zu langatmigen Erklärungen neigen, sieht man den Schülern an, wie schwer es ihnen fällt, mit der Eigentätigkeit zu warten, bis der Lehrer endlich fertig ist.

Viele Lehrer haben das Gefühl, daß die Disziplinprobleme sich häufen, wenn man den Schülern zu viel Gelegenheit für Eigentätigkeiten einräumt. Es gibt jedoch gute Gründe dafür, genau das Gegenteil anzunehmen: viele Disziplinschwierigkeiten entstehen dadurch, daß die Schüler zu wenig Gelegenheit zu selbstverantwortlicher Eigentätigkeit bekommen. Wir betonen, daß sich das Wort „selbstverantwortlich“ auf die *Ausführung* der Lernaktivitäten bezieht, und nicht auf die Frage, wer die Lernaktivität vorgeschlagen oder erfunden hat.

Es ist nicht so, daß die Schüler nur solche Lernaufgaben und Lernaktivitäten ausführen sollen, die sie selbst erfunden und für die sie sich ganz allein entschieden haben. Es ist kein Unterricht, wenn jeder Schüler nur das tut, wozu er gerade Lust hat. Lehrer dürfen und müssen die Initiative ergreifen und Schülern bestimmte Lernaufgaben vorschlagen, ihnen erklären, warum die Aufgaben wichtig sind und wie man bei der Arbeit am besten vorgeht. Aber dies heißt wiederum nicht, daß die Schüler dabei kein Wörtchen mitreden dürften. Im Gegenteil! Vom ersten Schultag an haben Schüler das Recht, bei der Auswahl und Gestaltung von Lernaufgaben mitzubestimmen, und wo immer es möglich ist, muß es den Schülern erlaubt sein, ja, von ihnen gefordert werden, sich Lernaktivitäten selbst zu wählen oder eigene Lernaufgaben zu erfinden.

Das folgende Prinzip bezieht sich auf die Art und Weise, wie Lernaufgaben den Schülern präsentiert werden. Es heißt:

Lernaufgaben sind keine Zwangsarbeit: Lehrer sollen Lernaufgaben so präsentieren, daß bei den Schülern möglichst wenig Reaktanz ausgelöst wird.

Wenn Lehrer Schülern eine Aufgabe stellen, dann erwarten sie in der Regel, daß alle Schüler sich ohne Widerrede an die Arbeit machen. Daß diese Erwartung unrealistisch ist, merken Lehrer zu ihrem Leidwesen täglich. Das hat einen ganz einfachen Grund: Schüler sind Menschen, die sich selbst Gedanken machen und einen eigenen Willen haben. Wenn wir andere Erwachsene dazu bringen wollen, bestimmte Tätigkeiten auszuführen – z. B. wenn wir bei einer Grillparty unsere Gäste zu einem gemeinsamen Spiel animieren wollen – dann sind wir ein wenig aufgeregt und kribbelig, weil wir nicht wissen, wie unser Vorschlag und unsere Spielanleitung aufgenommen werden. Wir scheuen uns davor, anderen Personen unseren Willen aufzuzwingen. Lehrer haben diese natürliche Scheu den Schülern gegenüber offenbar weitgehend verloren. Sie müssen sich darum mühsam erst wieder etwas von dieser Zurückhaltung antrainieren, wenn sie dem Prinzip „Lernaufgaben sind keine Zwangsarbeit" gerecht werden wollen.

Weswegen dies so wichtig ist, das erklärt die *Reaktanztheorie* (Brehm, 1966). Sie geht von der Annahme aus, daß alle Menschen gern selbst bestimmen möchten, was sie tun und es als ausgesprochen unangenehm empfinden, wenn sie ferngelenkt werden sollen. Dieses unangenehme Gefühl, daß man nicht mehr sein eigener Steuermann ist, erlebt man natürlich besonders eindrücklich, wenn man merkt, daß unbedingter Gehorsam verlangt wird, daß die geforderte Handlung mit Machtmitteln erzwungen werden kann und Abweichungen bestraft werden sollen.

Wenn z. B. ein Lehrer verkündet:

dann kann er ziemlich sicher sein, daß viele Schüler dabei ein unangenehmes Gefühl erleben werden. Sie werden dann vielleicht versuchen, dieses Unbehagen dadurch loszuwerden und ihr Gefühl, daß sie selbst es sind, die ihre Handlungen bestimmen, dadurch wiederherzustellen, daß sie:

- die Aufgabe „extra" unsorgfältig ausführen,
- Dienst nach Vorschrift machen (d. h. die Lehreranweisung oder bestimmte Teile davon besonders wörtlich nehmen, um sie ad absurdum zu führen; z. B. hundertzwanzigprozentig sorgfältig arbeiten, so daß sie für eine Zeile vier Minuten benötigen oder dem Lehrer auf eine Frage zunächst keine Antwort geben und ihm, wenn er darüber Empörung äußert, mit verwundertem Augenaufschlag entgegenhalten: „Sie haben doch selbst gesagt, wir sollen dabei nicht reden."),
- irgendeine Unpäßlichkeit vorschützen („Mein Füller ist weg."),
- den Lehrer „verleiten", indem sie ihn dazu bringen, auf ein völlig anderes Themengebiet umzusteigen („Egon ärgert mich immer!"),
- die Arbeit einfach kühl verweigern oder gar nicht erst aufnehmen.

Die Reduzierung der Handlungsfreiheit bewirkt also bei den Opfern Oppositionsverhalten und Anstrengungen zur Wiederherstellung der Selbststeuerung. Ärger, Opposition und Aggression, kurz: Reaktanzeffekte, kann man aber auch dadurch mit Leichtigkeit auslösen, daß man Schüler, die den starken Wunsch haben, eine Tätigkeit selbst auszuführen, systematisch daran hindert, mit der Eigentätigkeit zu beginnen.

Maßvoll eingesetzt kann dieses Verfahren jedoch motivierend wirken. Wenn ein Lehrer die Schüler in der unterrichtsüblichen Weise durch Fragen und Denkanstöße zu Gesprächsbeiträgen zu stoßen versucht, kann er oft erleben, daß die Schüler ziemlich einsilbig darauf reagieren und das „Gespräch“ nach und nach vertrocknet, falls es überhaupt begonnen hat. Erzählt er den Schülern aber 5 oder 10 Minuten lang etwas Interessantes (zum Beispiel, wie *er* die Kurzgeschichte versteht, die er gerade vorgelesen hat, warum die Geschichte *ihn persönlich* beeindruckt oder was *er* an der Handlungsweise der Hauptperson merkwürdig findet), dann staut er sozusagen den „Kommunikationstrieb“ der Schüler auf, und viele Schüler sind plötzlich motiviert, „spontan“ Stellung zu nehmen.

Ähnlich geht es ja auch im Alltag zu. Wenn ich ausführlich erzähle, in welchem Alter und unter welchen – lustigen, traurigen oder gefährlichen – Umständen ich das Schwimmen gelernt habe, dann sind meine Zuhörer meistens ganz scharf darauf, ihre Erfahrungen zu diesem Thema ebenfalls zu berichten. Außerdem: die Schüler bekommen bei diesem Vorgehen Gedankenmaterial, über das sie reden können und erleben weniger Reaktanz und Ratlosigkeit, als wenn sie nach Erarbeitungsmanier in die Rolle der Fragenbeantworter gedrängt werden.

Ein Situationstyp, der notorisch Reaktanz auslöst, kann bei Lehrkräften beobachtet werden, die von der antiautoritären Idee begeistert sind und die die besten Absichten haben, Schüler nicht zu manipulieren, sondern ihnen möglichst viel Handlungsfreiheit einzuräumen. Er ereignet sich aber auch bei Lehrern, die bei ihren Schülern die Kreativität fördern wollen, sowie unabsichtlich bei unerfahrenen Lehrern, die noch keine klaren Vorstellungen davon haben, wieviel Entscheidungsfreiheit eine Lerngruppe verkraften kann. Es geht um solche Unterrichtssituationen, in denen Schülern so viele Entscheidungen und Handlungsalternativen überlassen bzw. vorgesetzt werden, daß sie überhaupt keine Grundlagen für eine Entscheidung vor Augen haben und ihre Handlungsfreiheit aus diesem Grunde als total blockiert erleben. Touristen erleben diese Art von Unfreiheit recht schmerzhaft, wenn sie in einem Pariser Lokal für Gourmets sitzen, den allergrößten Appetit haben, kein einziges Wort Französisch beherrschen und mit einer umfänglichen, einsprachigen Speisekarte konfrontiert werden.

Bei bestimmten Versionen der Gruppendynamik gehört es zum Programm, die Kursteilnehmer in eine vom Leiter(team) nicht vorstrukturierte Situation zu versetzen und sie eine Zeit lang darin schmoren zu lassen. Wer so eine unstrukturierte Gruppensitzung einmal mitgemacht hat, weiß, wie quälend es sein kann, plötzlich ohne sichtbare Handlungsalternativen dazusitzen und darauf zu warten, daß ein Leiter kommt, der die Initiative ergreift und die Anzahl der Aktionsalternativen eingrenzt. Verunsichernd und entscheidungsblockierend kommt hinzu, daß die meisten Beschäftigungen, mit denen man unverplante Zeit auszufüllen gewohnt ist, ausgeschlossen sind: in der Gruppensitzung wie im Unterricht darf man sich nicht dafür entscheiden, ins Kino zu gehen, eine Illustrierte zu lesen, sich vor den Fernseher zu setzen, über Popstars zu diskutieren oder einfach so herumzugammeln. Die Situation ist nicht wirklich offen; sie hat einen undeutlichen Aufforderungscharakter. Man merkt, daß der Leiter (Lehrer) etwas ganz Bestimmtes von einem erwartet, ohne eine klare Vorstellung zu haben, was das sein könnte. Da man „spontan" und „freiwillig" etwas tun soll, was eigentlich ein anderer will, ist die Situation paradox und macht die Teilnehmer mindestens zeitweise gefühlsmäßig unfrei und handlungsunfähig.

Der „Laissez-faire"-Führungsstil vergrößert nicht den „Raum der freien Bewegung", sondern verkleinert ihn, wie schon Lewin erkannte: „In laissez-faire, contrary to expectations, the space of free movement was not larger but smaller than in democracy . . ." (K. Lewin, R. Lippitt, R. K. White, 1967, S. 41).

Lehrer sollten, wenn sie solche Wirkungen vermeiden möchten, versuchen, den Schülern den Rahmen deutlich zu machen, innerhalb dessen die Schüler Entscheidungen treffen können. In vielen Fällen wird dies bedeuten, daß sich die Lehrer dazu erst einmal selbst diesen Rahmen vergegenwärtigen; denn es ist nicht selten, daß Lehrer *glauben,* den Schülern alle Freiheit lassen zu wollen und trotzdem eine Vorstellung davon im Hinterkopf haben, wie die Schüler möglichst reagieren sollen. Reagieren die Schüler dann völlig unerwartet, dann merken Lehrer manchmal erst an ihrer Verwunderung oder Enttäuschung, daß sie sich doch etwas Bestimmtes vorgestellt hatten. In solchen Fällen – und sie sind in Unterrichtsstunden nicht selten – signalisieren Lehrer den Schülern wahrscheinlich widersprüchliche Botschaften: die Aufforderung, die Schüler möchten sich vollkommen frei äußern, wird dann etwa durch nichtverbales Verhalten (z. B. Gesichtsausdruck, wenn ein Schüler seine Meinung sagt) oder verbale Kommentare wieder aufgehoben, so daß die Schüler das Gefühl haben, daß ihnen doch irgendeine Meinung aufgezwungen werden soll.

Lehrer, die bei ihren Schülern die Kreativität anregen möchten, versuchen das oft dadurch zu erreichen, daß sie ihnen „möglichst wenig vorgeben". Hier treten dann ebenfalls die oben geschilderten Probleme auf. Zum Abschießen kreativer Ideen fühlen wir uns nämlich erst stimuliert, wenn wir irgendeine Art von Zielscheibe vor uns sehen und wenn wir über einen nicht zu kleinen Vorrat an Material verfügen, das wir in neuartiger Weise kombinieren können. Der Rahmen, also die Aufgabe oder der Anlaß, darf weder zu eng noch darf er zu weit sein. In beiden Fällen wird Kreativität blockiert. Nebenbei: häufig vergessen wir auch, daß kreatives Produzieren und hartes Arbeiten zusammengehören. Wer längere Zeit sein Gehirn nicht betätigt hat, der wird das Gravitationsgesetz selbst dann noch nicht entdecken, wenn ihm eine Serie von Kokosnüssen auf den Kopf fällt.

Eine weitere Methode, eine Schulklasse unfrei zu machen, besteht darin, daß der Lehrer so tut, als wolle er selbst gar nichts von den Schülern und sie selber bestimmen läßt, indem er sie fortwährend über Themen, Unterrichtsschritte, Arbeitsweisen usw. abstimmen läßt.

Ich habe das einmal in einer Musikstunde beobachtet.

Der Lehrer hatte die besten Absichten, den Unterricht demokratisch zu machen, aber die Schüler waren in kurzer Zeit richtig frustriert, weil sie etwa alle drei Minuten wieder über irgend etwas abzustimmen hatten: Wollt ihr lieber dieses Lied singen oder jenes? Sollen wir es noch einmal singen oder nicht? Wollt ihr euch das Lied erst noch einmal anhören, oder sollen wir gleich versuchen, es gemeinsam zu singen? usw. usw.

Hier war der Unterricht in eine demokratische Sackgasse geraten: die Klasse saß in einem Ritual von Abstimmungsserien fest und kam überhaupt nicht weiter. Abstimmungen sind ja dazu da, daß Gruppen über *wichtige* Regelungen und Pläne entscheiden. Das setzt voraus, daß die Alternativen den Abstimmenden bekannt sind und von ihnen durchdacht wurden. Abstimmungsergebnisse sollten für einige Zeit gültig sein, damit überprüft werden kann, ob die gefundene Regelung ihren Zweck erfüllt, ob sie der Gruppe hilft, gemeinsame Probleme und Aufgaben zur Zufriedenheit aller zu lösen. Wenn aber zu jeder Zeit alles umstritten ist und fortwährend für jede Kleinigkeit erst eine Gruppenregelung getroffen werden muß, die dann nur für zwei Minuten von Bedeutung ist, dann wächst weder die Freiheit des einzelnen noch die der Gruppe. Demokratie ist reduziert auf den Akt des Fingerhebens und Stimmenzählens. Außerdem: wenn wir das Gefühl haben, daß uns Entscheidungskriterien fehlen, neigen wir zu Stimmenthaltung. Lehrer sind oft enttäuscht, wenn sich manchmal nur zwei Schüler für einen Vorschlag melden und der Rest nicht mitstimmt.

Bei dem fünften Situationstyp handelt es sich um ein Verfahren, durch das Lehrer sehr häufig das Problem der Reaktanz zu vermeiden versuchen, wobei sie aber unabsichtlich neue schwere Probleme schaffen.

Auch wenn sie den Begriff „Reaktanz“ noch nie gehört haben, wissen Lehrer natürlich, daß sich Schüler oft gegen Unterrichtsthemen und Lernaufgaben sperren und mehr oder weniger direkt Widerstand leisten. Diese Sperrigkeitsphänomene werden nun in der Theorie, mit der die Lehrer ihre praktischen Erfahrungen interpretieren, nicht als Reaktionen auf die erlebte Bedrohung der eigenen Freiheit – also als Reaktanzeffekte – gedeutet, sondern man ordnet sie dem Oberthema „Motivation“ zu: Schüler, die sich sperren, sind „nicht richtig motiviert“.

Lehrer können die Wahrscheinlichkeit, daß Reaktanz in stärkerem Ausmaß ausgelöst wird und daß das selbständige Tätigsein seine motivierenden Effekte verlieren wird, dadurch verringern, daß sie in geeigneten Situationen die folgenden Verhaltensweisen und Strategien verwirklichen:

- Sie klären die Schüler häufig durch informierende Unterrichtseinstiege zu Beginn von Stunden oder Unterrichtseinheiten darüber auf, welche Ziele angestrebt werden (was die Schüler lernen sollen), warum diese Ziele wichtig sind (das kann oft auch kurz mit den Schülern diskutiert werden) und welchen Ablauf der Unterricht nach der Planung des Lehrers haben soll.
- Sie betrachten Ihre Stundenvorbereitungen mit den darin vorgesehenen Lernaufgaben und Arbeitsschritten grundsätzlich als Vorschlag, nicht jedoch als einen Plan, der um jeden Preis so und nicht anders durchgezogen und von den Schülern mitgemacht werden muß.
- Sie geben den Schülern für den Unterricht eine Struktur vor, an der sie sich orientieren können und machen auch Ihren eigenen Standpunkt deutlich. Es geht darum, ein mittleres Ausmaß von Lenkung zu praktizieren: Lehrer müssen einen gleichzeitig festen wie flexiblen Rahmen schaffen, der unterschiedliche Handlungsmöglichkeiten und Lernaktivitäten aufnehmen kann und dessen Struktur übersichtlich bleibt, weil die Zahl der Alternativen begrenzt ist. Die Schüler müssen klare Grenzen erkennen können und wissen, daß von ihnen verlangt wird, diese Grenzen zu respektieren. Innerhalb dieser Grenzen müssen sie jedoch größtmögliche Freizügigkeit genießen.
- Sie sorgen dafür, daß die Schüler Auswahl- und Mitbestimmungsmöglichkeiten haben.

  Man kann den Schülern zwei oder mehr Lernaufgaben zur Auswahl stellen. Man kann, nachdem man die Lernaufgabe(n) vorgestellt hat, die Schüler fragen: „Wieviel Zeit braucht ihr für diese Arbeit?“ Oder man läßt die Schüler selbst wählen, an welchem Material sie die Lernaufgabe ausführen: Geschichtsbuch, Karte im Geschichtsatlas oder Informationspapier. Oder Lexikon.

  Die Schüler können gebeten werden, bestimmte Freiräume selbst auszufüllen: „Bitte, überlegt euch, ob ihr einzeln, zu zweit oder in Gruppen arbeiten wollt.“

  Lehrer müssen solche Freiräume einplanen und sie für die Schüler transparent machen. Die Schüler werden dann darauf hingewiesen, wo sie Entscheidungen selbst treffen müssen.

  Auswahl- und Mitbestimmungsmöglichkeiten sind in der Schule gewöhnlich viel zu selten.

  Eine Studentin hatte im Praktikum eine Stunde gegeben und die Schüler aufgefordert, von drei Gedichten eines zur gemeinsamen Behandlung auszuwählen. Der Dozent, der die Praktikumsbetreuung und -beurteilung durchführte, tadelte sie deswegen: So etwas sei lächerlich und scheindemokratisch, denn die Schüler hätten in Wirklichkeit gar keine Entscheidungsfreiheit, weil sie sich letztlich ja doch für eines der Gedichte entscheiden müßten.

  Wir finden diese Argumentation falsch. Praktisch hat sie zur Folge, daß die Schüler überhaupt nichts mehr zu sagen haben. Zweitens haben wir schon weiter oben dargestellt, daß völlige Freiheit („Was möchtet ihr denn heute

mal gern lernen?") das Individuum unfrei macht. Und drittens hat es nichts mit irgendeiner Definition oder philosophischen Überzeugung von Außenstehenden zu tun, ob sich ein Mensch in einer bestimmten Situation frei oder unfrei fühlt.
Für einen Erwachsenen steigert es sein Freiheitsbewußtsein wenig, wenn er selbst bestimmen kann, ob er beim Frühstück zuerst das weiche Ei und zum Schluß das Marmeladenbrot verspeist. Aber ein Kind kann sich ziemlich unfrei fühlen, wenn es gezwungen wird, zuerst das Ei aufzuessen.

- Sie sprechen so mit den Schülern, daß die Schüler sich geachtet und ernstgenommen fühlen.
  Es ist klar, daß ein Lehrer hierbei auf die Dauer nicht heucheln kann. Wenn ich keine Achtung vor Schülern empfinde und sie nicht wirklich ernst nehme, werde ich das nicht lange verbergen können. Andererseits: wenn ich mich bemühe, achtungsvoll zu sprechen, dann besteht die Chance, daß sich bei mir achtungsvolle Einstellungen zu Schülern entwikkeln. (Wir lernen, was wir tun!)
- Sie sind Schülern gegenüber ehrlich und verhalten sich echt.
  Lehrer können Schüler z. B. in ihre pädagogischen Überlegungen einweihen und auch ihre Zweifel und Unsicherheiten zu erkennen geben: „Ich hab mir Gedanken gemacht, wie ihr das am besten üben könnt. Meine Idee war, daß ihr . . . Ich weiß nun aber nicht, ob das wirklich die beste Möglichkeit ist und möchte gern von euch wissen, was ihr davon haltet und ob ihr andere Ideen habt, wie ihr üben könntet."
- Sie bemühen sich, Lernaufgaben abwechslungsreich zu machen.
  Abwechslungsreiche Arbeitsformen lassen sich besser verwirklichen, wenn die Schüler daran gewöhnt sind, Vorschläge und Ideen beizusteuern.

Dies sind einige Vorschläge dazu, mit welchen Mitteln Lehrer erreichen können, daß Lernaufgaben für die Schüler nicht zur Zwangsarbeit werden. Wir sind sicher, daß Ihnen weitere Möglichkeiten einfallen, wie dieses Prinzip im Unterricht verwirklicht werden kann.

Lernaufgaben müssen in einen Sinnhorizont eingebettet sein.

Es wäre ideal, wenn jede Lernaufgabe genau die Situation simulierte, in der die angestrebte Fähigkeit auch im Leben gebraucht wird, wenn die Schüler bei der Beschäftigung mit der Lernaufgabe diejenigen Handlungsweisen trainieren könnten, auf die es letztlich ankommt und wenn ihnen dies außerdem noch bewußt wäre.

Leider läßt sich das häufig nicht machen. Im Englischunterricht kann man nicht von Anfang an Konversation treiben, nach dem Weg fragen oder Briefe schreiben, sondern man muß zunächst 1000 Übungen relativ sinnloser Art durchmachen, bevor man soweit ist, daß man sich denjenigen Handlungen zuwenden kann, auf die es letztlich ja ankommt. Ähnlich ist es in allen anderen Fächern und Lernbereichen. Man muß sich mit Teilen beschäftigen, die solange sinnlos sind, bis man sie zu größeren Ganzheiten integrieren kann.

Aus diesem Grunde ist es wichtig, Schülern dabei zu helfen, den Sinn von Lernaufgaben zu verstehen. Denn man kann von niemandem verlangen, daß er mit Begeisterung und Motivation sinnlose Dinge tut.

Aufgaben ohne Sinnhorizont finden Schüler massenhaft in ihren Lehrbüchern. Die Schüler werden aufgefordert „Denke über das Verhalten der Menschen beim Übergang über die Beresina nach!“ Was der Sinn dieses Nachdenkens sein soll, das können sie nur raten, wenn sie nicht an die Lehrerausgabe des Buches herankommen, wo der Arbeitsvorschlag mit den Worten kommentiert wird: „Das Problem der Dominanz des Selbsterhaltungstriebes in Grenzsituationen sollte eingehend zur Diskussion gestellt werden.“ (Ebeling/Birkenfeld, 1976, S. 86) Daß die Arbeitsaufgaben für die Schüler sind, aber die Ziele und der Sinn nur für die Lehrer, ist symptomatisch: viele Lehrbücher sind nur die Fortsetzung des Erarbeitungsunterrichts mit den Mitteln der Literatur. Dies ist ein wichtiger Grund, warum Eltern mit den vielen Schullehrbüchern gar nichts anfangen können. Auch Lehrer sind ja oft Lehrbüchern gegenüber ratlos, wenn sie nicht an das dazugehörige Lehrerhandbuch herankommen können.

Die Ziele in einer für die Schüler verständlichen Weise zu formulieren und zu begründen (wie es beim informierenden Unterrichtseinstieg geschieht), ist ein Mittel, wie man einen Sinnhorizont etablieren kann. Ein anderes ist, den Schülern zu zeigen, daß es Spaß macht, etwas Neues zu können.

Das ist gar nicht so schwierig, wie viele glauben. Wenn Sie nach einer Leseübung in Deutsch oder Englisch den Schülern nur demonstrieren, daß sie schlecht geübt haben und sie dafür mit Kritik, Warnungen vor den zukünftigen Zensuren und dergleichen bestrafen, dann stehen die Chancen gut, daß den Schülern das Üben nicht als etwas erscheint, was Spaß macht und Erfolg bringt. Wenn Sie dagegen mit Adlerohren nach denjenigen Wörtern ausspähen, die richtig gelesen oder gut betont wurden – und solche Beispiele kommen bei den schlechtesten Schülern immer wieder vor, – dann können Sie eher damit rechnen, daß Schüler Spaß an Lernaufgaben haben und vielleicht sogar nach und nach immer mehr Freude daran bekommen. Eine Aufgabe, zu der man Lust hat, ist eine subjektiv sinnvolle Aufgabe.

Manchmal kann man auch eine zweckhafte Zielsetzung einführen. Dann wissen die Schüler, wozu eine Lernaufgabe ausgeführt wird und können versuchen, durch die Arbeit erwünschte Ziele zu erreichen. Solche Zwecke können z. B. sein: Klassenkameraden beim Lernen helfen, eine Ausstellung vorbereiten, ein schönes Heft haben.

Häufig ist es nützlich, wenn Lehrer der bloßen Aufgabenstellung Bemerkungen hinzufügen, die Auskunft über deren Sinn geben. Sie können natürlich zu den Schülern sagen: „Nehmt das Buch raus und rechnet Aufgabe 17 a!“ Es kostet aber nichts, wenn Sie statt dessen sagen: „Das, was ich euch eben zu zeigen versucht habe, könnt ihr jetzt einmal ganz allein probieren. Versucht bitte, die Aufgabe 17 a zu lösen. Überprüft bitte, ob es euch gelingt, die Aufgabe zu lösen oder ob ihr damit Probleme habt und noch Hilfe braucht.“

Vielleicht stehen Sie auf dem Standpunkt, sowas sei doch selbstverständlich und es sei Quatsch, den Schülern dies extra mitzuteilen. Wahrscheinlich gehen Sie dabei zu sehr von der Überzeugung aus, daß etwas, was Ihnen selbstverständlich ist, für jedermann ebenso evident sein müsse. Wir glauben, daß solche Formulierungen in der Schule viel zu selten vorkommen.

Die Schüler sollen bei der Bearbeitung einer Lernaufgabe möglichst erfolgreich sein und positive Erfahrungen machen können.

Diese Regel bedeutet jedoch nicht, daß Schüler keine Fehler machen dürfen. Da jeder Schüler anders lernt und seine besonderen Selbststeuerungsprozesse durchlaufen muß, ist es prinzipiell unmöglich, eine Lernaufgabe zu erfinden, mit der jeder Schüler hundertprozentig erfolgreich sein wird. Daß bei jeder Lernaufgabe sowieso Schwierigkeiten auftreten werden, ist aber kein Grund, leichtfertig auf Maßnahmen zu verzichten, die vorhersehbare Schwierigkeiten mindestens teilweise aus dem Wege räumen. Wir bemühen uns ja auch, die Straße mit Vorsicht zu überqueren, obwohl wir genau wissen, daß wir sowieso einmal sterben müssen.

Da mit Sicherheit bei einigen Schülern Probleme auftreten, wenn sie sich mit einer Lernaufgabe beschäftigen, sollten Sie sich nicht scheuen, Hilfestellungen zu geben. Das sollten Sie aber nicht so machen, daß die Schüler fortwährend bei der selbständigen Arbeit unterbrochen und gestört werden, indem Sie z. B. während der Lernaufgaben-Arbeit zusätzliche Ansagen an die ganze Klasse richten. („Hört noch mal alle her! Ihr sollt die Verben nicht mit *Grün* unterstreichen, sondern mit *Rot*! – Alle nochmal herhören! Ich hatte doch gesagt, ihr sollt den Text zuerst abschreiben und dann erst die Wörter unterstreichen. Das haben einige natürlich wieder nicht mitgekriegt.“)

Wer die Schüler ständig stört, handelt sich damit ein, daß die Schüler bald mit gleicher Münze heimzahlen. In der Terminologie von Kounin (1976) sind solche Verhaltensweisen ein Verstoß gegen die „smoothness-Regel“: das Dazwischenplatzen eines Lehrers gefährdet die „Reibungslosigkeit“ des Unterrichts, macht die Schüler ärgerlich und lockt weitere Störungen an.

Besser ist es, leise durch die Klasse zu gehen und leise einzelnen Schülern oder Gruppen Hinweise zu geben. Wenn Sie Gruppenarbeit machen, können Sie auch in einer Gruppe mitarbeiten und den Schülern im Notfall unaufdringlich und zurückhaltend helfen. Dabei sollten Sie versuchen, die Lernaufgabe nicht für die Schüler zu lösen.

Wenn Sie beobachten, wie sich die Schüler beim Bearbeiten der Lernaufgabe verhalten und sich dabei Notizen machen, dann haben Sie

- etwas Nützliches zu tun, während die Schüler arbeiten;[1]
- erhalten Sie Hinweise, was die Schüler gut und was sie schlecht machen.

So können Sie Handlungsweisen identifizieren, die Sie anschließend verstärken können, und Sie werden Ideen bekommen, was Sie bei einer zukünftigen Lernaufgabe genauer mitteilen oder vormachen sollten, damit die Schüler erfolgreicher arbeiten können.

Zum Beispiel: Sie beobachten, daß die Schüler in Gruppe sieben sich gegenseitig helfen. Wenn einer keine Antwort auf die englische Frage weiß,

[1] Viele Lehrer wissen sich nicht zu beschäftigen, wenn Schüler einmal eine gewisse Zeit allein arbeiten. Sie tigern unschlüssig in der Klasse umher und warten darauf, daß es endlich weitergeht.

dann flüstert ein anderer sie ihm einfach zu und er spricht sie nach. Da das bei dieser Lernaufgabe sinnvoll ist, verstärken Sie dieses Verhalten.

Oder: Sie entdecken, daß es hilfreich wäre, wenn jede Gruppe bei einer bestimmten Lernaufgabe einen Teilnehmer als Protokollanten wählt, damit nicht alle durch das Schreiben von der Produktion abgelenkt werden. Sie nehmen sich vor, den Schülern dies bei einer späteren Lernaufgabe vorzuschlagen und vorzumachen.

Nach der Bearbeitung einer Lernaufgabe kann man die Schüler auch bitten, Feedback zur Aufgabe zu geben, indem man sie etwa fragt: Welche Schwierigkeiten habt ihr erlebt? Was ist euch gut gelungen? Was habt ihr gelernt? Was wollt ihr zusätzlich wissen? Womit seid ihr zurechtgekommen? Welche Verbesserungsvorschläge habt ihr?

Wenn es irgend möglich ist, sollten die Schüler unmittelbar nach der Lernaufgabenarbeit Feedback bekommen, am besten in der Form positiver Verstärkung. Lernaufgaben, die von sehr vielen Schülern schlecht gelöst werden, sind ungünstig. Günstig sind Aufgaben, nach deren Erledigung möglichst viele Schüler das Gefühl haben: „Ich kann jetzt etwas mehr als vorher.“ Statt alle Karten darauf zu setzen, daß die Schüler durch einen Verführungstrick zum Lernen mitgerissen werden, setzen Sie darauf, daß die Schüler mehr Lust zum Lernen haben werden, wenn sie merken, daß ihnen etwas gelingt.

Oft ist es nötig, den Schülern zu helfen, ihre eigenen Lernerfolge überhaupt wahrzunehmen. Wir müssen versuchen, unseren Schülern regelmäßig zu demonstrieren, daß sie wirklich etwas wissen und können. Oft genügt es schon, wenn Sie manchmal sagen: „Das konntet ihr in der letzten Woche noch nicht. Aber jetzt könnt ihr es. Ihr habt wirklich etwas Neues gelernt. Das finde ich prima.“

Lernaufgaben müssen den Fähigkeiten und Kenntnissen der Schüler angepaßt sein.

Dies ist ein Prinzip, das sehr schwierig zu befolgen ist, weil die Schüler einer Klasse gewöhnlich sehr unterschiedliche Fähigkeiten haben und weil es für die Lehrer, wie Untersuchungen zeigen, sehr schwierig ist, den Schwierigkeitsgrad von Aufgaben für eine bestimmte Schülerpopulation zutreffend abzuschätzen.

Manche Lehrer teilen den Schülern vor einer Aufgabe mit, wie einfach oder schwierig sie die Aufgabe finden. Sie sagen z. B.: „Jetzt kommt etwas ganz Leichtes“ oder „Diese Aufgabe ist schwierig, ihr müßt scharf nachdenken, um sie zu lösen.“ Wir raten von solchen Verkündigungen ab, weil die Folgen schwer kalkulierbar sind. Einige Schüler ziehen sich vielleicht sofort in ihr Schneckenhaus zurück, wenn sie das Wort „schwierig“ hören. Andere nehmen es als Aufschneiderei. Manche Schüler finden, daß das Lösen einfacher Aufgaben für sie unwürdig sei und verlieren die Lust.

Die Anpassung einer Lernaufgabe an die unterschiedlichen Voraussetzungen der Schüler kann durch Differenzierungs- und Individualisierungsmöglichkeiten verbessert werden. Sie können Ihren Schülern erlauben, eine Lernaufgabe verschieden zu bearbeiten. Normalerweise sind Schüler fähig, unter mehreren Möglichkeiten die für sie persönlich günstigste auszuwählen oder geeignete Varianten von Arbeitsverfahren zu erfinden. Dazu sollen Schüler ermutigt und aufgefordert werden. Sie können das bei den Hausaufgaben üben, wenn Sie sich entschließen, nicht ständig für alle Schüler das gleiche aufzugeben, sondern Schüler manchmal zu bitten, sich selbst eine geeignete Hausaufgabe zu überlegen.

Wenn Sie wollen, daß Ihre Schüler in Kleingruppen verbal das Present Progressive wiederholen und festigen, können Sie sie bitten, die Sätze in einer bestimmten Reihenfolge (ein Schüler fragt, der nächste antwortet und stellt dann dem nächsten eine neue Frage usw.) durchzuspielen, und zwar:

a) genauso wie sie im Buch stehen: Is Mrs. Pim making coffee?
No, she is making tea.
Is she making cakes? usw.

b) mit veränderter Reihenfolge, so daß die Mitspieler etwas mehr zuhören und überlegen müssen (d. h. die Schüler nehmen zuerst den 4. Satz aus dem Buch, dann den ersten, den dritten usw.);

c) so, daß die Schüler sich Sätze ausdenken, die nicht im Buch stehen (Is Mrs. Pim watching television?);

d) so, daß die Schüler sich witzige Sätze ausdenken (Is Mrs. Pim hanging up the cat?) usw.

So bekommen die Schüler ein Angebot verschiedener Lernaktivitäten und können sich daraus diejenigen aussuchen, die ihnen am meisten Spaß machen und/oder die sie bewältigen können.

Wenn Sie ein Arbeitsblatt austeilen, könnten Sie den Schülern den Set geben, sich verschiedene Möglichkeiten, wie mit dem Papier gearbeitet werden kann, auszudenken.

Angenommen, Sie haben ein Arbeitsblatt gemacht, bei dem die Schüler bestimmte Wörter in einen Lückentext einfügen sollen. Diese Arbeit kann sehr verschieden ausgeführt werden.

Zum Beispiel können die Schüler
- die gesuchten Wörter von der Tafel oder aus dem Lehrbuch abschreiben;
- die gesuchten Wörter zunächst ganz allein einsetzen, um hinterher zu kontrollieren, ob sie die richtigen gewählt haben;

- zu zweit arbeiten: einer liest den zu ergänzenden Satz vor, der andere macht einen Vorschlag, welches Wort man einsetzen könnte;
- die einzusetzenden Wörter erst auf einen Zettel schreiben, dann kontrollieren, ob sie richtig sind, um sie dann ins Arbeitsblatt einzutragen usw. usw.

Sie können den Schülern verschiedene Verfahren vorschlagen und sie auffordern, eines davon zu wählen oder sich selbst ein noch anderes zu überlegen.

Lernaufgaben müssen genügend komplex sein, um von den Schülern als sinnvoll erlebt zu werden.

K. Joerger (1977) hat in einem kurzen, lesenswerten Aufsatz folgende Gedanken geäußert:

„Es führt mit Sicherheit schneller zu einem Lernerfolg, wenn man in einem geistigen Vorgriff zunächst die Zielstruktur (das Ganze) dem Lernenden möglichst klar vor Augen stellt und aus dieser Perspektive den Stellenwert bzw. die Eigencharakteristik der Elemente zu erkennen gibt. . . . Das Gebot würde also lauten, das ‚Ganze' in seinem lebendigen Beziehungsgefüge zuerst vorzustellen, auch wenn oder gerade weil diese Bezüge je einzeln noch nicht verstanden werden. . . . wir sollten uns wirklich nicht der Illusion hingeben und glauben, daß der Schüler die komplexen Zusammenhänge dann oder erst dann versteht, wenn die Elemente ganz richtig ‚sitzen'. Vermutlich müssen wir davon ausgehen, daß die Elemente umgekehrt erst dann richtig verstanden werden, wenn sie als Bausteine in einem größeren Sinnzusammenhang gesehen werden können . . . Es ist bisweilen besser, vom Komplexen zum Einfachen fortzuschreiten, weil das ‚Einfache' sich letztlich nicht als so leicht erweist, daß wir es ohne die Kenntnis bestimmter Zusammenhänge richtig verstehen können."

Was hier vorgeschlagen wird, rechtfertigt nicht den Erarbeitungsbrauch, Schülern vieldeutige Reize ohne Kommentar hinzuwerfen. Es fordert dazu auf, über den Grad der Komplexität nachzudenken, den eine Lernaufgabe haben muß, um für die Schüler noch sinnvoll zu sein und zieladäquate Selbststeuerungsprozesse auszulösen.

Manchmal ist es möglich, die Komplexität des zu Lernenden durch einen Informationsinput für die Schüler erfahrbar zu machen.

Zum Beispiel kann man eine Geräteturnübung zuerst vormachen, um sie den Schülern danach in kleinen Schritten beizubringen. Oder man rechnet den Schülern eine komplizierte Aufgabe erst einmal demonstrativ vor, damit sie ein Gefühl dafür bekommen, welches Ziel angestrebt wird. Oder man schaut sich mit einer Klasse Faust II zunächst einmal im Theater an, bevor man sich 26 Wochen lang in die Interpretation winziger Einzelszenen und tiefsinniger Formulierungen versenkt.

Solche Erfahrungen helfen Schülern, den Zusammenhang im Auge zu behalten und nicht in Einzelheiten steckenzubleiben.

Dieses Prinzip beißt sich natürlich mit dem Prinzip, daß Schüler bei Lernaufgaben möglichst weitgehend Erfolge erleben sollten. Denn natürlich werden viel mehr Fehler möglich, je komplexer die Aufgabe ist. Deswegen ist es sehr wichtig, daß Lehrer den Stellenwert der Aufgabe verdeutlichen und einen Informationsinput bieten, der den Schülern hilft, zumindest in einem Teilbereich erfolgreich zu sein, statt nur die Erfahrung zu machen „Das kann ich nicht“. Wenn wir Schüler dabei beobachten, welche Schwierigkeiten sie bei diesem großen Schritt erleben, wo sie Fehler machen und wo sie stagnieren, bekommen wir Kriterien dafür, welche Feinziele anschließend angestrebt werden sollten, damit das Grobziel am Ende von möglichst vielen Schülern erreicht werden kann. Die komplexere Lernaufgabe am Anfang einer Lerneinheit liefert mir also diagnostische Informationen. Wenn ich mir die Mühe mache, entsprechende Beobachtungen anzustellen, erfahre ich, welche Feinziele für die Klasse wirklich wichtig sind und kann dafür geeignete Lernaufgaben planen. So werden die günstigsten Einzelschritte nach und nach empirisch ermittelt.

Das Prinzip, nach der angemessenen Komplexität von Lernaufgaben zu suchen, harmoniert mit dem Prinzip, nach dem Lernaufgaben für die Schüler einen Sinnhorizont haben müssen. Aufgaben, die genügend komplex sind, können eher als sinnvolle Aufgaben wahrgenommen werden.

Lernaufgaben brauchen einen angemessenen Informationshintergrund.

Es genügt nicht, wenn man die Schüler einfach etwas machen läßt, ohne sie aufzuklären, *was* sie machen, *wie* sie es machen können und *wozu* sie es machen sollen.

Viele Lehrer geben den Schülern zwar Informationen darüber, was sie tun sollen (d. h. mit welchem Thema sie sich beschäftigen sollen), aber sie vergessen, die Schüler darüber zu informieren, wie sie arbeiten können. Das hat zur Folge, daß die Schüler sich hilflos herumquälen. Das sieht dann für Lehrer so aus, als ob die Schüler keine Lust zur Gruppenarbeit hätten, sich nicht richtig anstrengten und für diese anspruchsvolle Arbeitsform eben noch nicht reif seien. Lehrer sind sehr oft vom Verlauf und vom Ergebnis selbständiger Schülerarbeit enttäuscht und werden selten ermutigt, solche Experimente zu wiederholen.

Es stimmt nicht, daß man Schüler zuerst jahrelang vorsichtig an diese Arbeitsform gewöhnen müsse, bevor die Gruppenarbeit die ersten Früchte tragen könne. In Wirklichkeit kann jede Klasse sofort mit Gruppenarbeit beginnen, sofern ihr Lehrer sich entschließt, das mögliche Vorgehen zu *zeigen.* Dies gilt übrigens nicht nur für Schüler, die in Gruppen arbeiten sollen, sondern auch für Erwachsene.

Wer zu Studenten oder Lehrern sagt: „Hier habt ihr ein Thema, bearbeitet es in Gruppen!" kann nicht erwarten, daß die erwachsenen Schüler sogleich einen vernünftigen Arbeitsplan entwickeln und zu hervorragenden Arbeitsergebnissen kommen werden. Die Gruppen werden sich über dies und das unterhalten, sich über Spezialfragen und Definitionen ausführlich streiten und, wenn es hoch kommt, fünf Minuten vor Beendigung der Gruppenarbeit Klarheit darüber gewonnen haben, wie sie hätten vorgehen können. Anders als bei Schülern findet sich in solchen Gruppen hinterher meist ein begabter Redner, der es fertigbringt, im Plenum durch umfangreiche Ausführungen den Anschein zu erwecken, die Gruppe habe es zu einem Ergebnis gebracht.

Wenn Sie wollen, daß Schüler eine gewisse Zeit lang allein, zu zweit oder in Gruppen arbeiten und dabei *bestimmte* Erfahrungen machen und möglichst nicht irgendwelche beliebigen, dann müssen Sie den Schülern – gleichgültig, ob es sich um Erwachsene oder Kinder handelt – normalerweise zuerst einen Informationsinput vom Typ „Vormachen" geben.

Wenn es sich um Gruppenarbeit handelt, kann ein Lehrer sich mit drei oder fünf Schülern vor die Klasse setzen und das spezifische Arbeitsverfahren wie auf einer Bühne mit den Schülern vorspielen. Meist hilft es sehr, wenn er dabei ab und zu Kommentare gibt, die die Zuschauer auf wesentliche Aspekte der Arbeitsweise aufmerksam machen. In vielen Fällen genügt es auch, wenn die Form der erwünschten Arbeit im Zeitraffer vorgemacht wird, so daß man etwa eine Gruppenarbeit, die 20 Minuten dauern soll, in 5 Minuten so demonstriert, daß die wichtigen Elemente des Vorgehens deutlich sichtbar werden.

Noch besser ist es, wenn zu den Beobachtungserfahrungen noch Mitspielerfahrungen hinzukommen. Beispielsweise können Sie sich mit einer Schülergruppe in einen Kreis setzen, während der Rest der Klasse mit einer Stillarbeit beschäftigt ist, um diesen Schülern Mitspielerfahrungen in Gruppenarbeit zu ermöglichen. Die Schüler machen so bei einer wirklichen Gruppenarbeit mit und lernen das Verfahren von jemandem, der die Regeln schon kennt und beherrscht. Wenn Sie alle zehn Minuten die Gruppe wechseln, mit der Sie so arbeiten, können Sie in einer einzigen Schulstunde eine ganze Klasse soweit mit einem bestimmten Arbeitsverfahren vertraut machen, daß das Verfahren in der folgenden Stunde von vielen Schülern erfolgreich angewendet werden kann.

Ein großes Problem ist, daß wenige Lehrer eine klare Vorstellung davon haben, was man alles können und beachten muß, um allein, zu zweit oder in Gruppen erfolgreich zu arbeiten. Viele Lehrer hatten selbst nie die Gelegenheit, sich effektive Arbeitsformen anzueignen, die sie an ihre Schüler weitergeben könnten, sondern haben sich im Laufe der Zeit daran gewöhnt, unaufschiebbare Arbeiten schlecht und recht mit Methoden zu erledigen, über deren Brauchbarkeit sie sich wenig Gedanken machen. Die meisten Lehrer haben auch keine eindrucksvollen Erfahrungen mit Partnerarbeit oder Gruppenarbeit gemacht und nehmen offenbar an, Gruppenarbeit oder selbständiges Arbeiten seien relativ einheitliche Tätigkeiten. Aber „die“ Gruppenarbeit gibt es nicht, sondern viele unterschiedliche Spielarten mit ganz unterschiedlichen Regeln. Und man muß eine ganze Reihe solcher Spielarten praktiziert haben, bevor man sagen kann, man beherrsche das Arbeiten in Gruppen einigermaßen.

Deswegen ist es für Lehrer wichtig, sich daran zu gewöhnen, den Schülern die erwünschten Arbeitsweisen vorzumachen. Bei der Vorbereitung eines Vormach-Informationsinputs merken Lehrer nämlich oft erst, was sie eigentlich von den Schülern unreflektiert erwarten, wenn sie ihnen eine Arbeitsanweisung geben, die sich in verbaler Formulierung relativ unproblematisch anhört. Wenn Sie sich dazu zwingen, Arbeitsweisen genau zu demonstrieren, entdecken Sie selbst, daß manches gar nicht so einfach ist, wie Sie sich gedacht hatten und werden eher bereit sein, den Schülern Hilfen für ihre Arbeit an der Lernaufgabe zu geben.

Wenn Sie eine Lernaufgabe formulieren, sollten Sie sich bemühen, nicht zu viele und nicht zu wenige Vorschriften zu machen. Man kann Kreativität und Arbeitsfreude mit zwei Methoden ermorden: indem man zu viele Vorgaben macht, jedes Detail vorschreibt und keine Abweichung duldet oder indem man keinerlei Vorgaben macht, nichts vorschreibt und alles duldet, was die Schüler machen. In beiden Fällen fühlen sich die Schüler unfrei und werden eher daran gehindert als angeregt, etwas zu produzieren. Eine Lernaufgabe sollte ein fester Rahmen sein, der die Ideen und die Arbeitsanstrengungen auf ein begrenztes Gebiet lenkt. Aber innerhalb dieses Rahmens sollten die Schüler die Freiheit haben, unterschiedliche Ideen zu entwickeln und verschiedene Wege zu gehen.

Elemente von Lernaufgaben

Zur Wiederholung: Das Hauptkennzeichen einer Lernaufgabe ist: Schüler können eine gewisse Zeit lang selbständig arbeiten, ohne daß der Lehrer während dieser Zeit mit ihnen interagiert. – Lernaufgaben können die folgenden Elemente haben:

	Die Schüler müssen wissen	Der Lehrer kann/muß
Thema	Um welches *Thema* handelt es sich? In welchem größeren *Zusammenhang* steht das Thema?	das Thema nennen und/oder einen „advance organizer“ (Organisationshilfe) geben
Lernziele	Was soll ich lernen? Was werde ich am Schluß der Stunde wissen oder können?	den Schülern die Lernziele nennen und erklären und/oder: die Lernziele anschreiben
Begründung für Thema und Lernziele	Warum sind das Thema und die Lernziele *wichtig?* Oder: Welchen *Sinn* hat die Arbeit? Oder: Welchen *Zweck* hat die Arbeit? Was kann dadurch erreicht werden? Wozu kann ich das Gelernte *gebrauchen?* Oder: Wie kann ich das Gelernte *anwenden* oder *übertragen?*	die Lernziele und das Thema begründen oder: mit den Schülern diskutieren, warum die Lernziele wichtig sind
Wenn Sie den Unterricht mit einem informierenden Unterrichtseinstieg begonnen haben, sind die hier genannten Elemente meist schon zur Sprache gekommen, so daß sie bei der Lernaufgabenvorstellung nicht wiederholt werden müssen.		
Aufgabe, Problem, Fragestellung	*Worum geht es bei der Lernaufgabe?* (Soll ein Problem gelöst werden? Geht es darum, Argumente zu sammeln? Soll eine tabellarische Zusammenfassung erarbeitet werden? usw.)	die Lernaufgabe erklären oder: den Schülern helfen, das Lernaufgaben-Ziel zu definieren

Lernaktivitäten, Arbeitsmethoden, Arbeitsschritte, Ausführungsbestimmungen	*Was* sie tun sollen, *wie* sie es tun sollen und *worüber* sie selbst zu *entscheiden* haben. *Welche Lernaktivitäten* muß ich ausführen? (Lesen, schreiben, diskutieren, zeichnen usw.) *In welchen Schritten* kann ich vorgehen (z. B. 1. das Problem genauer definieren, 2. mögliche Lösungen sammeln, ohne sie zunächst zu beurteilen, 3. kritische Prüfung der Vorschläge usw.) In welcher *Sozialform* kann ich arbeiten? (Einzeln, zu zweit, in Gruppen . . .) Wie hängen Arbeitsschritte und Sozialform zusammen? (z. B. Schritt 1: Gruppenarbeit, Schritt 2: Einzelarbeit . . .) Welche Arbeitsteilung ist am günstigsten? (Schreiben alle mit oder nur einer? Gibt es einen Leiter? . . .) Welches *Sozialverhalten* sollte ich verwirklichen? (Wie leise muß ich arbeiten? Die anderen ausreden lassen . . .) Welche *Sitzordnung* ist am besten? (Stuhlkreis, sich rund um einen Tisch setzen . . .) Wie kann ich *Hilfe* bekommen, wenn ich mit der Arbeit allein nicht zurecht komme? (z. B. Zuerst selbst überlegen, dann einen Mitschüler fragen, danach erst den Lehrer um Hilfe bitten . . .) Welche *Hilfsmittel* benötige ich? Woher bekomme ich sie? *Wie* benutze ich sie? Wieviel *Zeit* habe ich für die Arbeit an der Lernaufgabe? Wie halte ich die Ergebnisse fest?	informiert die Schüler mit Worten oder gibt ihnen ein Arbeitspapier, das das Vorgehen beschreibt demonstriert allein oder mit Schülern, wie die Arbeit durchgeführt wird schreibt wichtige Punkte (z. B. die Arbeitsschritte) an die Tafel weist die Schüler darauf hin, was sie selbst auswählen oder entscheiden müssen versorgt die Schüler mit Arbeitsmaterial 

	Die Schüler müssen wissen	Der Lehrer kann/muß
Maßstab, Standards, Kriterien zur Beurteilung des Prozesses und des Produkts	Wie beurteile ich, ob mein Arbeitsergebnis und meine Arbeitsweise richtig oder angemessen sind? Worauf muß ich besonders achten? Welche Regeln soll ich befolgen? Wie soll mein Ergebnis aussehen? Welche Form soll es haben? Wie umfangreich soll es sein? Wie soll ich mein Ergebnis präsentieren? Was soll dann mit meinem Ergebnis gemacht werden?	gibt Informationen über das erwünschte Ergebnis und die vorgesehene Art der Weiterverarbeitung des Ergebnisses im nachfolgenden Unterricht

Beispiele für Lernaufgaben

Damit Sie merken, daß Lernaufgaben gar nicht so kompliziert sind, wie es nach der Elementenliste vielleicht scheint, bringen wir jetzt einige einfache Beispiele.

Das folgende Beispiel ist die Lernaufgabe zu der schon zitierten Unterrichtsstunde über die Großschreibung von Verben (vgl. S. 154 f. und 190 f).

Zuerst erklärt der Lehrer den Schülern die Aufgabe, macht ihnen vor, wie sie arbeiten sollen und nennt noch einmal kurz die Ziele.

Lernaufgabe	**Kommentar**
„Ich möchte euch jetzt sagen, wie ihr die richtige Schreibung von Verben und in Nomen verwandelte Verben üben könnt. Wir machen dazu ein Diktat.	Die Aufgabe wird erklärt.
Ihr sollt bei jedem Satz überlegen: Steht vor dem Verb ein Nomenmacher? Wenn ja, schreibt ihr das Verb groß.	Lernziel
Außerdem sollt ihr nach jedem Satz selbst kontrollieren, ob ihr es richtig gemacht habt.	Lernziel
Ich schreibe das Diktat nämlich an der Tafel mit. Und wenn ihr mit dem Schreiben fertig seid, könnt ihr an die Tafel schauen und vergleichen.	Wie können die Schüler das Lernziel erreichen?
Das Diktat handelt von einem Stinktier. Das Stinktier hat Geburtstag und will die anderen Tiere dazu einladen. Aber die mögen das Stinktier nicht. Ihr könnt euch denken, warum. Jedes Tier sucht nach einer Ausrede, warum es nicht zur Geburtstagsfeier kommen kann. Zuerst fragt das Stinktier den Löwen: „Kommst du am Sonntag um 12 Uhr zu meiner Geburtstagsparty?“ Der Löwe sagt: „Ich muß zum Jagen.“ Das ist der erste Satz, den ich schreiben soll:	Die Geschichte vom Stinktier bringt etwas zusätzliche Stimulanz in das Diktat. Die Schüler haben etwas zum Lächeln.
1. Ich muß zum Jagen. Jetzt überlege ich: Wie heißt das Verb? Das Verb in diesem Satz ist „jagen“.[1] Ich schaue nach: Steht vor „jagen“ ein Nomenmacher? Ja, hier ist der Nomenmacher „zum“.	Hier demonstriert der Lehrer, wie er denkt. Er denkt laut, um den Schülern ein Modell anzubieten.

[1] Sie merken, daß hier die Tatsache ignoriert wird, daß „muß“ auch ein Verb ist. Der Lehrer versucht, die Sache nicht unnötig zu komplizieren.

Lernaufgabe	**Kommentar**
Jetzt klingelt meine Alarmanlage: Achtung! „Jagen“ muß groß geschrieben werden, weil es kein Verb mehr ist, sondern ein Nomen.	
Schreibt den Satz jetzt bitte in euer Heft: „1. Ich muß zum Jagen.“ Jetzt schaut bitte an die Tafel und kontrolliert, ob alles richtig ist.	Das Vormachen geht in Mitmachen über.
Jetzt kommt der zweite Satz. Der Löwe sagt: „Ich jage so gern.“ Bitte, überlegt! Wie heißt das Verb? . . . Steht vor dem Verb ein Nomenmacher? . . . Wie muß das Verb geschrieben werden, groß oder klein? . . . Wenn ihr das in eurem Kopf beantwortet habt, schreibt ihr den Satz hin: *2. Ich jage so gern.* Kontrolliert jetzt bitte an der Tafel, ob ihr alles richtig habt.	
Kann jetzt einer von euch der Lehrer sein und die beiden nächsten Sätze diktieren? (Ein Schüler wird drangenommen.) Achtest du bitte darauf, daß du nach dem Diktieren eine Pause machst, damit jeder überlegen kann?	Die Schüler beginnen damit, die Arbeit selbständig weiterzuführen.
Und die anderen müssen darauf achten, daß sie so leise sind, daß sie den Lehrer verstehen. Nimm bitte einen anderen als Lehrer dran, wenn du zwei Sätze diktiert hast.	Lernziel
Meint ihr, daß ihr das hinkriegt? (Pause)	Hier können Unklarheiten erkannt und beseitigt werden.
Der „Lehrer“ bekommt ein Blatt mit Sätzen, die er diktieren soll: „Das Flußpferd brummt: Das geht leider nicht. In der Zeit bin ich gerade im Wasser. *3. Ich bin beim Schwimmen.*	
Der Affe ruft vom Baum: Ich habe keine Zeit. Ich will lieber turnen. *4. Ich will turnen.* *5. Zum Turnen hab ich Lust.*“ usw.	Arbeitsmaterial

Variante: Statt das Diktat selbst an der Tafel mitzuschreiben, kann der Lehrer die einzelnen Sätze auf eine Tageslichtprojektorfolie geschrieben haben. Sie werden nach und nach aufgedeckt, damit die Schüler ihre Sätze kontrollieren können. Dadurch gewinnt der Lehrer Zeit. Er kann jetzt z. B. zu einzelnen Schülern gehen und ihnen leise helfen.

Diese Lernaufgabe ist ziemlich genau strukturiert. Es gibt nicht viele Möglichkeiten für Zufälle. Aber gerade das ermöglicht es, daß die Schüler im Klassenverband eine ganze Weile selbständig arbeiten können. Der Lehrer braucht in dieser Zeit nicht mit der ganzen Klasse zu interagieren. Wahrscheinlich werden die Schüler selbst dafür sorgen, daß kein Lärm entsteht, der die Arbeit verhindert. Der Lehrer kann die Klasse verstärken, wenn es ihr gelingt, so leise zu sein, daß der „Lehrer" von allen verstanden wird.

Die Lernaufgabe enthält nicht nur fachliche Rechtschreiblernziele, sondern auch Ziele aus anderen Bereichen:

- die Schüler üben, Wissen praktisch anzuwenden,
- sie bemühen sich, sich so diszipliniert zu verhalten, wie es die Situation erfordert,
- sie machen die Erfahrung, daß sie ohne direkte Lenkung durch den Lehrer selbst Unterricht machen können,
- einzelne stellen sich vor die Klasse und übernehmen Verantwortung,
- sie lernen, die eigene Arbeit zu kontrollieren,
- einzelne üben das Vorlesen und deutlich zu sprechen,
- viele werden wahrscheinlich Spaß an der Stinktiergeschichte haben und sind vielleicht angeregt, sich eine ähnliche Geschichte auszudenken (das könnte z. B. eine sinnvolle Hausaufgabe sein, die hinterher einigen – aber nicht allen – Schülern gestellt wird),
- es macht den Schülern Spaß, daß sie Lehrer sein können und daß sie ganz allein Unterricht machen usw.

Die meisten Lernaufgaben enthalten mehr „Lernchancen", als man bewußt anstreben kann. Das ist ein wichtiger Grund, warum Lehrer die jeweils wichtigsten Ziele bekanntgeben sollten.

Das Beispiel zeigt außerdem, daß Lernaufgaben nicht in jedem Fall Einzel-, Partner- oder Gruppenarbeit sein müssen. Es gibt auch Lernaufgaben, die im Klassenverband durchgeführt werden können.

Die folgenden Beispiele stellen wir nur verkürzt dar, weil sonst dieses Buch zu dick und Sie vielleicht zu sehr gelangweilt werden.

Beispiel „Inhaltsangabe":

Dieses Beispiel soll zeigen, daß mit einer relativ komplexen Lernaufgabe begonnen werden und daß man erst danach in die Einzelheiten gehen kann.

Langfristiges fachliches Lernziel der Unterrichtseinheit ist: Die Schüler sollen lernen, Inhaltsangaben zu schreiben.

Der Lehrer entschließt sich, den Schülern eine Lernaufgabe zu geben, bei der sie sofort eine vollständige Inhaltsangabe machen müssen, um die Gesamtproblematik einmal kennenzulernen.

Als Informationsinput hat er vorbereitet: eine kurze Inhaltsangabe zu einem Märchen, das alle Schüler kennen (oder zu einem Fernsehfilm, den jeder Schüler gesehen hat). Dazu drei wichtige Regeln für das Verfassen einer Inhaltsangabe („Schreibe im Präsens!“ usw.). Außerdem hat er sich überlegt, wie er in wenigen Minuten den Schülern an diesem Beispiel zeigen kann, daß und wie die Regeln angewendet wurden.

Die anschließende Lernaufgabe für die Schüler:

- Du sollst versuchen, zu einem Märchen (Fernsehfilm) eine Inhaltsangabe zu schreiben.
- Man muß das können, weil man oft gefragt wird „Wovon handelt das Buch denn?“ oder „Was passiert denn in dem Film? Worum geht es da?“
- Geh bitte so vor:
  a) Wähle eines der folgenden drei Märchen, um dazu eine Inhaltsangabe zu schreiben.
  b) Versuche, die Regeln dabei zu beachten.
  c) Schreibe bitte nicht mehr als 5 bis 6 Sätze.
- Du hast dazu 10 Minuten Zeit.
- Danach sollt ihr Gruppen bilden (5-6 Teilnehmer). Jeder liest seine Inhaltsangabe vor. Wählt bitte eine Inhaltsangabe aus, die nachher der ganzen Klasse vorgelesen werden soll. (Das kann eine besonders gelungene Arbeit sein oder eine, bei der ihr nicht so genau wißt, ob sie gut geworden ist.)

Die Schüler versuchen also schon beim ersten Anlauf eine vollständige Inhaltsangabe zu verfassen. Bei diesem Versuch kann der Lehrer beobachten, welche besonderen Einzelziele in den folgenden Stunden angestrebt werden müßten. Beispielsweise stellt er fest, daß es vielen Schülern schwerfällt, das Gerüst der Handlung herauszupräparieren. Dazu kann er dann besondere Lernaufgaben planen.

Die Schüler haben hier eine kleine Auswahlmöglichkeit („Wähle ein Märchen!“). Eine kleine Auswahlmöglichkeit ist besser als gar keine. Der Lehrer kann einzelnen Schülern auch erlauben, einen ganz anderen Inhalt zu einer Inhaltsangabe zu verarbeiten. Vielleicht hat einer gerade ein spannendes Buch gelesen und ist besonders interessiert, darüber zu schreiben.

Beispiel: „Haferschluck, der fromme Löwe“ (Gedicht von Christine Busta)

Dieses Beispiel zeigt, daß man zu den lächerlichsten Anlässen sinnvolle Lernaufgaben finden kann.

Ein Praktikant, den ich als Dozent zu betreuen hatte, bat mich, eine Unterrichtsstunde über dieses Gedicht zu machen. Es stand im Stoffverteilungsplan, und der Praktikant hatte keine rechte Idee, was man mit so einem Kunstwerk fünfundvierzig Minuten lang anstellen könnte.

Ich stellte den Schülern in dieser Stunde drei Lernaufgaben zur Auswahl:

1. den Vortrag des Gedichts einüben (nicht leiern, sondern über das Zeilenende hinweg Sinneinheiten sprechen; besondere Wörter betonen; Fragen fragend sprechen usw.);
2. selbst ein Gedicht über Löwen schreiben;

3. zusammenstellen, was man über Löwen weiß und es mit dem vergleichen, was im Gedicht über Löwen zum Ausdruck kommt.

Außerdem fragte ich die Schüler, ob sie noch eine andere Idee hätten, was man zu dem Löwengedicht arbeiten könnte.

Die Schüler des dritten Schuljahres verteilten sich im Klassenraum, nachdem sie sich für eine der Lernaufgaben entschieden hatten und arbeiteten zu zweit (Dichter) oder in Gruppen an den Lernaufgaben. Am meisten Hilfe brauchten die wenigen Schüler, die versuchen wollten, ein Löwengedicht zu schreiben.

Dreiteilige Moral:

Schüler müssen nicht immer das Gleiche lernen. Man kann Schülern durchaus öfter mal verschiedene Lernaufgaben zur Auswahl stellen. Lernziele und Lernaufgaben müssen den Themen des Unterrichts hinzugefügt werden.

Manchmal ist es geradezu schädlich, wenn alle Schüler die gleiche Lernaufgabe ausführen sollen. Zum Beispiel ist das oben erwähnte Verfahren, bei dem jeder Schüler zwar eine Inhaltsangabe schreiben soll, aber nur wenige Schüler die Chance haben, ihre Arbeit vorzulesen, hart an der Schädlichkeitsgrenze. Und zwar deswegen, weil Schüler zu ihrer Arbeit möglichst bald nach der Fertigstellung möglichst präzises Feedback brauchen. Wenn Schüler etwas produzieren, ohne irgendeinen Kommentar dazu zu bekommen, war die Arbeit für sie häufig sinnlos. Deswegen ist es oft gut, einzelnen Schülern oder kleinen Schülergruppen andere Lernaufgaben zu stellen als der Mehrheit der Klasse. Sie können etwa fünf Schülern erlauben, während die Klasse Rechtschreibung übt oder liest, Aufsätze zu einem bestimmten Thema zu schreiben. Hinterher können diese Schüler ihre Aufsätze der Klasse vorlesen und Feedback dazu bekommen. In der nächsten Stunde kommen andere Schüler mit dem Aufsatzschreiben dran, so daß nach und nach die ganze Klasse diese Lernaufgabe ausführt. Vorteilhaft ist dabei auch, daß die Schüler, die später an der gleichen oder einer ähnlichen Lernaufgabe arbeiten, bei ihrer Arbeit das Feedback verwerten können, das die Vorgänger bekommen haben.

Viele Lernaufgaben müssen von Schülern öfter wiederholt werden, damit sich der erwünschte Lerneffekt einstellt. Schüler müssen z. B. immer wieder üben, Referate vorzubereiten, Referate zu halten, über Referate zu diskutieren, und viele Schüler können das nur in der Schule lernen, weil ihnen zu Hause niemand dabei helfen kann. Sie könnten einem Schüler in einem bestimmten Fach drei Unterrichtsstunden zur Vorbereitung eines Referats zur Verfügung stellen und ihm so Einzelunterricht geben, während der Rest der Klasse sich mit anderen Dingen beschäftigt. Es kommt nicht darauf an, daß alle zur gleichen Zeit dasselbe lernen.

In vielen Stunden gibt es für einzelne Schüler „Löcher“. Einige Schüler schaffen eine Arbeit in fünf Minuten, andere brauchen dazu fünfzehn. Manchmal kommen Sie zu spät in die Stunde, und manchmal haben einzelne Schüler die Aufgabe aus dem Lehrbuch schon freiwillig zu Hause gelöst, die Sie der Klasse gerade stellen wollen. Dann ist es gut, wenn Sie einen Vorrat von Lernaufgaben in der Klasse gespeichert haben, aus dem Schüler, die nichts zu tun haben, sich geeignete Aufgaben heraussuchen können.

Sie können z. B. eine Liste mit Lernaufgaben aufhängen oder sich eine Lernaufgaben-Kartei herstellen und die Schüler bitten, selbst geeignete Lernaufgaben vorzuschlagen. Nehmen Sie ein altes Rechtschreibübungsbuch und schlachten Sie es. Kleben Sie die einzelnen Aufgaben auf Karteikarten und zeigen Sie den Schülern, wie sie damit arbeiten können. Ein Buch, das sich gut zum Schlachten eignet, ist „Training Aufsatz“ von A. Detter und K. Sirch. Sie können auch ab und zu Stunden machen, in denen Schüler sich ihre Lernaufgaben selbst aussuchen. Sie brauchen dann nur in der Klasse umherzugehen und einzelnen Schülern Feedback zu geben.

Trainingsmöglichkeiten: Lernaufgaben über Lernaufgaben

Übung: Präzisieren gängiger Arbeitsanweisungen

Ziele:

- Sie können bei der Beschäftigung mit dieser Aufgabe erkennen, daß viele Anweisungen, die wir Schülern stellen, genauer formuliert werden müssen, damit die Schüler wissen, was sie eigentlich machen sollen.
- Sie können lernen, gebräuchliche *Arbeitsanweisungen* zu präziseren *Lernaufgaben* zu erweitern.
- Sie können lernen, lebendig zu erklären und praktisch zu demonstrieren, wie eine Lernaufgabe von den Schülern ausgeführt werden kann.

Arbeitsmaterial

Hier sind einige Arbeitsanweisungen, die Schüler oft von Lehrern bekommen:

A Wiederholt das bitte zur nächsten Stunde!
B Lest euch das Kapitel zu Hause durch!
C Macht euch mal zu Hause Gedanken darüber!
D Schaut euch im Fernsehen den Film . . . an!
E Bereitet zu morgen die Seite . . . vor!
F Übt das zu Hause noch einmal genau!
G Lernt die Vokabeln auswendig!
H Überlegt euch, was ihr über das Thema schon alles wißt!
I Lernt das genau auswendig!
J Beschreibe, was du auf dem ersten Bild der Bildergeschichte siehst!
K Ich zeige euch jetzt einen Film. Achtet bitte genau auf die Einzelheiten!
L Übt bitte die schwierigen Wörter!
M Jeder sieht zu Hause seinen Aufsatz noch einmal durch!
N Besprecht das Thema bitte in Gruppen miteinander!
O Erarbeitet zu zweit Fragen zum Text!
P Überlegt euch gemeinsam eine Lösung!
Q Fragt euch gegenseitig leise ab!
R Was fällt euch an diesem Text auf?

Vorgehen:

Bitte arbeiten Sie zuerst allein. Sie haben 10 Minuten Zeit. Gehen Sie so vor:

1. Wählen Sie aus dem Arbeitsmaterial eine Arbeitsanweisung aus, die Sie präzisieren wollen.
2. Denken Sie sich zu der gewählten Anweisung eine konkrete Unterrichtsstunde oder ein bestimmtes Thema.

   Beispiele: Sie wollen Anweisung A („Wiederholen") präzisieren und denken an eine Unterrichtsstunde über das Thema „Eulen". Oder: Sie wählen Anweisung C („Durchlesen") und meinen ein Kapitel aus der „Judenbuche".

3. Stellen Sie sich vor, daß Sie selbst die Arbeitsanweisung ausführen wollen, und zwar so, daß die Aufgabe wirklich gut gelöst wird.
4. Notieren Sie sich in Stichworten so genau wie möglich, wie Sie selbst dabei praktisch vorgehen würden. Welche Arbeitsschritte machen Sie? Welches Material würden Sie benutzen und welche Gedanken würden Sie sich machen?

(*Beispiel:* Wiederholen/Thema: Eulen

1. Material bereitlegen: Biologiebuch, Biologieheft, Schreibzeug
2. Richtige Seite im Biologiebuch aufschlagen
3. Ersten Satz oder Absatz laut lesen
4. Den Inhalt mit eigenen Worten nacherzählen
5. Oder: Zu jedem Satz/Abschnitt Stichwörter notieren
6. Den Inhalt mit Hilfe der Notizen laut nacherzählen
7. Oder: Zum Inhalt Fragen formulieren
8. Ein Familienmitglied bitten, die Fragen zu lesen
9. Die Fragen mit eigenen Worten beantworten usw.)

Das *Ergebnis* dieser Einzelarbeit soll sein: Sie können anschließend in der Gruppe lebendig erklären und vormachen, wie der Arbeitsauftrag konkret durchgeführt werden kann.

Bitte, arbeiten Sie jetzt in Gruppen weiter.

1. Ein Teilnehmer stellt dar, wie er die in der Anweisung geforderte Arbeit ausführen würde. Er beschreibt nicht nur mit Worten, was er tun würde, sondern demonstriert es möglichst durch Handlungen. Denkvorgänge werden dabei sichtbar gemacht, indem die Gedanken laut ausgesprochen werden. *Beispiel:* „Ich denke: Was bedeutet eigentlich das Wort ‚Jagdrevier‘? Das muß ich mal im Lexikon nachschlagen. Aha, steht nicht drin. Dann suche ich mal das Wort ‚Revier‘ . . .“usw.
2. Die anderen beobachten die Demonstration und machen sich darüber Notizen.
3. Dann wird Rückmeldung gegeben. Jeder sagt einmal etwas zu der Demonstration. (Diese Begrenzung soll gewährleisten, daß nicht zu lange über das erste Beispiel diskutiert wird, so daß auch die anderen Gruppenmitglieder eine Chance bekommen, ihre Lernaufgabe vorzuführen.)
(Drei Arten von Rückmeldung sind erwünscht:
1. Objektives Feedback: Sie beschreiben, was Sie beobachtet haben
2. Subjektives Feedback: Sie berichten, wie eine bestimmte Handlungsweise auf Sie gewirkt hat
3. Verbesserungsvorschläge: Sie nennen konkrete Ideen, wie nach Ihrer Ansicht die Darstellung der Aufgabe verbessert werden kann
Günstig ist es, wenn derjenige, der das Feedback erhält, nicht auf jeden Beitrag sofort antwortet, sondern sich Notizen macht und erst dann kurz Stellung nimmt, wenn jeder Teilnehmer einmal Feedback gegeben hat.)

4. Der nächste Teilnehmer führt nun seine Lernaufgabe vor, und es wird weitergearbeitet, wie es oben beschrieben ist, bis jeder Teilnehmer einmal dran war.

Übung: Abschmecken von Lernaufgaben

Ziele:

Diese Übung dient dazu, daß Sie 1. sich eine Vorstellung bilden, was Lernaufgaben sind und 2. Kriterien kennenlernen, nach denen Lernaufgaben geplant und beurteilt werden können. Außerdem erhalten Sie 3. Anregungen für Ihre didaktische Phantasie, weil Sie die Ideen der anderen Teilnehmer kennenlernen können.

Information:

Eine Lernaufgabe ist ein konkreter Arbeitsauftrag, mit dem sich Schüler eine bestimmte Zeit allein, zu zweit, in Kleingruppen oder im Klassenverband beschäftigen können. Während der Bearbeitung der Lernaufgabe interagiert der Lehrer *nicht* mit der ganzen Klasse. Schüler, die eine Lernaufgabe bearbeiten, führen selbständig Lernaktivitäten aus und können dabei Lernerfahrungen bilden.

Vorgehen:

1. *Einzelarbeit:* Überlegen Sie sich eine Lernaufgabe. Dabei können Sie auf etwas zurückgreifen, was Sie schon einmal im Unterricht gemacht haben. Ihre Lernaufgabe sollen Sie nachher der Gruppe stellen, und zwar so, daß die Mitglieder ein bis zwei Minuten lang wirklich an der Lernaufgabe arbeiten können, um „abzuschmecken“, wie weit die Lernaufgabe geeignet ist, selbständiges Arbeiten zu ermöglichen.
2. *Gruppenarbeit:* Ein Teilnehmer stellt den anderen seine Lernaufgabe. Die Teilnehmer beginnen kurz mit der Arbeit.

Dann brechen sie die Arbeit ab und notieren sich, wie ihnen die Aufgabe „geschmeckt“ hat.
Die Lernaufgabe wird dann kurz diskutiert. Reihum sagt jeder, wie die Lernaufgabe ihm gefallen hat.
Zum Schluß kann derjenige, der die Lernaufgabe gestellt hat, zu diesem Feedback Stellung nehmen.
Dann wird von einem anderen Teilnehmer eine Lernaufgabe zum Abschmecken vorgestellt.
Bei der Rückmeldung können Sie sich auch an den Kriterien orientieren, die auf der *Checkliste für Lernaufgaben* (Seite 273) aufgeführt sind.

Meine Lernaufgabe:	Notizen:

Übung: Lernaktivitäten finden

Wenn Schüler an einer Lernaufgabe arbeiten, führen sie Lernaktivitäten durch, bei denen sie bestimmte Erfahrungen machen können. Lehrer müssen Ideen haben, was Schüler *tun* können.
Ziel dieser Übung ist es, daß Sie merken, wieviel Phantasie Sie im Grunde haben, daß Sie sich von der Phantasie der anderen anregen lassen und daß Sie erkennen, daß man zu einem Informationsreiz unzählig viele Lernaktivitäten finden kann.

Wir schlagen vor, daß Sie so vorgehen:

1. Gruppenarbeit:

Wählen Sie einen Informationsreiz (z. B. ein Bild, einen Text, einen Gegenstand), den Sie als Sprungbrett benutzen, um möglichst viele verschiedenartige Lernaktivitäten dazu zu finden.
Zum Beispiel umseitiges Papier:

2. Einzelarbeit:

Fragen Sie sich: „Was könnten Schüler mit diesem Blatt alles machen?“ Notieren Sie alle Ideen, die Ihnen in den Sinn kommen. Wenden Sie dabei auch Ideenproduktionsrezepte an. Wenn Ihnen nach einiger Zeit nichts mehr einfällt, können Sie z. B. dadurch neue Ideen finden, daß Sie an die verschiedenen Schulfächer denken. Welche weiteren Lernaktivitäten fallen Ihnen ein, wenn Sie sich vorstellen, daß das Blatt für das Fach Religion (Kunst, Englisch, Sport, Deutsch, Physik usw.) benutzt werden soll?
Oder überlegen Sie, was man an dem Blatt verändern könnte, damit es für weitere Lernaktivitäten geeignet ist? Was könnte hinzugefügt, was weggenommen werden?
Oder: Welche Medien und Hilfsmittel könnte man zusätzlich benutzen?

3. Gruppenarbeit:

Erzählen Sie sich gegenseitig Ihre Ideen. Entwickeln Sie einzelne Ideen gemeinsam weiter. Loben Sie Teilnehmer, die gute Ideen haben.
Wenn Sie unbedingt wollen, können Sie aus diesem Ideenmaterial auch vollständige Lernaufgaben machen oder sogar ganze Unterrichtsstunden planen mit fachlichen und vor allem erzieherischen Lernzielen, Informationsinput, informierendem Unterrichtseinstieg und allem Drum und Dran. Es ist ganz günstig, bei der Unterrichtsvorbereitung manchmal mit den Lernaktivitäten der Schüler anzufangen.

NOMADEN

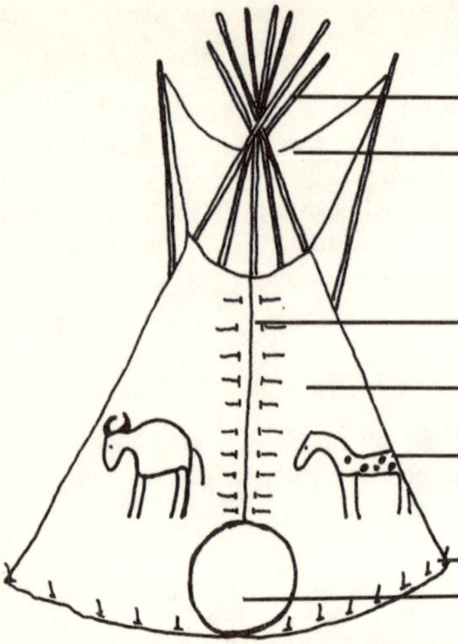

Tipi aus Stangen und Haut
Fellzelt der Prärie-Indianer
(kegelförmig)

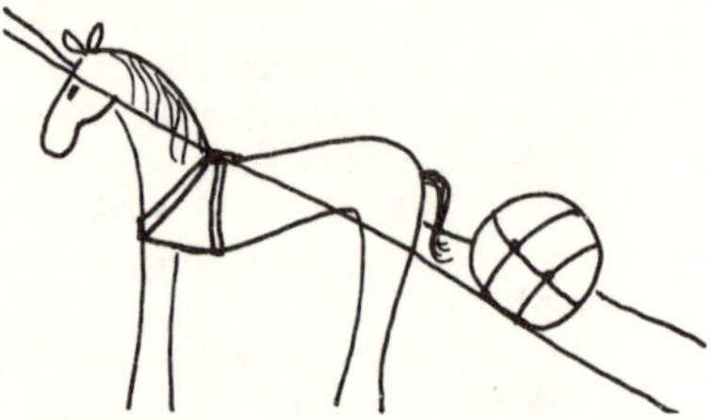

"Schleppe" zum Transport des Zeltes

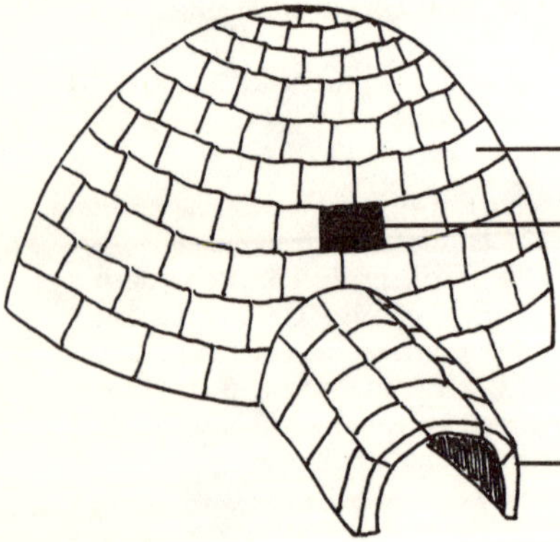

Iglu: Schneehaus bei einigen Eskimostämmen (Arktis)
Winterhaus, Jagd, Reise
(kuppelförmig)

Bau dauert 1 - 2 Stunden, "Ziegel" werden mit Schneemessern zurechtgeschnitten. Blöcke werden so aufgestellt, daß sie sich nach innen neigen. Fugen werden mit Schnee gedichtet.
Inneneinrichtung: Schlafbank, Wände mit Fellen verkleidet
Tranlampen (Wärme, Kochen, Beleuchtung)

Weitere Möglichkeiten, wie Sie das Erfinden, Beurteilen und Gestalten von Lernaufgaben üben können

- Suchen Sie sich Arbeitsanweisungen aus Lehrbüchern zusammen und machen Sie daraus vernünftige Lernaufgaben.
- Denken Sie an Ihre eigene Schulzeit zurück. Erinnern Sie sich an Aufgaben oder Arbeitsanweisungen oder Lernaktivitäten, bei denen Sie richtig Spaß hatten (bei denen Sie viel gelernt haben / die Ihnen keinen Spaß machten und bei denen Sie nicht viel gelernt haben)? Versuchen Sie die Lernaufgaben zu rekonstruieren, zu modifizieren, zu verbessern.
- Denken Sie sich zu Informationstexten Lernaufgaben aus.
- Nehmen Sie Arbeitsblätter von Lehrern und machen Sie daraus vollständige Lernaufgaben. Was müssen Sie den Schülern erklären? Wie können Sie ihnen die Arbeit demonstrieren? Wie können Sie ihnen die notwendigen Denkprozesse zeigen?
- Legen Sie sich eine Sammlung von Lernaufgaben für ein bestimmtes Fach an.
- Lassen Sie Schüler erzählen, wie sie zu Hause üben und entwickeln Sie daraus Lernaufgaben.
- Geben Sie Hausaufgaben auf, die gleichzeitig Lernaufgaben sind.
- Besorgen Sie sich einen Lehrplan, und erfinden Sie Lernaufgaben zu einem dort formulierten Thema oder Lernziel.

Wie wär's mit diesen Lehrplanzielen? Können Sie sich dazu passende Lernaufgaben denken?

Deutsch

Klasse 1

2. Grobziel: Die Schüler sollen Möglichkeiten der Bildung und Bedeutungsveränderung sprachlicher Zeichen kennenlernen.

Teilziele:	Hinweise:
Durch Zusammensetzen von Wörtern neue Wörter finden	Zusammensetzen und Benennen von Bild- und Wortkarten: Haus + Tür – – Haustür
Durch Ableiten Wörter verändern	Einfache Vor- und Nachsilben: ab-, an-, ver-fahren; Bäum*chen*

3. Grobziel: Die Schüler sollen lernen, sprachliche Muster situationsgerecht und grammatisch richtig zu verwenden.
Dabei sollen sie erste Einblicke in Funktion und Struktur sprachlicher Einheiten gewinnen.

Verschiedene Satzmuster situationsgerecht und grammatisch richtig verwenden	Vervollständigen angefangener Sätze; Sätze zu Bildern finden; leere Sprechblasen in Bilderreihen durch passende Äußerungen füllen; Koffer- oder Rucksackpakken; Verstecke erfragen; Erkennen verschiedener Redeabsichten: erzählen, fragen, antworten; Rollenspiele; Dialogtexte
Zwischen sinnvollen und sinnlosen Sätzen unterscheiden	Richtigstellen von Unsinn-, Witz- oder Kaspersätzen (S. 87)

Mathematik (Klasse 3+4)

Für Überschlagsrechnungen geeignete Zahlen finden können	Bei den Schriftlichen Rechenverfahren sollten Überschlagsrechnungen durchgeführt werden. Geeignete Zahlen ergeben sich nicht immer durch das übliche „Runden“.

14 812 = 48 · □
Überschlag:
15 000 = 50 · 300
aber:

14 812 = 68 · □	14 812 = 87 · □
Überschlag:	Überschlag:
14 000 = 70 · 200	16 000 = 80 · 200

(S. 66)

Sachunterricht (Vorklasse)

Einander helfen

Lz:

SSs: 1. an Beispielen schildern, wie man mit anderen Menschen Kontakt aufnehmen kann,
2. andere Gruppenmitglieder ermutigen,
3. jemanden um Hilfe bitten,
4. Wünsche äußern und Informationen erfragen,
5. angeben, daß Zusammenarbeit Absprache erfordert,
6. erfahren, daß Zusammenarbeit Spaß machen kann.

... In der Vorklasse sollten vor allem Qualifikationen und Techniken erlernt und eingeübt werden, die Kooperation vorbereiten helfen, sie jedoch nicht bereits voraussetzen. (S. 23)

(Aus: Lehrplan – Grundschule und Vorklasse in Schleswig-Holstein. Herausgegeben vom Kultusministerium des Landes Schleswig-Holstein. Band I – Kiel: Verlag Schmidt & Klaunig 1975)

Checkliste für Lernaufgaben

1. Die Lernaufgabe ist geeignet, *selbständiges Arbeiten anzuregen.*
2. Die *„Ausführungsbestimmungen“* für die Lernaufgabe sind klar. Man weiß, was man machen soll und wie man dabei vorgehen kann.
3. Das *Vorgehen* beim Bearbeiten der Lernaufgabe wird vom Lehrer anschaulich *demonstriert.*
4. Die Lernaufgabe hat *klare Lernziele.* Man weiß, was man lernen kann, wenn man die Lernaufgabe ausführt.
5. Der *Sinn* der Lernaufgabe ist *deutlich erkennbar.* Man weiß, welches *Ziel* oder welchen *Zweck* die Arbeit hat.
6. Man weiß, wie das *Ergebnis* oder *Produkt* der Arbeit aussehen soll.
7. Man hat eine Vorstellung davon, was nach der Erledigung der Lernaufgabe *mit dem Arbeitsergebnis weiter geschehen soll.*
8. Die Lernaufgabe ist *interessant.* Man hat Lust, sich mit ihr zu beschäftigen.
9. Das zum Bearbeiten der Lernaufgabe nötige *Informationsmaterial ist vorhanden.*
10. Man weiß, wieviel *Zeit* für die Arbeit zur Verfügung steht.
11. Man weiß, was man tun kann, wenn man mit der Lernaufgabe allein nicht zurechtkommt, woher man *Hilfe* bekommt und welche *Hilfsmittel* man benutzen kann.
12. Die Lernaufgabe ist ein Rahmen. Innerhalb dieses Rahmens können die Schüler vieles *selbst entscheiden.*
13. Es wird nicht nur eine einzige Lernaufgabe angeboten, sondern die Schüler haben die Möglichkeit, eine von mehreren Lernaufgaben selbst *auszuwählen.*
14. Die Lernaufgabe ist *den Fähigkeiten und Kenntnissen der Schüler angepaßt.* Sie ist für die Schüler lösbar, wenn sie sich bemühen.
15. Wahrscheinlich erfahren die Schüler bei der Arbeit an der Lernaufgabe, daß sie etwas *können.*
16. Die Lernaufgabe verlangt von den Schülern eine Leistung, die sie noch nicht vollkommen beherrschen. Die Schüler lernen etwas *Neues.*
17. Die Bearbeitung der Lernaufgabe wird nicht wie eine Zwangsarbeit von den Schülern einfach gefordert, sondern die Schüler werden um ihr *Einverständnis* gebeten.
18. Die Lernaufgabe wird nicht einfach verordnet, sondern als *Vorschlag* zur Diskussion gestellt.
19. Bei der Ausführung der Lernaufgabe üben die Schüler Handlungen, die sie im Leben *gebrauchen können.*
20. Die Lernaufgabe ist *kompliziert* genug, um *sinnvoll* zu sein.

Kapitel 10

Das Rezept der Auslöschungsphase und die Feedback-Weiterverarbeitungsphase

Viele Lehrer klagen darüber, daß nach einer Phase der selbständigen Arbeit der Schüler (Gruppenarbeit, Partnerarbeit usw.) die anschließende Phase nicht gelingt, in der die Ergebnisse im Klassenverband besprochen oder weiterverarbeitet werden sollen. Diese Plenumsphase ist für Lehrer häufig unerfreulich, weil die Schüler nicht daran denken, den Vorträgen der Gruppensprecher zu lauschen, sondern weiterhin Gruppengespräche führen.

Wir schlagen für diese Phase zwei Handlungsrezepte vor:

– Unter Umständen die Plenumsphase einfach wegzulassen, nämlich dann, wenn in der Arbeitsphase – die ja die wichtigste Phase des Unterrichts ist – schon die wesentlichen Lernerfahrungen gemacht wurden, wovon sich der Lehrer während der Arbeit überzeugen kann. Warum soll man sich mit mehr oder weniger langweiligen Gruppenberichten abplagen, wenn die Schüler die wichtigen Lernziele längst erreicht haben? Zwar steht in allen Büchern, daß die gemeinsame Phase nach der Gruppenarbeit unbedingt notwendig sei, aber man kann ja auch einmal von den etablierten Rezepten abweichen.

– Wenn eine Plenumsphase notwendig erscheint, sollten Sie nach der Arbeitsphase eine kurze Auslöschungsphase einschieben.

Was ist eine Auslöschungsphase, und was bewirkt sie? Eine Auslöschungsphase ist dazu da, die Gruppenbildungen und Arbeitsbeziehungen, die sich bei der Arbeit an der Lernaufgabe herausgebildet haben, auszulöschen, damit die Schüler ihre Aufmerksamkeit wieder der Arbeit in der Großgruppe zuwenden können. Besonders bei Gruppenarbeit entstehen solche Beziehungen, und es fällt den Schülern dann schwer, diese Beziehungen von einem Moment auf den nächsten zu unterbrechen und sich voll auf das Plenum zu konzentrieren. Die Auslöschungsphase ist ein kurzes Zwischenspiel, das den Schülern diese Umstellung erleichtert.

Wie kann eine Auslöschungsphase konkret aussehen?

– Die Sitzordnung wird verändert. Wenn z. B. die Gruppen zur Arbeit im Klassenraum verteilt waren, werden jetzt die Schüler gebeten, sich wieder auf ihre alten Plätze zu setzen. Oder: Alle

Schüler drehen ihre Stühle um, so daß sie in eine andere Richtung schauen als vorher. Der Lehrer (oder ein Schüler) leitet das folgende Gespräch von der Hinterwand oder einer Seitenwand aus. Oder: die Schüler nehmen ihre Stühle und setzen sich in einen Kreis. Oder: man setzt sich auf Tische und Fensterbretter.
- Zwischen Lernaufgabe und Weiterverarbeitungsphase wird eine kleine Pause eingeschoben, in der die Schüler in der Klasse umhergehen und sich unterhalten können.
- Man beschäftigt sich einige Minuten lang mit ganz anderen Dingen. Man singt ein Lied, erzählt Witze oder persönliche Erlebnisse, liest etwas vor, sagt etwas an usw. und verwandelt auf diese Weise die Einzelgruppen wieder in eine Großgruppe zurück.

Dieses Rezept ist besonders für solche Lehrer empfehlenswert, die eigentlich gern häufiger die Schüler in Gruppen arbeiten lassen wollen, aber deswegen davor zurückschrecken, weil die auf die Gruppenarbeit folgende Phase für sie zu oft enttäuschend verläuft.

Die Feedback-Weiterverarbeitungsphase

(Damit wir nicht zuviel wiederholen müssen, bitten wir Sie, sich noch einmal kurz durchzulesen, was auf den Seiten 110 ff. über diese Phase steht. Danke.)

Was in dieser Phase geschieht, ist abhängig von den Lernzielen, die angestrebt werden, aber auch davon, wie die Arbeit in der Lernaufgabenphase verlaufen ist.

Es kann in dieser Phase darum gehen, daß die Schüler Feedback zu ihrer Arbeit bekommen, aber auch, daß der Lehrer erfährt, wie die Schüler gearbeitet haben, falls er sich nicht schon während der Arbeit an der Lernaufgabe darüber informiert hat.

Man kann also in dieser Phase die Schüler fragen: „Wie hat die Arbeit geklappt? Habt ihr geschafft, was ihr schaffen wolltet? Sind Schwierigkeiten aufgetreten? Habt ihr festgestellt, ob ihr noch bestimmte Informationen benötigt?" u. ä. Solche Fragen sind echte Fragen. Der Lehrer fragt die Schüler nicht, weil er von ihnen etwas hören will, was er längst weiß, sondern er fragt nach etwas, was nur die Schüler wissen und beantworten können. Die Schüler können die Erfahrung machen, daß es dem Lehrer nicht nur darauf ankommt, ihre Arbeit zu kontrollieren und zu beurteilen, sondern daß es ihm vor allem darum geht, Hilfen zu geben.

Die *Weiterverarbeitungsphase* kann sehr viele Funktionen haben. Sie kann dazu da sein, ein neuerworbenes Können zu üben, es praktisch anzuwenden oder auf eine neue Situation zu übertragen. Sie kann die Schüler anregen, sich eine eigene Meinung zu bilden, Informationen kritisch zu durchdenken und zu beurteilen, zu verallgemeinern oder zusammenzufassen, zu untersuchen, was das Gelernte für die eigene Person bedeutet oder offene Fragen deutlich zu machen. Für die meisten dieser Tätigkeiten sind Gesprächsfertigkeiten wichtig (vgl. das Trainingsbuch von Becker, Bilek u. a., 1976).

Aus der Vielzahl der möglichen Rezepte für die Gestaltung dieser Phase greifen wir hier eines heraus, das geeignet ist, das unfruchtbare und wenig originelle „Zusammentragen der Ergebnisse" zu ersetzen, das man im Unterricht so oft beobachtet und das meist so wenig einbringt. Es ist das Rezept *„Weiterführende Fragestellungen diskutieren"*.

Wenn Schüler eine Lernaufgabe bearbeiten, produzieren sie Ergebnisse. Da in einer Klasse meist zwanzig bis vierzig Schüler mit der Produktion solcher Daten beschäftigt sind, kommt gewöhnlich eine ganze Menge an Material zusammen. Darum ist es vergebliche Liebesmühe, diese Daten alle zusammentragen zu wollen. Denn erstens schafft man es meist gar nicht, und zweitens: man hat anschließend keine Zeit mehr, diese Daten sinnvoll weiterzuverarbeiten. Das Rezept „Weiterführende Fragestellung" hat die Funktion, die Ergebnismassen auf ein erträgliches Maß zu reduzieren. Die weiterführende Fragestellung dient als Filter, der nur einen kleinen Teil der Ergebnisse zur Weiterverarbeitung durchläßt.

Das Prinzip dieses Rezepts ist, daß die Schüler nicht ihre Ergebnisse noch einmal nacherzählen, sondern daß sie das, was sie bei der Lernaufgabe gelernt haben, bei der Diskussion von Fragen benutzen, die über das bisher Behandelte hinausgehen.
Beispiele:

- Die Schüler haben sich selbständig Informationen über Bauwerke des Altertums erarbeitet. Anschließend hängt der Lehrer Bilder von Rekonstruktionen der Bauwerke auf und bittet die Schüler, diese Bilder zu beschreiben und zu deuten und dabei die gelernten Informationen zu benutzen.
- Die Schüler haben in der Lernaufgabe die Personen eines Dramas charakterisiert. Jetzt diskutieren sie über die Frage „Wie könnte ein Schauspieler die jeweilige Rolle spielen?" Oder: Der Lehrer schildert eine Konfliktsituation und die Schüler überlegen, wie die Personen des Dramas sich in dieser Situation voraussichtlich verhalten würden.
- Die Schüler haben Hypothesen zur Erklärung einer physikalischen Er-

scheinung entwickelt. Jetzt sollen sie versuchen, Experimente zu planen, mit denen man die Hypothesen überprüfen könnte.
- Die Schüler haben herausgearbeitet, wodurch die Umwelt verschmutzt wird (Informationspapier). Anschließend geht es darum, die Fakten zusammenfassenden Begriffen zuzuordnen oder einzuschätzen, welche Form der Umweltverschmutzung am schwierigsten zu kontrollieren sein wird.
- Die Schüler haben selbständig geübt, Informationen aus Karten herauszulesen. Der Lehrer hängt jetzt eine neue Landkarte auf und fordert die Schüler auf, das geübte Können daran auszuprobieren.
- Die Schüler haben allein eine Geschichte gelesen und nach bestimmten Gesichtspunkten untersucht. Der Lehrer sagt: „Ich habe vier Behauptungen an die Tafel geschrieben, die ich jetzt, nachdem ihr die Kurzgeschichte gelesen habt, mit euch diskutieren möchte."

Für diese Phase kann man sich eine Tagesordnung überlegen, eine Reihe von Fragen, über die man zielstrebig diskutiert. Man braucht dann nicht lustlos von einer improvisierten Frage zur nächsten zu hüpfen, wie es im Erarbeitungsunterricht so oft geschieht. Wenn es darum geht, Meinungen zu formulieren oder zu Urteilen zu kommen, können viele Schüler auf dieselbe Frage antworten, ohne daß der Lehrer jedesmal einen Kommentar geben oder eine neue Frage anschließen muß.

Kapitel 11

Rezepte für das Lernen von Rezepten

Operationalisierungsdilemma und individuelle Operationalisierungsforschung

Als ich noch zur Schule ging, bekam ich einmal ein Buch mit dem Titel „Das Buddelschiff" (Biggs, 1956) in die Hände. Das war eine wunderbare Sache. Herrlich klare Zeichnungen und verständliche Aussagen, z. B.: „Groß- und Besanmast können durch leichtes Aufdrücken der Fingerspitzen der linken Hand in ihrer Stellung gehalten werden (Abb. 24). Verklebe den letzten halben Schlag und warte die Verhärtung des Klebstoffs ab. Führe den Faden durch das hierfür vorgesehene Loch in der Klüverbaumnock und klemme es vorsichtig, aber fest, in die Mittelkerbe am Ende der Unterlage." In meiner Begeisterung machte ich mich daran, ein Buddelschiff nach dieser Anleitung zu basteln. Ich habe auch eins fertigbekommen, aber ich muß sagen, sehr stolz war ich auf das Ergebnis nicht. In dem Buch stand wirklich alles drin, was man wissen mußte. Und trotzdem hatte der Verfasser eine Unmenge von Tatsachen zu erwähnen vergessen:

Daß der Mensch viel zu dicke Finger hat; daß der Klebstoff nicht selbständig entscheiden kann, was er festzukleben hat: einen dünnen Faden oder einen Zeigefinger; daß das Werk zusammenkracht, wenn man ein Einzelteil vorsichtig, aber etwas zu fest in eine vorgesehene Kerbe drückt; daß es den geduldigsten Menschen zum Wahnsinn treiben kann, wenn ein Faden sich standhaft sträubt, durch das vorgesehene Loch geführt zu werden; daß es übermenschlicher Fähigkeiten bedarf, um in ein Stäbchen, gegen das ein Streichholz ein Balken ist, ein Loch zu bohren, das sich zum Durchführen von Fäden eignet usw. Kurzum, ich habe damals das Grundgesetz des Lernens kennengelernt: daß die schönsten Informationen erst dann zu etwas führen können, wenn Erfahrung dazukommt. Wahrscheinlich wäre ich ein ganz passabler Flaschenschiffbastler geworden, wenn ich dies damals schon gewußt und beherzigt hätte. Vielleicht hätte ich jetzt schon eine große Flaschenschiffirma mit Geschäftsbeziehungen von Neuseeland bis Gaziantep und brauchte mich weder mit Unterrichtsrezepten noch mit der Belehrung und Disziplinierung von Schülern herumzuplagen. Aber lassen wir das!

Heute bezeichne ich diesen Flaschenschiff-Effekt als Operationalisierungsdilemma, weil mir inzwischen klargeworden ist, daß es Lehrern und Lehrerstudenten mit den theoretischen Informationen, die sie hören, lesen oder diskutieren, im Prinzip ganz genauso geht, wie es mir damals mit der Bastelanweisung ging.

Das Operationalisierungsdilemma kommt dadurch zustande, daß sich Handlungsrezepte in der Beschreibung furchtbar einfach anhören,

aber verteufelt kompliziert werden, wenn man sie zu verwirklichen versucht:

Wie kann ich loben?
Wen soll ich loben?
Wie oft soll ich loben?
Was soll ich loben?
Welche Formulierungen kann ich dazu nehmen?
Was tue ich, damit mir nicht immer nur die gleichen stereotypen Lobvokabeln unterlaufen?
Wie erreiche ich, daß ich lobenswertes Handeln von Schülern rechtzeitig bemerke?
Wie vermeide ich, daß sich Schüler von meinem Lob abgestoßen oder angeödet fühlen?
Dressiere ich die Schüler nicht darauf, daß sie lobsüchtig werden?
Lobe ich etwa immer nur dieselben?
Fassen die nichtgelobten Schüler es als Kritik auf und finden sie mich ungerecht, wenn ich andere lobe?
Wie kann ich einen Schüler loben, der sich niemals lobenswert verhält?
Die schlechten Schüler brauchen wahrscheinlich am meisten Lob. Aber belüge ich sie nicht, wenn ich sie lobe?
Wie vermeide ich, daß mein Lob unecht und mechanisch wird?
Wer bin ich eigentlich, daß ich mir anmaße, andere Menschen zu loben?
Woher bekomme ich überhaupt die Zeit zum Loben? Ich muß doch sehen, daß der Unterricht läuft.

In der Praxis häufen sich die Widrigkeiten: Michael hat sich eben unmöglich benommen. Er hat mit Sachen um sich geworfen und lauthals unverschämte Beleidigungen über mich ausgestoßen. Jetzt sitzt er zwar artig an seinem Platz und arbeitet wie alle anderen, und ich würde ihn auch gern dafür verstärken, aber ich bin auf den Kerl so sauer, daß mir wirklich nichts einfällt.

Ich sehe, daß Birgit ihrer Nachbarin hilft und will gerade hingehen, um sie dafür zu loben, da bricht an der Fensterseite ein Aufstand los, und ich muß mich erst einmal ganz auf meine Polizistenrolle konzentrieren.

Ich weiß, ich soll die Schüler für das loben, was sie gut gemacht haben und nicht lange an dem herummäkeln, was nicht so gut ist. Aber den Aufsatz, den Manuela mir hier anzubieten wagt, kann ich kaum lesen. Sie hat sich nicht die geringste Mühe gemacht, ab und zu einen Punkt an das Satzende zu machen, obwohl wir das gerade ausführlich geübt hatten, und der Aufsatz hat offensichtlich dreimal so viele Fehler wie Wörter. Ich bin sehr für das Loben. Aber hier fällt mir partout nichts ein.

Mark Twain hat diese Dimension des Theorie-Praxis-Unterschieds sehr schön in „Die Arglosen im Ausland“ (S. 504 f.) geschildert. Zuerst beschreibt er eine malerische Szene. Und meint dann: „Hier bot sich ein großartiges orientalisches Bild, das ich tausendmal auf zarten, prächtigen Stahlstichen angebetet hatte! Aber auf dem Stich gab es keine Einöde; keinen Schmutz; keine Lumpen; keine Flöhe; keine häßlichen Gesichter; keine entzündeten Augen; keine schmausenden Fliegen; keine schwachsinnige Unwissenheit in den Mienen; keine Druckstellen auf den Rücken der Esel; kein unangenehmes Plappern in unbekannten Zungen; keinen Kamelgestank . . . (Wir lassen hier einen längeren Satz mit Gewaltverherrlichungen aus, weil wir uns nicht nachsagen lassen wollen, daß wir zu den geistigen Vorbereitern des Terrorismus gehören.) . . .

Orientalische Szenen sehen am besten auf Stahlstichen aus.“

Mit vielen Handlungsrezepten ist es genauso. Sie hören sich ganz toll an, wenn man sie in Büchern liest. Weil in den Büchern zwangsläufig sehr vieles ausgelassen werden muß, was im wirklichen Leben hinzukommt.

Die Schulwirklichkeit ist anstrengender, vielfältiger, nervenkraftzermürbender, ermüdender, komplizierter, unübersichtlicher, aufreibender, spannender und langweiliger als jede symbolische Darstellung.

Ein primitives Handlungsrezept in persönliches Handeln umzusetzen, das ist oft ein recht schwieriges und umfangreiches Programm, und die Erfolge werden nicht selten von den vielen Widerspenstigkeiten der Realität verschlungen.

Man muß lernen, bestimmte Handlungen auszuführen und dafür eventuell andere zu unterlassen. Man muß das Handlungsrezept zu einem inneren Programm machen, das viele unterschiedliche Einzelhandlungen und nicht nur ein stereotypes Geplapper produziert. Man muß lernen, die Bedingungen zu erkennen, die ein Handlungsrezept erst sinnvoll machen und sich angewöhnen, diese Bedingungen in komplexen Interaktionssituationen schnell genug zu identifizieren, um rechtzeitig auf sie reagieren zu können. Überhaupt muß man das Handlungsrezept zu einem Teil der eigenen Persönlichkeit machen, sich mit ihm identifizieren und Einstellungen entwickeln, die mit dem Rezept in Übereinstimmung sind, denn pädagogische Handlungsrezepte können nicht wirken, wenn sie unecht und automatenhaft ausgeführt werden oder als Tricks, von deren Wirksamkeit der Lehrer selbst nur halb oder gar nicht überzeugt ist.

Diesen manchmal schwierigen Prozeß der Anwendung wissenschaftlich getesteter Handlungsrezepte durch einzelne Lehrer, der von der Auswahl/Entscheidung über die Aneignung bis zur Prüfung von Rezepten reicht, nennen wir individualisierte Operationalisierungsforschung.

Wir haben diesen eindrucksvollen Namen gewählt, um den Umfang der Aufgabe deutlich zu machen, vor der Lehrer stehen, die sich an wissenschaftlichen Ideen orientieren wollen und nicht mit Tradition und Gewohnheit zufrieden sind. Für einen Forscher ist die Arbeit erledigt, wenn er zeigen kann, daß ein bestimmtes Handlungsrezept auf eine bestimmte Kategorie von Lernenden mit der und der Wahrscheinlichkeit die und die Effekte hat.

Für einen Lehrer, der dieses Handlungsrezept anwenden will, fängt hier die Arbeit erst an: der gesamte Forschungsprozeß beginnt für ihn noch einmal ganz von vorn. Wenn dabei auch keine allgemeingültigen Aussagen produziert werden, so ist diese individuelle Forschung doch weder einfacher noch minderwertiger als „richtige“ Forschung und ganz und gar nicht überflüssig. Trotzdem gilt die individualisierte Operationalisierungsforschung vielen Wissenschaftlern als Nebensächlichkeit, die in Forschung und Lehre getrost vernachlässigt werden kann. Es ist typisch, daß diese wichtige Forschungsrichtung bisher noch nicht einmal einen anständigen wissenschaftlichen Namen hatte. Zum Glück haben wir dieses Manko hiermit ein für allemal behoben.

Wissenschaftliche Handlungsrezepte bekommen von Lehrern oft keine faire Chance, weil Lehrer nicht gelernt haben, wissenschaftliche Methoden zur Lösung von praktischen Problemen zu benutzen. So glauben Lehrer oft schon den Beweis in der Hand zu haben, daß bestimmte Rezepte „in der Praxis nicht gehen", bevor sie überhaupt gelernt haben, die Handlungen auszuführen, die die Rezepte vorschlagen. Umgekehrt können sich fragwürdige Rezepte unangefochten in der Schule halten, auch wenn eine distanzierte Prüfung sehr schnell ihre Unwirksamkeit oder die Fragwürdigkeit der erzielten Effekte zeigen würde. Daher ist der Begriff „individualisierte Operationalisierungsforschung" keine Beschreibung der Wirklichkeit, sondern ein Programm. Lehrer *können* lernen, ihr Handeln an wissenschaftlich begründeten Rezepten zu orientieren und sich selbst dabei mit wissenschaftlichen Methoden zu überwachen, *wenn man es ihnen beibringt.* Wir verlangen nicht, daß aus Lehrern Wissenschaftler werden sollen, die nebenbei auch mal unterrichten; es geht darum, daß Lehrer lernen, ihre Erfahrungen etwas zielstrebiger und auch etwas kritischer zu sammeln, als es zur Zeit Mode ist. Verhaltenstraining ist nur ein Teilaspekt dieses Problems.

Das schlechte didaktische Feedback

Lehrerausbildung besteht zum größten Teil darin, daß Leute miteinander reden und reden und reden. Das wird auch in Zukunft so bleiben. Allerdings scheint es uns wünschenswert, die Redegewohnheiten etwas zu verändern.

Im folgenden kritisieren wir die Redegewohnheiten bei Unterrichtsbesprechungen, das sogenannte didaktische Feedback. Didaktisches Feedback nennen wir das Gerede, das entsteht, wenn Leute über einen Unterrichtsversuch sprechen und dabei so tun, als hätte Herwig Blankertz Unrecht, wenn er konstatiert: „Wir haben es bisher in der Didaktik nicht geschafft, für die Bewertung von Unterrichtseinheiten intersubjektiv eindeutig verfügbare Kriterien zu entwickeln, jedenfalls keine, die es ermöglichen, daß der kritisierende Mentor sich an Regeln halten muß, die von den Kritisierten überprüft werden könnten." (betrifft: erziehung, 3, 1977, S. 63)

Didaktisches Feedback setzt sich aus Aussagen wie den folgenden zusammen (nur daß diese Aussagen meist sehr viel verschwommener und mit sehr viel mehr Worten vorgetragen werden):

Sie haben zu viele W-Fragen gestellt und sollten mehr Impulse geben.
Sie müssen mehr Möglichkeiten für Schüleraktivität bereitstellen.
Das Problem muß klarer herausgearbeitet werden.
Häufiger Phasenwechsel ist wichtig.
Sie haben die Fehler an der Tafel selbst verbessert. Das sollten Sie lieber einen Schüler machen lassen.
Die Arbeit an der Tafel hat zu lange gedauert, dadurch sind die letzten Punkte der Planung weggefallen.
Die Lernziele wurden im Wesentlichen erreicht.
Das Schülerverhalten war normal.
Die Schüler brachten brauchbare Beiträge.
Ihre Motivation war gelungen.
Das Schülergespräch hätte noch weiter fortgeführt werden müssen.
Im Literaturunterricht lassen sich die Ziele nicht eindeutig überprüfen.
Sie hätten stärker differenzieren müssen.
Die Schüler sind noch nicht an Gruppenarbeit gewöhnt.
Sie haben die Kinder überfordert.
Der Lehrer hätte noch mehr zurücktreten müssen.
Der Tafeleinsatz war sinnvoll.
Die Schüler waren spontan.
Man muß in der Grundschule das Prinzip des Spielerischen beachten.

Didaktisches Feedback besteht aus

- Bekenntnissen (zur Kreativität, zur Gruppenarbeit, zum Eingehen auf die Schüler usw.)
- Urteilen (zu autoritär, zu wenig motivierend, zu kurz, zu lang usw.)
- Vorschlägen („Man könnte doch . . .“)
- Vorwürfen („Sie hätten doch eigentlich . . .“)
- Belehrungen („Es ist didaktisch falsch, wenn man . . .“)
- genialen Ideen („Ich hätte es so gemacht . . .“)
- didaktischen Normen („So darf man Gruppenarbeit nicht machen“, „Wenn man eine Kurzgeschichte macht, muß man . . .“)
- moralischen Normen („Man sollte beim Unterricht immer . . .“)
- faden Tröstungen, dünnen Beschwichtigungen, taktvollen Umschreibungen, floskelhaften Höflichkeiten, ermutigend klingen sollenden Plattheiten und vielen anderen Trivialitäten.

Sie kennen das ja selbst.

Didaktisches Feedback ist oft *zu allgemein* und darum nichtssagend.

Ein Lehrer, der dieses Feedback erhält, weiß vielfach nicht, ob es sich um Zustimmung oder Ablehnung handelt und kann oft wenig mit den vielen Beiträgen anfangen. Da er sich aber als Opfer sieht, sind viele an sich harmlos gemeinte Äußerungen für ihn ein Anlaß, still zu leiden. Er fühlt sich nach Gesetzen abgeurteilt, die es vorher angeblich noch gar nicht gab. Bei der Vorbereitung des Unterrichts hieß es noch: „Es gibt keine Rezepte", und nach dem Unterricht kommen die Rezepte scharenweise in der Form von Urteilskriterien – meist impliziter Art – zum Vorschein.

Beliebt ist der *Türmchen-Effekt:* die „Sie-hätten-doch-auch-Argumente". Jede Vorführstunde regt die Zuschauer („Beobachter" wäre zu viel gesagt, denn man sieht die Zuschauer nur selten schreiben) zu vielen großartigen Ideen an, die mitzuteilen sie sich selten verkneifen können.

Der Praktikant lernt aus dieser Argumentation, daß er nicht phantasievoll genug ist bzw. daß alle anderen wesentlich ideenreicher sind als er selbst. (Er kommt nicht auf den Gedanken, daß diese Kreativitätsexplosion nur möglich wurde, weil er durch seine Vorarbeit den Zuschauern das Pulver dafür geliefert hat.) Dies ist also der Türmchen-Effekt: Wenn das Gebäude schon steht, ist es furchtbar einfach, noch allerlei hübsche Türmchen zur Verzierung anzubringen.

Typisch ist die *,Bemängelungsorientierung':* Man findet als Beobachter wenig, was man akzeptieren und loben kann. Aber wir lernen nicht nur aus unseren Fehlern, sondern auch an unseren Erfolgen.

In einem Trainingsseminar hatte ich einmal eine Teilnehmerin, die alles schon hervorragend konnte, was ich ihr beibringen wollte. Zuerst irritierte mich das ziemlich, bis mir aufging, daß ich auf die Theorie „Zuerst muß man dem Lernenden seine Fehler nachweisen, und dann erst kann man ihm etwas beibringen" hereingefallen war. Vielleicht hat diese Teilnehmerin bei der Tagung mehr gelernt als alle anderen.

Die *Unpersönlichkeit* ist ein besonders grausamer und belastender Aspekt in Unterrichtsbesprechungen (aber auch in den meisten anderen Interaktionen): die Tabuierung des Persönlichen und Emotionalen.

Horst Brück schildert einen Vorfall in einem Hochschulseminar: eine Studentin bekommt einen Weinkrampf, was die Anwesenden weitgehend handlungsunfähig macht. Das Seminar „wurde in der folgenden Sitzung weitergeführt, als sei nichts geschehen“. „In solchen Veranstaltungen gibt es einen unausgesprochenen Konsens oder auch eine uneingestandene Angst, die den beteiligten Erwachsenen nahelegen, an solche Dinge nicht zu rühren.“ (Brück, 1978, S. 34 f.).

Wir plädieren nicht dafür, bei Unterrichtsbesprechungen nur über die Gefühle der Beteiligten zu reden, sondern wir sind dafür, Gefühle nicht grundsätzlich als Tabus zu behandeln und mit „Sachlichkeit“, „Wissenschaftlichkeit“, „Objektivität“ und dergleichen zuzumauern. Unpersönlichkeit spart nur scheinbar Zeit.

Unterrichtsbesprechungen gleichen teilweise traditionellen *Ritualen.* Viele Unterrichtsbeurteiler schwören darauf, daß zuerst das Positive drankommen müsse, obwohl man gewiß viele Gründe dafür anführen könnte, die dafür sprechen, das Positive nach hinten zu verlegen oder ihm gar nicht erst einen bestimmten Platz im Ablauf zuzuweisen. Ein weiteres Beispiel ist die Sitte, dem Beobachteten das erste Wort zu einer Stellungnahme zu geben nach dem Motto „Der Angeklagte hat als Erster das Wort“. Vielleicht geben solche Rituale eine gewisse Geborgenheit. Andererseits werden sie häufig unreflektiert eingesetzt, weil man es eben so macht und schon immer so gemacht hat.

Oberflächliche Sachlichkeit und unterflächliche Irrationalität: Vieles, was in Unterrichtsbesprechungen tatsächlich geschieht, bleibt im Verborgenen. Das sachliche Gespräch maskiert emotionale Bedürfnisse und affektive Bestrebungen. Während man sich an der Oberfläche mit theoretischen Analysen und kühlen Reflexionen zu beschäftigen scheint, laufen tatsächlich Rangordnungskämpfe, Imponierhandlungen, Sabotageaktionen, Versteckspiele und Konformitätsrituale ab.

Professionellen Unterrichtsberatern und -beurteilern mag diese Darstellung bösartig und übertrieben erscheinen. Vielleicht liegt das daran, daß sie kaum noch Chancen haben, die Situation aus der Rolle des Lehramtsanwärters zu sehen. Es ist wirklich sehr schwierig, in einer bestimmten Position zu sitzen und die Welt gleichzeitig aus einer ganz anderen Position wahrzunehmen – besonders dann, wenn das Anschauungsmaterial Sitzungen sind, in denen didaktisches Feedback ausgetauscht wird.

Regeln für die Interaktion in Feedback- und Trainingsgruppen

Wenn Sie das übliche didaktische Feedback und die Art, wie in Seminaren und Tagungen gelernt werden soll, als unbefriedigend empfinden, woran wir nicht zweifeln, dann empfehlen wir Ihnen, andere Formen der Interaktion zu lernen. Ein brauchbares Hilfsmittel dafür sind die Regeln aus der Tradition der Themenzentrierten Interaktionellen Methode (TZI) von Ruth C. Cohn (Cohn, 1970; Heigl-Evers, Heigl, 1973; Schwäbisch/Siems, 1974, S. 243-245).

„The theme-centered interactional method is a systematic attempt to bring living-learning encounters and their excitement into working groups – such as academic classrooms, staff meetings, conventions, research teams, and social action groups. The method ist a derivative of group therapy, teaching, and communication approaches." (Cohn, 1971, S. 247)

Frei übersetzt: Die Themenzentrierte Interaktionelle Methode ist der vorsätzliche Versuch, Gruppen, die regelmäßig oder längere Zeit zusammenarbeiten – z. B. Hochschulseminare, Seminare für Lehramtsanwärter/Referendare, Fortbildungstagungen, Hospitationsgruppen, Bürgerinitiativen, Tröstungs- und Jammergruppen den Panzer von eingefahrenen Ritualen auszuziehen, damit diese Gruppen wieder etwas lebendiger und lernfähiger werden bzw. damit die Teilnehmer ihre Teilnahme als eine persönlich lohnende Erfahrung erleben können und nicht nur aus Pflichtbewußtsein und unter ständigem Auf-die-Uhr-Blicken mitmachen. Diese Methode vereinigt und erweitert Elemente von Gruppentherapie, Unterricht und der zweckfreien zwischenmenschlichen Kommunikation.

Die TZI-Methode versucht drei Dinge unter einen Hut zu bringen:
- Das Thema, den Lernstoff, das Problem, womit sich die Gruppe beschäftigt.
- Den einzelnen Teilnehmer mit seinen persönlichen Problemen, Wünschen, Ideen, Gefühlen.
- Die Gruppe: es handelt sich um eine Gruppensitzung und nicht um ein einsames Rezitieren von Lerninhalten oder um ein Gespräch unter vier Augen.

Immer wenn ein Aspekt die Oberhand gewinnt und die anderen

beiden zu verschlingen droht, muß man versuchen, steuernd einzugreifen, damit auch die anderen wieder einmal drankommen.

(Wenn z. B. zwei Teilnehmer sich längere Zeit über ein Spezialproblem unterhalten, dann kann jemand daran erinnern, daß das Thema zu kurz kommt und/oder daß auch noch andere da sind, die etwas sagen wollen.)

Da es unmöglich ist, in jedem Moment gleichzeitig alle drei Aspekte optimal zu berücksichtigen, wechselt die Aufmerksamkeit im Laufe der Gruppensitzung zwischen den drei Polen ständig hin und her, wie es die folgende Grafik übersichtlich verdeutlicht:

Die Regeln, die wir nun beschreiben, sollen zu dieser Steuerung anleiten und dazu beitragen, daß die Arbeit in der Gruppe erleichtert wird, daß sie lebendig bleibt statt in Einseitigkeit zu vertrocknen und daß der einzelne Teilnehmer die Interaktion als für ihn persönlich anregend, wichtig, bedeutsam erlebt. Man kann allerdings nicht erwarten, daß diese Effekte bereits auftreten werden, wenn sich jeder Teilnehmer die Regeln einmal flüchtig durchgelesen hat. Es handelt sich hier um ein Lernprogramm mit persönlichkeitsbildenden und sozialen Lernzielen, an dem wir viele Jahre, wenn nicht unser ganzes Leben, immer wieder arbeiten müssen. Es hilft auch nicht sehr viel, die Regeln auswendig zu lernen wie ein Gedicht. Wir müssen mit ihnen Erfahrungen machen und ihre Bedeutung für unser Handeln und Erleben ständig weiter erforschen.

Die Regel „Sei dein eigener Gruppenleiter" hört sich z. B. einfach an, aber sie fordert dazu auf, daß Sie für sich selbst die Verantwortung übernehmen und sie nicht auf andere übertragen oder abschieben, um dafür Sicherheitsgefühle einzutauschen. Wer sich selbst zuschaut, merkt bald, daß es unmöglich ist, diese Regel ein für allemal zu lernen und immer zu befolgen, denn er entdeckt fortwährend neue Stellen, wo er diese Regel mißachtet und sich in Unselbständigkeit zurückzieht.

Oder nehmen wir die Regel „Störungen haben Vorrang". Wir sind so daran gewöhnt, daß wir unsere privaten Meinungen, Stimmungen und Erlebnisse zu verstecken haben, wenn wir mit anderen zusammen sind, daß wir selbst meist gar nicht mehr wissen, was eigentlich in uns vorgeht. Wenn Sie sich bemühen, bei einer Gruppensitzung die Störungsregel zu beachten, werden Sie merken, daß Ihnen drei Stunden nach der Gruppensitzung plötzlich einfällt, was Sie in der Gruppe erlebt haben und gern gesagt hätten. Wir leben meist viel mehr in der Vergangenheit oder in der Zukunft, was den Nachteil hat, daß wir die Gegenwart, diesen Augenblick jetzt, nur verschwommen erleben. Die Störungsregel kann helfen, mit sich selbst in näheren Kontakt zu kommen und den Augenblick deutlicher und bewußter zu erleben. Aber sie schafft das nicht an einem Tag.

Die Regeln sind nicht unabhängig voneinander zu verstehen, sondern sie sind miteinander verzahnt, kontrollieren und korrigieren sich gegenseitig.

Gäbe es nur die Störungsregel allein, dann würde ich vielleicht aus Regelgehorsam ein Jucken in meinem linken großen Zeh der Gruppe als bedeutsame Störung zur Diskussion stellen. Aber da ich an die Gruppenleiterregel denke, entscheide ich mich, dieses Problem nicht als wichtige Störung zu beurteilen und es durch selbständiges Kratzen zu lösen.

Manche Leute ärgern sich darüber, daß diese Regeln nicht sehr präzise formuliert sind und zetteln eine Diskussion an, um nach Formulierungen zu fahnden, die hieb- und stichfest sind. Da muß man dann erst einmal definieren, was Verantwortung überhaupt heißt, die verschiedenen Klassen erlaubter und unerlaubter Störungen identifizieren und viele ähnlich überflüssige Themen behandeln.

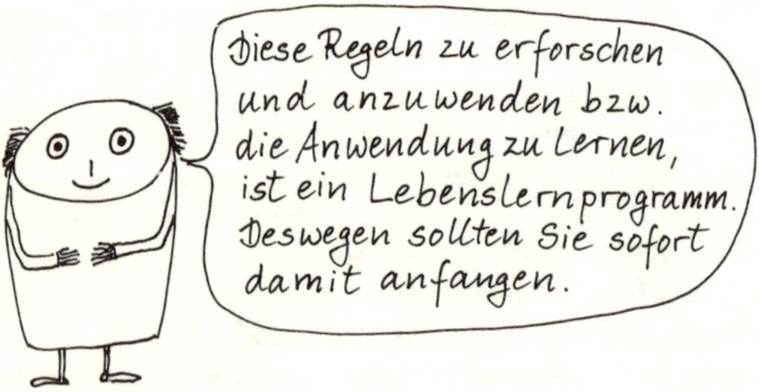

Solche Diskussionen lassen sich einfach in sinnvolle Bahnen lenken, wenn einige Teilnehmer die Regeln so beachten, wie sie sie verstehen und einfach sagen, was sie denken. Das führt meist schnell dazu, daß die philologischen Pflichtübungen nicht die Oberhand gewinnen.

Es ist gut, wenn man eine Gruppe hat, in der alle Teilnehmer versuchen, die Regeln kennenzulernen und anzuwenden und in der jeder jedem dabei hilft und entsprechendes Feedback gibt. Dies ist aber nicht unbedingt notwendig, denn jeder, der es will, kann sich auch aus eigenem Antrieb und in allen denkbaren Interaktionssituationen mit diesen Regeln beschäftigen. Wenn Sie an einer Diskussion teilnehmen, können Sie gleichzeitig Experimente mit einer Interaktionsregel machen und sie für sich persönlich ausprobieren.

Wenn Sie unterrichten, können Sie versuchen, zwei oder drei Regeln selbst zu befolgen und Ihren Schülern vielleicht eine Regel nahebringen. Oder Sie helfen einem einzelnen Schüler, eine Regel zu beachten, z. B. indem Sie zu ihm sagen: „Du sagst die ganze Zeit „man“. Ich weiß gar nicht, welche Meinung du persönlich hast. Wie denkst du selbst darüber?“

Die Interaktionsregeln

In der Formulierung und inhaltlich sind diese Interaktionsregeln weitgehend aus dem Buch von Schwäbisch/Siems geklaut. Wir finden, daß Sie sich dieses Buch trotzdem anschaffen und es durcharbeiten sollten. Wir geben hier zuerst die Regeln wieder und werden anschließend noch einiges dazu sagen.

1. *Sei dein eigener Gruppenleiter*
   Du bist für dich selbst verantwortlich. Du allein entscheidest, ob du etwas sagen willst, was du sagen willst oder ob du lieber schweigst. Du hast die Verantwortung dafür, was du aus dieser Sitzung machst. Du selbst bist für deinen Lernprozeß verantwortlich, nicht der Gruppenleiter oder die anderen Teilnehmer.

2. *Störungen haben Vorrang*
   Unterbrich das Gespräch, wenn du nicht wirklich teilnehmen kannst, zum Beispiel wenn du gelangweilt, ärgerlich oder aus einem anderen Grunde unkonzentriert bist. Teile den anderen mit, was dich irritiert.

3. *Es kann immer nur einer sprechen*
   Es darf nie mehr als einer sprechen. Wenn mehrere Personen auf einmal sprechen wollen, muß eine Lösung für diese Situation gefunden werden. „Seitengespräche“ sind also zu unterlassen, oder der Inhalt ist als Störung in die Gruppe einzubringen.

4. *Experimentiere mit dir*
Versuche, öfter neues Verhalten auszuprobieren, und riskiere das kleine aufregende körperliche Kribbeln dabei. Probiere neue Dinge erst einmal aus, bevor du sie ablehnst oder beurteilst.

5. *„Ich“ statt „man“ und „wir“*
Sprich von dir selbst und sage „ich“, statt dich hinter allgemeinen Formulierungen zu verstecken. Versuche, du selbst zu sein.

6. *Eigene Meinung statt Fragen*
Wenn du eine Frage stellst – sage, warum du sie stellst. Wenn du eine eigene Meinung äußerst, ist es viel einfacher, dir zu widersprechen oder zuzustimmen. Übernimm die Verantwortung für deine Meinungen und Gefühle, statt sie als objektive Wahrheiten zu verkleiden.

7. *Sprich den anderen direkt an*
Wenn du jemandem aus der Gruppe etwas mitteilen willst, sprich ihn direkt an und zeige ihm durch Blickkontakt, daß du ihn meinst. Sprich nicht über einen Dritten zu einem anderen und sprich nicht zur Gruppe, wenn du eigentlich eine bestimmte Person meinst.

8. *Versuche, deine Gesprächspartner zu verstehen*
Geh nicht einfach darüber hinweg, wenn jemand etwas gesagt hat, sondern bemühe dich zu erfassen, was er meint. Wenn dir ein Beitrag unverständlich bleibt, ist das eine Störung, die du anmelden sollst.

9. *Berücksichtige die Situation deines Gesprächspartners*
Versuche zu verstehen, in welcher Situation dein Gesprächspartner ist. Stell dir vor, wie dein Beitrag auf ihn wirken könnte. Berücksichtige die Gedanken und Empfindungen deines Gesprächspartners, wie du sie verstehst.

10. *Gib Feedback, wenn du den Wunsch dazu hast*
Wenn das Verhalten eines Teilnehmers bei dir angenehme oder unangenehme Gefühle auslöst, dann teile ihm dies *sofort* mit. Bitte ihn vorher um seine Einwilligung dazu. Beschreibe sein Verhalten, ohne es zu interpretieren oder zu bewerten. Beschreibe die Gefühle, die sein Verhalten bei dir ausgelöst hat.

11. *Wenn du Feedback erhältst, hör ruhig zu*
Versuche nicht gleich, dich zu verteidigen. Freu dich zunächst, daß dein Gesprächspartner dir sein Problem erzählt, das er mit dir hat. Versuche zunächst nur zu schweigen und zuzuhören, dann von deinen Gefühlen zu sprechen, die durch das Feedback ausgelöst worden sind, und erst dann gehe auf den Inhalt ein.

12. *Wenn du willst, bitte um ein Blitzlicht*
Manchmal kommt es vor, daß du nicht mehr weißt, was in der Gruppe gerade gespielt wird. Die Situation ist dir einfach nicht mehr transparent. In solchen Fällen solltest du deine Störung mitteilen und die

anderen vielleicht bitten, auch ganz kurz zu der Situation ihre Meinung oder Gefühle mitzuteilen. Das kann in der Form des Blitzlichts geschehen. Blitzlicht bedeutet: jeder Teilnehmer sagt zu einer bestimmten Fragestellung in ein oder zwei Sätzen seine Meinung oder was er dazu gern sagen möchte. Es wird erst darüber diskutiert, wenn jeder einmal dran gewesen ist.

Wie gesagt, schlagen Sie bei Schwäbisch/Siems (1974, S. 42-245) nach! (Auch das Blitzlicht wird dort genauer beschrieben.)

Kommentare zu diesen Interaktionsregeln in Unterricht und Lehrerausbildung

Viele glauben, daß diese Regeln für Kleingruppen ganz gut sein können, aber absolut nicht auf die Unterrichtssituation übertragen werden könnten. Wir sind nicht dieser Ansicht. Lehrer können sich bei ihrer Unterrichtsführung selbst an diesen Regeln orientieren oder/und sich bemühen, Schülern Verhaltensweisen nahezubringen, die mit diesen Regeln in Übereinstimmung sind.

Zu Regel 1: Du bist selbst verantwortlich. Du bist dein eigener Chef.
Diese Regel ist wichtig, gerade auch in Situationen, wo man es mit Vorgesetzten aller Art zu tun hat. Schüler sind z. B. im Unterricht grundsätzlich für ihr Verhalten und ihr Lernen selbst verantwortlich. Natürlich, Lehrer haben die Aufsichtspflicht und sie sollen den Schülern etwas beibringen, aber das heißt noch lange nicht, daß

damit die Aufsichtspflicht der Schüler über sich selbst überflüssig ist oder daß die Schüler sich um das Lernen gar nicht mehr kümmern müssen, weil der Lehrer alles macht. Auch wenn die Schüler in der Schule nicht die absolute Macht haben, gibt es doch 1000 Möglichkeiten für selbstverantwortliches Handeln:

- daß Schüler für sich selbst sprechen, anstatt einen Mitschüler zum Verhandeln zum Lehrer zu schicken;
- daß sie ihre Meinung sagen und sich nicht im Volksgemurmel verstecken;
- daß sie selbst bestimmen, ob sie Hausaufgaben machen und was sie machen;
- daß sie sich mit sinnvollen und lehrreichen Aktivitäten beschäftigen, wenn es im Unterricht einmal ein Loch gibt;
- daß sie Streitigkeiten und Probleme allein regeln und nicht immer sofort zum Lehrer laufen;
- daß sie lernen, sich selbst als verantwortlich für das eigene Handeln zu sehen, statt sich von jeder Verantwortung frei zu fühlen, wenn der andere „angefangen" hat.

Ein Lehrer kann nicht von einem Tag auf den anderen Schülern selbstverantwortliches Handeln beibringen, indem er ihnen die Regeln vorliest. Aber er kann Schülern helfen, zunehmend selbstverantwortlich und selbstgesteuert zu handeln, wenn er sich selbst so verhält und Schülern die Gelegenheit gibt, Selbstverantwortung zu praktizieren.

Grundlegend ist auch, daß Schüler begreifen, daß sie es sind, die lernen und nicht der Lehrer. In der Schule, im Studium, bei Fortbildungstagungen sitzen viele Menschen, die sich daran gewöhnt haben, daß es am Lehrer, Dozenten, Referenten und nicht an ihnen selbst liegt, ob sie etwas lernen oder nicht. Für sie ist die Lernveranstaltung so etwas ähnliches wie ein Fernsehfilm, den man nicht ausschalten kann, sondern den man sich unlustig anschaut, um hinterher über das schlechte Programm zu mäkeln. Sie vergessen, daß sie nicht im Theater oder im Zirkus sitzen, wo ein festes Programm abläuft, das nicht mehr zu beeinflussen ist. Ein Lehrer ist kein Alleinunterhalter, und wenn seine Schüler bei ihm nichts lernen, ist das nie allein seine Schuld, sondern auch die Schuld derer, die lieber gelernt werden wollen, statt selbst Verantwortung für ihr Lernen zu übernehmen.

Zu Regel 2: Störungen haben Vorfahrt.

Störungen müssen nicht unbedingt unangenehme Dinge sein. Ein Schüler, der gern einen Witz erzählen möchte oder der eine große

Freude erlebt hat, die er anderen mitteilen muß, erlebt eine Störung, die ihn in der Teilnahme behindert. Aber auch Störungen, die von unangenehmen Erlebnissen herkommen, muß man nicht als etwas Negatives sehen, sondern solche Störungen gehören zum Leben und vor allem: sie sind Gelegenheit für wichtige Lernerfahrungen. Entwickelt sich eine Unterrichtsstunde zu einem ausführlichen Gespräch über eine Störung, dann kann das durchaus wichtiger für die Schüler sein als die Erreichung bestimmter fachlicher Lernziele.

Lehrer befürchten manchmal, daß der Unterricht durch massenhaft auftretende Störungen vollkommen torpediert werden könnte, wenn sie die Schüler auf die Störungsregel aufmerksam machen würden. Diese Befürchtung ist nach unseren Erfahrungen unbegründet. Eine Freundin erklärte ihrer Sexta die Störungsregel und bat die Schüler, die eine Störung anmelden wollten, sich mit beiden Händen zu melden, als stellten sie einen Geschäftsordnungsantrag. Eine Stunde lang häuften sich die Störungen, auf die die Lehrerin aber jedesmal sofort einging. In den folgenden Stunden ging die Anzahl der Störungen auf ein erträgliches Maß zurück.

Zu Regel 3: Einer zur Zeit!

Diese Regel muß in einigen Phasen des Unterrichts von den Schülern unbedingt beachtet werden, weil sonst kein Unterricht möglich ist. Man kann es aber zulassen, daß manchmal ein Schüler leise etwas zu einem anderen sagt, wenn es die anderen nicht daran hindert, dem gerade Sprechenden zuzuhören. Die Regel gilt nicht für alle Phasen. Wenn Schüler Lernaufgaben bearbeiten, müssen sie in der Regel miteinander reden können.

Lehrer können im Unterricht sachlich auf diese Regel verweisen, anstatt laut „Ruhe!“ zu brüllen. Schüler, die mit dieser Regel bekanntgemacht wurden, fangen im übrigen von sich aus an, diese Regel zu beachten. Denn viele Schüler fühlen sich nicht wohl, wenn es bei einem Gespräch zu viele Nebengespräche gibt. Überhaupt sind es nur relativ wenige Schüler, die ein Bedürfnis nach einer starken Geräuschkulisse verspüren.

Zu Regel 4: Probiere neue Dinge und versteck dich nicht in deinem „Ich-kann-nicht-Käfig“!

Diese Regel ist für Trainingsgruppen wichtig, weil es hier häufig die Tendenz gibt, sich vor neuartigen Erfahrungen zu drücken. Wir urteilen gern über Dinge, die wir erst dann beurteilen können, wenn wir sie probiert und Erfahrungen mit ihnen gemacht haben. Anstatt ein Rollenspiel einige Male zu probieren und anschließend darüber zu diskutieren, ob es sich als Lernmethode für Lehrer eignet oder nicht, neigen besonders rollenspielunerfahrene Teilnehmer zu ausführlichen Diskussionen über den Sinn und Wert von Rollenspielen an sich und kommen meist zu dem logischen Schluß, daß Rollenspiele als Lernmethode ungeeignet seien. Und zwar aus Gründen wie diesen: die Situation sei unecht, man könne ja doch nicht spontan sein und in der Schule sei sowieso alles ganz anders.

Regel 4 fordert dazu auf, einfach etwas zu wagen, statt Ängstlichkeit mit Vorurteilen zu rationalisieren.

Die klassische statische Begabungstheorie („Man hat es, oder man hat es nicht“) wird heute zwar allgemein abgelehnt, aber wenn es um einen selbst geht, ist sie immer noch ganz brauchbar – als Ausrede.

Es ist nämlich sehr bequem sich mit Sprüchen wie – „Das liegt mir einfach nicht“, – „Ich bin nun einmal so“, – „Ich habe eben keine Phantasie“, – „Ich bin ein eher sachlicher Typ“, – „Das ist nicht meine Art“, – „Ich kann nicht anders“ usw. – vor neuen Erfahrungen und ungewohnten Lernaktivitäten zu drücken.

Diese Haltung trifft man nicht nur bei Lehrern; auch viele Schüler arbeiten gern mit solchen Argumenten, um sich aus riskanten Situationen möglichst herauszuhalten: „Englisch (Singen, Zeichnen, Turnen, Aufsätze schreiben . . .) kann ich nicht“. Häufig kann man solche Schüler mit dem Hinweis auf die 4. Regel wenigstens zeitweise zum Verlassen ihres „Ich-kann-nicht“-Käfigs bringen, so daß sie sich eine neue Chance geben, ihre einengende Selbstdefinition aufgrund neuer Erfahrungen zu erweitern. Schüler, denen diese Regel erklärt wurde, haben damit ein geistiges Instrument in der Hand, das sie benutzen können, um sich selbst zu ermutigen. Vielleicht wird das für manche Schüler der erste Schritt zum Abbau hemmender Denkgewohnheiten und Handlungsweisen.

Zu den Regeln 5 und 6: Sage deine Meinung, und verstecke dich nicht.

Diese Regeln sorgen dafür, daß ein Gespräch persönlich bleibt und nicht in luftleere Spekulation abwandert.

Bei Trainingsseminaren kommt es immer wieder vor, daß man sich in allgemeine Erörterungen stürzt und sie mit größtem Eifer diskutiert, obwohl man das vorher schon tausendmal gemacht hat, ohne einen Millimeter weitergekommen zu sein.

Im Grunde sind das häufig nichts anderes als Fluchtversuche. Indem man redet und redet, verschiebt man das Handeln, weicht neuen Erfahrungen aus (und braucht sich auch nicht um die Regel 4 zu kümmern).

Zu den Regeln 7-12:

Diese Regeln kann man auch so formulieren:

Sei bereit, näher an andere heranzugehen. Hör zu, was andere sagen. Nimm Stellung dazu, statt es einfach zu ignorieren. Sei bereit, dein eigenes Verhalten zu erforschen, neu zu sehen, dich selbst besser kennenzulernen. Helft euch gegenseitig.

Wenn einige Teilnehmer manchmal an diese Regeln denken, können Feedback-Sitzungen persönlicher und bedeutsamer für den einzelnen werden. Es geht nicht darum, daß jeder jeden fertigmacht und ihm die dunklen Flecken auf seiner seelischen Weste mit Gewalt bewußt macht. Das sind Orgien aus der Steinzeit der Gruppendynamik. Man versucht vielmehr, mit den anderen zu sprechen, als seien sie Menschen und nicht Monster, die nur aus Intellekt bestehen. Es bringt einfach nichts, wenn man Emotionen und Bedürfnisse ständig ignoriert.

Diese Regeln sind nicht heilig und unantastbar, sondern ausbau- und entwicklungsfähig. Letztlich müssen Sie sich selbst Ihre eigenen Regeln schaffen. Die Regeln nützen auch gar nichts, wenn man sie zur Zwangsjacke weiterentwickelt. Nur bei der Mafia ist alles unter Kontrolle, und das auch nur manchmal.

Beobachten lernen und präzises, bedeutsames Feedback geben können

Sie sitzen als Beobachter in einer Schulklasse. Die Schüler blicken sich neugierig nach Ihnen um. Es klingelt. Der Lehrer betritt den Klassenraum und beginnt zu unterrichten. Sie wollen oder sollen den Unterricht beobachten. Niemand hat Ihnen gesagt, was Sie wie beobachten sollen. Was tun Sie? Wenn Sie die ganzen 45 Minuten lustlos an Ihrem Bleistift kauen, kann so eine Unterrichtshospitation sehr langweilig und anstrengend sein. Es geht Ihnen wie jemandem, der die berühmte Wunderwelt im Wassertropfen nicht sehen kann, weil er kein Mikroskop hat. Nun hilft bei der Unterrichtsbeobachtung kein Mikroskop, man muß seinen Blick auf eine andere Art schärfen. Die beste Art, dies zu lernen, ist: Unterricht so ausführlich wie nur möglich zu protokollieren und diese Protokolle hinterher allein oder zusammen mit anderen zu analysieren.

Dann lernen Sie nach und nach, Unterricht als ein vielfältiges und interessantes Geschehen wahrzunehmen, immer neue Feinheiten und Probleme zu entdecken und Unterrichtsbeobachtung wie eine spannende Unterhaltung zu genießen.

Wie sieht ein Unterrichtsprotokoll aus?

Zur Abschreckung ein negatives Beispiel:

Warum ist dies kein gutes Unterrichtsprotokoll?

- Es ist viel zu kurz.[1]
- Man erfährt praktisch nichts über die Stunde; der Beobachter hat eigentlich nicht den Unterricht beobachtet, sondern eigene Urteile und gute (?) Ratschläge notiert. Wenn er seine Notizen zwei Tage später durchliest, weiß er wahrscheinlich selbst nicht mehr, was er im einzelnen gemeint hat.

---

[1] Der Beobachter hat pro Minute nur 4,355 Buchstaben mitgeschrieben.

Worauf sollen Sie achten, wenn Sie ein brauchbares Unterrichtsprotokoll schreiben wollen?

- Sammeln Sie so viele Informationen wie Sie können!
- Beschreiben Sie, was passiert, und zwar so genau wie möglich!
- Beurteilen Sie nicht schon während des Protokollierens, was interessant/uninteressant, gut/schlecht, wichtig/unwichtig ist; verschieben Sie dies auf später.
- Notieren Sie so oft wie möglich, was Lehrer oder Schüler wörtlich sagen.
- Beschreiben Sie das Verhalten, statt das Verhalten zu interpretieren („Schüler weint" statt „Schüler ist traurig").
- Verwenden Sie für häufig auftretende Wörter Abkürzungen (L = Lehrer, S = ein Schüler, SS = mehrere Schüler, T = Tafel, HA = Hausaufgaben usw.).
- Notieren Sie, welche Aufgaben den Schülern gestellt werden, was der Lehrer oder die Schüler an die Tafel schreiben, welches Buch gelesen wird, welche Seite dran ist usw.
- Notieren Sie Beispiele aus Schülerarbeiten statt nur Urteile abzugeben (z. B. Fehler notieren, die Sie in den Heften der Schüler beobachten, statt: „Schüler können es nicht").
- Lesen Sie Ihr Protokoll noch einmal sorgfältig durch, wenn die Unterrichtsstunde vorbei ist, um Fehler zu berichtigen und Ergänzungen anzubringen.
- Schreiben Sie kein Protokoll zum Wegwerfen, sondern sammeln Sie Ihre Unterrichtsprotokolle. Sie können Sie später vielfältig nutzen.
- Notieren Sie auch Ihre eigenen Ideen, wie bestimmte Dinge geschickter gemacht werden können. Man muß aber später aus dem Protokoll erkennen, welches Ihre Ideen sind und was den tatsächlichen Unterricht betrifft.
- Notieren Sie sich manchmal zu einem beschriebenen Verhalten, wie es auf Sie gewirkt hat (freundlich/unfreundlich, ermutigend/entmutigend usw.). Dies kann gut beim nachträglichen Durchlesen geschehen.

Wenn Sie einige dieser Hinweise beachten, erhalten Sie beim Protokollieren eine Menge Material, das Sie auch dann noch analysieren und interpretieren können, wenn nach der Beobachtung einige Zeit verstrichen ist.

Vielleicht sollten wir zum Schluß noch einmal die folgende Hauptregel der unstrukturierten Unterrichtsbeobachtung nennen. Die heißt nämlich:

Bilden Sie sich auf gar keinen Fall ein, daß Sie alles beobachten könnten oder daß es möglich wäre, nur auf das Wichtige zu achten und Unwichtiges wegzulassen! Es gibt kein perfektes oder richtiges System zur Beobachtung (oder Beurteilung) beliebiger Unterrichtsstunden. Und solch ein System wird in den nächsten 200 Jahren auch nicht erfunden.

Die einzige Möglichkeit, zu spezifischen Beobachtungskategorien zu kommen, ist, daß Sie sich mit demjenigen, der beobachtet wird, auf bestimmte Rezepte einigen, die er in seiner Unterrichtsstunde anwenden will und daß Sie dann dazu bestimmte Beobachtungsfragen formulieren und passende Beobachtungsverfahren entwickeln. (Nur wenn Sie vorher diese kooperative Arbeit geleistet haben, können Sie auf die obigen Regeln und die Hauptregel mit gutem Gewissen pfeifen.)

Praktischer Hinweis: Schreiben Sie jedes unstrukturierte Unterrichtsprotokoll gleich mit Durchschlag, damit Sie dem Beobachteten ein Exemplar des Protokolls schenken können. Knicken Sie Ihr Protokollblatt in der Mitte. Schreiben Sie während des Unterrichts nur auf die linke Seite, und benutzen Sie die rechte Seite nach der Stunde für zusätzliche Kommentare. Da können Sie dann die theoretischen Begriffe und Literaturangaben, Ihre Urteile, Ratschläge, Übertragungshinweise und blendenden Ideen notieren.

Protokoll	Kommentar
L Zu welchem Zeitpunkt sind die Urmenschen aufgetreten?	enge Frage nach Faktenwissen Ist das wichtig?
L So, schlagt ihr bitte eure Geschichtshefte auf?	höfliches Ansprechen der Schüler
L So, die anderen, die schon fertig sind, überlegen sich noch mal den Inhalt des Textes.	– ungenaue Aufgabe + Beschäftigungsradius wird vergrößert (Kounin)
L Versuch's ruhig.	wirkt sehr ermutigend und geduldig
S (meldet sich) Sie wollten noch erklären, mit der Harpune da . . .	S zeigt, daß er Interesse am Thema hat. Das würde ich verstärken.

Das Beobachten und Notieren von Beobachtungen zu lernen und diese Fähigkeit ständig zu verbessern, ist für Lehrer und Lehrerbeobachter wichtig, nicht nur, weil sie dann anderen besseres Feedback geben können, sondern vor allem auch, weil sie dabei etwas über Unterricht und Lehrerverhalten lernen.

Viele glauben, das beste (weil präziseste) Feedback bestünde darin, daß man den Unterrichtsversuch mit einer Videokamera filmt und sich diese Verfilmung hinterher anschaut. Dabei wird vergessen, daß ein Film nur dann ein gutes Feedback ist, wenn derjenige, der sich den Film anschaut, Programme im Kopf hat, die ihm helfen, die vielen Einzelheiten zu erkennen und zu benennen, zu strukturieren, theoretisch zu interpretieren, Beziehungen zu anderen Einzelheiten herzustellen usw. Man braucht Begriffe und Theorien, wenn man etwas sehen will.

Daß das so ist, merkt z. B. ein Fußball-Laie, der sich eine Fernsehübertragung anschaut. Während der Experte schon Ausdrücke wie „Foul“, „Elfmeter“, „Abseits“ oder „Manndeckung“ von sich gibt, noch bevor der Kommentator sich zu Worte meldet, sieht der Laie nur einige Leute hin- und herlaufen und ist jedesmal erfreut, wenn mal das Publikum im Bild erscheint.

Wer oft Unterricht beobachtet, manchmal ein theoretisches Buch durcharbeitet oder sich sonstwie fortbildet, der lernt, mehr zu sehen und theoretische Ideen in der Realität des Unterrichts wiederzuerkennen.

Objektives und subjektives Feedback geben können

Unterrichtsbeobachtung nach Kategoriensystemen liefert zwar relativ objektive Informationen, aber viele Lehrer können mit Strichlisten, Histogrammen und dergleichen wenig anfangen. Sie möchten lieber die Meinung der Beobachter hören und mit ihnen über ihren Unterricht sprechen. Das ist der Grund, warum wir die folgenden Informationen und Übungen für wichtig halten.

Wenn ich mich weiterentwickeln und mein Verhalten positiv verändern möchte, brauche ich Informationen über mein Verhalten. Da ich mich selbst nur unvollkommen objektiv beobachten kann, bin ich auf die Hilfe anderer Menschen angewiesen: sie müssen bereit sein, mir Feedback zu geben.

Zwei Formen von Feedback sind für mich besonders wichtig:

- relativ objektives Feedback, das mir hilft, mein Verhalten so zu sehen, wie es ist.
  Du kannst mir am besten objektives Feedback geben, wenn du einfach ganz genau beschreibst, was ich sage und tue, ohne mein Verhalten zu bewerten oder zu beurteilen.
- subjektives Feedback, das mir hilft, zu erkennen, wie mein Verhalten auf andere Menschen wirkt.
  Du kannst mir am besten subjektives Feedback geben, wenn du

schilderst, wie mein Verhalten bei dir ankommt, d. h. welche Empfindungen es bei dir auslöst.

Die Begriffe „objektives“ und „subjektives Feedback“ sind natürlich Idealtypen. Feedback kann immer nur mehr oder weniger objektiv bzw. subjektiv sein. Vollkommen objektives Feedback gibt es nicht. Ich kann mich aber zum Beispiel bemühen, subjektive Elemente im Feedback weniger zu betonen und dafür mehr die objektiven Elemente.

Wenn ich objektives Feedback bekomme, kann ich mich selbst entscheiden, welche Folgerungen ich aus den Informationen ziehen will. Es bleibt mir selbst überlassen, mit welchen Elementen meines Verhaltens ich zufrieden oder unzufrieden bin, was ich verändern möchte und was nicht. Ich fühle mich frei und ungezwungen (jedenfalls dann, wenn ich nicht gerade sehr ängstlich gestimmt bin). Wenn ich subjektives Feedback bekomme, ist das manchmal für mich eine Überforderung. Vielleicht habe ich das Gefühl, daß ich in eine ganz bestimmte Richtung gedrängt werden soll. Ich möchte mich aber grundsätzlich nur nach meinem eigenen Willen und meinen eigenen Vorstellungen verändern – oder nicht verändern – und nicht nach den Wünschen und Vorstellungen anderer. Ich möchte die Herrschaft über mich selbst behalten, und ich fühle mich gezwungen und bedrängt, wenn ich diese Herrschaft bedroht sehe. Vielleicht reagiere ich so, daß ich mich verteidige und mich an einen bestimmten Standpunkt klammere, als koste es mein Leben. Dabei kann es durchaus sein, daß ich von allein zu genau den gleichen Schlüssen gekommen wäre wie diejenigen, die mir subjektives Feedback gegeben haben – wenn sie mir selbst die Entscheidung überlassen hätten.

Zu massives subjektives Feedback kann Ängste auslösen. Vielleicht gewinne ich den Eindruck, daß mich niemand mag und keiner mich versteht, und ich komme mir ganz wertlos und unerwünscht vor. Oder ich fühle mich ungerecht beurteilt und beginne, den Feedbackgeber abzulehnen, ihm zu mißtrauen oder ihn zu verachten.

All dies muß nicht unbedingt passieren, wenn ich subjektives Feedback höre. Es kann aber sein, daß subjektives Feedback diese Folgen hat, wenn es in rücksichtsloser Weise ausgeteilt wird.

Du kannst mir am besten helfen, wenn du freigiebig mit objektivem Feedback bist und wenn du dir vorzustellen versuchst, welche Erfahrungen du bei mir auslösen könntest, bevor du mir subjektives Feedback gibst.

Die meisten Menschen sind es nicht gewohnt, anderen Menschen objektives Feedback zu geben. Wenn wir mit anderen Personen und über andere reden, berichten wir im Grunde mehr über uns selbst als über die anderen, über die wir zu sprechen meinen: wir stellen dar, welche Urteile *wir* gebildet haben, nach welchen Kriterien *wir* urteilen, welche Eigenschaften *wir* schätzen und welche *wir* unsympathisch finden, welche Wertvorstellungen, Überzeugungen und Vorurteile *wir* haben.

Die „Daten", auf denen unsere Urteile und Meinungen über andere Menschen beruhen, können wir meist nur sehr ungenau angeben. Die Beweise, die wir für unsere Ansichten anführen können, sind sehr lückenhaft und meist nur eine kleine Auswahl von dem, was die jeweilige Person alles getan hat. Urteile über Mitmenschen entstehen gleichsam „von selbst", wir können diesen Prozeß kaum rational steuern. Wenn das Urteil fertig ist – meist geschieht das blitzschnell –, haben wir unsere Verhaltensbeobachtungen meist schon wieder vergessen. Und wenn unser Urteil erst einigermaßen feststeht, sehen wir schon gar nicht mehr, daß ein Mensch vieles tut, was nicht zu unserem Urteil paßt.

Wir müssen diese Selektivität unserer Wahrnehmung verringern, wenn wir objektives Feedback geben wollen. Zwei Dinge können wir tun:

- Wir machen uns, wenn wir einen anderen Menschen (dem wir Feedback geben möchten) beobachten, Notizen, damit wir mehr von dem behalten können, was er tat.
- Wir beschreiben dann mit Hilfe dieser Notizen, was er getan hat und versuchen dabei, so gut es geht, Urteile zu vermeiden.

Zum Beispiel:

Wir berichten mit möglichst vielen Einzelheiten, was geschehen ist und verzichten darauf, Beobachtungen zu verallgemeinern. Wir sagen z. B. nicht, daß ein bestimmtes Verhalten für jemanden „typisch" sei. Wir reden nicht davon, wie jemand nach unserer Ansicht wesensmäßig „ist" oder welche Eigenschaften er „hat". Sätze wie „Du bist freundlich", „Das deutet auf ein gewisses Mißtrauen gegenüber anderen Personen hin", „Du hast eine offene Art, mit anderen zu reden" werden vermieden, wenn wir objektives Feedback geben wollen.

Wie schreibe ich Beobachtungsnotizen?

1. Es ist völlig unmöglich, alles wahrzunehmen und zu protokollieren, was passiert. Notiere deswegen einfach so viele Informationen, wie du kannst.
2. Beschreibe so genau wie möglich, was passiert.
3. Beurteile nicht schon während des Protokollierens, was wichtig oder unwichtig ist, sondern verschiebe dies auf später.

4. Notiere so viele wörtliche Äußerungen wie möglich, wenn derjenige, den du beobachtest, spricht.
5. Versuche, Ausdrücke zu verwenden, die das jeweilige Verhalten genau abbilden. Vermeide möglichst Ausdrücke, die das Verhalten nur interpretieren. Zum Beispiel: „Er freut sich" sagt nicht, was die Person wirklich tat. Klatschte sie in die Hände und lachte sie laut? Sagte sie: „Vielen, vielen Dank! Das ist für mich so schön, das von dir zu hören."? Lächelte sie? Drückte sie jemandem mit (Freuden-) Tränen in den Augen die Hand? Umarmte sie jemanden?

   Knicke das Blatt, auf dem du deine Beobachtungsnotizen machst in der Mitte. Auf die linke Hälfte schreibst du dann deine Beobachtungen, auf die rechte hinterher die Notizen.
6. Lies deine Beobachtungen unmittelbar nach dem Beobachten noch einmal durch und ergänze Informationen, die dir dabei noch einfallen.

Übung: Objektives und subjektives Feedback geben

Lernziele der folgenden Übung
- subjektives und objektives Feedback unterscheiden können,
- vorwiegend objektives Feedback geben können,
- vorwiegend subjektives Feedback geben können.

1. Jeder Teilnehmer führt eine kleine Aufgabe aus. Dauer: höchstens 2-3 Min.
   (Beispiele:
   Stellen Sie den Schülern Kopfrechenaufgaben (z. B. das kleine Einmaleins).
   Sie haben eine Vertretungsstunde, weil ein Kollege krank wurde. Fragen Sie die Schüler, was Sie in dieser Stunde mit ihnen machen sollen.
   Singen Sie mit der Klasse ein Lied oder bringen Sie den Schülern ein neues Lied bei.
   Gestern haben die Schüler Sie gefragt: „Warum müssen wir den Geschichtstest denn unbedingt morgen schon schreiben?" Heute soll dieser Test geschrieben werden. Beantworten Sie die Schülerfrage.
   Nennen Sie der Klasse ein Sachthema und fordern Sie die Schüler auf, hierzu Fragen zu stellen.
   Bringen Sie den Schülern bei, daß sie in Aufsätzen nicht immer nur das Wort „gehen" benutzen, sondern treffendere Ausdrücke aus dem Wortfeld „gehen" verwenden sollen.

Erklären Sie eine Zeichensetzungsregel.
Erklären Sie, wie man Brüche miteinander multipliziert.
Begründen Sie, warum die Schüler etwas über die Reformation oder ein anderes Thema lernen sollen.
Erläutern Sie den Schülern, welches Verhalten Sie von ihnen im Unterricht erwarten.
Loben Sie die Klasse dafür, daß sie sich in dieser Stunde gut verhalten hat.
Stellen Sie der Klasse eine Hausaufgabe.
Sprechen Sie mit einem Schüler, der seine Hausaufgaben nicht gemacht hat.)

2. Es werden Beobachter eingesetzt, die mitschreiben sollen.

3. Nach der Beobachtung ergänzt jeder Beobachter seine Notizen.

4. Danach gibt jeder Beobachter dem Beobachteten zuerst objektives, dann subjektives Feedback zu seinem Verhalten (etwa 5 Minuten). Beide Formen von Feedback werden jeweils durch einen Standardsatz eingeleitet, der zur Erinnerung an die Aufgabe stereotyp wiederholt wird.

Beispiel:
Ich gebe dir jetzt objektives Feedback. (= Standardsatz) Du hast gesagt: „Kennt ihr schon den Witz vom Wunderdoktor?“ Dabei hast du nur Elke angeschaut, ganz kurz, und gleich angefangen, den Witz zu erzählen. Beim Erzählen hast du den Kopf gesenkt und vor dich auf den Fußboden geschaut. Dann hast du den Kopf gehoben und . . .
Ich gebe dir jetzt subjektives Feedback. (= Standardsatz) Ich hatte das Gefühl, daß du ein wenig aufgeregt warst, als du den Witz erzählen wolltest. Als du Elke ansahst, wirkte es auf mich, als ob du irgendwie Unterstützung oder Ermutigung bei ihr suchtest. Dann schien mir, daß du sicherer wurdest . . .
Wenn ein Teilnehmer Zweifel hat, ob das objektive Feedback wirklich objektiv ist, soll er dies mitteilen. Der Beobachtete soll auch etwas dazu sagen, wie das Feedback auf ihn wirkt.
Diese Übung kann in den einzelnen Gruppen variiert werden. Zum Beispiel kann man sich darauf einigen, daß immer nur zwei Teilnehmer beobachten und Feedback geben. Oder daß alle sich Beobachtungsnotizen machen, aber nur einer Feedback gibt. Die anderen haben dann die Aufgabe, Fehlendes zu ergänzen. Man kann den Beobachtern auch unterschiedliche Aufgaben geben (z. B. einer beobachtet das verbale, der andere das nichtverbale Verhalten).
Jede Gruppe soll jeden Teilnehmer mindestens einmal beobachtet und ihm Feedback gegeben haben.

Beobachtungen für objektives Feedback zu sammeln, ist schwierig. Man muß es immer wieder üben. Seien Sie nicht enttäuscht, wenn Ihnen das anfangs noch etwas Mühe macht.

Brauchbares subjektives Feedback zu geben, gelingt den meisten ebenfalls nicht sofort. Wir sind so daran gewöhnt, daß es vor allem darauf ankomme, großartige theoretische Ausführungen zu machen, daß wir zunächst fast fürchten, unsere eigenen, persönlichen, subjektiven Reaktionen seien total unwichtig. Das ist ein großer Irrtum. Ihre persönliche Meinung ist wichtiger als jede denkbare Theorie. Theorien sind tot, wenn sie nicht mit Subjektivität gefüllt werden können.

Zusammenfassung: Gutes Feedback ist wie Markenzwieback.[1]

Sich auf Rezepte einigen und im Zeitraffer unterrichten

Es ist unmöglich, die Unterrichtsleistung eines Lehrers zu beurteilen, wenn man sich nicht vorher auf einen Rahmen von Rezepten geeinigt hat, nach der der zu beurteilende Unterricht durchgeführt werden soll. Denn man kann nicht feststellen, was ein Lehrer kann, wenn man nicht weiß, was er können soll. Erst ein vereinbarter Rezeptrahmen gibt Maßstäbe für die Beurteilung und Beratung ab. Wird jede Unterrichtsstunde als einmaliges Kunstwerk eines schöpferischen Unterrichtskünstlers gesehen, dann kann man hinterher nichts anderes tun, als Geschmacksurteile darüber auszutauschen, was ja auch in den meisten Unterrichtsbesprechungen geschieht.

---

[1] Der Vergleich gibt natürlich keinen rechten Sinn. Aber wir fanden ihn doch so treffend, daß wir ihn nicht gestrichen haben.

Lehrer und Lehrerberater machen den Fehler, sich einzubilden, sie könnten sich die Entscheidung für bestimmte Interpretations- und Handlungsrezepte sparen. Sie handeln so, als wäre das Problem der Rezeptauswahl durch Theorien und Schulmeinungen ein für allemal geklärt.

Weil Lehrer und diejenigen, die sie belehren und beurteilen, es standhaft ablehnen, sich als kritische Konsumenten von Theorien zu betätigen, ist es möglich, daß in einer Unterrichtsbesprechung jedes pädagogische, psychologische, soziologische, philosophische, historische, kulturkritische, juristische, fachwissenschaftliche oder fachdidaktische Thema drankommen kann. Darum sind Unterrichtsbesprechungen so unwissenschaftlich und lassen die Betroffenen ratlos und verunsichert zurück. Wer nach fünfzig Richtungen gleichzeitig gehen soll, der bleibt am besten stehen oder geht im Kreis. Unsere vielthemigen Unterrichtsbesprechungen bewirken Stagnation statt Entwicklung.

Deswegen unser Ratschlag für alle, die Lehrer ausbilden, beraten oder beurteilen: Machen Sie mit den Praktikanten, Referendaren oder Lehrern, mit denen Sie arbeiten wollen, vor dem Unterrichtsbesuch oder -versuch eine oder mehrere Konferenzen, in denen Sie sich auf diejenigen Theorien und Rezepte einigen, die zur Interpretation und zur Konstruktion des Unterrichts benutzt werden sollen. Bleiben Sie zu Hause und weigern Sie sich, den Unterricht zu besprechen und zu beurteilen, wenn diese Klärung nicht vorher stattgefunden hat.

Eine gute Methode, wie man sich in einigen Sitzungen auf die relevanten Theorien und Handlungsrezepte einigen kann, ist das Unterrichten im Zeitraffer. Es geht so:

Unterrichten im Zeitraffer

1. Die Teilnehmer einigen sich auf ein Unterrichtsthema und eine Klasse.
   Beispiele: Der I. Weltkrieg, 8. Schuljahr, Hauptschule
   Vorbereitung eines Diktats, 2. Schuljahr
   Konflikte zwischen Jugendlichen und ihren Eltern, 9. Schuljahr
   Die Wüste, 6. Schuljahr
2. Einzelarbeit: Jeder Teilnehmer konzipiert schriftlich eine Unterrichtsstunde zu dem vereinbarten Thema. Der Entwurf soll den Aufbau der Stunde, die verschiedenen Phasen, klar gegliedert darstellen. Zeit: 10 Minuten.

Beispiel für eine kurze Unterrichtsvorbereitung:

8. Schulj., Geschichte, I. Weltkrieg
Thema- und Zielangabe: Ursachen des Kriegsausbruchs
Ziele: – wissen, daß der I. Weltkrieg viele Ursachen hat
– beim Diskutieren auf die Argumente der anderen antworten und eigene Argumente begründen
Frage an die Schüler: Warum soll man das lernen?
Lernaufgabe: Schüler bekommen verschiedene Texte (mehrere Geschichtsbücher) über die Ursachen des Krieges. Sie sollen in einer Gruppe ihren Text lesen und gemeinsam die Hauptursache herausfinden. Sie sollen begründen, warum sie zu der Meinung gekommen sind, daß dies die Hauptursache ist. Jede Gruppe soll einen Sprecher bestimmen, der die Ansicht der Gruppe vorträgt. Danach sollen alle Schüler darüber diskutieren, wer recht hat, dabei ihre Meinung immer begründen und den Schüler, der vor ihnen gesprochen hat, mit seinem Vornamen anreden.
Lehrerfrage: Was meint ihr zu dieser Aufgabe?
Gruppenarbeit (10 Minuten)
Auslöschungsphase: Wiederholen von Geschichtszahlen, Umsetzen
Vortragen der Thesen und Diskussion darüber
Lehrerfrage: Was hast du in dieser Stunde gelernt?
Welche Hausaufgabe wäre nach diesem Thema sinnvoll?

3. Jeder Teilnehmer schreibt seinen Entwurf auf ein großes Blatt oder an die Tafel, so daß er für alle gut sichtbar ist (Stichwörter!).

4. Jeder Teilnehmer spielt jetzt seine Unterrichtsstunde in Form eines „Rollenspiels im Zeitraffer“ vollständig durch. Der Planende ist der Lehrer, die anderen Teilnehmer sind die Schüler.

Unterrichten im Zeitraffer bedeutet:

Die ganze Unterrichtsstunde wird als Rollenspiel durchgeführt, aber so, daß sie nicht 45 Minuten, sondern höchstens 4-5 Minuten dauert. Dieser Zeitraffer-Effekt wird dadurch erreicht, daß jeder Unterrichtsabschnitt nur kurz angespielt wird. Der Lehrer bricht dann einfach ab und geht zum nächsten Unterrichtsschritt über.

Beispiel:

1. Abschnitt der Stunde

L: „Guten Morgen."
SS: „Guten Morgen."
L: „Heute sollt ihr etwas über die Wüste lernen. Jeder hat bestimmte Vorstellungen, wie es in der Wüste aussieht. Einige davon sind falsch oder einseitig. In dieser Stunde sollt ihr erkennen, welche eurer Vorstellungen einseitig sind und sie korrigieren. Interessiert euch dieses Thema?"
SS: beantworten die Frage.

Nachdem sich zwei oder drei Schüler geäußert haben, wird diese Phase abgebrochen, damit der Zeitraffereffekt zustandekommt. Wichtig: Die „Schüler" müssen einen Eindruck gewonnen haben, was bei ihnen bewirkt wird. Wissen sie, was sie antworten können? Haben sie Lust zu antworten? Empfinden Sie Interesse oder fühlen sie sich gelangweilt? usw.

2. Abschnitt der Stunde

L: „Stellt euch jetzt bitte vor, ihr seid in der Wüste. Was denkt ihr? Was seht ihr? Was fühlt ihr? Erzählt bitte darüber, damit auf diese Weise eure Vorstellungen von der Wüste sichtbar werden."

Der L wartet einen Moment und nimmt dann einige Schüler dran. Dann wird auch diese Phase abgebrochen.

3. Abschnitt der Stunde

L: „Ich zeige euch jetzt einige Dias über Wüsten. Bitte, fragt euch, was zu euren Vorstellungen paßt und was euch überrascht."
L zeigt ein oder zwei Bilder (oder erzählt, was auf einem Bild zu sehen ist, das er zeigen würde): Sandwüste, Steinwüste, Salzwüste, Wüstenlack usw.

Nachdem die SS zu einem Bild einige Sätze gesagt haben, wird diese Phase abgebrochen.

5. Während des Rollenspiels machen sich die Teilnehmer Notizen. Es können auch zu jedem Spiel besondere Beobachter eingesetzt werden. Wenn bei dieser Arbeit sechs Teilnehmer mitmachen, können zwei jeweils beobachten, einer ist Lehrer und drei sind Schüler.

6. Nach dem Spiel tragen die Beobachter vor, was sie beobachtet haben. Anschließend wird in der Gruppe über dieses Material diskutiert.

Bei der Planung eines Zeitraffer-Unterrichtsversuchs orientieren sich die Teilnehmer z. T. an Rezepten, die ihnen bewußt sind (explizite Rezepte) und z. T. an Rezepten, die sie nicht formulieren, weil sie ihnen nicht oder nur vage bewußt sind (implizite Rezepte oder Gewohnheiten). Im Gespräch über diese Versuche werden besonders diese impliziten Rezepte untersucht und bewußt gemacht. Erst wenn man die im Hintergrund stehenden Rezepte benennen und formulieren kann, beginnt man, sich aus dem Zirkel unreflektierter Gewohnheiten zu befreien, weil es jetzt möglich ist, die Gewohnheiten zu sehen und sie kritisch zu prüfen. Außerdem lernen die Teilnehmer bei diesem Gespräch die Rezepte der anderen kennen, was eine wichtige Voraussetzung dafür ist, daß sie sich miteinander verständigen können. Es sind die vielen unausgesprochenen Rezepte, die die Gespräche über Unterricht so unpräzise und für die Betroffenen so unheimlich machen. Selbst wenn es nicht gelingen sollte, sich in der Gruppe auf einen Satz von Rezepten zu einigen, die man in Unterrichtsversuchen und -besprechungen anwenden und erforschen will, so ist schon viel erreicht, wenn die Teilnehmer einen Teil ihrer impliziten Rezepte durch das Gespräch in explizitere Rezepte umgewandelt haben.

Das Unterrichten im Zeitraffer kann nicht nur dazu benutzt werden, sich über Kriterien zur Planung, Ausführung und Beurteilung von Unterrichtsversuchen zu verständigen; es gibt auch viele andere Anwendungsmöglichkeiten. Sie können mit diesem Verfahren die Fähigkeit trainieren, Unterrichtsstunden mit geringem Zeitaufwand zu planen, was sehr wichtig ist, wenn Sie täglich fünf oder sechs Stunden zu machen haben. In Hochschulseminaren tun die Teilnehmer manchmal ein ganzes Semester lang nichts anderes als sich auf einc einzige Unterrichtseinheit vorzubereiten.

Das Zeitraffer-Verfahren wäre ein guter Ersatz für die üblichen Unterrichtsversuche. Bei den üblichen Unterrichtsversuchen bekommt ein einziger Lehrer oder Praktikant Feedback; wenn man im Zeitraffer unterrichtet, kann man in der gleichen Zeit vier oder fünf Personen brauchbares Feedback liefern. Eine Unterrichtsstunde, die man im Zeitraffer vorführt, ist noch plastisch und modifizierbar. Hier hat kritisches Feedback noch eine Funktion, denn die wirkliche Stunde soll ja erst noch kommen, und das Feedback kann zur Verbesserung der Planung und Ausführung genutzt werden. Nach einer vollständigen Unterrichtsstunde ist dagegen ein großer Teil der Kritik nicht mehr verwertbar, weil über ein historisches Ereignis geredet wird, das sowieso niemals wieder genauso vorkommt.

Beim Zeitraffer-Unterricht erleben die Teilnehmer weniger Streß als bei der Vorführung ganzer Unterrichtsstunden und sind daher wesentlich aufnahmefähiger für Argumente. Sie sind nicht genötigt, einen Plan, für den sie sich in tage- oder gar wochenlangen inneren Kämpfen entschieden haben, beharrlich zu verteidigen, weil sie den Zeitraffer-Entwurf noch nicht als endgültiges Ergebnis verstehen, sondern als Zwischenschritt zu einem besseren Plan.

Wenn man im Zeitraffer unterrichtet, kann man recht gut die Praktizierbarkeit eines unterrichtlichen Vorhabens überprüfen. Denn da die Teilnehmer des Versuchs die Initiative des Lehrers abschmecken und auf ihre Wirksamkeit überprüfen, fallen einem Planungslücken auf, die man für den Ernstversuch noch rechtzeitig verstopfen kann.

So ist diese Trockenübung ein Mittel, Unterrichtsversuchen etwas von ihrem Wurschtel-Charakter zu nehmen und ihnen mehr den Charakter eines planmäßigen Experiments zu geben. Das auch deswegen, weil man sich nach dem Zeitraffer-Versuch Beobachtungsaufgaben ausdenken kann, die auf den geplanten Unterricht abgestimmt sind. Dadurch wird gewährleistet, daß man hinterher nicht über alles und gar nichts redet, sondern diejenigen Themen bespricht, die für den Unterrichtsversuch relevant sind.

Vielleicht denken Sie, ein Unterrichtsversuch im Zeitraffer sei eine unnatürliche Situation, in der die Lehrer sich total anders verhalten als im wirklichen Unterricht. Diese Ansicht ist weitgehend falsch. Zwar stimmt es, daß es wesentlich komplizierter ist, 35 Schüler zu unterrichten als mit drei Studenten einen Zeitraffer-Unterricht durchzuführen, aber es stimmt auch, daß Sie in beiden Situationen der gleiche Mensch bleiben und sich nicht in zwei verschiedene Persönlichkeiten spalten können, die sich vollkommen unterschiedlich verhalten. In diesem Unnatürlichkeitsargument kommt zum Ausdruck, daß viele Menschen sich in ihrem Handeln als von der jeweiligen Situation gesteuert erleben und das Gefühl haben, daß die richtige Situation bei ihnen automatisch das passende Handeln abruft. Deswegen glauben sie, bestimmte Handlungsweisen nur dann ausführen zu können, wenn die Situation sie dazu anfeuert. In der Praxis führt das dazu, daß wir uns von den Schülern unsere Stimmungen und Handlungsweisen weitgehend diktieren lassen. Wenn die Schüler sich schlecht benehmen, meckern wir, denn wir können nur dann ein guter Lehrer sein, wenn die Schüler *zuerst* freundlich, aufmerksam und lerneifrig sind. Es ist das kindliche Argument „Ich hab ja nicht angefangen“, das sich hier ins Erwachsenenalter hineingerettet hat und mit dem wir uns so wunderbar einreden können, daß wir für unser Handeln nicht selbst verantwortlich sind.

Richtig ist, daß ein Lehrer, der unfähig ist, bestimmte Handlungsweisen (z. B. Fragen zu stellen, die zum Denken anregen und nicht nur zum Erinnern von Fakteninformationen oder auf die Beiträge von Schülern „einzugehen") im Zeitraffer-Unterricht bewußt und absichtlich auszuführen, gewöhnlich auch unfähig ist, dieses Verhalten in realistischen Unterrichtssituationen zu zeigen.

Daher werden selbst in dieser verkürzten Situation die Möglichkeiten und Grenzen des einzelnen sichtbar, und man kann hilfreiches Feedback geben.

Schreiben Sie uns einen Brief!

Wenn Sie Lehrer sind oder Praktikant oder Lehramtsanwärter, dann machen Sie vielleicht mit dem einen oder anderen Rezept, das wir vorgeschlagen haben, eigene Versuche und Erfahrungen. Vielleicht probieren Sie den informierenden Unterrichtseinstieg aus oder Sie versuchen, positive reziproke Affekte zu versenden. Vielleicht geben Sie den Schülern Sets, bevor Sie sie mit vieldeutigen Reizen konfrontieren oder Sie machen den Schülern vor, wie sie eine Lernaufgabe bearbeiten können. Vielleicht schauen Sie sich auch beim Unterrichten selbst über die Schulter und können einige unserer Behauptungen über das Erarbeitungsmuster bestätigen oder widerlegen oder differenzieren. Vielleicht freut Sie etwas, was in diesem Buch steht, oder Sie ärgern sich über etwas. Schreiben Sie uns in solchen Fällen einfach einen Brief.

Wir haben uns ungefähr ein Jahr lang bemüht, mit Ihnen ins Gespräch zu kommen (so lange etwa dauerte es nämlich abzüglich der allgemeinen Vorbereitungen, dieses Buch zu schreiben), und wir hatten oft Lust, alles hinzuschmeißen. Darum finden wir, daß es nicht zu viel verlangt ist, wenn wir Sie um eine briefliche Stellungnahme bitten. Wir können Ihnen natürlich nicht versprechen, daß wir alle 70 000 Briefe sofort beantworten werden, aber wir wollen doch versuchen, uns nicht in geheimnisvolles Schweigen zu hüllen.

Damit Sie nicht zuviel Arbeit haben, geben wir Ihnen ein Rezept für einen Feedbackbrief an uns, an das Sie sich natürlich nicht unbedingt halten müssen.

Das Rezept .... habe ich im Unterricht ausprobiert.
Ich habe es ..... mal (Anzahl der Versuche oder Tage/Wochen/Monate) probiert,
und zwar in ....
(Schulklassen/Schulart, Fächer usw.).
Das ging so:

Der Erfolg war:

Bei der Anwendung des Rezepts traten diese Schwierigkeiten auf:

Das Rezept hat nach meiner Erfahrung die folgenden Fehler und Mängel:

Insgesamt beurteile ich das Rezept so:

Außerdem möchte ich noch bemerken:

Vielleicht denken Sie, daß wir nur an uns denken, wenn wir Sie zum Briefeschreiben ermuntern. Das stimmt nicht ganz. Denn durch das Schreiben sortieren *Sie* ja Ihre Gedanken und Erfahrungen. Sie denken schärfer nach als gewöhnlich und gewinnen dadurch größere Klarheit über sich selbst. So ist das Schreiben auch für Sie selbst eine nützliche Lernerfahrung, die Ihnen größere Sicherheit geben kann. Viele Menschen schreiben aus diesem Grunde manchmal Tagebuch.

Zum Schluß möchten wir Ihnen noch sagen, daß wir es nett von Ihnen finden, daß Sie in unserem Buch gelesen haben. Wir hoffen, daß die Informationen und die kleinen Männchen weder für Sie noch für Ihre Schüler schädlich sein werden und daß Sie sich nicht entmutigt fühlen, sondern eher noch etwas mehr Lust bekommen haben, den anstrengenden und schwierigen und schönen und lästigen und lehrreichen und jungerhaltenden Beruf der Lehrerin oder des Lehrers auszuüben.

Bücher mit brauchbaren Rezepten

D. Allen, K. Ryan, Microteaching. Weinheim-Basel: Beltz 1972.

Rezepte für Microteaching-Unterrichtsversuche, die man genauso gut ohne Videokamera und Experten in kleinen Gruppen oder im eigenen Unterricht probieren kann.

E. Amidon, E. Hunter, Improving Teaching. New York: Holt, Rinehart and Winston 1967.

Ein Buch, bei dem allein schon die Lektüre Trainingseffekte haben kann. Jedenfalls ging es mir so.

G. E. Becker, R. Bilek, B. Clemens-Lodde, K. Köhl, Unterrichtssituationen I Gespräch und Diskussion.

G. E. Becker, B. Clemens-Lodde, K. Köhl, Unterrichtssituationen II Motivieren und Präsentieren.

Dies., Unterrichtssituationen III Üben und Experimentieren. Alle: München, Berlin, Wien: Urban & Schwarzenberg 1976.

Die Autoren sind Anhänger der Rezeptvermeidungsformel und verwahren sich entrüstet gegen den Vorwurf, ihr Trainingsansatz sei „rezeptologisch" (z. B. in Band II, S. 124); zum Glück hindert sie dies nicht daran, viele Handlungsrezepte zu beschreiben.

W. C. Becker, S. Engelmann, D. R. Thomas, Teaching: A Course in Applied Psychology, Chicago: Science Research Associates 1971.

Ein Lernprogramm, das dazu anleitet, den Unterricht nach Prinzipien der Verhaltensmodifikation zu strukturieren. Wichtige Rezepte für Lehrer, die sich ständig mit Disziplinproblemen herumschlagen und sich darum nicht entfalten können.

G. Brown, Microteaching: A programme of teaching skills. London: Methuen 1975.

Lehrfertigkeiten und Trainingsaktivitäten werden beschrieben.

G. Brown, Lecturing and Explaining. London: Methuen 1978.

Ein Kurs mit vielen Lernaufgaben zum Training des Erklärens und Vortragens.

R. Brunner, Lehrertraining. Grundlagen-Verfahren-Ergebnisse. München, Basel: Ernst Reinhardt Verlag 1976

Keine Sammlung von Rezepten, sondern eine umfassende Darstellung der Methoden und Probleme des Lehrertrainings. Wer nach Rezepten sucht, findet aber auch welche.

B. Bossong, Motivationsförderung in der Schule. Weinheim und Basel: Beltz 1978.

Ein origineller Versuch, aus verschiedenen Motivationstheorien Verfahren zur Förderung der Lernmotivation bei einzelnen Schülern zu machen. Vielleicht sollten wir doch noch etwas Geduld mit der Motivation haben. Möglicherweise bringt sie doch noch etwas, wenn sie sich richtig anstrengt.

M. J. Dunkin, B. J. Biddle, The Study of Teaching. New York usw.: Holt, Rinehart and Winston 1974.

Eine umfassende und kritische Zusammenstellung dessen, was wir über Unterrichtsverhalten – aus englischsprachigen Forschungsarbeiten – wissen, zu wissen glauben und nicht wissen. Gute Quelle für die Entwicklung von Handlungsrezepten.

E. T. Emmer / G. B. Millett, Lehren lernen durch Experimente. Stuttgart: Ernst Klett Verlag 1973.

Ein Trainingsprogramm, von dem man sich zu eigenen Versuchen und Rezeptideen anregen lassen kann.

B. Fittkau, H.-M. Müller-Wolf, F. Schulz von Thun, Kommunizieren lernen (und umlernen). Braunschweig: Westermann 1977.

Ein sehr lesbares Buch mit vielen Anregungen für Rezepte und Training. Unbedingt kaufen!

N. L. Gage, D. C. Berliner, Pädagogische Psychologie. München, Wien, Baltimore: Urban & Schwarzenberg 1977.

Die Autoren finden, daß Pädagogische Psychologie eine Hilfe für Lehrer sein sollte. Dicke Fundgrube für Rezeptesucher.

R. L. Gilstrap / W. R. Martin, Current Strategies For Teachers: A Resource for Personalizing Instruction. Pacific Palisades, California: Goodyear Publishing Company 1975.

Darstellung von 12 Unterrichtsmustern mit Beispielen, Beobachtungs- und Planungskriterien, Indikations- und Kontraindikationsbedingungen. Gutes Material für Lehrer, die lernen wollen, methodisch abwechslungsreich zu unterrichten.

J. Grell, Techniken des Lehrerverhaltens. Weinheim und Basel: Beltz 1974.

Das bisher beste Buch, das ich 1973/74 geschrieben habe. Wird leider oft zur Einschüchterung von Lehramtsanwärtern benutzt. Der Titel stammt von Lothar Schweim. Ich finde ihn aber trotzdem gut, weil ich nicht verstehen kann, was daran schlimm sein soll, wenn man Lehrerverhaltensweisen als Techniken bezeichnet. Sofort kaufen!

Th. L. Good, J. E. Brophy, Looking in Classrooms. New York usw.: Harper & Row 1973.

Dieses Buch finde ich immer noch astrein. Und ich bin sehr erstaunt, daß niemand es ins Deutsche übersetzt. Vernünftige Rezepte und viele Anregungen zur Unterrichtsbeobachtung. Englisch lernen!

Th. Gordon, Familienkonferenz. Hamburg: Hoffmann und Campe 1972.

Ders., Lehrer-Schüler-Konferenz. Hamburg: Hoffmann und Campe 1977.

Über aktives Zuhören, Ich- und Du-Botschaften usw. Wahrscheinlich haben Sie schon von diesen Büchern gehört oder darin gelesen. Wenn nicht, sollten Sie letzteres bald nachholen.

N. Havers, Erziehungsschwierigkeiten in der Schule. Weinheim und Basel: Beltz 1978.

Eignet sich als erste Orientierung, wenn Sie nach Rezepten suchen, wie Sie sich zu Erziehungsschwierigkeiten verhalten können.

D. G. Hennings, Mastering Classroom Communication. Pacific Palisades, California: Goodyear Publishing Company 1975.

Aus diesem vielseitigen Buch können Sie lernen, die nichtverbale und verbale Interaktion im Unterricht differenzierter wahrzunehmen und selbst differenzierter zu handeln – wenn Sie sich genau damit auseinandersetzen.

J. S. Kounin, Techniken der Klassenführung. Bern-Stuttgart: Huber-Klett 1976.

Hier sieht man, welche Nachteile es hat, wenn empirisch gewonnene Ergebnisse nicht zu einer übersichtlichen Theorie integriert werden. Es ist sehr schwierig, die von Kounin identifizierten disziplinrelevanten Handlungsdimensionen voneinander klar zu unterscheiden und in der Schulwirklichkeit wiederzuerkennen. Als Handlungsrezepte haben die Ergebnisse daher noch viele Mängel; Lehrer, die sich an diesen Rezepten orientieren wollen, müssen sehr viel individuelle Operationalisierungsforschungsarbeit investieren. Trotzdem beweist diese Arbeit, daß Disziplinhaltenkönnen keine rätselhafte Begabung ist, sondern daß es dafür Rezepte gibt, die man lernen kann. Kounin liefert einige heiße Spuren, die weiterverfolgt werden sollten.

I. Langer, F. Schulz von Thun, R. Tausch, Verständlichkeit in Schule, Verwaltung, Politik, Wissenschaft. München: Ernst Reinhardt Verlag 1974.

Verständliche Darstellung des Hamburger Verständlichkeitskonzepts mit Trainingsprogramm.

M. M. Leypoldt, Hilfe – ich bin Gruppenleiter(in). 40 Methoden, mit Gruppen zu arbeiten. Kassel: J. G. Oncken Verlag 1970.

Wenn Sie dieses kleine Buch durchblättern, merken Sie, daß Gruppenarbeit nicht dasselbe ist wie Gruppenarbeit, sondern daß es viele verschiedene Rezepte dafür gibt, gewiß mehr als 40.

R. Lorenz, R. Molzahn, F. Teegen, Verhaltensänderung in der Schule. Systematisches Anleitungsprogramm für Lehrer. Reinbek bei Hamburg: Rowohlt Taschenbuch 1976.

Gehen Sie am besten in einen Buchladen und schauen Sie sich das Buch dort an. Vielleicht ist es was für Sie.

W.-R. Minsel, S. Kaatz, B. Minsel, Lehrerverhalten I – Unterrichtsziele, Selbstkontrolle, Lenkung.
Lehrerverhalten II – Unterrichtsentscheidung und Konfliktanalyse.
Beide Bände: München, Berlin, Wien: Urban & Schwarzenberg 1976.

Zwei Bücher, die nicht allzu kurzweilig zu lesen sind, aber aus denen Lehrer sehr viel lernen können. Man kommt allerdings erst dahinter, wenn man die Übungen wirklich ausführt.

A. Redlich, W. Schley, Kooperative Verhaltensmodifikation im Unterricht. München, Wien, Baltimore: Urban & Schwarzenberg 1978.

Ein sehr sympathisches, lesens- und beherzigenswertes Buch. Die Verfasser wissen, „daß soziales Verhalten auch gelernt *werden kann und nicht von vornherein gekonnt werden muß" (S. 53), was wir in der Schule nur zu leicht vergessen. Sie beschreiben sehr klar, wie Lehrer und Schüler gemeinsam ihr Sozialverhalten verbessern können. „Äußere Verstärker sind nicht mehr nötig, wenn Probleme der Schüler ebenso verringert werden wie Probleme des Lehrers." (S. 47) Der größte Teil des Buches besteht aus präzisen Berichten über solche Projekte, die ansteckend wirken. Verhaltensmodifikation ist nicht Verhaltensmodifikation.*

F. Schulz von Thun, W. Götz, Mathematik verständlich erklären. München, Berlin, Wien: Urban & Schwarzenberg 1976.

Die Hamburger Verständlichkeitsrezepte für Mathematiklehrer.

L. Schwäbisch, M. Siems, Anleitung zum sozialen Lernen für Paare, Gruppen und Erzieher. Kommunikations- und Verhaltenstraining. Reinbek bei Hamburg: Rowohlt Taschenbuch 1974.

Sie sollten nicht darauf verzichten, dieses Buch sorgfältig zur Kenntnis zu nehmen und daraus zu lernen.

N. Semmer, M. Pfäfflin, Interaktionstraining. Weinheim: Beltz 1978.

Hinweise für die Gestaltung von Trainingsveranstaltungen.

S. und Y. Sharan, Gruppenzentrierter Unterricht. Stuttgart: Klett 1976.

Gute Anregungen für Unterrichtsformen mit stärkerer Schüleraktivität.

R. Tausch, A.-M. Tausch, Erziehungspsychologie. Göttingen: Hogrefe, 5. Auflage 1970, 8. Aufl. 1977.

Es gibt viele, die an diesem Buch herummäkeln; wenige, die es wirklich gelesen haben; und ausgesprochen selten sind Leute, die die dargestellten Rezepte ernstnehmen und ausprobieren. Für uns ist dieses Buch – sind diese Bücher – noch immer die wichtigsten und nützlichsten für Lehrer, die wir in der BRD haben. Besonders sympathisch finden wir, daß sich an den verschiedenen Auflagen ablesen läßt, wie die Verfasser ständig um- und weiterlernen, was man von den Kritikern selten sagen kann, da sie ständig die gleichen Argumente wiederholen. Die 8. Auflage ist ziemlich stark verändert, so daß die früheren Auflagen weiterhin wichtig bleiben.

F. Teegen, A. Grundmann, A. Röhrs, Sich ändern lernen. Anleitungen zur Selbsterfahrung und Verhaltensmodifikation. Reinbek bei Hamburg: Rowohlt Taschenbuch 1975.

Wie man sein Verhalten nach Prinzipien der behavioristischen Lerntheorie selbständig verändern kann; wird vielen zu systematisch und zu anstrengend erscheinen; kann helfen, bestimmte Problemverhaltensweisen in den Griff zu bekommen.

Mark Twain, Gesammelte Werke in neun Bänden. München, Wien: Carl Hanser Verlag 1977.

5370 Seiten, die meisten davon haben wenig mit Unterrichtsrezepten zu tun.

A. C. Wagner (Hrsg.), Schülerzentrierter Unterricht. München, Berlin, Wien: Urban & Schwarzenberg 1976.

Dies. (Hrsg.), Kursprogramm zum Schülerzentrierten Unterricht. München, Wien, Baltimore: Urban & Schwarzenberg 1977.

Interpretations-, Handlungsrezepte und Trainingsanregungen für Lehrer, die ihren Unterricht offener machen wollen.

U. Wiest, Schulerfolg – Schulversagen. Stuttgart: Klett 1975.

Eines der seltenen Bücher, das nicht das Ursachenerforschungspostulat nachplappert, sondern Lehrern ihre Einflußmöglichkeiten verdeutlicht.

J. Wittmer, R. D. Myrick, Facilitative Teaching: Theory and Practice. Pacific Palisades, California: Goodyear Publishing Company 1974.

Ideen und Rezepte für einen Unterricht, in dem es zuerst auf „personal growth“ ankommt.

Zitierte Literatur

P. Ant, E. Schinkel, Unterrichtsvorbereitung. In: schwarz auf weiss, 5, 1977.

D. P. Ausubel, Psychologie des Unterrichts (2 Bände). Weinheim und Basel: Beltz 1974.

D. L. Avila, W. W. Purkey, Intrinsic and extrinsic motivation – A regrettable distinction. In: G. Hass, K. Wiles, J. Cooper, D. Michalak (Eds.), Readings in Elementary Teaching. Boston: Allyn and Bacon 1971, S. 102-105.

G. E. Becker u. a. (Bitte schauen Sie in der Rezeptbuchliste nach!)

R. H. Biggs, Das Buddelschiff. Wilhelmshaven 1956.

H. Blankertz, b:e Gespräch mit Herwig Blankertz (Münster) und Wolfgang Klafki (Marburg) über Probleme und Perspektiven der Didaktik. In: betrifft: erziehung, 10. Jg., Heft 3, 1977, S. 61-65.

H. Brabeck, H. Hoster, W. Pesch, Lehrverhalten (rpi-diskussion 3). Heidelberg: Quelle & Meyer 1977.

K. und J. Bredenkamp, Die Bedingungen des Erlernens, Behaltens und Vergessens von sprachlichem Material. In: Funk-Kolleg Pädagogische Psychologie, Band 2, Hrsg.: F. E. Weinert u. a. Frankfurt a. M.: Fischer Taschenbuch 1974.

J. Brehm, A theory of psychological reactance. New York: Academic Press 1966.

J. E. Brophy, Th. L. Good, Teacher-Student Relationships. New York: Holt, Rinehart and Winston 1974. (Gekürzte deutsche Übersetzung im Verlag Urban & Schwarzenberg.)

G. Brown (siehe Rezeptbuchliste!)

H. Brück, Die Angst des Lehrers vor seinem Schüler. Reinbek bei Hamburg: Rowohlt 1978. (Interessant, wenn man sich nicht zu sehr von den psychodynamischen Interpretationen beeindrucken läßt.)

D. Child, Psychology and the teacher. London-New York: Holt, Rinehart and Winston 1973.

R. C. Cohn, Das Thema als Mittelpunkt interaktioneller Gruppen. In: Gruppenpsychotherapie und Gruppendynamik, 3. Jg., 1970, S. 251-259.

R. C. Cohn, Living-Learning Encounters: The Theme-Centered Interactional Method. In: L. Blank, G. B. Gottsegen, M. G. Gottsegen (Eds.), Confrontation-Encounters in Self and Interpersonal Awareness. New York, London: Macmillan/Collier-Macmillan 1971.

J. Delay, P. Pichot, Medizinische Psychologie. Stuttgart: Thieme 1966.

A. Detter, K. Sirch, Training Aufsatz. Stuttgart: Klett 1976.

H. v. Ditfurth, V. Arzt, Dimensionen des Lebens. München: dtv 1977.

J. Drever, W. D. Fröhlich, dtv-Wörterbuch zur Psychologie. München: dtv 1969.

H. Ebeling, W. Birkenfeld, Die Reise in die Vergangenheit, Band 3, Lehrerausgabe. Braunschweig: Westermann 1976.

B. Fittkau, H.-M. Müller-Wolf, F. Schulz von Thun (1977) (s. Rezeptbuchliste!)

K.-H. Flechsig, H.-D. Haller, Einführung in didaktisches Handeln. Stuttgart: Klett 1975.

W. R. Fuchs, Knaurs Buch vom neuen Lernen. München/Zürich 1969.
N. L. Gage, D. C. Berliner, Educational Psychology. Chicago: Rand Mc Nally 1975 (Dt. Übersetzung vgl. Rezeptbuchliste!)
Th. Gordon (1972, 1977), vgl. Liste.
J. Grell (1974) dito.
J. Grell, Rezeptfeindschaft – Alibi der Theoretiker. In: Westermanns Pädagogische Beiträge. 30. Jg. 1978, S. 268-271.
M. Günther, R. Heinze, F. Schott, Konzentriert arbeiten (gezielt studieren). München, Wien, Baltimore: Urban & Schwarzenberg 1977.
H. Hartmann, Die Plains- und Prärieindianer Nordamerikas. (Veröffentlichungen des Museums für Völkerkunde Berlin, Neue Folge 22) Berlin 1973.
H. Heckhausen, Bessere Lernmotivation und neue Lernziele. In: Funk-Kolleg Pädagogische Psychologie, Band 1, Hrsg.: F. Weinert u. a. Frankfurt a. M.: Fischer Taschenbuch 1974.
W. Hehlmann, Wörterbuch der Pädagogik. [6] Stuttgart: Kröner 1960.
A. Heigl-Evers, F. Heigl, Die themenzentrierte interaktionelle Gruppenmethode (R. C. Cohn): Erfahrungen, Überlegungen, Modifikationen. In: Neue Sammlung, 13. Jg. 1973.
P. Heimann, G. Otto, W. Schulz, Unterricht – Analyse und Planung. [9]Hannover 1977.
A. Heymer, Ethologisches Wörterbuch. Berlin und Hamburg: Paul Parey 1977.
M. Homann, Das Bild der Welt um 1500 – Reihe A Kunstwerke und fromme Leute – Teil 1 Schutzmantelmaria. Informationen für Lehrer und Schüler aus den Staatlichen Museen Preussischer Kulturbesitz. Berlin 1977.
H. Jehlich, Kurze Anmerkungen zum Grammatikunterricht in der Hauptschule. In: schwarz auf weiss, Heft 3, 1976.
K. Joerger, Vom Leichten zum Schweren – und was die moderne Lerntheorie dazu sagt. In: schwarz auf weiss, Heft 5, 1977.
W. Klafki (1977) s. bei H. Blankertz.
H. J. Klausmeier, R. E. Ripple, Learning and Human Abilities.[3]New York: Harper & Row 1971.
C. Kluckhohn, Spiegel der Menschheit, Zürich 1951.
T. Kneif, Sachlexikon Rockmusik. Reinbek bei Hamburg: Rowohlt Taschenbuch 1978.
W. Knörzer, Motivation und soziale Interaktion beim selbstgesteuerten Lernen. In: H. Neber, A. C. Wagner, W. Einsiedler (Hrsg.), Selbstgesteuertes Lernen. Weinheim und Basel: Beltz 1978.
J. S. Kounin (1976) s. Rezeptbuchliste!
A. L. Kroeber, Handbook of the Indians of California. New York: Dover Publications 1976. (Nachdruck des Bulletin 78 of the Bureau of American Ethnology of the Smithsonian Institution, Washington 1925.)
Kultusminister des Landes Schleswig-Holstein (Hrsg.), Schüler und Schule. Zur Stellung des Schülers in der Schule. Schriften des Kultusministeriums. Heft 15. Kiel 1973.
K. Kunert, Lernorganisation. München: Kösel 1977.
I. Langer, F. Schulz von Thun, R. Tausch (1974) s. Rezeptbücherliste!
W. Lattewitz, Über welche Lehrverhaltensweisen (teaching skills) sollte ein

Chemielehrer am Gymnasium verfügen. In: Der mathematische und naturwissenschaftliche Unterricht, 28, 1975, 2, S. 83-88.
K. Lewin, R. K. Lippitt, R. White, Patterns of aggressive behavior in experimentally created ‚social climates‘. In: E. J. Amidon, J. B. Hough (Eds.), Interaction Analysis: Theory, Research and Application. Reading: Addison-Wesley 1967.
W. Linow, Stundenentwurf. In: schwarz auf weiss, Heft 1, 1976.
F. Loser, E. Terhart (Hrsg.), Theorien des Lehrens. Stuttgart: Klett 1977.
Maximilian Prinz zu Wied, Reise in das innere Nordamerika, Band 2. München: Verlag Lothar Borowsky o. J.
Ch. W. Mills, Kritik der soziologischen Denkweise. Darmstadt und Neuwied 1973.
R. D. Naef, Rationeller Lernen lernen. Weinheim und Basel: Beltz 1974.
L. Reiners, Stilkunst. München 1961.
H. Riedel, Allgemeine Didaktik und unterrichtliche Praxis. München: Kösel 1977.
C. R. Rogers, Client-Centered Therapy. Boston: Houghton Mifflin 1965 (1951).
F. L. Ruch, P. G. Zimbardo, Lehrbuch der Psychologie. Berlin-Heidelberg-New York: Springer-Verlag (nicht der, den Sie denken!) 1974.
F. Schulz von Thun, Verständlich informieren. In: psychologie heute, 2. Jg., Heft 5, 1975.
F. Schulz von Thun, W. Götz (1976) s. Rezeptbücher!
M. Schwab, Lerntheoretische Aspekte des Unterrichts. In: G. Borowski, H. Hielscher, M. Schwab, Einführung in die allgemeine Didaktik. Heidelberg: Quelle & Meyer 1974.
L. Schwäbisch, M. Siems (1974) s. Rezeptbücher!
R. Tausch, A.-M. Tausch (1970, 1977) dito.
P. Trzeciok, Unterricht ohne Fronten. München-Wien-Baltimore: Urban & Schwarzenberg 1978.
Mark Twain s. Rezeptbücherliste!
R. W. Tyler, Curriculum und Unterricht. Düsseldorf: Schwann 1973.
F. Vester, Denken, Lernen, Vergessen. Stuttgart 1975.
B. Weidenmann, Lehrerangst, München: Ehrenwirth 1978.
E. B. Wesley, W. H. Cartwright, Teaching Social Studies in Elementary Schools. Boston: D. C. Heath 1968.
F. Winnefeld, Pädagogischer Kontakt und Pädagogisches Feld. [4] München-Basel 1967.

Nicht zitierte Literatur

W. W. Dyer, Your erroneous zones. New York: Avon Books 1976. (Dt.: Der wunde Punkt. Reinbek bei Hamburg: Rowohlt 1977.)

N. Postman, Ch. Weingartner, Fragen und Lernen. Die Schule als kritische Anstalt. Frankfurt a. M.: März Verlag 1972.

Th. L. Good, J. E. Brophy, Educational Psychology. New York: Holt, Rinehart and Winston 1977.

Th. L. Good, B. J. Biddle, J. E. Brophy, Teachers Make a Difference. New York: Holt, Rinehart and Winston 1975.

R. Naroll, R. Cohen (Eds.), A Handbook of Method in Cultural Anthropology. New York & London: Columbia University Press 1973.

Namenverzeichnis

Sachverzeichnis

Den Unterricht verbessern

Georg E. Becker/Beate Clemens-Lodde/Karl Köhl
Unterrichtssituationen
Ein Trainingsbuch für Lehrer und Ausbilder.
2., erweiterte und überarbeitete Auflage 1980.
444 Seiten. Broschiert DM 28,– ISBN 3-407-25003-7

Angelika C. Wagner (Hrsg.)
Schülerzentrierter Unterricht
2., neu bearbeitete Auflage 1982. 268 Seiten. Broschiert
DM 24,– ISBN 3-407-25072-X

Karl Haußer (Hrsg.)
Modelle schulischer Differenzierung
1980. 280 Seiten. Broschiert DM 28,–
ISBN 3-407-25038-X

Alexander Redlich/Wilfried Schley
Kooperative Verhaltensmodifikation im Unterricht
2., überarbeitete Auflage 1981. 232 Seiten. Broschiert
DM 22,– ISBN 3-407-25061-4

Rudolf Dreikurs/Bernice B. Grunwald/Floy C. Pepper
Schülern gerecht werden
2., durchgesehene Auflage 1979. 240 Seiten. Broschiert
DM 26,– ISBN 3-407-25019-3

U&S Pädagogik

Beltz Verlag, Postfach 1120, 6940 Weinheim